北京师范大学 中国社会管理研究院 / 社会学院

中国社会治理智库丛书·民俗学系列

SOCIAL GOVERNANCE THINK TANK

民俗学前沿研究

（2019—2020）

萧放　主编

鞠熙　贺少雅　副主编

中国社会科学出版社

图书在版编目（CIP）数据

民俗学前沿研究. 2019-2020/萧放主编. —北京：
中国社会科学出版社，2022.11
（中国社会治理智库丛书. 民俗学系列）
ISBN 978-7-5227-0934-5

Ⅰ.①民…　Ⅱ.①萧…　Ⅲ.①民俗学—文集　Ⅳ.
①K890-53

中国版本图书馆 CIP 数据核字（2022）第 193637 号

出 版 人	赵剑英	
责任编辑	吴丽平	
责任校对	王　龙	
责任印制	李寡寡	

出　　版	中国社会科学出版社	
社　　址	北京鼓楼西大街甲 158 号	
邮　　编	100720	
网　　址	http://www.csspw.cn	
发 行 部	010-84083685	
门 市 部	010-84029450	
经　　销	新华书店及其他书店	

印　　刷	北京明恒达印务有限公司
装　　订	廊坊市广阳区广增装订厂
版　　次	2022 年 11 月第 1 版
印　　次	2022 年 11 月第 1 次印刷

开　　本	710×1000　1/16
印　　张	28
插　　页	2
字　　数	376 千字
定　　价	158.00 元

凡购买中国社会科学出版社图书，如有质量问题请与本社营销中心联系调换
电话：010-84083683

目　　录

一　民俗学学科建设和理论研究

通过阿伦特，从表演理论返回民俗学原典《判断力批判》

　　——对民俗学表演理论（以鲍曼为例）的批判哲学式

　　　检讨 …………………………………………… 吕　微（3）

三谈实践民俗学 ………………………………………… 户晓辉（37）

"实践民俗学"如何定义"实践" ……………………… 王杰文（74）

世界社会的民俗协商：民俗学理论与方法的新生命 …… 高丙中（90）

都市·中产：现代民俗学的新方向 …………………… 徐赣丽（107）

二　民俗学研究方法论

性别会阻碍还是促进田野作业

　　——女性研究者在田野作业中的性别境遇

　　　…………………………………………………… 刁统菊（133）

乡村研究与田野工作的滋味 …………………………… 孙庆忠（166）

民俗地图法：其概观与实践 …………………………… 何　彬（193）

三　民俗学的社会应用与非遗保护

中国人的时间制度

　　——漫说二十四节气、传统节日和新年 ………… 刘魁立（219）

民俗学自主话语建设与学科创新实践

　　——以母亲节与中国母亲符号建构为例 ………… 田兆元（241）

谈谈《汉声》五十年在文化传承方面的实践与社会价值

　　…………………………………………… 黄永松（273）

四　民俗与地方社会研究

庙会民俗的认知范式研究

　　——一种人类学视野中的华北乡村生活实践 ……… 赵旭东（297）

地方感与地方社会的自我建构：以鲁中洼子村为个案

　　…………………………………………… 张士闪（326）

同乡同业："社会经济"或"低端全国化" ………… 吴重庆（348）

五　民间文艺研究

中国民间故事讲述的语言智慧 ………………… 林继富（373）

1958年新民歌运动及其当下意义　………… 毛巧晖（391）

艺术与乡村复兴：以中国农民画为中心的讨论 ………… 郑土有（407）

都市语境下手工艺的传承与创造实践及其反思 ………… 徐赣丽（426）

一 民俗学学科建设和理论研究

通过阿伦特，从表演理论返回民俗学原典《判断力批判》

——对民俗学表演理论（以鲍曼为例）的批判哲学式检讨①

吕　微

（中国社会科学院文学研究所研究员）

一　概念的工具性使用无助于理论构成

让我们从"什么是语境"这一问题开始。在诸多现代学科中，人类学、民俗学较早关注、使用"语境"概念。高丙中《民俗文化与民俗生活》认为，民俗学不能只研究民的文化，还要研究民的日常生活。② 民俗学一旦开始考虑文化发生于其中的日常生活，也就要考虑文本发生于其中的语境。高丙中的博士论文已经提到鲍曼的表演理论，后来杨利慧、安德明翻译了鲍曼的主要著作③，王杰文全方位地研究了表演理论④，我从他们那里学到很多知识。原先在我的理解

① 本文是 2019 年 3 月 8 日作者在北京师范大学中国社会管理研究院/社会学院民俗学专业所做讲座的录音整理稿，经作者于 2020 年 7 月 20 日最终修订。王惠云等根据民俗学"忠实记录""科学采录"的原则，将讲座的语音文本一字不漏、一字不差地转换、誊写为文字文本，为本文的最终修订奠定了现场逻辑的真实基础，工作认真而辛苦，特此致谢！
② 高丙中：《民俗文化与民俗生活》，中国社会科学出版社 1994 年版。
③ ［美］鲍曼：《作为表演的口头艺术》，杨利慧、安德明译，广西师范大学出版社 2008 年版。
④ 王杰文：《表演研究：口头艺术的诗学与社会学》，学苑出版社 2016 年版。

中，鲍曼的"语境"是个非常传统的概念，就类似于传统物理学说的一个实体在时空当中，时空就像装东西的盒子，语境就是这个盒子。王杰文写了一篇文章反对我的观点，他不是说我对传统语境观的理解有误，而是说我对鲍曼语境观的理解是错的。鲍曼的语境观并不是讲一个外在于实体（对象）的装东西的盒子，而是说语境本身就有把对象（实体）构成现象的表象功能。① 王杰文批评我以后，我再读鲍曼的著作，认识到王杰文讲的是对的。大多数中国民俗学者对语境的理解基本上与我一样，都曾经是传统牛顿式的，刘晓春用"时空坐落"的说法描述中国民俗学者（包括我）对鲍曼语境观的理解（这一描述本身是不错的）②，这个"时空坐落"实际就是牛顿式的传统语境观。"时空坐落"是（康德意义上）感性直观的先验形式，就像装东西的盒子，本身没什么构成性，只有接受性。这有点像我们写论文，如果总把国外理论的概念当工具引进使用，却根本不考虑该概念在理论上如何被进一步构成的可行性，国外理论的概念对于我们这些引进者、使用者来说，就只是一个装东西的盒子，只有接受性的使用——于国内经验的材料，"拾进篮子都是菜"——没有构成性的使用。中国新一代民俗学者对本学科的上述"老毛病"体会尤深，"如果说，他们的老师从鲍曼、弗里那里各取回一部经书，那么现在学生们要问的是：那'三藏'的源流究竟如何"③。我很赞赏刘宗迪的一句话，他说海德格尔对他来说不是工具，而是背景。我赞赏甚至

① 王杰文：《"文本化"与"语境化"——〈荷马诸问题〉中的两个问题》，《民族文学研究》2011年第3期；收入王杰文《表演研究：口头艺术的诗学与社会学》，学苑出版社2016年版，第59—66页。"文本与语境不仅不对立，实际上还内在地具有一种'构境'功能。"胥志强：《语境方法的解释学向度》，《民俗研究》2015年第6期，第31页。惠嘉：《民俗学"框架式"语境观的双重向度》，《民俗研究》2018年第5期。
② 刘晓春：《从"民俗"到"语境中的民俗"——中国民俗学研究的范式转换》，《民俗研究》2009年第2期。
③ 吕微：《两种自由意志的实践民俗学——民俗学的知识谱系与概念间逻辑》，载王杰文主编《实践民俗学的理论与批评》，学苑出版社2020年版，第24页。

崇拜康德，但康德对我来说也不仅仅是认识的工具，康德首先是我思想的背景和立场，或者说是我的背景、立场的出发点，而不仅仅是工具的出发点。如果我们仅仅把引进的国外理论概念用作工具，就会主动放弃从理论上分析地重新构成该概念的可能性，进而导致在理论上误解甚至在实践上误用该概念的现实性。这就是说，我们对概念的工具性使用会造成我们对概念的误解、误用；反过来说，我们对概念的误解、误用又会造成我们对概念的进一步工具性使用。例如我们对鲍曼的表演理论就曾经有误解甚至误用，我们认为他的语境观属于传统的时空观，这让我们一度无视鲍曼表演理论更重要的关键词"责任"。这里，我再次推荐彭牧《实践、文化政治学与美国民俗学的表演理论》① 这篇文章，我认为这是在杨利慧、安德明专门地介绍，王杰文系统地评论表演理论之前，中国民俗学者最全面且深入地讨论表演理论的实践背景的出色论文。读了彭牧的文章我才认识到，对于民俗学来说，表演理论不是工具性的转换，而是范式重构的转化、转向，包括方法论、目的论概念、理念的整体转型。当然，了解了表演理论的实践背景，只是我们理解表演理论的一种经验性方式，仅仅了解了理论背景，不一定能避免理论的单纯接受性、工具性使用；对于引进的国外理论，我们应该特别注意针对其"核心概念"② 的构成进行分析，否则国外理论之于中国民俗学，就仍然只是一个装东西的盒子。

二　民俗学为什么需要实践转型

民俗学为什么会发生实践范式的转型？背景原因很多，就民俗学

---

① 彭牧：《实践、文化政治学与美国民俗学的表演理论》，《民间文化论坛》2005 年第 5 期。

② ［比利时］马克·雅各布：《不能孤立存在的社区——作为联合国教科文组织 2003 年〈保护非物质文化遗产公约〉防冻剂的"CGIs"与"遗产社区"》，唐璐璐译，《西北民族研究》2018 年第 2 期。

者的共同经验而言，有些看起来是因应民俗学学科理论的本土化应用引起的，例如在美国；而有些说起来是因应民俗学基本理论的反现代性（反意识形态化）应用引起的，例如在德国；更有些做起来就好像是因应民俗学基本理论的后现代性（文化多样性）应用引起的，例如在当下中国。① 20 世纪 60 年代以后，有三大著作对民俗学实践范式转型起了关键作用，一本是户晓辉翻译的鲍辛格《技术世界中的民间文化》②，一本是杨利慧、安德明翻译的鲍曼《作为表演的口头艺术》，一本是高丙中的《民俗文化与民俗生活》，这三本著作从 20 世纪 60 年代经 70 年代到 90 年代，可以说对各自国家民俗学的实践范式转型都起到了重要作用。这三本著作之间本没有直接的联系，但为什么会"共时性"地出现呢？如果扩大思考范围，这个问题也许不难理解。就我比较熟悉的康德哲学来说，康德实践哲学被人们重新拾起的时代——以罗尔斯《正义论》1971 年出版为标志——也恰恰是文化多元论后现代思潮汹涌澎湃的整个 20 世纪 60—90 年代，而与此同时也就有了普遍价值论的强烈反弹，而康德实践哲学正是现代性普遍价值论思想最深刻而完整的代表。但是，在康德广义的实践哲学中，康德本人只撰写了伦理学、法学和宗教学著作，并未完成政治学专著（只有政治学哲学的个别篇章），但阿伦特却坚持说康德《判断力批判》（所谓"第三批判"）就是他的政治实践哲学。康德自己说过，他的哲学要回答三个问题：第一，我们能够知道什么？（理论理性的知识学。）第二，我们应该做什么？（实践理性的伦理学和法

---

① "从 1970 年代开始，到 1990 年前后我写博士论文《民俗文化与民俗生活》的时候，理查德·多尔逊、阿兰·邓迪斯和我也都是在现代性思想方法的支配下思考一个已经被后现代趋势在背后改变的方向的问题。前面两位卓越的民俗学家早已作古，没有能够来得及重新思考民俗学的对象消失危机。而我本人，直到晚近才恍然发现我们还没有真正自觉意识到中国民俗学从 1979 年前后以来的复兴、扩张实际上是得力于后现代处境孕育的各种机会。"高丙中：《世界社会的民俗协商：民俗学理论与方法的新生命》，《民俗研究》2020 年第 3 期。

② ［德］鲍辛格：《技术世界中的民间文化》，户晓辉译，广西师范大学出版社 2014 年版。

学。）第三，我们能够希望什么？（既是实践理性也是理论理性的宗教学。）① 邓晓芒认为，康德还提出了综合上述三个问题的第四个问题：人是什么？而"人是什么"是只有人类学才能综合地回答的问题。所以邓晓芒的结论是，"第三批判"是康德试图打通、联结（综合）实践哲学和理论哲学的先验人类学著作。② 但是，如果说《判断力批判》是先验政治学、先验人类学著作，那我们民俗学者更有理由说"第三批判"是先验民俗学著作。为什么？至少民俗学家可以比人类学家更方便说民俗学的鼻祖赫尔德就是康德的学生（这只是一个背景性的说法），虽然赫尔德与他的老师最终"反目成仇"③，却还是有很多想法、看法、说法乃至做法取法康德。赫尔德讲"（人）民"④，这个括号里面的"人"是从哪里来的？就是从康德那里来的（这才是一个分析构成性的说法）。这样我们就可以发现，浪漫主义

---

① "这是实践的同时又是理论的。"［德］康德：《纯粹理性批判》，邓晓芒译，人民出版社 2004 年版，第 612 页。

② "'人类学'（Anthropologie，即'人本学''人学'）。"邓晓芒：《冥河的摆渡者——康德〈判断力批判〉》，武汉大学出版社 2007 年版，第 2 页。"在纯粹哲学的领域中，我对自己提出的长期工作计划，就是要解决以下三个问题：1. 我能做到什么？（形而上学）2. 我应做什么？（道德学）3. 我可以希望什么？（宗教学）接着是第四个，最后一个问题：人是什么？（人类学，二十多年来我每年都要讲授一遍）。"同上书，第 3 页。"但是从根本说来，可以把这一切都归结为人类学，因为前三个问题都与最后一个问题有关系。"同上书，第 3 页。"《判断力批判》把经验性的人类学（心理学）通过人类天赋的普遍必然的道德情感提升到'先验人类学'。"同上书，第 53 页。"康德考虑美学问题是立足于'先验人类学'高度，并猜测到了美感与人的社会性本质的必然联系。"同上书，第 38 页。"由于他［康德］的先验主义基本立场，他认为自然经验所造成的天才并不是最重要的，最重要的是与人的道德性相通的鉴赏力……前者是经验人类学的内容，后者是先验人类学的内容。"同上书，第 73 页。"经验派美学的解释只是为先验的探讨做准备的。换言之，必须通过对鉴赏的批判追溯其先天原则，从而由经验性的人类学上升为先验的人类学。"同上书，第 56 页。"《判断力批判》是康德先验人类学的核心部分……由此把经验世界和超验世界紧紧地结合在人或人的自由这一'事实'上，而形成先验人类学的核心。"同上书，第 125 页。尽管康德的"先验人类学并未成为现实的［先验］人类学"。同上书，第 126 页。

③ 户晓辉：《返回爱与自由的生活世界——纯粹民间文学关键词的哲学阐释》，江苏人民出版社 2010 年版，第 56 页。

④ 户晓辉：《返回爱与自由的生活世界——纯粹民间文学关键词的哲学阐释》，江苏人民出版社 2010 年版，第 52 页。

并非只起源于民族主义的情感，它背后有启蒙主义讲究的个人、自由的理性，自由主义和个人主义是浪漫主义的理性底色。只不过搞浪漫主义的人觉得单纯理性并不能真正把个人的自由"做"出来，片面强调普遍理性会压制个人自由。民族主义是干什么的？它当然是要为民族国家"做"文化想象的正当性论证，我们国家有这个文化传统，这是我们德国人的传统文化，那我们建立一个德国文化的民族国家有何不可？但建立德国文化的民族国家的目的是什么？是要将德国文化的民族国家实现为公民社会的民主国家，而不单单是德国文化的民族国家。在这点上，很多浪漫主义者都承认浪漫主义的背后是启蒙主义；如果把浪漫主义仅仅说成民族主义的衍生物①，那很多浪漫主义者都不会同意。所以，我们浪漫主义的民俗学家完全有理由说，看似专讲审美情感实际上以纯粹实践理性为前提的《判断力批判》是我们这门以民间文学诸审美体裁为研究对象的民俗学的形而上学原典，如果我们希望通过审美情感打通理论理性和纯粹实践理性，并让"实践理性就［此］占据了优先地位"②，从而民俗学自身能够是理性地实践的。进而，如果浪漫主义的民俗学以《判断力批判》为其形而上学基础，那我们就可以希望我们民俗学的研习者、从业者，能够回到《判断力批判》，民俗学研究不光要有理论理性的经验性维度，还要有纯粹实践理性的先验性维度。

---

①   刘宗迪：《超越语境 回归文学——对民间文学研究中实证主义倾向的反思》，《民族艺术》2016 年第 2 期。"刘宗迪……不同意将个人主义、自由主义理念作为纯粹实践理性，而认为民俗学的先验目标应该指向民族主义，这既是民俗学自诞生之日就有的伟大目标，也是今天重塑民间文学生命力的原动力。"萧放、鞠熙：《实践民俗学：从理论到乡村研究》，《民俗研究》2019 年第 1 期，又载王杰文主编《实践民俗学的理论与批评》，学苑出版社 2020 年版，第 242 页。

②   "在纯粹思辨理性与纯粹实践理性联结成一个认识时，假定这种联结不是偶然的和任意的，而是先天地以理性自身为基础的，从而是必然的，实践理性就占据了优先地位。因为若无这种隶属次序，理性就会发生自相冲突……"［德］康德：《实践理性批判》，韩水法译，商务印书馆 1999 年版，第 133 页。

三　如何反思民俗学实践的先验维度

鲍辛格、鲍曼、高丙中等人从 20 世纪 60 年代到 90 年代对经典民俗学的反思，做出了很大的贡献，但与此同时他们也都止步于对"事实"的"直观"（用高丙中的话说就是"呈现社会事实"），说它是对"事实"的经验性直观也好，对"实事"的现象学直观——对事物、事情本身的本质直观——也罢，民俗学的实践范式都需要继续往前走。为什么还要往前走？高丙中说，我们过去的民间文（艺）学多是历史研究，少有现实研究，他说的是对的。现在我们有了现实研究，但如果我们只关注现实，也就还不能进一步给出实然现实的应然理想。人在实然现实中有没有应然理想，即实然的应然条件，亦即人的自由的尊严？实然的现实本身不可能回答。因为经验性地直观实然现实的事实，实然的现实事实上总是必然地合于自然—社会因果性规律——因而在经验性直观的理论认识论的理性意义上，黑格尔说"凡是有理性的都是现实的，凡是现实的东西都是有理性的"[1] 是对的——而只是偶然或或然地"可能"（不敢肯定）出于自由—道德因果性法则。既然如此，那民俗学还有什么用？如果说民俗学在理性上应该是实践的，但作为理论理性，民俗学仅仅证明了个人自由事实上的偶然或或然性，却没有证明其事实上的必然性。但这也就意味着，如果民俗学在理性上应该也能够是实践的，那就要证明个人自由的应然理想是实然现实事实上的合法性（也是合理性）正当性条件，但民俗学因此也就还缺少一个能够在事实上证明这一点的维度，而这个事实——不是"经验事实"而是"理性的事实"即"在理性上必然可能的经验事实"——证明的维度就是康德批判哲学孜孜以求的目标。在《技术世界中的民间文化》导论中，鲍辛格写道，有一个叫

---

① 邓安庆：《黑格尔哲学中几个概念和名言的含义勘定与阐释》，《云梦学刊》2019年第 40 卷第 4 期。

布莱希特的人，他要求我们这个时代的人都说"居民"，不要说"民众"或者"人民"。① 因为后者已经被法西斯用滥了，我们现在需要成为名副其实的、作为个体的"居民"而不是徒有其"通名"的"民众"或"人民"。虽然布莱希特没有说到"个人"，但"居民"就是指每一个活生生的个体。在《民间文化与公民社会》"序言"中，高丙中说过一句话："我……从'个人的故事'讲起。"② 我赞赏这句话，实践民俗学就是要改变经典的"集体"观念，从"个人"说起也从"个人"做起。我们民俗学虽然研究人的行为的普遍模式，但人的行为的普遍模式需要我们每一个人自由地选择实践，而个人自由地选择实践应该是人的普遍行为模式的自由出发点和经验落脚点，即每一个活生生的有血有肉的自由个体的日常生活。居民应不应该有自己的自由权利，能不能有自己的自由（道德）能力？这是我们民俗学的"居民"实践研究要回答的问题。鲍辛格想回答的问题也是鲍曼想回答的问题，在《作为表演的口头艺术》中，鲍曼两次说道，"我们可以利用什么来使我们成为社会的人？……究竟是人类的哪一种基本特性导致我们成为社会的一员？"③ 鲍辛格和鲍曼都提出了问题，但也都还没有找到解决问题的恰当方法。直到今天，世界各国的民俗学家们也还不能绝对地说找到了解决的办法，所以民俗学家们还在继续努力。现在在中国民俗学界，确实有一些民俗学家在"实践""生活"等概念框架下做民俗研究，比如萧放、鞠熙、李向振、周星、刘铁梁、尹虎彬、陈连山、刘晓春、高丙中、王杰文、户晓辉、吕微等④，大家都在做民

---

① ［德］鲍辛格：《技术世界中的民间文化》，户晓辉译，广西师范大学出版社2014年版，第15页。

② 高丙中：《民间文化与公民社会——中国现代历程的文化研究》，北京大学出版社2008年版，第4页。

③ ［美］鲍曼：《作为表演的口头艺术》，杨利慧、安德明译，广西师范大学出版社2008年版，第241、234页。

④ 王杰文主编：《实践民俗学的理论与批评》，学苑出版社2020年版。

俗学的实践研究，但又在目的、方法上呈现出各自不同的角度、层次差异。有差异是正常的，我们每个人都有自己对事物的独到理解，不能武断地说谁的理解绝对正确。但也正是因为理解的差异，才需要我们对他人"表一了解之同情"（陈寅恪），而"比较"是同情理解的常用方法。但这里就有一个问题，每个人都受各自语境（这里姑且延用"语境"概念的经典定义）影响，除了要考虑各人不同的理论背景（比如鞠熙的文章，一看就知道法国民俗学的学术背景特别深厚，于是我们要想较深入、开阔地理解鞠熙的话，就得先懂法文），还得考虑各人不同的生活背景。因而就各人使用的不同概念来说，刘铁梁讲的"身体"① 和鞠熙讲的"行为""行动""活动"② 有接近的地方，也就有拉开距离的地方，因为每个人使用的概念"能指"都有不同"所指"（索绪尔）的背景来源。如果不是出于同一角度、处于同一层次，同一"所指"的概念很难比较其不同的"能指"。现在，如果我要强行比较"身体"和"行为"，至少得反思地还原到胡塞尔那里，在胡塞尔那里现象学的意向性"身体"和同样是意向性的"行为"才可能出于同一角度、处于同一层次。"身体"这个词语看似简单，其实是胡塞尔最早将其用作学术概念的；"身体"可不是民俗学、人类学自己发明的，因为我们民俗学从来不大重视身体而是更重视精神。③ 胡塞尔在强调不同主体之间交往的主体间性时用了

————————

① 刘铁梁：《身体民俗与节日文化主体》，《节日研究》2004 年第 1 期；刘铁梁：《身体民俗学视角下的个人叙事——以中国春节为例》，《民俗研究》2005 年第 2 期。

② 萧放、鞠熙：《实践民俗学：从理论到乡村研究》，《民俗研究》2019 年第 1 期；被收入王杰文主编《实践民俗学的理论与批评》，学苑出版社 2020 年版，第 225—251 页。

③ "民俗包括作为民众精神禀赋的组成部分的一切事物而有别于他们的工艺技术，引起民俗学家注意的，不是耕犁的形状，而是耕田者推犁入土时所举行的仪式；不是渔网和渔叉的构造，而是渔夫入海时所遵守的禁忌；不是桥梁或房屋的建筑术，而是施工时的祭祀以及建筑物使用者的社会生活。民俗实际上是古人的心理表现，不管是在哲学、宗教、科学和医药等领域，在社会的组织或礼仪方面，还是在历史、诗歌和其他文学部门等更严格意义上的知识领域方面。"［英］博尔尼：《民俗学手册》，程德祺等译，上海文艺出版社1995 年版，第 2 页。

"身体"这个看起来很经验性、很感性的词语，但他的"身体"并不仅仅指感性的东西，而是含有主观间先验的理性意向性。[①] 当"身体"被用作学术概念特别是哲学概念，身体研究才流行起来。其他学科的学者看哲学家们在用，迷信它一定（当然也确实）有形而上学深度，就一拥而上，不由分说，拿来用作本学科的经验性概念。而一旦用作了经验性概念，概念之间就难以再比较，就像"身体"这个经验性的日常词语在不同的经验性语境中很难相互比较。有时候我反对做比较研究，因为我发现经验性的比较经常不伦不类。那么我们就不需要比较了吗？也不是，我们需要建立在反思性基础上的逻辑统一性的比较研究，我认为这比单纯经验性的比较研究靠谱得多。经验性比较是直观的比较，如果你的经验性直观能够最终成立，一定建立在经验性概念的基础上。但除了经验性概念，实际上你自己的心里一定已经有了一把先验的尺子，你的经验性概念才有先验根基，只不过你现在对自己心里的那把先验的尺子还没有反思的意识。换句话说，当你对自己心里的先验尺子尚没有反思的时候，比较就仅仅建立在康德说的"健康理性""健全知性"的常识基础上，根据常识来做比较，这种比较从学术角度来说容易出问题。学术比较不能直接使用常识，因为常识是直向的、非反思的，只要你不是有精神疾病，你就可以用自己的常识来做判断。我们在使用自己的"日常理性"或"平常知性"的时候，并不对我们使用的常识性词语做理论或实践、经验性或先验的自觉区分，普通人会不自觉地直向—非反思地使用常识性词语。但如果学者们在学术上盲目地以"健康理性""健全知性"自诩，进而直接地使用"日常理性""平常知性"做常识性判断，就

---

① 倪梁康：《胡塞尔现象学概念通释》，生活·读书·新知三联书店 2007 年修订版，第 278—279 页。

会出（我反复强调的）学术"原罪"这样的大问题。① 我们写论文都要有一个逻辑前提，但如果不是首先对自己的逻辑前提有一点反思，我们就弄不清自己使用的究竟是理论手段（工具）的经验性概念还是实践目的（立场）的先验理念，从而混淆概念的理论经验性使用和理念的实践先验使用。所以现在，为避免我们的学术盲目性，我们学者就要使用自己的理性检验学术理性的逻辑前提即概念或理念的预设——将"健康理性""健全知性""日常理性""平常知性"的直向性常识词语接受并作为反思性学术理论概念和实践理念——这就是康德做的工作，即理性地自我批判。康德用逻辑统一性的反思性方法批判地检验理性本身，其对理性的开阔、深入分析，至今难有人超过他。

四　一般实践理性和纯粹实践理性

什么是"实践"？简单地说，实践就是"做事"，"以言行事"（do things with words）②，也是做事，也是实践③。说做事就是实践，亚里士多德已有明确的说法。希腊人讲理性的静观，认为静观是非常纯粹的理性；一旦做事，理性就不纯粹了。由此，亚里士多德区分了以理性自身为目的的理性即理论理性（静观），和以自身之外的其他

---

① "清白无邪是美妙的事，不过从另一方面看也很糟糕，它不能维持自己，很容易被诱惑……"［德］康德：《道德形而上学奠基》，杨云飞译，人民出版社2013年版，第28—29页。吕微：《社区优先还是社会优先？——民俗学的逻辑出发点与"〈公约〉修正案"》，未刊。

② ［英］奥斯汀：《如何以言行事——1955年哈佛大学威廉·詹姆斯讲座》，杨玉成、赵京超译，商务印书馆2013年版；Austin：*How to Do Things with Words*，外语教学与研究出版社2002年版。

③ "促进理性分析，并相信这种分析本身就是实践活动"，"无论我们愿意不愿意，我们的研究行为本身也就是'应用'与'实践'"。萧放、鞠熙：《实践民俗学：从理论到乡村研究》，《民俗研究》2019年第1期，又载王杰文主编《实践民俗学的理论与批评》，学苑出版社2020年版，第243页。吕微：《民俗学：一门伟大的学科——从学术反思到实践科学的历史与逻辑研究》，中国社会科学出版社2015年版，第577页。

感性或经验性目的为目的的理性即实践理性（做事）。就亚里士多德的实践带有技术、技艺、艺术——实用目的而言，与纯粹静观的理性相比，做事的理性就是不纯粹的理性。① 但康德把做事的实践理性进一步区分为不纯粹的一般实践理性和纯粹实践理性，康德之前已有人这样区分，但康德把这件事情做得最彻底。康德说人做事出于两种实践理性目的，一种是出于实用意向（考虑功利性结果）的实践理性目的，一种是出于道德意向（不考虑功利性结果）的纯粹实践理性目的。尽管康德对实践理性目的做出了上述两种区分，但在实践上清晰地区分开这两种理性目的其实很难。比如商人可能只是表面上说"童叟无欺""顾客就是上帝"，但背后的目的其实可能只是吸引更多的顾客来买东西，以便赚更多的钱。这样的"童叟无欺"，客观地看，是合于道德目的的实践理性；但主观地说，并不一定是出于道德目的的纯粹实践理性。或者换个说法，主观上难以实践地认定纯粹出

① 亚里士多德可能是最早对"理论知识"（teoretical knowledge）和"实践知识"（practical knowledge）加以区分的人，但亚里士多德说的"实践知识"是经验性的实用知识（故有译者直接译作"实用知识"），而不是像康德那样强调实践知识也可以有出于纯粹道德理性的先验实践知识。"理论知识的目的在于真理，实用知识的目的则在其功用。从事于实用之学的人，总只在当前的问题以及与之相关的事物上寻思，务以致其实用，于事物的究竟他们不予置意。"［古希腊］亚里士多德：《形而上学》，吴寿彭译，商务印书馆1959年版，第33页。"思辨知识以真理为目的，实践知识以行动为目的。尽管实践着的人也考虑事物是个什么样子，但他们不在永恒方面进行思辨，只虑及关系和此时。"［古希腊］亚里士多德：《形而上学》，《亚里士多德全集》第7卷，苗力田译，中国人民大学出版社1993年版，第59—60页。"理论知识的目的是真理，而实践知识的目的是活动。因为即使为了实践活动的人考虑到事物是怎样的，但他们并不研究永恒的东西，而只研究那相对的东西和在当前的东西。"［古希腊］亚里士多德：《形而上学》，李真译，上海人民出版社2005年版，第52页。"理论的理性也必须有一个对仗。经院哲学的实践理智就已使这个对仗的名称跃然纸上了，而实践理智又是从亚里士多德的实践理性（《精神论》第三篇第十章，又《政治学》第七篇第一、四章，'原来理性一面是实践的，又一面是理论的'）来的。然而在［康德］这里却完全是以此指另外一回事，和［亚里士多德］那儿［实践］理性是指技术而言的不同。在［康德］这里实践理性却是作为人类行为不可否认的伦理意义的源泉，作为一切美德、一切高尚胸怀的源泉，也是作为可以达到的任何一程度上的神圣性的源泉和来历而出现的。"［德］叔本华：《作为意志和表象的世界》，石冲白译，商务印书馆1982年版，第699页。

于道德和出于功利的实践理性目的；但客观上却可能在出于道德的实践性目的的背后，理论地认定出于功利的实践理性目的（实际上也就是合于理论理性的实践理性目的），就像康德说过的，绝无可能理论地认定实践理性的纯粹道德目的。① 但理论理性既然不能证明纯粹实践理性的道德目的的现实性，也就同样不能理论地证明纯粹实践理性的道德目的的必然不可能性。于是，通过还原掉实践理性中理论理性的认识条件及其一般（出于功利性目的的）实践理性，康德就还原出纯粹（出于道德目的的）实践理性在逻辑上的必然可能性。这样，与亚里士多德不同，在康德这里就有了三种理性，即理论理性、一般实践理性和纯粹实践理性。换句话说，人做事都从理性出发，如果是出于纯粹认识（古希腊人所谓"静观"）的目的，就叫作理论理性即理性的理论使用（认识论）；如果是出于道德性实践或功利性实用的目的，就叫作理性的实践使用（实践论）。② 但是，出于功利性实用目的的一般实践理性，尽管一方面看起来从属于实践理性，另一方面说起来却从属于理论理性。康德对实践理性的后一种分属法，与我们一般的理解不大一样。我们一般说你有理论，然后你应用你的理

① "［即便］我们通过［'实践认识'］最严厉的自省，也无法找到任何东西［作为理由］，除了义务的道德根据之外，能有足够的力量推动我们做出这样那样的善行、付出如此巨大的牺牲；但由此我们根本不能［从理论认识上］有把握地断定，确实完全没有任何隐秘的自爱［例如为了'千古留名'之类的经验性］冲动，藏在那个［道德］理念的单纯假象之下，作为意志真正的规定性的原因……事实上，即使进行最严格的［理论认识］审查，我们也绝不可能完全走进背后隐藏的［经验性］动机……"［德］康德：《道德形而上学奠基》，杨云飞译，人民出版社 2013 年版，第 32 页。

② "我在这里满足于把理论知识解释为一种我用来认识'这是什么'的知识，而把实践知识解释为一种我用来设想'这应当是什么'的知识。据此，理性的理论运用就是那种我借以先天地（作为必然的来）认识到某物存在的运用；但实践的运用则是那应当发生的事情借以先天地被认识到的运用。"［德］康德：《纯粹理性批判》，邓晓芒译，人民出版社 2004 年，第 499—500 页。"实践理性并不处理对象以求认识它们，而是处理它自己（根据关于这些对象的认识）现实地实现这些对象的能力，亦即处理乃系一种因果性的原则，只要理性包含了这种因果性的决定根据……"［德］康德：《实践理性批判》，韩水法译，商务印书馆 1999 年版，第 97 页。

论去实践，康德认为这仍然是理论理性即认识论，凡认识论都有理论和应用两个部分，而一般实践理性就是理论理性的应用部分，而不是说你应用了理论就是实践。这样在康德这里，真正说来只有两种理性，即"理论理性即理性的理论使用"和"纯粹实践理性即理性的纯粹实践使用"，康德把一般实践理性从实践理性中剥离出来，归属于理论理性了。因而康德所谓"实践"就只是纯粹出于道德目的而理性地"做事"。在《实践理性批判》中，康德反复地说，理性是能够实践的。就是说，人能够纯粹出于道德目的而理性地实践。那么，纯粹实践理性中就没有一点儿认识的因素吗？当然有。康德称之为"实践认识"或"实践研究"①，甚至断言"纯粹理性的认识在这里构成了实践应用的基础"②。我们讲实践民俗学、民俗学的实践范式，或者作为实践科学的民俗学，当然都是在努力地认识民俗学实践的理论，即认识道德实践的先验（自由）发生条件和经验性（自然）实现条件，以及二者之间相互结合的可能性和现实性条件。根据康德的论述，一般实践理性从属于理论理性，是理论理性的应用部分，所以康德又把出于理论理性目的的一般实践理性称为出于"技术性"概念或原则的实践，以对照于纯粹出于道德性概念或原则的实践。技术

---

① "实践研究（practical investigation）。"［德］康德：《实践理性批判》，韩水法译，商务印书馆1999年版，第26页。Immanuel Kant, *Kritik der praktischen Vernunft*, Siebente Auflage, Verlag von Felix Meiner, Leipzig, 1920, S. 26, p. 34. Immanuel Kant, *Critique of Practical Reason*, Translated and Edited by Mary Gregor, Cambridge University Press, 1997, S. 26, p. 24. "实践认识（practical cognition）。"同上书，第113页。Immanuel Kant, *Kritik der praktischen Vernunft*, Siebente Auflage, Verlag von Felix Meiner, Leipzig, 1920, S. 57, p. 75; S. 103, p. 133. Immanuel Kant, *Critique of Practical Reason*, Translated and Edited by Mary Gregor, Cambridge University Press, 1997, S. 57, p. 50; S. 103, p. 86. "实践认识""实践研究"，康德也将其与"自然知识""自然研究"相对，称为"人的研究"。同上书，第160—161页。"理性（具有）这种乐意对所提出的实践问题进行极其精细考察的倾向。"同上书，第168页。即"为了纯粹实践原理的科学认识"。同上书，第165页。"实践理性与思辨［的理论］理性，就两者都是纯粹理性而言，是以同样的认识能力为基础的。"同上书，第97页。

② ［德］康德：《实践理性批判》，韩水法译，商务印书馆1999年版，第14页。

性实践服从自然因果性规律，例如：原因是"渴了"，手段是"喝水"，喝了水不渴了就达到了"解渴"目的或达成"解渴"的目的结果（原因解除）。在技术性实践中，无人能够违背而只能服从自然因果性规律，因此技术性实践看起来的确是实践行为但其实是理论"行为"的补充部分，不是仅仅服从自由因果性（道德）法则的纯粹理性实践。区分技术性实践和道德实践不是看行为的过程和结果，而是看行为的目的和原则，技术性实践根据的是自然目的的自然原则（功利性实用规律），道德实践根据的是自由目的的自由原则（道德实践法则）。道德实践和技术性实践就目的而言有时很难区分开来，当然也不是必然对立，比如有个人跳到水里去救人，事后有人说他是出于道德目的，也有人说这个人就是沽名钓誉，那么这个救人的人是出于功利性目的、根据自然原则，还是出于道德目的、根据自由法则？站在纯粹实践理性的立场上，"出于爱人类，我愿意承认，我们的大多数行动还是合乎义务的"[1]；但是站在理论理性的立场上，则"只需成为一个冷静的观察者，不至于把对善的最热切的愿望［目的］立即看成善的现实［行为］，就会在某些时刻怀疑：这个世界上甚至是否确实能见到任何真正的德行"[2]。但一桩实践行为，即便不是完全出于道德目的，也可以是合于道德目的的现实道德行为，只要你拥有实现道德目的的现实自然手段或工具。要能够把人从水里救出来，你自己必须首先学会游泳，如果你不会游泳，那就是在违背自然规律的条件下行善，你不光救不了人，自己还会被淹死。救人固然是出于道德目的，但是救人的效果必然通过自然手段即服从自然规律才能达到。所以最理想的情况是，既出于道德目的，也拥有自然手段，即能够服从自然规律；即如康德说的，"在这里理性至少足以决定意

---

① ［德］康德：《道德形而上学奠基》，杨云飞译，人民出版社2013年版，第33页。
② ［德］康德：《道德形而上学奠基》，杨云飞译，人民出版社2013年版，第33页。

志［的道德目的］，并且如果只是事关愿欲［的自然手段］的话，那么理性总是具有客观实在性。"① 但道德目的和自然手段在特定的客观语境下，未必总能够相互联结。比如：他不会游泳但仍然下水救人结果被淹死了。他下水救人的时候，或者忘记、或者没有考虑、或者考虑了仍然完全无视自己不会游泳，即明知道自己不会游泳会被淹死仍然要下水救人。即便如此，人出于不同的主观判断力，站在纯粹实践理性和理论理性的不同立场上，对救人的人的救人目的，也会有截然相反的判断。重复一遍：立场是我们思考的背景——站在纯粹实践理性的立场上，我们愿意相信救人的人除了出于善良意志的救人目的没有其他丝毫出于功利意向的伪善目的；但如果站在理论理性的立场上，人们就会猜测救人的人有其他出于功利意向的隐匿目的。② 其实，不光是事后的判断，就是救人的当事人当时当场对道德法则或者自然规律（也许是下意识）的主观选择也依赖于人的任意性判断

----

① ［德］康德：《实践理性批判》，韩水法译，商务印书馆1999年版，第13页。

② "实际上，绝对不可能凭借经验完全确定地断言一个单个事例，说其中某个通常合乎义务的行动的准则是基于道德的根据及其义务的表象之上的。义务虽然有时有这种情况，我们通过最严厉的自省，也无法找到任何东西，除了义务的道德根据之外，能有足够的力量推动我们做出这样那样的善行、付出如此巨大的牺牲；但由此我们根本不能有把握地断定，确实完全没有任何隐秘的自爱冲动，藏在那个理念的单纯假象之下，作为意志真正的规定性的原因；为此我们倒是乐于用表面上适合我们的更高贵的动因来迎合自己，但事实上，即使进行最严格的审查，我们也绝不可能完全走进背后隐藏的动机，因为，如果谈论的是道德价值，那么问题就不取决于人们看到的行动，而取决于人们看不到的那些内部的行动原则。"［德］康德：《道德形而上学奠基》，杨云飞译，人民出版社2013年版，第32页。"出于爱人类，我愿意承认，我们的大多数行动还是合乎义务的；但如果人们更贴近地看看这些行动孜孜以求的东西，就会到处遇到那个总是赫然醒目的心爱的自我，这些行动的意图正由这自我出发，而不是出于多半会要求我克制的那个义务的严格命令。"同上书，第33页。"但我们还是不能通过例证肯定地阐明，意志在这里并无其他的动机而只是由法则决定的，尽管看上去似乎如此；因为对羞耻的隐秘恐惧，或许还有对其他危险的模糊担忧，都总是可能对意志发生影响。当经验所告诉我们的只不过是我们对一个原因的毫无知觉的时候，谁又能通过经验来证明那个原因的非存在呢？"同上书，第50页。"对于人来说，如此看穿他自己的内心深处，以至于他往往只是在一个行动中就能完全确知，其道德意图的纯粹性和意向的纯洁性是不可能的，即便他毫不怀疑这个行为的合法性……就每一次行为而言，究竟有多少纯粹道德的内容处于意向中，对他们自己来说依然是隐秘的。"［德］康德：《道德形而上学》，《康德著作全集》第6卷，李秋零译，中国人民大学出版社2007年版，第405页。

力——人的判断力因而具有主观选择的任意性——所以站在主观立场上看，我们会说，人们之所以会选择纯粹实践理性和理论理性的当事判断和事后判断，都依赖于人的判断力的任意性。换句话说，一个人是不是出于道德目的而行善，相不相信一个人会出于道德目的而行善，都依赖于人们的主观判断力的任意选择，用通俗的话说就是这个人有没有道德同情心。这不仅关乎道德判断行为，也关乎对道德行为的判断。这就回到了我们开始讨论的语境问题，救人的当事判断语境以及救人的事后判断语境，都不是客观性语境，而是人通过其判断力主观任意地选择构成的。可能鲍曼已经意识到了这一点，所以鲍曼才说，对表演是否是"负责任的完全表演"的判断，即对表演者出于责任目的的相信与否，要"在一定程度上被从其［客观性］语境背景中提取出来"。①

五　综合知性、纯粹实践理性和感性想象力的判断力

那么，什么是"判断力"呢？我们可以举例说明，一名医学院的学生把专业知识学得再好，门门功课全都得优，如果他只知道照本宣科，他也不一定能够成为一名好医生，为什么？因为他光有理论理性书本知识，没有判断力，让他当门诊医生谁都不放心。根据康德的观点，判断力这个东西不是靠"教""学"自然知识、道德知识而"闻"得的（"朝闻道夕死可矣"），而是靠练习、培养能力而"习"得的（"学而时习之"）。掌握理论知识（自然规律）靠"教"，靠"学"，运用理论知识靠理论理性判断力；同样，掌握道德知识（道德法则）靠"强制"，靠"接受"，运用道德知识靠实践理性判断力（"俗"也靠

---

① ［美］鲍曼：《作为表演的口头艺术》，杨利慧、安德明译，广西师范大学出版社2008年版，第68—69页。"在一定程度上被从语境背景下抽离出来。" 同上书，第77页。"在一定程度上从其语境中提取出来。" 同上书，第85页。"从其所处的语境中抽取出来。" 同上书，第111页。"在一定程度上使之从周围的情境中提升出来。" 同上书，第112页。"在一定程度上从其语境背景中被客体化、被提取出来。" 同上书，第131页。"一定程度上从其语境背景中提升出来。" 同上书，第161页。

"习"得，所以叫"习俗"）。因为判断力是天赋，只能通过反复练习、培养来提高。"治病救人"是专业伦理（道德义务）的实践知识，但是否以治病救人为实践目的和原则，全靠每一个人判断力在主观上的任意选择。这就是判断力的特点。判断力并不自己给出知识，给出知识就是普遍地规定对象，就是给对象普遍地立法，而无论这对象是理论认识的客体现象，还是实践意志的主体表象。判断力并不普遍地规定对象，并不给对象普遍地立法，所以判断力没有属于自己的"领地"。但判断力可以通过服务于理论理性和纯粹实践理性在他人的"属地"上主观任意地做出选择；判断力既可以服务于理论理性（知性），也可以服务于纯粹实践理性，所以又有自己临时的"园地"。但是，尽管判断力没有对象可以规定，不可以给对象立法，因而无法给出客观原则，但这并不意味着判断力不能反思地自己规定自己（以自己为"对象"），自己给自己立法，从而给出主观原则。康德在审美鉴赏中发现了判断力的主观原则，判断力的主观原则就内在于每一个普通人与生俱来而（在逻辑上）尚未分化的"健康理性""健全知性""日常理性""平常知性"的原始或本原综合能力的"自然禀赋"[1] 当中——所以康德能够用后者的"准则"说明前者的主观原则："自己思维；站在别人的地位上思维；任何时候都与自己一致地思维。"[2]

---

[1]　［德］康德：《判断力批判》，《康德著作全集》第 5 卷，李秋零译，中国人民大学出版社 2007 年版，第 320 页。

[2]　"平常的人类知性的以下准则虽然不属于这里作为鉴赏判断的部分，但却毕竟能够用做其原理的阐明。它们是如下准则：1. 自己思维；2. 站在别人的地位上思维；3. 任何时候都与自己一致地思维。一以贯之的思维方式的第一个准则是无成见的思维方式的准则，第二个准则是开阔的思维方式的准则，第三个准则是一以贯之的思维方式的准则。"同上书，第 306 页。"至于思维方式的第二个准则，我们通常都习惯于把其才能不堪大用的人称为有局限的（狭隘的、开阔的对立面）。然而在这里，我们说的不是认识能力，而是合目的地运用认识能力的思维方式；这种思维方式，无论人的自然天赋所达到的范围和程度多么小，仍表明一个人具有开阔的思维方式，如果他把如此之多的别人都如同被封闭在其中的主观的私人判断条件置之度外，并从一个普遍的立场（他唯有通过置身于别人的立场才能规定这个立场）出发对他自己的判断加以反思的话。"同上书，第 307 页。

由于判断力的原则只是自己规定自己，自己给自己立法，所以判断力的原则只能是主观的；虽然判断力的原则是主观的，却是理性、知性给出客观原则、普遍原则的主观必然性条件（因为判断力就内在于理性、知性和判断力的原始、本原综合统一性）。判断力作为理性、知性的主观必然性条件，且首先其自身的主观性，可以从内容和形式两方面说。从内容上说，以审美鉴赏为例，人们之于审美鉴赏对象的美感，完全是主观上给予的，美感并不存在于审美鉴赏对象当中，如果美感存在于对象当中，那美感就是对象的客观属性了。尽管"口之于味有同嗜焉"（《孟子·告子上》），但我们都承认，"事关口味无可争论"①"口味面前无争议"②。我（半个陕西人）和户晓辉（河南人）都爱喝胡辣汤（河南人把胡辣汤带到了陕西），我俩口味接近，但这只是一个具有普遍性的感性经验，你不能要求所有人都爱喝胡辣汤。但美感和口味不一样，美感虽然以感性为条件，但根据的却不是感性条件而是判断力的条件即判断力的主观原则。你觉得印象派的画美，同时就会觉得凡有审美鉴赏力的人都应该觉得印象派的画美，如果谁不觉得印象派的画美，谁就是审美鉴赏力太低。所以美感和口味不一样，美感可以在主观上先验地、普遍地要求别人必然也"应该有"或"应当有"也"可以有"。如果你不欣赏印象派的画，你就是审美鉴赏力不高甚至没有审美鉴赏力。但口味不一样，你不爱喝胡辣汤，我不能说你口味不高甚至没有口味。美感之所以不同于口味，具有能够先验地、普遍地要求每一个其他人的主观必然性，乃是因为判断力有自己的普遍原则，尽管是一个

① ［美］阿伦特：《康德政治哲学讲稿》，贝纳尔编，曹明等译，上海人民出版社2013年版，第99页。

② 邓晓芒：《康德〈判断力批判〉释义》，生活·读书·新知三联书店2008年版，第215页。

主观的普遍原则（准则）。① 从形式上说，审美鉴赏的美感也完全是主观上自我给予的，即当主体无功利地直观（"静观"）一个感性对象（感觉的客体现象或想象的主体表象）的时候，主体理论的知性、实践的纯粹理性和感性的想象力的主观意向形式能力共同、协调地被激发出来，于是主体反思地感受到一种无目的、无功利，却对自身主观意向形式的综合、协调能力产生的纯粹感性愉悦，这就是判断力的美感，与美感内容一样，美感在形式上同样根据的是判断力主观的普遍原则。如果说，"自己思维"是知性"消极自由"的主观原则——知性之所以要"自己思维"是因为知性的规定对象外在于知性的客体现象，故唯当其完全地独立于感性才可能有纯粹的主观原则——"与自己一致地思维"是纯粹实践理性"积极自由"的主观原则，那么"站在别人的地位上思维"就是判断力联结理论理性"消极自由"地立法和纯粹实践理性"积极自由"地立法的主观原则，有了这些主观原则相互协调而产生的美感，理论理性（知性）、纯粹实践理性才可能进一步去规定各自的对象，即理论理性的客体外在对象（感性的现象）、纯粹实践理性的主体内在对象（从人的"同一个意志"中分析出来的任意的理性表象）。② 但是，在知性和纯粹实践理性各自规定各自的对象之前，知性、理性和判断力已经在主观上自己以自己为对象、自己为自己立法，这就是知性、理性和判断力的主观

---

① "准则之中的哪些形式适合于普遍立法，哪些不适合……"［德］康德：《实践理性批判》，韩水法译，商务印书馆 1999 年版，第 27 页。"准则在这种方式下决不能在自身之中包含普遍的—立法的形式。"同上书，第 35 页。"这个准则就不是让自己表现在普遍立法的形式之中。"同上书，第 35 页。

② "人们一般以为，美是一种纯感性的东西，因而它没有真理性，至少它的真理性要比知识（科学）的真理要弱。但是，审美原理［判断力准则］恰恰构成了一切经验法则的一个必要前提。因为正是现象世界被意识为一个合乎目的的、因而是美的对象世界，人们才会去追求这个世界的法则。……实际上，对于我们来说，这个世界首先是一个美的、和谐的、友善的世界，一个本原的真的世界，我们才去追究它的法则性存在。在这个意义上，美的世界是知识（经验）的世界的一个必要的群体。本原的真是经验的真的必要前提。"黄裕生：《真理与自由——康德哲学的存在论阐释》，江苏人民出版社 2002 年版，第 302 页。

原则。与知性和纯粹实践理性使用各自的主观原则构成各自的客观原则不同，自然规律和道德法则都具有规定（强制）的客观必然性，由于判断力没有要规定的对象因而也没有要建构的客观原则，只有反思（黾勉称之）的"对象"，即判断力自己，因而也就只能给出反思（自我要求和要求他人）性的主观必然性原则。于是，判断力的主观原则和知性、纯粹实践理性的客观原则都不同，自然规律和道德法则都具有严格的普遍性，一般不允许有例外——康德把根据道德法则的义务区分为"不允许有例外的义务"和"允许有例外的义务"——"［刘邦］西入咸阳……与父老约法三章：杀人者死，伤人及盗抵罪"（《史记·高祖本纪》）。"约法三章"是纯粹实践理性道德外在立法的强制规定命令，不能有例外。这就是纯粹实践理性根据其主观准则"与自己一致地思维"制定的客观法则；以此，所谓道德法则，从意向形式上说，就是理性意向在形式上不会自相矛盾。与纯粹实践理性的客观法则不同，判断力的主观准则不具有严格的普遍性即客观的必然性，而只具有主观的必然性即比较的普遍性。换句话说，判断力可以在主观上普遍地要求每个人都应该、应当（必然）也可以（能够）有审美鉴赏力；但判断力只能"要求""希望"而不能"强制""命令"，因为判断力只是自己以自己（立法者）为对象、自己（立法者）给自己立法（主观准则），而不是给（被立法者）对象立法（客观法则）。现在，与纯粹实践理性立法对象的任意不同，任意是判断力的立法者自己——而判断力的原则虽然只是主观准则，却可以普遍地要求每一个其他人在主观上都应该、应当且可以（必然可能）如此，所以判断力的主观准则又好像是一个客观法则。判断力的主观准则作为"好像"（邓晓芒）的客观法则，出于每一个普通人与生俱来的判断力先验意向形式能力，也就是每一个普通人"站在别人的地位上思维"的"共通感"天赋意向形式能力，没有"共通感"的先验意向形式能力，我们无法要求、希望别人与我一样应该、应当且可以从内容上对对象"有"严格普遍性美感的主观必然性。

六　共通感：判断力的先验主观意向形式能力

站在主观意向形式能力的先验立场上，共通感与作为"感性直观先验形式"的空间、时间接受形式相似，我们每一个普通人都先验地拥有的共通感的判断力主观意向形式能力，就像时、空一样。但作为判断力的共通感，较之时、空接受形式（经验接受性语境形式），更是审美鉴赏的构成形式（先验构成性语境形式）。但细心的阿伦特注意到康德"共通感"（Gemeinsinn）即"共同感觉"（Common Sense）的概念使用的是拉丁文词组"共同体感觉"（Sensus Communis），于是"共通感"的全称应该是"共同体感觉"（Community Sense）。这样就为"共通感"的理解、解释差异打开了一扇天窗：或者把"共通感"解释成"民族文化共同体的特殊感受内容"；或者把"共通感"理解为"人类大同共同体的普遍感觉形式"。① 这是两种完全不同的思路。根据前者，我能够理解的，你也能够理解，是因为我们在同一个文化共同体之内；反过来说，我能够理解，你却不能理解，是因为我们不在同一个文化共同体之内。而根据后者，我能够理解，你也能够理解，是因为我们在同一个人类共同体之内；反过来说，我能够理解，你却不能理解，是因为我们不在同一个人类共同体之内（后一种情况当然只是逻辑上的可能性）。对康德"共同体"的不同理解和解释，构成了以"共同体"为逻辑出发点的民俗学的两种不同的发生、发展的可能性条件。我今天一开始就讲到，作为康德学生的赫尔德开创的浪漫主义

---

① "Sensus Communis……把我们置于并让我们适于某个共同体……Sensus Communis 是专属人类的感觉。"［美］阿伦特：《康德政治哲学讲稿》，贝纳尔编，曹明等译，上海人民出版社 2013 年版，第 106 页。

民俗—民间文学审美鉴赏运动，本应以《判断力批判》为形而上学理论原典，即以判断力的主观原则为原则，实际上却以"民族文化共同体"的理论理性客观法则为逻辑出发点。这当然起源于民俗学者任意地"误读"康德与赫尔德的著作，从而决定了浪漫主义民间文（艺）学—民俗学运动的发展方向与方式——户晓辉看出了赫尔德思想的康德底色，现象学地还原出"民"字当中被括进括号的大写的"人"字——而赫尔德之后的民俗学者之所以"背叛"了康德，乃是因为，正如我一开始就说的，赫尔德以后的民俗学者非反思地径直接受了"健康理性""健全知性""日常理性""平常知性"的常识性词语"共同体"，并且用作理论理性意向内容的客观规律，而没有认识到在常识性词语内部，先验地含有纯粹实践理性意向形式的客观法则，甚至能够被用作客观法则的"站在别人的地位上思维"的判断力意向形式的主观准则。赫尔德以后的民俗学者对常识性词语的非反思—接受使用，构成了由赫尔德开创的浪漫主义民间文（艺）学—民俗学审美鉴赏运动"原罪"的任意性逻辑条件。20世纪60—70年代欧美民俗学家使用的"社区"即"共同体"概念，被置入《非物质文化遗产保护公约》而被用作"核心概念"，且至今没有被反思地检讨，即community至今都被限定为在客观上只拥有特殊经验性意向内容的"小群体"（阿默斯）"社区"（鲍曼）主体（理论理性的经验民俗学概念），而不是在主观上拥有先验普遍意向的"人类共同体"主体形式（纯粹实践理性的先验民俗学理念）。这样，我们使用的就还是单纯接受而非反思、直向而非构成的"共同体"概念，即使我们的"共同体"从民族国家变成社区小群体，也不过是规模、程度不同而已，而概念形式依旧，它的基本问题仍然摆在那儿而我们不自知。于是，在"社区"或"共同体"至多只能作为一般实践理性（意向其内容的主体）甚至理论理性（客体）概念被接受—直向地使用，而不能作为纯粹实践理性（主体意向形式）的理念被反思—构成地使用。如果说在《判断力批判》中，康德的"共同体"理念着意于意向形式的主观准则，那么赫尔德以后民俗学的"共同体"—"社区"概念则着意于意向对象的客观规律。即康德着意于通过"共同体"判断力的主观准则"站在别人的地位上思维"以自我"启蒙"公民意识的先验能力，而浪漫主义运动的启蒙则至多是着意于通过共同体知性和理性规定其意向内容的客观规律的主观准则"自己思维""与自己一致地思维"地强化国民精神的道德教育。① 由此，我们才可能认识到，浪漫主义民俗学的民间文学学科对象，为什么总是被限定为共同体审美鉴赏体裁形式的题材内容（文本）的比较研究。如果说浪漫主义民俗学意在"保护"共同体"群体"的国民意识，而遮蔽了康德《判断力批判》意在启蒙每一个共同体"个人"的公民意识，这种情况在民俗学从文本到语境的范式转换之后，也未能消除或减弱，且至今延续到"非遗"保护运动中。以此，如果民俗学的范式转换语境仍然是经验接受性、直向性使用的语境，而不是先验反思性、构造性的语境；那么，返回康德《判断力批判》的民俗学形而上学原典，将"共同体"思想作为主体主观的先验意向形式能力，而不是仅仅认知为主体，就是我们民俗学者必做的功课。但是，是否在理论理性甚至一般实践理性的"共同体"或"社区"概念的经验性语境条件下，民俗学者就完全丧失了对共同体判断力主观准则的先验意向形式能力的反思与重构呢？也不尽然，我们可以借助鲍曼表演理论的"责任"概念来说明这一点。我的意思是，尽管鲍曼尚缺乏对共同体判断力主观准则的自觉

---

① ［美］拜泽尔：《早期浪漫主义与启蒙运动》，《启蒙运动与现代性——18 世纪与 20 世纪的对话》，徐向东、卢华萍译，上海人民出版社 2005 年版。

反思，但每个人的"健康理性""健全知性""日常理性""平常知性"毕竟先验地蕴含不自觉的反思判断力。

七 表演的责任与判断力职责

鲍曼认为，"责任"（Responsibility）是表演的本质规定性。[1] 根据这一"表演"定义，我们可以借用鲍曼的话说，表演就是负责任的交流形式，唯有负责任的交流形式才可以称为"完全的表演"（full performance）[2] 或"完整的表演"[3]。但鲍曼"标定"表演的诸多"经验性"变量，[4] 除了"对表演的否认"一项，多不能用来区分表演和非表演，更遑论区分"完全的表演"和不完全表演的负责任与不负责任。那么表演的责任究竟指的是什么责任呢？王

---

[1] "表演在本质上可被视为和界定为一种交流的方式。"［美］鲍曼：《作为表演的口头艺术》，杨利慧、安德明译，广西师范大学出版社 2008 年版，第 8 页。"承担责任这一作为判断表演的标准的［本质性］因素。"同上书，第 86 页。"承担责任对于我们所说的意义上的表演是本质性的。"同上书，第 108 页。"［表演的］本质在于表演者对观众承担着展示交流能力的责任。"同上书，第 131 页。"［表演的］本质就在于［表演者］要对观众承担展示交流能力的责任。"同上书，第 161 页。

[2] ［美］鲍曼：《作为表演的口头艺术》，杨利慧、安德明译，广西师范大学出版社 2008 年版，第 31、80、106、132—133、152—153、186、206 页。

[3] ［美］鲍曼：《作为表演的口头艺术》，杨利慧、安德明译，广西师范大学出版社 2008 年版，第 85 页。

[4] "特殊的符码；比喻性的语言；平行关系；特殊的辅助语言特征；特殊的套语；求诸传统；对表演的否认。"［美］鲍曼：《作为表演的口头艺术》，杨利慧、安德明译，广西师范大学出版社 2008 年版，第 17—27 页。"特殊的套语、使说话或者动作风格化、求诸传统以作为表演者责任的参照标准，乃至于对表演的否认。"同上书，第 69—71 页。"特殊的套语、形式上的技巧、比喻性语言、求诸传统以为表演者应当承担的责任提供参照的标准、特殊的语域、甚至对表演的否认。"同上书，第 78 页。"（1）特殊的框架套语；（2）形式上的方法；（3）特殊言说风格的应用；（4）比喻性的语言；（5）求诸传统；（6）为表演而预留的专门的场景；乃至（7）对表演的否认。"同上书，第 86 页。"特殊的建构框架的套语；形式上构成范式的规则或手段；特殊的讲话风格或语域；特殊的身体动作；通常与表演相连的特殊场景；否认表演。"同上书，第 107—108 页。"特殊的套语、言说的风格化、求诸传统作为表演者所承担责任的参照标准、特殊的符码。"同上书，第 131—132 页。

杰文认为，鲍曼说的表演的责任"相当于中国人所谓'做什么像什么'"①的职业伦理。王杰文说得不错。当然，尽管表演的责任从属于职业伦理，却并不是说表演的责任不以人先验地拥有的普遍道德义务能力为条件，没有道德义务的先验能力，人们不可能有效地践行任何职业伦理的文化规则，而"对表演的否认"恰恰以反例的事实在经验现象中反证地还原出（"外在展示"）人的这一"内在能力"。②但是，在将表演的责任还原为规定性的纯粹实践理性道德义务之前，我们可以先把表演的责任还原为反思性的审美鉴赏判断力的主观准则，③而这正是鲍曼表演理论的核心表述。根据鲍曼的观

---

① "鲍曼是说这个［责任］能力是社区集体地共享的；比如京戏的票友与戏子之间的共识，不是这个圈子里的人不能理解；而康德似乎是说他们之间之所以能够理解的前提，这也就是说，人人都有这个［道德］能力。他们并不在同一个层次上说话。这是社会学科与哲学之间的区别，并不矛盾。我对表演的理解是：1. 表演只是一种交流框架，其他如引用、陈述、嘲弄、报道等。2. 每一种框架都有责任的问题。在这个意义上，所谓'责任'相当于中国人所谓'做什么像什么'，表演者与观众对于'什么'有共识，尊重并遵循共识才是'负责任的'。""我基本上认为，您［指笔者］的立论基础是基于国人［和您］对鲍曼的误解，而鲍曼本人并不该为此负责。"引自王杰文的来信。"'真正的表演'被民俗学界定为对'台下'负责，负责任地提供一种类型［体裁?］，有意识地面向评论。然而，人们可能是进入类型［体裁?］，而不是进入其表演。讲述也未必是表演；报告也不是表演；不同的社会、群体与个人对于表演的程度、态度、评价都可能不同，表演可以在一个情境的过程中出现或者消失。"王杰文：《表演研究：口头艺术的诗学与社会学》，学苑出版社 2016 年版，第 235 页。

② 吕微：《"表演的责任"与民俗学的"实践研究"——鲍曼〈表演的否认〉的实践民俗学目的—方法论》，《民间文化论坛》2015 年第 1 期；吕微：《民俗学：一门伟大的学科——从学术反思到实践科学的历史与逻辑研究》，中国社会科学出版社 2015 年版，第 340—376 页。

③ "反思性的判断力的职责……需要一个原则……这样一个先验原则，反思性的判断只能当作法则自己给自己确立，不能从别处拿来……因为这只是反思性的判断力，这个理念把它用作原则这种能力由此是给自己立法……"［德］康德：《判断力批判》，《康德著作全集》第 5 卷，李秋零译，中国人民大学出版社 2007 年版，第 188—190 页。"判断力的一个主观原则（准则）……给它自己指定法则，人们可以把这法则称为……特殊化法则……"同上书，第 193—195 页。"反思性的判断在这样一些情况下就必须充当它自己的原则；这原则由于并不是客观的……所以只应当用作认识能力的合目的应用的主观原则，亦即对某一类对象进行反思的主观原则。因此，与这样一些情况相关，反思性的判断力有自己的准则……"同上书，第 400—401 页。

点，表演的责任通过艺术交流体现了一般交流的双向反思意向形式：演员的表演判断（表演也是判断）要向观众/听众负责，观众/听众的判断也要向演员的表演判断负责，表演让表演者双方（包括演员和观众/听众）都对表演判断和对表演判断的判断负起判断的责任。以此，承担起表演判断的责任也就是要承担起审美鉴赏判断力职责的主观准则。我们设想，如果表演的判断责任不是双向反思的意向形式，那就仅仅是一方单向地在表演，就是规定性的表演，就是强制性的表演，"我不管你爱听不爱听，爱看不爱看；不听也得听，不看也得看"，这就不是完全的表演，不是完整的表演，甚至就不是表演，因为鲍曼说的表演是能够双向反思地负起判断责任的表演。鲍曼始终强调他关注的是艺术表演，即审美鉴赏判断的表演，而不是文化表演、社会表演。有人批评鲍曼忽视了文化表演、社会表演，鲍曼立刻承认错误，承诺要多关注文化表演、社会表演。其实鲍曼不用心虚，关注艺术表演恰恰是表演理论的长项，如果把精力过多地聚焦于文化表演、社会表演，反倒遮蔽了表演理论对表演本质的独到见解。按照鲍曼对表演本质的"责任"定义，无论是文化表演还是社会表演，往往是些非反思、单向度的所谓"表演"——比如强制我们反复欣赏八个样板戏，那在意向形式上就是暴力美学，尽管其表演的意向内容在道德上并不一定是错的——因而不仅算不上"完全的表演""完整的表演"，甚至根本就算不上"表演"。就对表演责任的"本质性"定义而言，鲍曼的确不是一位实证论的语境论者，而是一名现象学的语境论者。根据鲍曼的观点，语境不是已经构成的在场，而是当下正在构成的出场。那么，鲍曼关于表演主观判断责任的构造性语境观来自哪里？显然不可能来自对表演的客观现象的经验性直观（实证），因为从表演的经验现象中归纳不出表演的责任，因而只可能来自对表演者主观观念的本质直观，即对每一个表演者之于"表演应该是负责任的交流"的主观观念的现象学还原①；甚至来源于对表演客观本质的先验论理念演绎而还原出来的表演的职责原理，即审美鉴赏判断力的主观准则——站在别人的地位上思维——以及每一个表演者先验地拥有的能够承担起表演责任的"共通感"判断力先验意向形式能力，而判断力的主观准则和先验能力（正如我们已经阐明的）甚至构成了包括理论认识和道德实践的所有客观法则的先验情感可能性条件。而鲍曼的错误仅仅在于，他总想在"言语共同体""小群体"内部现象中经验地发现表演的"标定"，这使得鲍曼最终跌入缘木求鱼、刻舟求剑而南辕北辙的（还原先验目的的经验性条件）方法论陷阱。而今天，我们之所以能够认识到鲍曼的失误，有赖于阿伦特对康德"共通感"概念内涵的重新解读。现在，因为阿伦特的提醒，我们既明确了康德"共通感"概念的拉丁文"共同体"词源，也确认了共同体既可以是民族文化共同体意向内容的主体，也可以是人类大同共同体的主体意向形式。这样，对"共同体"概念的两种不同的理解和解释，就决定了我们民俗学任意性的两种不同逻辑起点：一种是非反思的理论民俗学一直以来锁定的主体意向内容的逻辑起点，另一种是反思的实践民俗学开放的主体意向形式的逻辑起点。但是，如果我们今天的民俗学者对此仍然没有反思，那么我们就会沿着美国民俗学家们（包括鲍曼）的"小群体""言语社区"等在目的—方法上自相矛盾的"共同体"之路，重蹈民俗学"原罪"的覆辙。

---

① "那是一次演出，自己因为台下来了不少明星和记者而紧张得走神了，不仅说错了台词，之后又用过火的表演去弥补。演出后，洪琛来到后台劈头就责问：'你今天怎么了，你不进戏，老走神……台下坐的什么观众，与你有什么相干？你是演员，演员的天职就是向观众负责，你不应该让观众失望！'洪琛的训斥让他终生难忘，在以后的演剧生涯中他永远记住了'演员的天职是向观众负责'。"严平：《青草绿了又黄了：寻找战火中的父辈》，人民文学出版社 2019 年版，第 78—79 页。

八　返回民俗学的形而上学原典《判断力批判》

根据康德《判断力批判》，尽管判断力没有自己的对象因而也就不可能有自己的领地、属地，所以判断力无法在属于自己的对象范围的园地里客观地给对象立法；但是判断力仍然可以自己给自己立法，判断力自己给自己立的法就是判断力的主观准则。康德认为，判断力的主观准则可以被间接用来发现客观法则，甚至能够被直接用作客观法则，此时此地，判断力的主观准则就好像"真的"是客观法则了。就对象来说，如果客观法则（自然规律、道德法则）只能起源于人的纯粹理性（理论理性和纯粹实践理性）普遍立法的自由意志（简称"理性"）；主观准则只能起源于人的一般理性任意选择的自由意志（简称"任意"），那么判断力作为任意，不仅决定了判断力的主观准则，也决定了各种只能作为共同体主观准则的文化规则（各种伦理包括行业规矩），也就好理解、好解释了。但这曾经让鲍曼感到疑惑。杨利慧、安德明翻译的《作为表演的口头艺术》收录了《十三世纪冰岛的表演与荣誉》一文，文章分析了古代冰岛共同体，如何通过艺术表演"实施"（Perform）（奥斯汀）伦理原则，但这些通过艺术表演实施的伦理原则并不一定完全合于（更遑论出于）人类大同共同体普遍原则的道德法则，而仅仅是专属于特定时间（历史）、空间（社会）生活条件下文化共同体的伦理原则，因而像"勇敢""荣誉"等伦理原则只能是共同体主观准则。这些主观准则仅仅对特定文化共同体有效，一旦外在、内在条件变化了，如果我们仍然坚持把文化共同体的主观准则当成人类共同体的客观法则（道德法则）的普遍原则，就可能与每一个人的自由权利（义务）与道德能力在逻辑上不一致。以此，文化共同体主观准则的伦理内容——作为"共同体普遍感觉内容"——便不能直接用作人类共同体道德法则的普遍内容（前者需经后者裁定）；只有作为"共同体普遍感觉形式"的"共通感"双向度、反思性判断力意向形式，才能够被用作人类共同体普遍原则、道德法则的主观条件甚至能够被用作客观的道德法则本身，尽管判断力主观准则只能够"好像"地被用作普遍原则（判断力主观准则毕竟不是客观法则本身）。以此，尽管鲍曼注意到了表演交流双向意向的责任形式，但鲍曼将表演的责任过多地安置在文化共同体的"后天"内容和经验性形式的"标定"位置上，这样就把文化共同体的有限主体形式（"言语共同体""小群体"）和文化共同体主观准则的任意约定性意向内容（"每一社区、群体或个人应[自我]评定其所持有的非物质文化遗产的价值，而这种遗产不应受制于外部的价值或意义评判"①），而不是共同体反思性意向形式的主观准则（"非遗的各个主体对其内部价值或意义的评判必须从自身的理性立场出发并且主动以人权为实践法则或伦理原则"②），③在非反思、非构成的认识条件下，和其他欧美民俗学家一起，把从"健康理性""健全知性""日常理性""平常知性"那里接受的"共同体"或"社区"等常识性词语直向地用作民俗研究的逻辑起点并植入了伦理原则《保护非物质文化遗产伦理原则》（以下简称《伦理原则》），由此造成《伦理原则》的立法悖论。尽管《伦理原则》既规定了人权原则的法律底线，又规定了多样性文化的社区自治权，看起来达成了道德外在立法（法律）的逻辑自治；但是，由

---

① 联合国教科文组织：《保护非物质文化遗产伦理原则》，巴莫曲布嫫、张玲译，《民族文学研究》2016 年第 3 期。

② 户晓辉：《人是目的：实践民俗学的伦理原则》，《民族文学研究》2017 年第 3 期。

③ 对于被自治赋权的文化共同体来说，一方面应该根据"自身思维"的知性准则维护道德外在立法，通过"外部干预"而落实"内部自治"的普遍人权；另一方面也应该根据"站在别人的地位上思维"的判断力准则和"一以贯之地思维"的理性准则，将文化准则的伦理内容，裁定成普遍法则客观有效的道德内容。

于《伦理原则》对于被用作"核心概念"的"社区"的主体规定性
没有进一步向社区内部、外部所有共同体成员（个人）全面开放，
通过"外部干预"而达成"内部自治"的社区赋权，进而当被赋权
的社区精英（用康德的话说"天才"）仅仅把注意力聚焦于共同体主
观准则的意向内容而无视"共通感"意向形式的主观准则时，原本
应该充分交流的"完全表演""完整表演"就被表演者使用其"天
才"的"掌控力"表演成了自我封闭的表演，① 这就为"社区主义"
甚至共同体"道德恐怖主义"② 在法律上预留了"普遍原则的自由"
"不正当……应用"的理论空隙。尽管我们对共同体"任意约定"
（索绪尔）的"主观相对"（胡塞尔）的文化准则——民俗学所谓
"习俗"、鲍曼所谓的"表演交流"甚至康德所谓的"社交表
演"——的评价并不总是负面的，因为有些文化共同体的主观准则
已经含有客观法则的内容（例如儒家伦理的"仁爱""忠恕"等
"黄金律"③）。康德甚至认为，即便是一般的社交，如果"以其道德
的完善性彼此间推进交往（交往的义务，社会性），不把自己孤立起
来（离群索居），不仅是对自己的义务，而且是对他人的义务……并
给德行添加光彩；做到这一点，本身就是德行义务"④；有一次康德

---

① ［美］鲍曼：《作为表演的口头艺术》，杨利慧、安德明译，广西师范大学出版社
2008 年版，第 18、49—51 页。陈泳超：《背过身去的大娘娘——地方民间传说生息的动力
学研究》，北京大学出版社 2015 年版，第 242、148—158 页。陈泳超：《规范传说——民俗
精英的文艺理论与实践》，《作为实验的田野研究——中国现代民俗学的"科玄论战"》，施
爱东整理，中国社会科学出版社 2016 年版，第 170—171 页。

② ［德］康德：《重提这个问题：人类是在不断朝着改善前进吗?》，《历史理性批判
文集》，何兆武译，商务印书馆 1990 年版，第 158 页。

③ ［美］罗斯特：《黄金法则》，赵稀芳译，华夏出版社 2000 年版，邓晓芒《全球伦
理的可能性——金规则的三种模式》，《康德哲学讲演录》，广西师范大学出版社 2006 年
版，第 190—221 页。

④ ［德］康德：《道德形而上学》，《康德著作全集》第 6 卷，李秋零译，中国人民大
学出版社 2007 年版，第 485 页。

其至说到"可以允许的［社交］道德假象"①。按照康德的观点，"社交""表演""习俗"都可以通过"艺术"的审美鉴赏判断力主观准则还原到客观法则，即道德实践的普遍原则，但不是借助审美鉴赏判断力主观准则的情感（愉悦意向）内容（美的感受、感觉），而是"站在别人的地位上思维"的判断力情感（敬重意向）形式的主观准则以"练习自由"。② 就此而言，康德为浪漫主义贡献的公民道德教育方法，就不仅仅是着眼于公民教育的道德内容——就像浪漫主义民间文（艺）学—民俗学的文本研究的做法那样——而是更着重于公民意识自我培养的自由理性思想形式或思维方式。这样，我们就通过阿伦特对康德"共通感"起源于"共同体"的提醒，打通了从鲍曼表演理论的"社区""责任"意向形式还原到民俗学的形而上学原典即康德《判断力批判》的"共同体""共通感"意向形式的逻辑通道，不再把从"健康理性""健全知性""日常理性""平常知性"那里接受的 community（"共同体"或"社区"）继续用作直向的日常经验词语的装东西的语境工具（盒子），而是反思地用作构成性的先验学术理念的造东西的语境立场（就像凡·高的《鞋子》）。

---

① 邓晓芒：《论康德哲学对儒家伦理的救赎》，《探索与争鸣》2018 年第 2 期；《社会科学文摘》2018 年第 4 期。"［假如'社交''习俗'］类似于德性的外表，但这外表也不骗人，因为每个人都知道，他必须把这外表当作什么来对待。虽然这只是小事情，但却毕竟通过努力使这种外表尽可能接近真实，在易于交往、健谈、礼貌、好客、婉转（在反驳而不吵架时）中，把它们全部都当作与表现出来的责任打交道的方式，促成了德性情感本身，由此人们同时使其他毕竟致力于德性意向的他人承担责任，因为它们至少使得德性变得可爱。"［德］康德：《道德形而上学》，《康德著作全集》第 6 卷，李秋零译，中国人民大学出版社 2007 年，第 485 页。"人总的说来越文明便越像个演员。他们领受了和蔼可亲、彬彬有礼、庄重和无私的假象，而不用来欺骗任何人，因为每个别人倘若并不那么认真对待此事，对此也还是赞同的。而且世风如此也是极好的事。因为通过人们扮演这种角色，他们在整个漫长时期里只是矫揉造作出来的这种德行的假象，也许最后会真是一步步唤醒德行，并过渡到［道德］信念。"［德］康德：《实用人类学》，邓晓芒译，上海世纪出版集团 2005 年版，第 33—34 页。

② "通过反思的判断力练习自由……是实现从私民到公民转变的一条有效途径。"户晓辉：《美感何以得自由：歌谣的鉴赏判断》，《民俗研究》2020 年第 3 期。

尽管《判断力批判》通篇讲的只是判断力任意的主观必然性（而不是客观必然性），① 而判断力的任意性，一方面是共同体任意约定其主观准则，即文化规则（"社交""表演""习俗"）的自由条件；另一方面甚至也是人构成规定客观法则（自然规律、道德法则）的自由条件。而一旦我们认识了任意的这两方面功能，我们就会像康德那样，对"天才"通过艺术的任意僭越上帝的自由（艺术的自由毕竟非常接近上帝的自由，② 因为艺术的自由来自"天才是给艺术提供规则的才能"③）的可能性——康德认为，比起天才（演员），普通的旁观者（观众/听众）有更宽阔的视野，④ 因而更能够"站在别人的地位上思维"（站在旁观者的角度，鲍曼承认表演理论对观众/听众的关注不够，是正确的）——产生一种担忧甚至恐惧；而为了限制天才僭越上帝创造的权柄，康德才坚持说，应该"沿着法律途径"⑤，即用道德的外在立法限制人的判断力任意性。于是，我们就陷入了判断力（实际是人自身的存在）自由地面对理性时二论背反的辩证法。一方面，人的一般实践理性任意选择的自由意志（任意），必须以纯粹实践理性普遍立法的自由意志（形而上学）的客观法则（道德法

---

① "符号可以划分为任意的（艺术的）符号、自然的符号和奇迹的符号。"［德］康德：《实用人类学》，邓晓芒译，上海人民出版社 2005 年版，第 84 页。

② "如果它作为立法者不服从任何一个其他理性存在者的意志，它就作为首脑属于目的王国。……义务并不适合目的王国中的首脑。"［德］康德：《道德形而上学奠基》，杨云飞译，人民出版社 2013 年版，第 70—71 页。

③ ［德］康德：《判断力批判》，《康德著作全集》第 5 卷，李秋零译，中国人民大学出版社 2007 年版，第 320 页。

④ "唯有旁观者才占据了一个能够使他看得到整体的立场；而行动者，由于自己是演出的一部分/一个角色，所以必须扮演他的那个部分/角色——由此，行动者本质上就是偏狭的。旁观者本质上就是不偏不倚的——因为没有什么部分/角色给他。因此，从直接参与中撤离，退到游戏之外的一个立足点上，就是所有判断的一个必要条件。"［美］阿伦特：《康德政治哲学讲稿》，曹明等译，上海人民出版社 2013 年版，第 84 页。

⑤ "人们沿着法律途径应当只把通过自由而生产，亦即通过以理性为其行动之［立法］基础的任意而进行的生产称为艺术。"［德］康德：《判断力批判》，《康德著作全集》第 5 卷，李秋零译，中国人民大学出版社 2007 年版，第 315 页。

则）为条件；另一方面，理性又有必要以任意判断力（常识）的主观准则为条件——即便这是客观性围绕主观性旋转的"哥白尼革命"① 的结果——这样，任意可能僭越理性，就是人将永远面对的判断力难题；以此，在人的判断力难题面前，我不像户晓辉说的——"前贤的召唤既已在我们心中唤醒，上路的日子想必不会太远了"② ——那样乐观，尽管我也如此期待，除非我们"沿着（道德外在立法的）法律途径"，一方面开放、保护人的任意，另一方面又限制人的任意。

---

① ［德］康德：《纯粹理性批判》，邓晓芒译，人民出版社 2004 年版，第 15 页。
② 户晓辉：《返回爱与自由的生活世界——纯粹民间文学关键词的哲学阐释》，江苏人民出版社 2010 年版，第 146 页。

三谈实践民俗学^①

户晓辉

（中国社会科学院文学研究所研究员）

今天是我第三次在北师大讲实践民俗学，2016 年讲过一次，2018 年讲过一次。^② 大家可能也会感觉到，近年来实践民俗学方兴未艾。除了我和吕微老师的一系列论著和论文外，依我所见还有下面这几篇文章，一篇是尹虎彬老师的《从"科学的民俗研究"到"实践的民俗学"》^③，一篇是王杰文老师的《"实践民俗学"的"实践论"批评》^④。《民俗研究》2019 年第 1 期集中刊出了一组文章，一篇是萧放和鞠熙两位老师合写的《实践民俗学：从理论到乡村研究》，一篇是北师大民俗学的老前辈刘铁梁老师写的《个人叙事与交流式民俗志：关于实践民俗学的一些思考》，另一篇是李向振写的《重回叙

① 本文原系 2019 年 3 月 15 日作者为北京师范大学社会学院人类学与民俗学系所做讲座的录音整理稿，感谢博士生贾琛将录音整理成文字！作者在此基础上补充了文献注释并对个别文字做了增删。

② 2016 年 6 月 15 日，作者在北京师范大学社会学院人类学与民俗学系做了题为"谈谈实践民俗学"的讲座，文字整理稿参见萧放、朱霞主编《民俗学前沿研究》，商务印书馆 2018 年版，第 79—102 页；2018 年 3 月 24 日，作者在北京师范大学民间文学研究所举办的第 29 期敬文沙龙上做了题为"再谈实践民俗学"的讲座。

③ 《中央民族大学学报》（哲学社会科学版）2017 年第 3 期，又载王杰文主编《实践民俗学的理论与批评》，北京学苑出版社 2020 年版，第 127—138 页。

④ 《民俗研究》2018 年第 3 期，又载王杰文主编《实践民俗学的理论与批评》，学苑出版社 2020 年版，第 272—292 页。

事传统：当代民俗研究的生活实践转向》，还有一篇是张琼洁写的《从"存在是什么"到"如何存在"：对中国民间故事价值研究的理论反思》（她是文艺学博士，这篇文章是其博士学位论文的一部分，我有幸参加了她的博士学位论文答辩）。其实这些文章都对实践民俗学有不同的理解、讨论和批评。尽管这个圈子里的很多人对实践民俗学还是不理会、不理解，甚至可能反感，但也说明至少有一部分学者认为中国民俗学需要用实践民俗学来回应时代的呼唤，提升学科的自我更新能力。正如王杰文所说："实践民俗学者的关键概念、知识谱系、话语方式、问题意识等迥异于传统民俗学，而他们'传经布道'的通俗化工作还没有来得及全面展开。因此，'实践民俗学'至今仍然没有获得它应得的关注。"① 那么，今天，我就试着做一点"传经布道"的通俗化工作。

　　首先我认为这些学者与我们（即吕微老师和我）在理解上存在分歧主要是因为我们是以康德哲学和自由主义传统为主要立场，而其他学者可能是以经验研究和后现代知识谱系为基本立场，导致大家对自由、实践、民俗学学术史的理解产生分歧。尽管我在《日常生活的苦难与希望：实践民俗学田野笔记》一书中已经对这两种立场的一些观点做了辨析和批评，但有些原则性的分歧，仍然有必要利用今天这个机会继续加以讨论。尽管关注这个问题的老师并不多，但他们能够专门对实践民俗学提出批评意见，应该对他们做出严肃的、正式的回应，这也是对他们的尊重。所以首先要感谢学界同人对我和吕微老师的书和文章的阅读与批评！你们给了我进一步思考问题并且继续澄清自己的机会，包括今天也是一次机会。

---

　　① 王杰文：《"实践民俗学"的"实践论"批评》，《民俗研究》2018 年第 3 期，又载王杰文主编《实践民俗学的理论与批评》，学苑出版社 2020 年版，第 272 页。

一　问题回应

我的《日常生活的苦难与希望：实践民俗学田野笔记》这本书，面向的不仅仅是学科同行，我还想让它通俗化，想让我的亲人也能读懂。它出版以来，除了学者之外，也获得了几个同乡以及基层作家、文化工作者的一些反馈。有的读了三四遍，对书中的观点有共鸣，也有不同看法。现在包括学界在内，这本书可能引起读者的几种感觉，可能是同感、痛感、骨感、无感，还可能是反感。今天我先简要地回应以下几位老师的观点。

首先看刘铁梁老师的观点，他说："在田野访谈中出现的个人叙事，其实是以个人身份进入社会文化再生产过程的不可或缺的话语形式，它与集体叙事是相互建构的关系；强调实践的民俗学，必然使研究方式由传统的实证式民俗志向交流式民俗志转变，注重研究者与民众之间的交流与对话实践。作为具有学术转型意义的理论体系和研究范式，实践民俗学有助于从生活实践文化的传统及其创造性转化的视角重新认识和深刻理解中国社会正在发生的历史巨变。"[①]

我很赞同这样的观点。实际上我的写作也是一种实验性写作，它确实在一些方面做了尝试，比如，我作为一个学者，我自己就是一个个体的民，所以我的写作在某种程度上就是个人的"叙事"。为什么给"叙事"一词加引号呢？因为我的这本书不是以叙事为目的，而是以对叙事的反思为目的，当然其中也要有叙事，但它不是我自己的独白，而是由我的亲人、乡亲以及其他人、其他学者的声音构成的复调与众声喧哗。从根本上说，它实际上是"我作为民的自传体实验

---

① 刘铁梁：《个人叙事与交流式民俗志：关于实践民俗学的一些思考》，《民俗研究》2019 年第 1 期，又载王杰文主编《实践民俗学的理论与批评》，学苑出版社 2020 年版，第 184 页。

写作和实践写作"①。所以，我的母亲和亲朋、他们的书信和回忆都是对个人身份的讲述，这些讲述"本身也是众声喧哗的发声与对话方式"②。不同于铁梁老师，我提倡的实践民俗学虽然不忽视偶然，但更注重必然和原理。所以 2019 年 3 月 8 日，在吕微老师的讲座上，杰文提出以我的实践呈现他人的实践是否更可取，意思是我不评价而仅仅客观地呈现。这当然是可取的。但如果我们承认学者其实也是民，那么，我作为"民"呈现别人作为"民"的叙事或实践，实际上这种呈现本身也是一种交互主体的实践。如果承认这一点，实践民俗学就需要特别强调以实践法则来作为包括这种呈现在内的伦理习俗和道德实践的准则。正因如此，实践民俗学才要特别强调实践法则的作用及其目的论含义。

　　下面我们来看看萧放和鞠熙两位老师的观点，他们都认为"民俗学的确是一门'实践性'的学科，而不是'实证性'的学科"，这和我们的观点是完全一样的，只不过他们对"实践"还有不同的理解："在西方民俗学语境中，'实践'的首要含义是意指'行动'而不是'意志'，这与中国当前民俗学界使用'实践'概念的情况并不完全一样。"③

　　其实，我和吕微老师不是要把意志等同于行动，而是指意志是行动的源头、决定根据和动机。对意志的自由选择不仅可能产生善行，也可能产生恶举。对实践行动而言，意志是一个发动机，这个发动机决定着行动的善恶和后果。也就是说，实践民俗学讨论的对象不是现成的认识对象，而是通过人的意志的因果性来实现的行动对象，因为

---

① 户晓辉：《日常生活的苦难与希望：实践民俗学田野笔记》，中国社会科学出版社 2017 年版，第 12 页。
② 户晓辉：《日常生活的苦难与希望：实践民俗学田野笔记》，中国社会科学出版社 2017 年版，第 16 页。
③ 萧放、鞠熙：《实践民俗学：从理论到乡村研究》，《民俗研究》2019 年第 1 期，又载王杰文主编《实践民俗学的理论与批评》，学苑出版社 2020 年版，第 239 页。

在意志的因果性中才能加入纯粹实践理性的决定作用。人的实践理性是一种因摆脱自然的因果性而重新开启自由的因果性的能力，也只有在这个环节才谈得上人的尊严和权利的先验平等问题。① 这一点可以参见 2017 年吕微老师发表的《民俗学学术伦理规范的善与恶》② 和拙文《人是目的：实践民俗学的伦理原则》③。

萧放和鞠熙两位老师还有一段很重要的论述，他们的观点如下。

> 不难看出，上述争论的焦点在于：民俗学者应在什么理念的指导下来实践。但在考虑这一问题时，双方不约而同地都选择了先验主义的立场：一方［指吕微——贾琛补注］将自由与平等作为终极的先验目标，另一方［指刘宗迪——贾琛补注］将民族主义作为终极的先验目标。但是，是否存在"终极"目标呢？或者说，作为"绝对理念"的"上帝"是否真的存在呢？如果意志与理性无法脱离语言（如维特根斯坦所说），因此必然具有经验性时，我们是否需要执着于超越所有经验之上的"唯一目标"呢？这种思维方式是否有西方中心主义的嫌疑呢？另一方面，实践是否必须在先验目标确定后才能进行呢？正如阿马蒂亚·森（Amartya Sen）所指出的，对于实践而言，一个终极的关于"好"的判断既不是充分的（关于"好"的标准有很多，而且可能都是利他的、理性的），也不是必要的（讨论什么是"最好"的，并不能帮助我们解决现实问题，正如知道了珠穆朗玛峰世界最高，对于判断乞力马扎罗与麦金利山之间孰高毫无帮助一样），"尽管'什么是一个公正的社会'这一问题在思想上

---

① 康德：《实践理性批判》，《康德著作全集》（第 5 卷），李秋零主编，中国人民大学出版社 2007 年版，第 96 页。

② 吕微：《民俗学学术伦理规范的善与恶》，《民族文学研究》2017 年第 3 期。

③ 户晓辉：《人是目的：实践民俗学的伦理原则》，《民族文学研究》2017 年第 3 期，又载王杰文主编《实践民俗学的理论与批评》，学苑出版社 2020 年版，第 103—126 页。

具有一定的吸引力，但对于一个有用的正义理论来说，这个问题并不是一个好的出发点"，我们无法通过理性获得"什么是一个公正的社会"的答案，但我们可以通过比较获得"什么更不公正"的共识，恰恰是这一共识，更有利于推进公正和减少不公正。而**"如何把公正原则的运作与人们的实际行为结合起来，这才是对社会公正进行实践理性思考的核心"**。①

最后这段加粗的话，我是完全同意的。但我有一点不太理解的是：既然前面说我们没法取得关于什么是一个好社会、什么是一个公正社会的标准答案，那恐怕很难得出公正原则。从前面的一大段论述到后面加粗部分的转折（是值得商榷的——贾琛补注），如果以此类推，何来公正原则？怎么得出这种公正原则？

（鞠熙：实际上什么是公正原则，不等于什么是公正标准。我们不可能知道什么是最终极的公正标准，但是我们可以通过比较知道什么是不公正。这并不是一个公正的标准，而是我们判断什么是公正的原则。可以说，我们不存在一个静态的、永远不变的、唯一的、公正的标准，它永远在变动，但通过比较现实的情况，我们能知道什么更不公正，这是公正的原则。）

在一定程度上，我同意鞠熙老师这个观点，虽然我的看法不尽相同。这次讲座我之所以想回应这些问题，是因为在上一次吕微老师的讲座结束之后，我感觉和杰文的提问和文章里面表达的很多立场基本上是一样的。我本想直接立论，但我要是不回应，怎么立论呢？我利用今天的机会稍微澄清一下自己。

我和鞠熙老师的分歧体现在，我认为我们通过理性可以获得"什么是一个公正社会"的标准，而她否认这种标准的存在。这个标

---

① 萧放、鞠熙：《实践民俗学：从理论到乡村研究》，《民俗研究》2019 年第 1 期，又载王杰文主编《实践民俗学的理论与批评》，学苑出版社 2020 年版，第 242—243 页。

准当然也不是唯一的或不变的，而是必须通过逻辑推论和先验演绎得出的。西方从古希腊开始一直有这种思想传统，但我们中国很少讨论这种问题。另外，实践是否必须在先验目标确定后才能进行呢？顾名思义，"先验目标"先于经验的行为目标或者实践目的。"先于"有两个意思，一是时间上的"先于"，二是逻辑上的"先于"。我想强调的是，实践行动上的所谓先验目标和先验目的，不是从直接的经验意义和心理学意义上来说的，而是从理性反思的意义上来说的。比如，上个月我从榆林坐飞机回来时，正好碰到机场广播说有一位母亲要带孩子到北京做手术，但航班座位只剩一个，有没有乘客愿意让出一个座位，明天再走。我急于返京，就没有让座。检票登机后，航班广播又说，这位母亲愿意出六百块钱给让座的乘客，航空公司也承诺可以安排让座的乘客搭乘明早七点的航班返京。但我始终没有让。每次想到这个事情，我就觉得很内疚。我们想想，我为什么会内疚呢？因为我有良心，而良心就是一种超越时间和空间的先验目标和实践标准。在日常生活中，很多行动有技术性的目的，比如说我渴了就要去喝水，显然，解渴的目的在先，喝水的行动在后，尽管我未必要意识到这个目的再去喝水，也可能我下意识地或者不假思索地就去喝水。但从反思的意义上说，一定是先有目的，后有行动。只有承认这一点，才能继续从目的中进一步区分出感性目的和理性目的。感性目的是人与动物共同具有的自然目的，遵循自然因果法则，只有理性目的是人特有的，它应该遵循自由法则，而且只有在遵循自由法则时，每个人的自由、尊严和平等权利才能得到维护。假如只有一瓶水（不是我已经购买的或者仅仅属于我的），包括我在内的很多人都口渴了并且都想喝，那我就要考虑，我是和大家一起分享还是独自占有，这时候我就面临着道德选择，而且要决定这种选择是出于感性目的还是理性目的。我们之所以根据意志来看行动，就是因为意志是行动的理性规定和根据。行为的理性目的是从反思的意义而非心理学意义上来说的，因为如果仅仅着眼于主观心理，那很多行动的目的可能是说不清、道不明的。所以，只有通过对具体行为的理性反思和理论还原，我们才能看出我们做任何事情都是目的在先的。我们在谈论意志的时候，不是从心理学角度分析潜意识之类的原因，而是要从理性角度对感性和理性不断地剖析、厘清责任，这是理论的任务。

接下来，萧老师和鞠熙两位老师指出："我们认为，关于实践理性的哲学探讨固然重要，但理解行动、参与行动更为重要。如果我们承认民众的主体性，承认理性存在于主体的交互之间，那么实践理性就不应该是先验的、唯一的，而应永远在经验与对话中反省并调整自己，而经验的获得、对话的产生，只能通过行动来实现。理念讨论固然重要，但如果没有真实的行动、理解与自我调整，就算不得真正的'实践'。"① 是的，行动当然很重要。但实践民俗学强调的实践理性却"应该是先验的、唯一的"行动条件，换言之，如果没有实践理性的普遍法则做先验前提和伦理底线，不仅对话和协商的行动难以做到正确和正当，而且它们本身甚至可能难以进行下去，因为如果不承认在先的目的和共同规则，对话和协商就缺乏必要的前提条件。正如我们一定是事先为了举办讲座，然后才来到这间教室里一样，如果不承认行动的目的在先，那我们为什么要到这间教室来呢？一方面，虽然"经验的获得、对话的产生，只能通过行动来实现"，但对话的规则和行动的目的一定是在先的，既是时间上在先，也是逻辑上在先，而不是在对话和行动的过程中才产生的，否则，对话和行动为什么开始，为什么要进行下去呢？注意，从反思的意义上说，即便靠本能行动的动物，也是目的在先的，只不过其目的大多出于本能而已，而人则不仅如此，而是能够并且应该从理性的目的出发来行动。另一方面，在我看来，行动和实践不仅仅是做事，也应该是观念的论证与表

---

① 萧放、鞠熙：《实践民俗学：从理论到乡村研究》，《民俗研究》2019 年第 1 期。

达。尤其是某些观念的论证和表达，它的难度，它所需要的勇气、智慧不亚于我们真的去做一件实在的事。

下面转向对杰文的长文《"实践民俗学"的"实践论"批评》的回应。他说，康德和我论述的自由和理性是"令人信服"的，但这种"'令人信服性'只是停留在纯粹理性的层面。一旦当它越界并开始面对日常生活（户晓辉教授的新著就是一项直接面对他的家乡、亲人与他自己的日常生活的实践民俗学研究），人们不禁会质问：即使赋予每个人以自由，就一定能保证他们发展出理性能力吗？即使具有理性能力，就一定能够确保人们都可以做出理性的选择吗？即使做出了理性的选择，就一定可以确保这种理性的选择就是人们想要的结果吗"？①

后现代来了，是吧？如果让我直接回答，我当然会说：不能！康德和吕微老师论证得那么严密，你就能保证每个人真的能把自己的理性能力发挥出来吗？你发挥出来的理性能力，就是每个人在心理学意义上、在经验层面上真正想要的东西吗？那可不一定。为什么我一开始就强调立场的不同呢？因为杰文与我们的分歧是在前提和立场上的根本分歧，这一点必须首先指出和亮明。吕微老师和我一样，以康德的基本划分为基本立场。康德的基本划分包括感性与理性、经验与先验、理论与实践等。我们人既是感性的动物，又是理性的动物。感性和理性，一个也不能少，但人的理性又是有限的理性。这是基本框架。根据我自己的体会，康德论证了那么多，他并未告诉你怎么行动以及你的行动会产生怎样的后果，他主要讨论意志的规定根据或动机。康德的道德论证实际上是在两个世界的设定里才能成立的，它难就难在只有我们每个人以理性的态度相互对待，真正的目的才能达

---

① 王杰文：《"实践民俗学"的"实践论"批评》，《民俗研究》2018年第3期，又载王杰文主编《实践民俗学的理论与批评》，学苑出版社2020年版，第279—280页。

到，真正的自由才能实现。康德之所以要求我们用真正可普遍化的道德法则来作意志的规定根据或动机，不是因为康德有什么特殊的爱好，而是因为只有这样才能保证我们交互行动具有真正的道德性，而不至于相互损害每个人的自由、尊严和权利。吕微老师在《民俗学学术伦理规范的善与恶》中已经提到，康德论述的深刻之处就在于说明自由意志既有善行的可能性，也有恶举的可能性，这从伊甸园起就如此了，所以《纯粹理性批判》中要理性地批判理性的有限性、理性的局限和理性的能力。"自由"这个概念，我和杰文、鞠熙等老师理解得不太一样，因为我们的根本立场和基本前提不一样。在我看来，自由在康德的框架里面是一种先验的能力，我们在经验上可以把它暂时剥夺，但自由在先验层面却是不能被剥夺的能力。也就是说，无论在经验上遇到多大的阻力，你都能说"不"。① 你能说，不是说你必然说。我经常不敢说，我经常恨我自己的懦弱，但这并不表明我心里没有应然的想法和超验的要求。因为 you ought to 里边包含着 you can，即康德实践哲学研究者所谓的"应该包含着能"（ought implies can）②。我能，我就做了吗？那也不一定。我们经常能却不做。《圣经》里好像有句话很像汉语谚语"明知山有虎，偏向虎山行"，意思是，明知那是善行，你偏不做；明知那是恶举，你却偏要做。人性就是这样。所以自由是可以被保障却不是在经验上被赋予的。严格来讲，自由是天然就应该具有的，但天然就应该具有并不是说我们就已经有了，甚至不一定意识到，因为从人类历史上看，自由是最晚才被我们意识到的。我们首先看到的是面包、饮料，因为人活着必须得靠

---

① 在日常生活中，这样的实例也不难看到。例如，2019 年由美国导演泰伦斯·马利克（Terrence Terry Malick）执导的电影《隐秘的生活》（*A Hidden Life*）取材于真实历史事件，奥地利农民弗兰茨因拒绝为纳粹而战，最终被判死刑，堪称普通人能够体现并实现自由意志的生动范例。

② Jeanine Grenberg, *Kant's Defense of Common Moral Experience: A Phenomenological Account*, Cambridge University Press, 2013, p. 251.

面包，《圣经》上就有相关表述①，但我们又不能仅仅靠面包，所以，自由是需要觉识、争取和奋斗的，而不是被赋予的。上帝当然能先验地给你自由，但在经验上给不了你自由。

杰文说："高扬'理性'旗帜的实践民俗学家认为：人们对他们的问题，至少在原则上，在任何地点与任何条件下，都可以凭借'理性'来解决；而这些解决的办法因为是'理性'的，因此不可能产生彼此之间的冲突，最终只会形成一个和谐的整体；在这个整体中，真理将会流行，自由、幸福与不受妨碍的自我选择将向所有人敞开。人类将从蒙昧与野蛮的迷雾中走出来，最终获得自由与解放。"②

我在书中并没有表达"理性地自由选择"能够"解决所有人生困惑"的意思，我已经明确指出我要探讨的不是自然给人造成的苦难，也不是存在论意义上不可言说的苦难，"而是由人为的主观因素（道德）和客观因素（制度）造成的精神苦难"③。我认为，人的理性不是万能的，当然不能一劳永逸地解决所有问题。一方面，理性不仅是有限的，并且有被遮蔽的可能。另一方面，理性不仅可能与感性冲突，而且可能与自身冲突；不仅理性的理论用法与实践用法可能产生冲突，而且理性的一般实践与纯粹实践也可能产生冲突。但无论如何，我认为，人的理性不是万能的，但没有理性却是万万不能的。我和后现代主义者的一个重要差别在于，我认为我们还是需要对理性和自由抱有基本的信念，这种信念不是盲目的和狂热的迷信，而是建立在康德对理性自身的严格批判、客观检验、先验论证的基础之上的一种"自信"。我们仍然需要沿着康德的论证思路继续批判和思考理性的限度，尽量减少对理性的误用和误解。

---

① 《旧约·申命记》第八章第 3 节和《新约·马太福音》第四章第 4 节。

② 王杰文：《"实践民俗学"的"实践论"批评》，《民俗研究》2018 年第 3 期，又载王杰文主编《实践民俗学的理论与批评》，学苑出版社 2020 年版，第 277 页。

③ 户晓辉：《日常生活的苦难与希望：实践民俗学田野笔记》，中国社会科学出版社 2017 年版，第 9 页。

实践民俗学恰恰是想在传统民俗学不涉及理性和自由，而后现代民俗学怀疑甚至抛开理性和自由的时候，给它来一个一百八十度大转弯。所以杰文说实践民俗学的架构、概念和传统民俗学很不一样，说得很对！也许不少传统民俗学者认为我们不像在做民俗学的研究。看过拙作的读者也许能够看出，我并没有表达理性的自由选择能够解决所有人生困惑的意思，相反，我做了很大的限定，表达了很多困惑和无奈，所以我的"后记"才命名为"一滴眼泪的微笑"，并且说"本书思考的主题就是如何成就并保障一滴眼泪的微笑"。① 对于偶然，我们没有办法讨论，只能听天由命。我们只能在有限的、可以掌握的理性范围里来思考我们能做什么。所以理性是我们唯一可以依靠的东西，尽管它并非万能的。

杰文还谈道："事实上，如果结合哲学史的一般知识来检验户晓辉教授所倡导的'自由论'，其局限性就更加明显了。与'自由论'相对的是'决定论'，它是一种有关历史必然性的理论。在决定论的框架中，自由主义者所强调的个体理性地选择的'自由'及其连带的'责任'观念，最终可能只是一种'错觉'。相反，决定论把历史与社会中的个体比喻成'牵线木偶'，在不可避免的历史与社会过程中，个体不过是被分配了某种角色去扮演的演员而已。'天地是舞台，演不同的戏……剧本不在自己手里，随着剧情改变自己'。对于决定论者来说，那种认为在某种程度上人能够避免自然或超自然力量对其生命的完全决定的言论，简直是一种前科学的、不值得文明人注意的、幼稚的妄自尊大。"②

这就是我们之间的根本分歧。哲学界对人是否有自由意志也一直

---

① 户晓辉：《日常生活的苦难与希望：实践民俗学田野笔记》，中国社会科学出版社2017年版，第544页。

② 王杰文：《"实践民俗学"的"实践论"批评》，《民俗研究》2018年第3期，又载王杰文主编《实践民俗学的理论与批评》，学苑出版社2020年版，第282页。

存在争议，一直有少数学者从社会环境、历史条件、生理解剖甚至基因遗传等方面来否认人有自由意志。我想到"overdetermined"这个说法，弗洛伊德和阿尔都塞都爱用这个词，一般理解为"多种因素决定的"，字面意思是"过度被决定的"。这个词试图表明人都是被各种因素（过度）决定的。这就和我们认为人有自由意志、可以给自己立法、可以自己做主、可以按照法则的表象来行动的观点有根本差别，这是前提和立场上的重要差异。由此看来，杰文更倾向于决定论，而吕微老师和我更倾向于自由论或自由意志论。但是，假如不承认人有自由意志，不承认人具有自主的、自律的能力和空间，那么，道德、法律还有什么理由和根据去对任何人进行谴责、归责和追责呢？我不知道决定论者在理论上和道理上是怎样解决这个问题的。

文章的下一段说："户晓辉教授的'实践民俗学'（在这一问题上，吕微教授同样难辞其咎）恰恰是将'人类道德基础的概念'与'习俗、传统、法律、风俗、风尚、礼仪的概念'混为一谈了，他们混淆了'理性实践'与'民俗'以及哲学与民俗学的边界，试图把丰富多彩的民众日常生活还原成干巴巴的几条抽象的实践理性原则。"①

看过拙作的人，不知会不会同意这个看法。我个人其实并没有把"民众日常生活还原成干巴巴的几条抽象的实践理性原则"，否则我能写那么厚的书吗？我又何必写眼泪、沮丧、苦难与希望呢？我这本书做的是还原目的和条件的工作，但并没有把实践原则与日常生活本身以及传统民俗学的对象混为一谈，而是试图让实践理性法则贯彻、落实到后者和日常生活当中，用前者引导并规范后者，这也是现代性、现代化与全球化的一个理性趋势及题中应有之意。我的下一步工

---

① 王杰文：《"实践民俗学"的"实践论"批评》，《民俗研究》2018年第3期，又载王杰文主编《实践民俗学的理论与批评》，学苑出版社2020年版，第283—284页。

作计划也包括论证习俗与自由的关系，也就是说，如果我们每一代、每一个人在个体层面上都认为传承下来的习俗不能改变，必须照搬，那你还谈什么自由。自由和民俗学有关吗？这是一个实践问题，但首先在理论上需要得到解决。

接下来杰文说："与历史学、社会学相类似，民俗学同样不是一门演绎的科学，而是一门经验学科。然而，户晓辉教授却竭力反对这一历史事实，并一再强调现代民俗学研究在其发端时期就具有先验的实践理性起点，认为'它本来应该是一门实践科学'。"[①]

在这方面我们并没有很大的分歧，我并没有"竭力反对这一历史事实"，而是承认民俗学的主流已经成为一门经验学科，正因为承认这一点我才要批判这种趋势，而不是针对哪个学者个人。即便承认这个实然的事实，我也认为它并不代表应然的价值。我区分了应然和实然，并且用应然（实践科学）批评实然（经验科学）。如果不区分，就容易造成误解。

接下来杰文又谈道："非常明显，'实践民俗学'从马丁·布伯有关'我与你'以及伊曼纽尔·列维纳斯有关'他者性'的伦理学思想中获得了巨大的思想灵感，这使他们从根本上排除了通过经验研究来讨论'人的自由'问题的可能性。户晓辉教授给'经验民俗学'贴上一系列本质主义的标签，……如果户晓辉教授所命名的'实证的经验民俗学'只是作为'实践民俗学'的理想模式之对立面（同样也只是一种理想模式），那么，他的做法还是可以理解的；可是，如果他是对 20 世纪 70 年代以来国际民俗学界已经取得的成果的描述，那么，这就是一种极不公正的、污名化的行为了。"[②]

[①]　王杰文：《"实践民俗学"的"实践论"批评》，《民俗研究》2018 年第 3 期，又载王杰文主编《实践民俗学的理论与批评》，学苑出版社 2020 年版，第 284 页。

[②]　王杰文：《"实践民俗学"的"实践论"批评》，《民俗研究》2018 年第 3 期，又载王杰文主编《实践民俗学的理论与批评》，学苑出版社 2020 年版，第 284—285 页。

　　杰文还是很理解我的，我的确"从根本上排除了通过经验研究来讨论'人的自由'问题的可能性"，因为康德已经论证得很清楚了——自由不在经验领域，也不能用经验的方法来研究。只不过我所谓经验研究指的是理想型（Ideal Type），而不直接面对现实，更不针对哪一个学者。在我看来，理论研究主要是概念思维，而概念就是一些理想型。经验现实在理论上都是不纯粹的和混杂的，因而不能也不配直接被当作理论思考的对象。所以，从理想型的基本划分来看，虽然 20 世纪 70 年代以来的民俗学有可能讨论过伦理和自由的话题，但这些讨论仍然缺乏对理性的理论用法和实践用法的明确区分意识。也正因如此，这些少数的讨论也基本上把伦理和自由放在经验领域和一般实践的领域，在总体上忽视了纯粹理性的实践领域，看不到只有在纯粹理性的实践领域才能彰显自由，因此，他们不仅使民俗学错过了与自由相遇的机会，而且在根本上遮蔽了伦理和自由的本质，并且对学科自身的理性误用缺乏根本的自知、自觉和自省，更不用说做出理论诊断了。在道理上，我赞同康德的基本划分，他认为理性的理论运用是管知识的，理性的实践应用是管实践和信仰的，两者有严格区分。实证的范式，包括理性的经验应用范式，实际上仍然是在康德的经验范围里面，与实践、道德、信仰并无关系。康德已经很好地论证了理论理性和实践理性被误用的原因，并为我们敲响了警钟。我之所以要写《民俗学为什么需要先验逻辑》①，就是因为如果没有先验逻辑，就可能造成误用。如果明白了这一点，也就不能说我对经验民俗学不能讨论自由问题的看法是对他们的"污名化"。

　　杰文提出下列观点。

　　　　实践民俗学家草率地认为民俗学"当前"的工作与人的自

---

　　① 户晓辉：《民俗学为什么需要先验逻辑》，《民俗研究》2017 年第 3 期。

由、权利、尊严、伦理问题不相干。这又是错把自身片面的逻辑推理替代国际同行之实际成绩的一种做法。比如，户晓辉教授说，"20 世纪 90 年代初，格特鲁德·贝内迪克［特——户晓辉补注］甚至提出'告别民俗学'的说法，并且认为换一个名称，民俗学就有三种可能性：它是实践，是实践的理论，是理论的实践。只是这种经验'实践'与本书的理性'实践'可能大异其趣，其反启蒙立场与本书的理性启蒙立场也根本对立。"

在这里，户晓辉教授区分了贝内迪［克特——户晓辉补注］的"经验实践"与他个人的"理性实践"，称贝内迪［克特——户晓辉补注］的研究持一种"反启蒙的立场"，而他自己则是持一种"理性启蒙的立场"。这真是一个令人难以理解的、彻底"非理性的""独断论"。①

我这段话是不是"独断论"呢？我认为是有根据的。我之所以说贝内迪克特是反启蒙立场，是因为他本人在我引用的这篇文章中明确指出，"启蒙的伟大规划已经变得过时，进步的世界图景作为整体本身就是符合逻辑的和协调的"②。其实他的立场和很多后现代主义者一样，都是旗帜鲜明地反启蒙，用不着我来"独断"。关于这个问题比较温和的学理讨论，可以参见吕微老师的《两种自由意志的实践民俗学——民俗学的知识谱系与概念间逻辑》一文③。

---

① 王杰文：《"实践民俗学"的"实践论"批评》，《民俗研究》2018 年第 3 期，又载王杰文主编《实践民俗学的理论与批评》，学苑出版社 2020 年版，第 286—287 页。
② 参见 Gertrud Benedikt, "Abschied von der Volkskunde," in Christian Stadelmann und Edith Staufer – Wierl（Hg.）, *Die Volkskunde als Wissenschaft? Zweite und letzte studentische Volkskundetagung – erste studentische kulturwissenschaftlich Tagung vom 10. Bis 12. Oktober 1990 in Wien*, Institut für Volkskunde der Universität Wien, 1992；户晓辉：《日常生活的苦难与希望：实践民俗学田野笔记》，中国社会科学出版社 2017 年版，第 358 页。
③ 吕微：《两种自由意志的实践民俗学——民俗学的知识谱系与概念间逻辑》，《民俗研究》2018 年第 6 期，又载王杰文主编《实践民俗学的理论与批评》，学苑出版社 2020 年版，第 20—88 页。

杰文还有一段话:"正是基于对近几十年以来'经验民俗学'所取得的巨大成果的简单化处理,同时怀抱着对自由与民主的狂热信仰,实践民俗学家武断地否定了'经验民俗学'的基本研究方法与历史贡献,另起炉灶另开张。他们坚持认为,'要防止对知性和理性的误用,民俗学就离不开先验逻辑'。然而,'离不开'先验逻辑不等于'就是'先验逻辑。似乎从来没有哪位民俗学家说过民俗学可以离开先验逻辑,当然似乎也从来没有哪位民俗学家像实践民俗学家一样把民俗学当作先验逻辑哲学来研究。"①

首先,《日常生活的苦难与希望:实践民俗学田野笔记》一书的主要任务不是梳理和罗列"近几十年以来'经验民俗学'所取得的巨大成果"。其次,我并没有否认这些成果,所以才翻译了学术史上的一些名著②,而且我在拙作的结论部分其实也从对德语地区民俗学的日常生活研究转向做了线索勾勒和理论批评。我认为,中国当代民俗学者不能对德语地区的民俗学亦步亦趋,而是要在其止步的地方继续前行,要返回学科起源时的实践理性起点③,并能根据时代的现实需求来决定学科发展的方向,实践民俗学也正是在这个意义上才应运而生的。再次,不容否认,无论中外,多数民俗学者对康德的先验逻辑都不太了解,也就无所谓承认还是否认先验逻辑的问题。我说"要防止对知性和理性的误用,民俗学就离不开先验逻辑",但并没

---

① 王杰文:《"实践民俗学"的"实践论"批评》,《民俗研究》2018 年第 3 期,又载王杰文主编《实践民俗学的理论与批评》,学苑出版社 2020 年版,第 285—286 页。
② [美]阿兰·邓迪斯:《民俗解析》,户晓辉编译,广西师范大学出版社 2005 年版;[英]詹姆斯·乔治·弗雷泽:《〈旧约〉中的民间传说》,叶舒宪、户晓辉译,陕西师范大学出版总社有限公司 2012 年版;[德]赫尔曼·鲍辛格:《技术世界中的民间文化》,户晓辉译,广西师范大学出版社·2014 年版;[瑞士]麦克斯·吕蒂:《欧洲民间童话:形式与本质》,户晓辉译,河北教育出版社 2018 年版;[德]安德烈·约勒斯:《简单的形式:圣徒传说、传说、神话、谜语、格言、案例、回忆录、童话、笑话》,户晓辉译,河北教育出版社 2018 年版。
③ 户晓辉:《返回民俗学的实践理性起点》,又载吴效群编《民俗学:学科属性与学术范式》,河南大学出版社 2015 年版,第 65—86 页。

有"把民俗学当作先验逻辑哲学来研究"，只是为了重新给学科进行哲学奠基并且进行方法论上的"革命"，我们才比较集中地讨论了民俗学的先验根基与哲学前提问题，也许这样就容易给读者造成"把民俗学当作先验逻辑哲学来研究"的错觉。正如杰文所说，我们确实有点"另起炉灶另开张"的意思，而且为了重新奠基，不约而同地找到了康德哲学。这不仅仅是吕老师和我的个人爱好，而是因为康德哲学对知识、人性等重大问题的先验论证所达到的丰富性、复杂性、深刻性和彻底性代表了人类理性对自身批判和反思的一个公认的高峰。虽然我们讲了不少哲学，但我并不认为自己就把民俗和哲学画了等号。读者可能会读出这本书中的感性，有位女学者说该书"侠骨柔情，令人震撼"，虽然可能过奖了，但如果这本书只是理性的、干巴巴的，能震撼她吗？假如她说的是真实感受，那也可以表明我并没有"从一开始就自我限定在纯粹理性的范围内"。我想强调的是实践民俗学应该凸显、突出实践理性的意义和价值，但我呈现的日常生活的苦难与希望恰恰有许多部分是感性的，并且是缺乏实践理性的。这也就是我所谓的"民俗学当初立志研究的完整的人及其日常生活，首先是如其已然和实然，然后是如其应然和可然。已然和实然主要是经验事实，应然和可然则是目的条件，这两方面缺一不可。……确切地说，实践民俗学不是为了认识已然和实然的行为事实，而是为了实践并实现应然和可然的目的条件。如果仅限于前者，那就不仅忽视并无视了日常生活的根本性质，也从根本上没把我们研究的主体当人看待"①。如果我认为人只有理性，那反而简单了，因为这样一来，人就变成一劳永逸的永动机，我也完全没有必要再论述什么。我认为人在主观上有先验的自由决断能力，但这种能力的觉醒和发挥程度却受

①　户晓辉：《日常生活的苦难与希望：实践民俗学田野笔记》，中国社会科学出版社2017年版，第399页。

历史和社会等外在条件的制约，只有在这些外在方面，我才同意杰文说的，自由"是一种历史和社会的创造物"。

杰文在 3 月 8 日吕微老师讲座那天说了一句我很认可的话，康德"实践"概念的最大特征是"加入"了自由。很对！实践民俗学的"实践"就是要做这件事情。问题是如何"加入"和为什么要"加入"自由？如何理解自由？怎样区分真自由和伪自由、积极自由和消极自由？① 在这方面我们有一些根本分歧。但有分歧不要紧，我自己对自由的理解也还在不断深化的过程之中。

杰文可能更倾向于实用主义的"实践论"，而我则更关注自由意志或自由的实践论。正因为他有决定论的倾向，所以他和我对"实践"的理解也有很大的不同。杰文说"实践民俗学家说人们先天地具有选择的自由却罔顾人们实际上无所不受限制"②。这是卢梭"人是生而自由的，但却无往不在枷锁之中"③ 这句话的翻版。我们可以反推，如果我真的"罔顾人们实际上无所不受限制"，那我就没必要论述了。因为这样的自由很容易实现而且处处皆是。其实，我想论述的是，自由有两个方面。一个是内在的，所谓康德论述的道德自由、意志自由，它的选择方式是什么，意志和任意的关系是什么；另一个是外在的，即如何保障自由。吕微老师这几年已经从主观的自由向客观的自由进展了，我也是这样。至少在《日常生活的苦难与希望：实践民俗学田野笔记》这本书里，我更注重论述自由实现的客观目的条件。所以杰文的实用主义"实践论"其实对我们是否认的，尽管他并不承认这一点。杰文认为，"显然，实用主义的'实践论'反对理性主义所谓'无条件的有效性''至上的责任'的真理

---

① 聂敏里：《回答一个问题：消极自由究竟有什么错》，《道德与文明》2019 年第 5 期。

② 王杰文：《"实践民俗学"的"实践论"批评》，《民俗研究》2018 年第 3 期，又载王杰文主编《实践民俗学的理论与批评》，学苑出版社 2020 年版，第 291 页。

③ ［法］卢梭：《社会契约论》，何兆武译，商务印书馆 2003 年版，第 4 页。

观；在实用主义者看来，这种真理观尽管绝对正确，却也绝对地无意义。"① 这就同时否认了康德道德法则作为定言命令的无条件性和绝对性，并且认为它"也绝对地无意义"。我认为这个看法与我们的分歧很大，而且是前提性的分歧。你们这一两代人可能更多地接触后现代立场，一谈"绝对"就头皮发麻，浑身起鸡皮疙瘩，确实和我不太一样。

我把杰文说的"加入"打上引号，意在表明：本来每个人都具有自由能力，但从内在方面来说，如果没有对这种能力的主动觉识和勇敢运用，这种自由能力也就可能长期处在潜伏的冬眠状态；从外在方面来说，如果没有制度上的客观保障，这种自由能力也会受到压制和蒙蔽。制度之恶能够激发人性之恶，比如告密制度、株连制度。也就是说，自由的外在方面与内在方面是互动的和互为因果的关系。

所以，我今天谈到的这些分歧就涉及我们倡导的实践民俗学与传统民俗学，包括与站在经验立场和后现代立场所理解的"实践民俗学"之间的根本分歧。实际上，实践民俗学提出来的一个要义就是要改变，不管从学科内部还是超出学科的角度去着手，它的知识储备一定要大于学科。因为我们提出的问题对于传统民俗学来说不成问题。然而，即便现在我们仍然不提出这样的问题，社会已经给我们提出问题了。我们民俗学号称传承学，却把我在书里提到的那么大的模式化的生活方式当作房间里的大象，视而不见。所以杰文说我是愤怒的实践民俗学者，但我的愤怒实际上首先针对的是自己。

不过，实践民俗学者只愤怒不行，还得把愤怒转化成一种理性的动力。你要改变自己，然后改变传统民俗学的"人观"（Person-

---

① 王杰文：《"实践民俗学"的"实践论"批评》，《民俗研究》2018 年第 3 期，又载王杰文主编《实践民俗学的理论与批评》，学苑出版社 2020 年版，第 288—289 页。

hood），意思是 the quality or condition of being an individual person①。这不是一个小问题。你怎么看民，要以你怎么看人为基础，因为民也是人。如果仅仅从经验上看人，就看不见自由的人和人的自由，因为自由本身就是先验的和超验的。所以我在书里实际上是想从内、外两方面论述我们普通人在日常生活中如何实现自由，自由如何被遮蔽、被阻隔，自由的条件是什么，如何从内在和外在来实现自由。拙作试图"内外兼修"——既讨论内在道德立法，也讨论外在立法（程序正义或制度），讨论实现个人自由和尊严的主观目的条件与客观目的条件，尤其注重制度建设和程序正义问题。其实我的一个基本说法就是制度与人是相互制约和互为因果的关系。

二 学科工具与方法论

吕微老师私下对《日常生活的苦难与希望：实践民俗学田野笔记》提出了一点批评，认为整本书的学科工具不是很明确，也就是说不够民俗学。但有一位人类学学者却说"你这本书写得太民俗学了，有点学科本位"。怎么理解这些对立看法呢？也许根本原因在于它已经不是传统民俗学研究了。也许会有读者质疑："你这还是民俗学吗？"我说，当然不是了，不是传统意义上的民俗学，但它可能属于将来的或正在到来的实践民俗学中的一种。我在书里说过我想超出学科的限制。比如，民俗学的日常生活研究就把学科界限打破了，它会涉及政治学或哲学。从学科角度来看，我的书有一个缺陷是没有突出地强调一点，即实践民俗学还是要以日常生活的习俗为学科工具或概念工具。但这种习俗已经不是传统意义上的习俗概念，而是实践民俗学意义上的习俗，这种习俗可以被描述为模式化的、集体习惯的和非反思的日常生活，类似于刘晓春提出的日常生活的"民

---

① 张柏然主编：《牛津英汉双解词典》，上海译文出版社 2011 年版，第 1640 页。

俗性"①，在这个意义上我赞同鲍辛格的说法，民俗学就是"对日常生活方式的研究"②。"日常生活方式"这个提法可能和其他学科研究的日常生活不好区分，那么转向日常生活的实践民俗学研究怎么体现出学科的独特性包括知识贡献、观念生产的特点呢？德国学者将民俗学改名为欧洲民族学，他们在网站上说欧洲民族学的一个重要任务就是"让不起眼的事情变得引人注目"③。虽然我在《日常生活的苦难与希望：实践民俗学田野笔记》里也试图通过对自己和家人日常生活的反思来让不起眼的、习以为常、习焉不察的代代传承的生活方式从不起眼变得起眼，但实践民俗学仅仅这样还不够，还得有实践目的论。就像杰文说的，通过"实践"概念，实践民俗学要给日常生活的习俗或模式化的日常生活加入自由。实践民俗学的日常生活研究方法论不仅仅是描述，主要是"还原日常生活目的条件——看见完整的人"④，完整的人首先是个体的人，完整的人也是有血、有肉、有灵魂并且需要自由、尊严和权利的个体，而不是面目模糊的"人民"。

诗人杨克2004年写过一首诗《人民》，我给大家念一下。

> 那些讨薪的民工。那些从大平煤窑里伸出的
> 148双残损的手掌。
> 卖血染上艾滋的李爱叶。

---

① 刘晓春：《探究日常生活的"民俗性"——后传承时代民俗学"日常生活"转向的一种路径》，《民俗研究》2019年第3期，又载王杰文主编《实践民俗学的理论与批评》，学苑出版社2020年版，第200—224页。

② 户晓辉：《日常生活的苦难与希望：实践民俗学田野笔记》，中国社会科学出版社2017年版，第360页。

③ 户晓辉：《日常生活的苦难与希望：实践民俗学田野笔记》，中国社会科学出版社2017年版，第408页。

④ 户晓辉：《日常生活的苦难与希望：实践民俗学田野笔记》，中国社会科学出版社2017年版，第397页。

黄土高坡放羊的光棍。

沾着口水数钱的长舌妇。

发廊妹，不合法的性工作者。

跟城管打游击战的小贩。

需要桑拿的

小老板。

那些骑自行车的上班族。

无所事事的溜达者。

那些酒吧里的浪荡子。边喝茶

边逗鸟的老翁。

让人一头雾水的学者。

那臭烘烘的酒鬼、赌徒、挑夫

推销员、庄稼汉、教师、士兵

公子哥儿、乞丐、医生、秘书（以及小蜜）

单位里头的丑角或

配角。

从长安街到广州大道

这个冬天我从未遇到过"人民"

只看见无数卑微地说话的身体

每天坐在公共汽车上

互相取暖。

就像肮脏的零钱

使用的人，皱着眉头，把他们递给了，社会。

回过头来看看我们这么多年的传统民俗学，有老师说只有你这个学科才会经常讨论研究对象是谁，才对什么是"民"纠缠不休。① 我们纠缠来、纠缠去，是不是还在把"民"当作神情模糊的抽象存在者呢？实践民俗学恰恰要超越这一点。我们要改变人观，不能再把个体湮没在传统的集体里面，而是需要返回个体的人。当然人有很多方面，迄今我们可能主要还是强调了完整的人的实践理性方面。实践理性是一种先验的价值设定，不是经验的事实判断，这一点是最重要的。正是因为这样，我们才提先验哲学、先验逻辑，而不是说我们好像跟经验研究、一般的实践研究有仇似的，只是因为康德的划分标准经得起理论论证、逻辑检验与反驳，所以我们才以它为值得信赖的参照体系。经验中看到的人都是不一样的，当然并非随时随地都是理性的；只有先设定每个普通人都是自由的有限理性存在者，并且把这种先验的价值预设为理性的实践目的，那么自由、公正、民主、平等的理念及其制度设计与程序正义才是可以思议的。我认为，和西方相比，我们自己的文化传统是经验主义传统占主导的，没有产生我们想得到的这些根本东西，缺乏制度设计与程序正义。

但在日常生活中，我们普通老百姓并非不知道如何从先验的层面来看人。我举一个例子。这是吕微老师在《民俗学：一门伟大的学科》中所举的他在陕北农村插队时关于要饭的例子。吕老师说，1969 年到了陕北之后，"我知道了，要饭，并不是一件不道德的事情，而是每一个人在自然法则下生存的客观必然性，也就是说，要饭，是客观的自然（生存）必然性……而不是主观的自由（道德）的必然性"。注意，这就是区分，我们从经验上看，能看到"要饭"，但我们直接看不见到底如何对待要饭，在下一步才能看到。"在陕北，每一个人都有可能在荒年里出门讨饭，这里暂不说讨饭的艰辛，

---

　　① 王娟：《新形势下的新定位——关于民俗学的"民"与"俗"的新思考》，《民俗研究》2002 年第 1 期。

绝非'好吃懒做'的人所愿为且能为"，吕老师去之前认为他们都是好吃懒做的，其实到那里一看并不是这样的，"出门讨饭，为的只是给家里减少一张吃饭的嘴，但是，尽管要饭的事是自然的客观必然性，但是，善待要饭的人，却是人因自由而可能的主观必然性。……**在陕北，要饭是一种自然行为，服从自然法则；但是对待'要饭'这件事的态度，却是一种自由行为，或者服从或者不服从道德法则**"。① 加粗的这句话，我认为很重要。你可以选择服从或者不服从道德法则，但这个选择不是遵循自然法则的结果，"要饭"才是自然法则。所以我们在分析一件事情时，比如说日常生活中的某个民俗，是只有一个视角还是有好几个视角，这是不一样的。为什么我们要从两个视角来看？吕微老师举的例子也可以认证我前面说的观点：按康德的划分，如果仅仅从"要饭"的自然法则中去谈自由或者道德，那是很难谈的，但对待要饭的态度方面，却是我们不仅可以谈，而且必须谈的自由选择问题。我们民俗学若要研究"要饭"这种习俗，应该从什么角度、什么立场来看待它、对待它，这是很值得进一步思考的例子，下面我还会举我在陕北看到的一些实例，所以这就涉及我对实践民俗学的"实践"到底怎么定义的问题了。

三　实践民俗学的定义问题

我看了萧放、鞠熙老师，还有杰文老师对我的批评以后，反思我的表述可能确实有一点问题，我现在修改一下。以前我的表述可能给大家造成一个印象，我强调实践民俗学的"实践"就是只指理性实践，好像舍此无他。尽管我在拙作中的想法当然不是那样的，可能是我的表述确实容易引起误会。我现在这么表述，实践民俗学的"实

① 吕微：《民俗学：一门伟大的学科——从学术反思到实践科学的历史与逻辑研究》，中国社会科学出版社 2015 年版，第 306—308 页。

践"虽然可以包括一般的实践，但特指从实践理性的总体理念和理性原理出发并且以理性目的论为旨归和底线的实践。具体而言，实践民俗学的目的就是，把每个人都可能固有的实践理性能力彰显出来，促成每个人对自己的这种实践理性能力的觉识，并且敢于公开运用自己的实践理性，为这种运用创造条件，把这种运用贯彻到各自日常生活的行为实践和习俗实践之中。所以确切地说，实践民俗学的实践之所以强调实践的理性目的论，并不是要排除一般的实践，而是强调以理性的目的论来规范和引导一般的实践，并且作为一般实践的基础和前提。

这也就是我们试图用实践民俗学做的事情，或者用"实践"这个概念想做和能做的事情。就培养并养成主观的道德习惯而言，用康德在《实践理性批判》中的话来说就是，"使按照道德法则作出评判成为一件自然的、既伴随着我们自己的自由行动也伴随着对他人的自由行动的观察的工作，并使之仿佛成为习惯"①。当然，不仅是评判的习惯，而且是践行的习惯。也就是说，每个人的习惯，最后成为集体的习惯，即成了新的日常生活中的习俗甚至成为公民的习惯。就客观方面来说，更重要的是在全社会，至少在实践民俗学涉及的领域创造精神的和制度的条件，促成每个人成为公民。所以实践民俗学和学者自身不是没有关系，我们不能站在高高在上的立场去启蒙民众，而是首先要启蒙自己。每个人都启蒙自己，其实就是让我们每个人学会从草民变成公民。② 这需要理论的论证，更需要把这种论证的原则纳入并化作日常生活的具体实践。这个过程需要艰苦的努力，所以无论对学科还是对个人而言，这都不是华丽的转身，而是痛苦的裂变，需

---

① Immanuel Kant, *Kritik der praktischen Vernunft*, Verlag von Felix Meiner in Leipzig, 1929.

② 户晓辉:《从民到公民：中国民俗学研究"对象"的结构转换》,《民俗研究》2013 年第 3 期。

要勇气和努力。但正因如此，实践民俗学才恰恰能够给我一个安身立命的理由。有了这种目的论的底线来引导和规范实践民俗学的实践，实践民俗学与其他学科在对日常生活的研究方面就完全不一样了。我们有自己特殊的对日常生活的模式化、传承化、习焉不察化的理解，更重要的是我们有普遍的理性目的论条件。由此在学理上把普通人的日常生活中本来就具有的常识感、公平感和正义感加以普遍化、明晰化和理性化，把它们提升到实践理性公识的层次，进一步推动以现代共识为目的和条件的日常生活制度实践。这是实践民俗学和其他学科在研究日常生活方面的一个本质区别。①

在实践民俗学研究中，需要对 Vernunftfähigkeit（理性能力）和 Vernünftigkeit（理性举止）做一个区分②。理性能力和实际拥有的理性举止是不一样的。前一个词表达的是"能力"，相当于英文的 Rational Ability，就是说虽然你有理性的能力，但你在现实里面到底能觉识多大程度、发挥多大程度，是因人而异的，因为它受现实条件的制约，也受理性运用程度、运用能力的制约。吕微老师、高丙中老师还有我自己目前所做的工作主要是为个人的理性能力和可理性化（Rationabilität）权利辩护。只不过他俩倾向于"一分为二"的步骤，即先为普通民众的理性能力和可理性化能力辩护；而我倾向于"合二为一"的步骤，即在为普通民众的理性能力和可理性化能力进行辩护的同时还要以理性举止和理性化特征（Rationalität）的理想标准来反思并批判包括我们自己在内的普通民众的不够、不足甚至错误的

---

① 户晓辉：《日常生活的苦难与希望：实践民俗学田野笔记》，中国社会科学出版社 2017 年版，第 391—392 页；户晓辉：《实践民俗学的日常生活研究理念》，《民间文化论坛》2019 年第 6 期；王杰文主编：《实践民俗学的理论与批评》，学苑出版社 2020 年版，第 89—102 页。

② Oswald Schwemmer, "Die praktische Ohnmacht der reinen Vernunft. Bemerkungen zum kategorischen Imperative Kants", in *Kants Ethik heute*, Heft 22, Nandenhoeck & Ruprecht, Göttingen 1983.

观念与做法。①

　　我还想举一个例子。2019 年 2 月 16 日，我随中国民协的专家组到陕北绥德、榆林等地考察年俗文化活动。那天在绥德县崔家湾镇朱家寨，男女老少都走出家门搭火塔、转九曲、放鞭炮。本来也不是很大的村子，大家都出来在路口和戏台等公共场所去共同营造和感受年节的气氛。在研讨会上，陕西学者主要看到他们的年俗文化都是一些家文化。年俗文化当然是家文化，它在中国有很大的普遍性，我并不否认，但实践民俗学能看到什么？看到的是人们不再只是宅在家里，也不限于一家、一族的往来，而是在大家共同营造和分享的年节仪式和公共活动中才能分享并体验到更加浓厚的节日气氛，正所谓"独乐乐"不如"与人乐乐"。除了仪式程序之外，现场的人群略显自发和无序，但这种年俗活动向当地所有人开放，并且潜在地邀请人们平等参与和共同分享，从这种小村落公共领域的年俗活动中，我们能看到现代意识和现代价值萌发的契机。一家、一户、一族的意识在活动过程中被暂时弱化了，人们对家族和熟人圈子之外的陌生人有了平等相待的意识和觉悟。虽然这只是自发的，还不是自觉的，但实践民俗学可以发现并推动这种自觉。

　　能够体现这一点的还有大秧歌。我们在榆林市、米脂县看了不同的秧歌表演，主要都是在沿街及广场上扭的大场子秧歌，很喜庆、很热闹，里面还有一些打情骂俏、诙谐逗趣的表演。虽然说秧歌表演的场地常常是围起来的，但有一次在绥德大街上，在表演的末尾，大家高兴得不得了，最后我们很多专家老师都加入了表演队伍。从交互关系上说，秧歌的表演是一种平等关系。就像我在《民间文学的自由叙事》中论述的那样，"我不计较你在表演时说的伤心话、伤人语是

---

　　① Hans Michael Baumgartner, "Das 'ethische geimeine Wesen' und die Kirche in Kants 'Religionsschrift'," in Friedo Ricken und Francois Marty (Hrsg.), *Kant über Religion*, W. Kohlhammer GmbH, 1992.

因为我不把你看作现实角色的他或她，所以也就不把这些话当真，我知道在民间文学体裁叙事表演行为的对抗中我们都已经不是现实中的各种角色，我们都已经从他或她变成了你，我与他或她的关系都已经变成了我与你的关系"①。进一步说，尽管秧歌表演的现场常常是与观众相对隔离的，而且表演者们在现实中可能有这样那样的矛盾纠葛和利益冲突，但从表演现场的内在关系来看，秧歌表演的基础并非现实中不平等的角色区隔，而是人与人之间平等的人格关系。它的潜在前提是个体之间的相互尊重，而不是彼此伤害和算计。

另外，陕北的民歌，我也很喜欢。在我看来，陕北年俗文化的自由潜力至少具有三个层次。

一是不屈不挠的生命意志。尽管各地年俗都有这个原始底色，但生命意志在陕北的年俗里面体现得很强烈和显豁。

二是自由意志。陕北这个地方曾经那么苦，现在来看也不算富裕，"要饭"习俗在这个地方有独特体现，苦难生活肯定对好几代人都有影响。那么这种苦难在陕北这个地方如何宣泄？怎么表达？陕北人在包括秧歌在内的年俗文化中，以象征和替代的方式实现了他们在现实中实现不了的东西，得到了他们在现实生活中难以得到的东西。所以我感觉，陕北的年俗文化和信天游一样，在很大程度上满足了表演者与欣赏者的共同需求，同时也体现了陕北人不为外物所役、所限的自由意志，至少拥有自由精神。你看王二妮在陕北民歌《一对对鸳鸯水上漂》里面唱的歌词：

> 一对对那个鸳鸯水上漂
>
> 人家那个都说是咱们俩个好
>
> 你要是有那心思咱就慢慢交

---

① 户晓辉：《民间文学的自由叙事》，社会科学文献出版社2014年版，第153页。

你没有那心思就呀嘛就拉倒

你说那个拉倒就拉倒

世上那个好人有那多少

谁要是有那良心咱就一辈辈地好

谁没有那良心就叫鸦雀雀掏

山呐在水在人常在

一对对鸳鸯水呀嘛水上漂

你在那山呐我在沟

拉不上话话真呀真难受

山呐在水在人常在

一对对鸳鸯水呀嘛水上漂

说山挡不住那云彩树挡不住那风

神仙佬家也挡不住人呐想人

宁叫那玉皇大帝的江山乱

万不能叫咱二人关系那个断

……

　　"谁要是有那良心咱就一辈辈地好，谁没有那良心就叫鸦雀雀掏"，"宁叫那玉皇大帝的江山乱，万不能叫咱二人关系那个断"，这实际上表白并宣示了一种不受外界和他人干扰而单凭"良心"来自己做决定的自由意志和能力。这种表白和宣示不仅表现在陕北民歌和信天游中，也表现在包括秧歌在内的陕北年俗文化中。

　　三是精神的超越性。陕北年俗文化里的秧歌比平日里的广场秧歌更具仪式化和神圣化色彩，是平素沉闷的时间流中突起的狂欢时刻，是凝聚着陕北人对日常生活的憧憬与希望的乌托邦。陕北年俗文化潜在地展示了陕北人突破物质条件的限制和社会条件的束缚所释放出来的自由精神，这也是一种"富贵不能淫，贫贱不能移，威武不能屈"的自由意志。

我举这个例子是想说明，从实践理性的立场可以看出，包括秧歌在内的陕北年俗文化潜在地具有邀请在场的每个人不分年龄和性别而平等参与并由此达致共舞、共建、共筹、共享的现代文化价值内涵，这与现实中的某些官本位及不平等现象形成明显反差。如果说恰恰是这种反差造就了陕北年俗文化的某些传统和风貌，一旦缩小这种反差的话，会不会就把这种特殊性抹掉了，甚至把这种特殊的传统抹没了？哪个更重要呢？在我看来，我们宁要这种传统断，也不要让一代代陕北人空期盼。实践民俗学选择让人们过上舒心的、有尊严的好生活，而不是为了保留传统，去让他们画饼充饥，让他们在一年中仅有的少数时刻去表达他们的狂欢和诉求，仅仅让他们得到象征性的表达或替代性的满足。

实践民俗学要实践，就要去真实践。真实践怎么做呢？首先是观念实践。在这一点上，现实还是很骨感的。我们这次去参观李自成行宫，看到一句口号"闯王来了不纳粮"，现在好像还有很多人赞成这句话。我当时也没多想，但如果站在实践民俗学的角度来反思的话，我们应该有新的认识。我们不能简单地说"闯王来了不纳粮"，我们需要思考：纳粮是我们的责任吗？我们有多大的责任？哪些是我们该交的，哪些是我们不该交的？这些问题都需要分辨清楚，不能一概地、笼统地说"闯王来了不纳粮"就是好事。后来的闯王为什么难以为继，他的农民革命为什么没有延续下去，他的失败与这些基本理念有没有关系？现代价值观的反思就是要反思，实现好的社会、有尊严的社会的条件，与我们的责任、义务、自由有什么样的密切关系。

在我看来，实践民俗学在做的事情正好和国家政策接轨。最近我看到一份文件，是《中共中央宣传部 中央文明办关于组织开展2019

年传统节日文化活动的通知》。它说要"充分尊重人民群众的主体地位""倡导理性、文明、健康的节日消费和人情往来"。① 实践民俗学可以与之接轨，因为我们应该并且能够推进陕北年俗文化中的这些现代价值内涵从潜在走向显在、从规矩走向规范、从礼俗秩序走向法理秩序、从集体权力回归个体权利，把它们从艺术和文化领域推广到全社会的观念领域和制度领域，逐步建立公平、公正、民主和更加符合人性的制度程序来保障每个普通民众在现实的日常生活中实现过上好日子的朴素愿望，而不是让他们更多地把希望寄托在迷信上。其实就是让陕北年俗文化的传承与创新从感性的自发阶段走向以理性目的论为旨归的自觉阶段，让它们的现代价值内涵和自由潜力在现实的公共领域和制度设计中更充分地实现出来，并且努力为这种实现创造正义程序和制度条件。

这看起来似乎有点遥远。在考察之后的研讨会上，我简单讲了一些自己的想法。但陕西的一些专家学者显然不以为然，他们认为这个东西离我们很远，家文化才是现实；还有学者认为政府的主要任务就是保护，因为老百姓自然而然就会创新，所以保护才是当务之急。实践民俗学是一个更积极、更主动的态度，而不能仅仅让老百姓自己创新。当然当老百姓自己要创新时，我们要维护普通民众自己创新的权利，但我们更有必要与现代价值观接轨。

最近，清华大学中国经济研究中心主任魏杰在中国经济 50 人论坛 2019 年年会上说，民营经济不是要优惠，而是需要公平、平等。现在的理论只讲必要性，不讲必然性，好像需要民营经济是无奈的选择，消灭民营经济才是伟大的理想，所以目前的理论无法解释民营经济，必须创新才行。另外要调整法律，保证法律上的公平、公正，别

---

① 2019 年 1 月 26 日《中共中央宣传部 中央文明办关于组织开展 2019 年传统节日文化活动的通知》。

用双重标准对待民营企业和国有企业。①

魏杰先生的观点可以启发我们作一个类比，传统民俗学理论是否也面临着同样的困境，即只讲必要性、不讲必然性而且不能解释当代民众及其日常生活的诸多问题。而要应对这些问题，传统民俗学的理论武库包括工具都是不够的，我们是不是要更新我们的软件和硬件？从内在方面来说，魏杰先生提出了一个很重要的要求，即我们不能"只讲必要性，不讲必然性"，这也是实践民俗学进行理论创新想做的事情。实践民俗学为什么要诉诸康德理论、先验逻辑呢？恰恰因为我们想在学理上、在论证根据上不仅满足于必要性、偶然性、实然性，我们要追求理据论证的必然性。能达到多少不知道，但我们要追求这些东西，否则就不能满足理性对论理的彻底化、完整化的要求。所以理论创新的前提在于从根本上转变我们的观念，并改变传统的研究范式。对学者自身来说，要不断地在思想和观念上进行自我启蒙，也就是要经历康德所谓思想方式的"哥白尼革命"。我认为康德哲学就是思考必然性的理论，以康德哲学为基础的实践民俗学也试图成为能够思考必然性并且按照必然性来行动的学问。实践民俗学不仅应该勇于面对这些问题并进行理论创新，而且需要在实践方面进行调整和转向。

昨天在"实践民俗学"微信群里，有一段对话如下。

> 王杰文：日常生活的苦难与希望，苦难是真的有很多很多，希望是真的一点都没有。@户晓辉
> 户晓辉：绝望之虚妄，正与希望相同。——鲁迅
> 王杰文：@户晓辉 绝望之为绝望，正与希望不同。

---

① 《中国经济50人论坛2019年年会发言（完整版）- RESSRC》，https：//ressrc.com/2019/02/21/speech－at－the－20th－annual－meeting－of－the－50th－forum－of－the－chinese－economy－full－version/2020年7月。

　　其实，面对经验现实，我常常也是悲观失望甚至难免绝望。但我认为，如果只看经验上的现象而没有超越性，那就往往容易让我们只看到经验现象，进而失落甚至绝望；而且越是知道了理想型，现实与理想型的差距就越大，失望感可能就越强。有人说理想型有什么用，理想很丰满、现实很骨感。我们很多人认为理想是没有用的，因为它实现不了，实际上没用。怎么办？在我看来，只有先验和超验的信仰才能给我们希望（宗教信仰我先不谈）。杰文说得对，"个体的自由意志是一种喜忧参半的恩赐"，这就是说人的自由能力既有神圣性，也有恶魔性。我们怎么办呢？如果从人的主体的内部来说（先不说宗教信仰），我们只能信靠我们自己这种既有神圣性又有恶魔性的自由意志能力，所以它是一种喜忧参半的恩赐。我们要保护这种能力，要让这种能力能够按照康德说的实践理性法则，也就是可普遍化的法则来行事，这样才有可能实现共建、共享好社会的理想。但是，我们仅仅相信这个能力还不够，更重要的是把这种有限的能力付诸实践。观念生产是实践，在日常生活中的社会实践也是实践，只要这些实践能够秉持实践法则的底线要求，就都是实践民俗学的实践。实践民俗学如果能够促进日常生活习俗的启蒙和普通人的自我启蒙，能够通过日常生活习俗的实践推动个人自由与权利意识的普遍提升，能够促进从私民到公民的逐渐转变和社会治理方式的不断改善，它就一定会赢得自身的学科价值和社会价值。

　　2019 年 2 月 16 日，我的朋友黄裕生教授在朋友圈说的一段话，能够帮助我们理解现代观念及其与经验性观念的区别：

　　　　关于两类观念的区别——答朋友之问：人有各种观念，大致可以分两层或两类，一类是经验性观念，比如人们通常的婚姻观、家庭观、贞操观、财富观等。这个层面的观念的形成与变化，常常与生活内容、生活方式、交往范围的改变相关联。单纯的代际观念差主要体现为这个层面的观念差异，与我所说的由启蒙加以改变的观念不在同一个层面上。另一类是启蒙性观念，这类观念首先不是，也不可能单靠生活内容、生活方式以及交往范围的改变来确立与形成，而是首先由哲学与人文科学的理论活动，通过对人类自身及其与世界的关系的系统反思、认识确立起来相关原则基础上给出来的。因此，这类观念是基于可论证且已论证的一系列原则基础上才确立起来的。简单说，这类观念是建立在一套关于原则体系的"理论知识"基础上。所以，这类观念需要通过启蒙工作来传达、阐释与坚守。启蒙并不是输灌给别人什么外在东西，甚至也不是以什么外在的东西来引导别人，而是通过向别人展示人类理性自身的原则体系来帮助他人自觉（认识）到自己内在的原则体系，从而帮助他人点亮自己的理性之光，照亮自己的本相身份——自由与独立，因而得有勇气独自面对一切，有勇气使用自己的理智独自作出决断。在这个意义上，启蒙就是帮助他人完成自我启蒙，而不是使他人成为被启蒙的人。启蒙所要确立与传达的这类观念，比如权利、尊严、责任、平等、民主、宽容等观念的强弱不取决于代际差，不一定越年轻的一代越强或越自觉，倒可能相反。在这类启蒙观念上，今天的学者有几个比胡适更强更自觉？实际上，我们反倒比胡适更老更过时了。所以，康德不老，他比很多东方人年轻至少上百岁。不管是一个民族还是一个个人，是否进入"现代性时代"，不是由所在的物理时间来标志，而是看其生活世界里是否确立起了启蒙所确立的理念。一个社会的真假变革，区别也在于是朝向那些启蒙理念（观念）迈进，还是偏离或远离它们。在一个人群里，最严重的撕裂不是阶层的对立，不是利益的纷争，而是巨大的观念差异带来的不同时代之间的分野。

这就是说，决定我们到底是古人还是今人的，不是物理时间而是思想观念！不是说我们处在同一个物理时间就一定是在同一个时代，其实在观念上我们真的可能处在不同的时代。就像我们开玩笑说的，穿越到宋代去，你的观念没准就处在宋代。刚才说的"闯王来了不纳粮"，如果没有观念反思，我们是不是在观念上仍然处在那个时代？那是很有可能的。

可惜的是，中国还有不少学者不理解、不接受这些先验的现代观念。为什么黄裕生老师说的"权利、尊严、责任、平等、民主、宽容等观念"不是霸权？因为它们不是从经验里面归纳出来的，而是在"基于可论证且已论证的一系列原则基础上才确立起来的"。所以说，如果你不能在论证上加以反驳，如果你在缺乏或偏离了这些实践法则和观念的情况下来进行实践，你就一定不会符合人性和人道，就一定不能保障每个人的人权和自由。比如王杰文教授就说："从经验的层面来看，他们的实践行为是生成性的、开放式的，民俗学家们没有权利把民众远远地赶入我们为他们圈定的围栏中或者四海皆同的唯一解决方案中。"[①] 这个理解和我的确不太一样，我倒不是说我有没有权利，只是像黄裕生教授说的那样，我们虽然没有权利去启蒙民众，却可以创造条件让民众自我启蒙，每个人都需要自我启蒙。我经常要启蒙我自己，而且我准备活到老启蒙到老，因为启蒙是一个无止境的过程。就说自由，按康德的说法，你不可能真的达到完美的自由境界，把全部的自由能力发挥得无穷无尽，那不可能。假如上帝是我们理性的必然设定，每个人都不是上帝，谁都不能僭越上帝的那个位置。

好，实践民俗学要干什么呢？我认为实践民俗学在中国的一个重

① 王杰文：《"实践民俗学"的"实践论"批评》，《民俗研究》2018 年第 3 期，又载王杰文主编《实践民俗学的理论与批评》，学苑出版社 2020 年版，第 292 页。

要任务是促成现代观念的制度化实践和规范化实践，把这些"基于可论证且已论证的一系列原则基础上才确立起来的""权利、尊严、责任、平等、民主、宽容"等现代启蒙观念融入日常生活的"经验性观念"，用前一种观念引导并规范后一种观念，这需要长期的观念实践和社会实践，让民俗实践与学科实践能够在理性目的论上获得统一。① 这个可能是实践民俗学可以做的一个很重要的工作，虽然不是唯一的工作。

最后，我认为，作为未来民俗学的实践民俗学应该是当来而可来，并且正来和必来。民俗学有没有希望，实践民俗学有没有希望，都端赖学界同人，尤其是年轻学子们，包括在座的你们共同的努力和共同的理解。

---

① 参见吕微《民俗学：一门伟大的学科——从学术反思到实践科学的历史与逻辑研究》，中国社会科学出版社 2015 年版；吕微《"日常生活—民间信仰"自觉的相互启蒙者——对"罗兴振—陈泳超公案"的康德式道德图型论思考》，《民族文学研究》2019 年第 1 期。

"实践民俗学"如何定义"实践"[①]

王杰文

(中国传媒大学艺术研究院教授)

这两年，我一直在跟吕微老师和户晓辉老师交流，因为吕老师和户老师在2014年前后提出了一个新的概念"实践民俗学"。两位老师很勤奋，每个人都写了四五篇跟"实践民俗学"有关的论文[②]。他们挑起的这个话题，我是很感兴趣的。我也在积极思考，能不能跟他们有个对话？大概在十年前，我开始学习表演理论，我也多次在各种场合说过，表演理论的"表演"一词，在英语里面的第一个解释就是"做，实践"的意思。所以，在某种意义上讲，"表演理论"就是一种"实践理论"，我有条件、有基础跟他们俩对话。这也就是我今天要讨论的怎么定义"实践民俗学"中的"实践"的知识背景。

既然说"表演研究"是实践研究的一种，我们就可以把"表演研究"叫作"实践民俗学"。但是大家都知道，我这个地方说的"表

① 本文是2019年6月14日作者在北京师范大学中国社会管理研究院/社会学院民俗学专业所做讲座的录音整理稿。

② 吕微：《民俗学：一门伟大的学科——从学术反思到实践科学的历史与逻辑研究》，中国社会科学出版社2015年版；吕微：《与陌生人打交道的心意与学问——在乡愁与大都市梦想之"前"的实践民俗学》，《民俗研究》2016年第4期；吕微：《两种自由意志的实践民俗学——民俗学的知识谱系与概念间逻辑》，《民俗研究》2018年第6期。户晓辉：《人是目的：实践民俗学的伦理原则》，《民族文学研究》2017年第3期；户晓辉：《实践民俗学视野下的"神话主义"》，《民间文化论坛》2017年第5期。

演研究"只是多种表演研究中的一种，还有各种各样的表演理论。"表演"这个概念挺复杂，我们现在可能只是比较简单地了解了其中一种。我们抛开吕老师和户老师"从走向康德的实践理性去讨论实践民俗学的"这个思路不谈，而是在我们民俗学固有的理论渊源当中寻找实践民俗学的源头，换句话说，民俗学学科中所谓"实践"指的是什么？需要继续讨论。

一 实践民俗学的实践，应该从语言学中找到第一因

在中国民俗学界，吕老师、户老师是从先验哲学的角度来谈实践的概念，我是从学术史的角度在谈实践这个概念。我认为，只从康德哲学来谈，好像是横空出世，没有尊重民俗学的学术史渊源。然而，尽管它们不一样（从哲学的角度与从学术史的角度来讨论"实践"的概念），但是我认为在某些思想上是一致的。我认为，今天我们讨论的"实践民俗学"，是有学术史背景的，这个学科一以贯之概念发展的历史，它有一个学科不断发展与转化的动力，一直走到今天这个地步。

可能有同学看过我写的《北欧民间文化研究》，在书里面我大概总结了一下20世纪70年代到2010年左右北欧民俗学发展的历程。大家都知道20世纪70年代，国际民俗学界已经很国际化了，我在书里说的是北欧，实际上就是说国际范围内的学术转向的问题。

在2008年左右，就是我和在座诸位年龄差不多的时候，以我当时的学术储备，我对民俗学感到特别的彷徨、特别的迷茫。迷茫在哪里？我记得清清楚楚，在听老师们讲课的时候，刚开始还在介绍弗雷泽、泰勒，讲太阳神话、月亮神话学派，忽然一下子就转到法兰克福学派了，知识衔接不上，我当时感到很困惑，不知道该听谁的，不知道该看哪些书来系统地了解学术发展史方面的知识。我很苦恼，一直觉得这是个问题。我们的民俗学培养有问题，问题在哪里？没有学术

史。我们不知道这个学科发展的历史为什么要从汤普森的工作讲起，甚至往前面追溯，我们为什么要讲到格林兄弟、赫尔德和维柯等人，然后怎么一直发展到现在，我们这个学科怎么来的？我一直对这个事情耿耿于怀，总希望有一个接续学术发展史的任务，或者准确地说，是我自身需要补一补关于这方面的课程。我写那本书大概的意思就是想做这个事情。

为什么是从20世纪70年代写起，而不是60年代或者50年代？因为我从西方人写的一些回顾性的文章中发现，大家都认为是从20世纪60年代末70年代初这个时间点上国际民俗学才开始转向的。而这之前，其实在西方的民俗学界，包括像劳里·航柯、阿兰·邓迪斯、理查德·鲍曼等人，他们在20世纪70年代前后也很迷茫。鲍曼在20世纪60年代末70年代初写的文章也很杂，我们发现他并没有一个一以贯之的学术方向，因为他是美国史方向的博士，他不是民俗学博士。他写文章是根据今天有一个什么民俗类型，然后写一篇类型方面的文章；明天有一个什么有关乌龟的谚语，就写个乌龟的谚语方面的文章；后天看了一个什么入会仪式，就写个入会仪式方面的论文；那时他也是这个样子。情况好一点的，像阿兰·邓迪斯，因为他很早就受到了结构主义和精神分析理论的影响，他有一套自己的说法，但是这一套说法放到民俗学学科史里边来看，感觉好像不是在一级理论的层面，更像是在二级的理论层面。20世纪70年代以后，我看大家在学科的学术史方面的总结和反思就比较多了，我也就从这个地方开始说起。

在20世纪60年代末70年代初，最重要的一条是，当时有很多学者提出来一个叫作"语言学转向"的问题。当然，事实上"语言学转向"实际上很早了，在20世纪20年代末30年代初已经有语言学的转向了，但是真正大批反思语言学转向的论文，是在20世纪60年代末70年代初，我今天就从"语言学的转向"说起。

为什么要说"语言学的转向"？它跟我们现在民俗学学科内的从民俗事象转向表演研究有密切的关系。我们民俗学，我不知道在座诸位怎么样，我在北师大念研究生的时候，我们当时还在学习的教材是钟敬文先生主编的《民俗学概论》和《民间文学概论》。当时老师们给我们讲课的时候也是第一节神话，第二节传说等事项式的罗列。我相信现在很多高校仍然在这么讲，比如北大的王娟老师，我看过她的视频课，她也是这么讲的。事象为主的研究方式很容易让我们进入这个事项。诸位看看我们的学术期刊就知道，看看《民俗研究》《民间文化论坛》上面多少人仍然是在坚持以事象为主的研究方式。我们的同行们还是看着一个事象，然后去描述，这样的研究方法一直延续至今。

我要说的"语言学转向"到底意味着什么？它意味深长。不是说语言学转向之前的集中于事象的研究不成立，而是说它有局限性。如果没有语言学转向的思想做铺垫，这个局限性，大家可能是看不出来的。你想想看，某某人他做了一个关于民间文学或者是民俗学的事象研究，但却从来没有对这种研究方式反思过，我们今天从语言学转向说起就是要对这种研究方式本身加以反思。

所谓的"语言学转向"，就要说到在 20 世纪 20 年代，大家非常熟悉的，也是对我个人影响最大的巴赫金。巴赫金是一个哲学家、文艺理论家、语言学家。其中有一个跟他合作过的人叫沃洛希诺夫。以这个人的名义发表过一篇非常著名的文章，《马克思主义与语言哲学——语言科学中的社会学方法基本问题》，这篇论文写于 1928 年，文章虽然是以沃洛希诺夫的名义发表的，但是，很多人认为它是巴赫金写的。在这篇论文里边，沃洛希诺夫对 20 世纪 20 年代国际范围内流行的语言学理论做了梳理，他认为当时在语言学界有两种最主要的流派。第一种，叫作个人主义的主观主义流派。个人主义的主观主义认为语言就是讲述者自己在说，语言的源头在讲述者本人，代表人物有洪堡。另外一种流派，大家更熟悉，叫抽象客观主义流派，代表人物是索绪尔，认为语言的真正本质在抽象的语法当中。在 20 世纪 20 年代那个时候，抽象客观主义的语言学占主流。大家都知道《普通语言学教程》发表于 1918 年，这等于说巴赫金小组非常前沿了，十年以后，就写了关于《普通语言学教程》的批判性文章。在后来对索绪尔的反思中，巴赫金小组提出了一个非常致命的问题，他有一段话是这么说的，"究竟什么是语言活动的真正中心？是个人言语行为表述，还是语言体系呢？哪一种是语言活动存在的形式？是不断的创造性的形成，还是自身规则一致的固定不变性？"① 这是沃洛希诺夫在《马克思主义与语言哲学——语言科学中的社会学方法基本问题》这篇论文里提到的一句话。我们到底应该关注什么问题？从这篇论文开始，巴赫金小组就把索绪尔的日内瓦学派强调的对语法、语言的研究，转向了言语研究。这个论证的过程非常复杂，大家想看看为什么要转向言语，或者叫讲述，而不是停留在语法研究上面去，请自己去看这篇论文，它写得非常清楚。我认为这篇论文就代表着所谓的"语言学转向"，它倡导从语法研究转向言语研究。从语法、语言转向了讲述或者言说这个概念，这就是我说的"语言学转向"。

对于民俗学学科来讲，语言学转向的意义就是从过去的文本研究、民俗事象的研究，转向了民俗事象的应用研究。

语言学的转向意味深长。我一再强调这个转变的重要性。大家要是看看普通的哲学类书籍，都会了解所谓"言语转向"在哲学史上是一件非常重要的事情。在 20 世纪的学术史上，巴赫金这个人身世坎坷，那么大岁数的时候，还一直都在流放的过程当中，到 20 世纪 60 年代末的时候他才被人家发现。所以他的学术思想真正起作用的

---

① ［俄］B. H. 沃洛西诺夫：《马克思主义与语言哲学——语言科学中的社会学方法基本问题》，《巴赫金全集》（第二卷），河北教育出版社 2009 年版，第 402 页。

时候已经到 20 世纪 70 年代了。那个时候，他关于言语的这一套语言学的思想，才开始被大家重新普及开来。可是大家反过来想想，我之前也写过一篇文章讲过这个事情，那就是至少在美国社会语言学界，艺术人类学领域，没有人不知道戴尔·海姆斯的贡献。戴尔·海姆斯在 1964 年就发表了《交流的民族志》（后来他又发表了《讲述的民族志》），意味着美国的社会学语言学、语言人类学在那个时间已经开始转向交流、讲述，转向关注 Speaking、Communication 这种思想。那个时候，戴尔·海姆斯显然没有受过巴赫金的影响，但美国的社会语言学领域也转向了交流和讲述，而"讲述的民族志"直接影响了"表演研究"的出现。我们今天说美国的"表演研究"指的是"口头艺术的表演研究"，它集中关注的是口头艺术研究的领域，不泛泛地包括所谓民俗学的领域。但是，后来，表演研究被推广开来了，也就意味着表演的思想其实是从作为口头艺术的表演研究领域转向了一般的民俗学领域，有这样一个转化、扩展的过程。表演的思想是从作为表演的口头艺术的范围，扩展到整个民俗学研究。这个思想的变化、转折都在 20 世纪 70 年代发生了。所以我在这个地方要告诉大家，语言学的转向，我们至少要追溯到巴赫金那里去。我刚才说了，20 世纪 60 年代末 70 年代初期，巴赫金被重新发现，很快他的书就被翻译到美国。20 世纪 80 年代初，我们看鲍曼的文章就大量引用了巴赫金的思想。我现在有一种判断，我认为鲍曼的思想在很大程度上并没有超越巴赫金，相反，他后来有很多思想，恰恰是直接来自巴赫金（尽管鲍曼批评巴赫金仅仅停留在理论阶段，没有实际的应用研究）。我为什么把巴赫金和戴尔·海姆斯放在这个地方讲，因为他们俩都是语言学家，他们的语言学思想直接刺激了表演研究的出现。在这个意义上讲，我们前面说的"表演"第一个意识就是做、实践的意思，它来自语言学的转向。语言学的转向就是从语言转向言语，从语法转向讲述。讲述、言语、表演、表述等概念，至少在语言学领域，都和

我们今天谈到的"实践"有关系。

这其实就包含着我一上来就跟大家讲到的困惑（民俗学的学术谱系、学术发展史的问题）相关。我认为，在语言学反思之前，我们民俗学的学术理论一直是比较散的。如从 17 世纪的维柯到 18 世纪的赫尔德，以及早期的民族主义、浪漫主义的那种民俗学思维，一直到后来科学主义的，像芬兰历史地理学派的研究。芬兰历史地理学派的影响力，在美国一直维持到 20 世纪中期。我们看看丹麦的民俗学家，民间故事研究领域的权威本格特·霍贝克的作品就可以了解这一点。我还写过一篇专门讨论他的民俗学思想的文章。他在那个时代开始站出来。作为一个年轻的小伙子，他在国际民间叙事研究大会上，直接站起来批评汤普森的研究范式，汤普森就坐在那个地方，似乎毫无反击之力。[①] 他所代表的 20 世纪 60 年代末 70 年代初的这一批人，就是从"讲述"这个概念出发的，就是从语言学的转向出发的。所以我个人认为语言学转向（走向言说）是民俗学范式真正转型的一个标志性事件。我们现在谈表演或者是谈"实践民俗学"的"实践"，应该从语言学的传统当中找到它的第一因，这是我今天要讲的第一个问题。

二　我们要熟悉人类学和社会学领域的实践论转向

第二个问题是，我们今天谈实践民俗学的时候，不能不知道社会学、人类学传统里有很多人早就在谈"实践"了。如皮埃尔·布尔迪厄、安东尼·吉登斯、马歇尔·萨林斯，这三位同志都有以实践为关键词命名的书籍出版，尤其是布迪厄，光明确标志有"实践"这个概念的专著就有三四本。所以，作为邻近学科，我们今天谈论

---

① 王杰文：《权力·意义·反思——本格特·霍贝克的民俗学思想述评》，《青海社会科学》2010 年第 4 期。

"实践"，肯定绕不过布迪厄，也绕不过吉登斯和萨林斯。因为民俗学本身也是社会学、人类学下面的子学科，所以下面我在他们的学术传统的基础之上，再给大家说一说"实践"这个概念。

格尔兹有一个非常优秀的学生叫雪丽·奥特纳（Sherry B. Ortner），是加州大学人类学教授。这个人在美国人类学界以擅长撰写总结回顾性的文章出名，她做过的关于人类学学术史的最著名的一篇文章《六十年代以来的美国人类学》。我今天给大家讲的这个回顾也是借鉴了她的一篇反思性的文章，在这篇论文里面，她给我们做了一些铺垫性的工作，她说 20 世纪 70 年代末 80 年代初，布尔迪厄出版了《实践理论大纲》（1978），安东尼·吉登斯有一本书是《社会理论的核心问题：社会分析中的行动、结构与矛盾》（1979），马歇尔·萨林斯写了《历史的隐喻与神话现实：桑威奇群岛的早起历史结构》（1981）（收录在《历史之岛》里面）。这三位人物都是社会学家和人类学家，他们在同一时间，也就是在 1980 年前后一两年，他们在没有互相商量的情况下，都用了"实践"这个概念。为什么？据我阅读过的非常有限的一些资料来看，这种"巧合"涉及人类学的学术史和社会学的学术史。大家都知道，他们三个人在 20 世纪 80 年代前后都不约而同地用了"实践"这个概念，我们在人类学史上叫作实践论转向。为什么转向实践？我也在很多场合讲过，我们看一下王铭铭老师或者其他人撰写的人类学的学术史，大家就会发现 20 世纪 70 年代的时候什么理论一统天下。概括起来说，当时盛行的有三种理论。一是格尔兹的文化阐释学，二是马克思主义的政治经济学，三是列维－斯特劳斯的结构主义以及他的学生与同行们奉行的后结构主义。这三个理论很不一样，但是后来很多人却也从中发现了它们的共同点，那就是，它们都过分地强调某些限制性、控制性的因素，强调结构、体系、文化整体。比方说格尔兹，他强调某种文化生态；列维－斯特劳斯强调某种潜层结构；马克思主义政治经济学家们强调某种社会的结构。总而言之,在实践理论登上舞台之前的人类学和社会学的理论界,当时比较流行的就是在强调社会的某种制约性、控制性的因素,结构、体系这样的概念非常流行。而实践理论家们把实践这个概念提出来,引入到人类学和社会学理论当中,在某种程度上是要对结构和体系性的因素作某种反思的。就是要告诉大家,"实践"这个概念强调的是人类社会行为的能动性。所以 agent(行动者)这个单词在 20 世纪 70 年代特别流行就是这个原因,大家觉得其实我们作为行动的主体,并不完全受社会的、经济的和文化的结构制约,很大程度上有它的能动性。所以所有的实践理论家既强调结构和体系的制约性,同时也更加强调行动主体的能动性,这就是 20 世纪70 年代末 80 年代初实践理论走向前台的历史原因。

我们刚才是在语言学的领域里面强调言语这个概念,言语的转向。现在转向了社会学、人类学的理论界,上述三个著名的人物都强调了"实践"这个概念,而这个实践概念背后反映了能动性的问题,意味着对结构和体系的那种反思和反弹。比如在布尔迪厄的实践理论里面,布尔迪厄是在反抗萨特和列维－斯特劳斯的思想之后成就为一位杰出的人类学家的。布尔迪厄是哲学系出身,他对萨特的思想似乎有着某种天生的反感。我们知道存在主义是一种人道主义,萨特特别反对鄙视社会科学,在这样的一种语境之下,逆反的布尔迪厄提倡反抗"唯理论"。布尔迪厄在贝阿恩地区和利比亚做田野调查,他是直接走向田野,而且他从哲学系转向社会学。用中国人的话来讲,从很高深的学问走向了一个很卑贱的学问,属于"下乔木而入于幽谷者"。因为当时他走向社会学人类学的时候,法国的社会学人类学和哲学比较起来,实在是太差了,所以当时他其实背负了很大的压力。但是在他的书里边,我们可以看到,他屡次强调他反对唯理论。唯理论在他那个时代的典型的代表就是萨特和列维－斯特劳斯,列维－斯特劳斯的结构主义也是一种唯理论,因为它是学者提出来的一套理论，和他说的实践的理性完全没关系，所以布尔迪厄一上来强调的就是实践的理性。实践的理性是什么？就是说我们的研究对象自己的实践的逻辑是什么？这个思想非常有意思，和我们中国今天的实践民俗学很对胃口。布尔迪厄从实践的理性这个概念出发，强调了后来我们所熟悉的布尔迪厄的一系列关于实践的概念之下的一系列的子概念。比如场域，所有的人都在场域当中，对不对？场域当中有资本的问题。我们说经济资本、文化资本、社会资本、权力的问题等，他围绕着场域提供了一系列的概念，让我们来分析实践的过程、实践的逻辑。这里不仅仅是一个抽象的、实践的概念，而是把实践的概念细化成一系列可操作的概念，所有这些概念都围绕着实践。布尔迪厄的实践理论，其实给我们提供了一系列关键概念，让我们可以在面对具体的民众的实践的时候，有概念去分析它，这个思想非常关键。

吉登斯要比布尔迪厄晚出一点，布尔迪厄那里很少有吉登斯的东西，但是吉登斯那里经常有布尔迪厄的东西，可见他们俩之间的关系和重量等级。吉登斯的文章里经常引用布尔迪厄的观点，我个人认为吉登斯的原创性不如布尔迪厄。但是吉登斯谈到实践的时候，有几个核心的思想，那是他的闪光点。比如他区分了实践意识和话语意识，他说我们所有人在日常生活当中是有实践意识和话语意识的区别的，就是好多时候我们只会做却不说，还有的时候又做又说，有的时候只说不做，这种区分非常有趣。他说在人们的实践意识当中，大家对自己实践的前提和后果没有感觉。这个思想我当时看很震惊，为什么这么讲？这个思想的重要性在哪里呢？他强调了有的时候实践可能没有意识地超出了你预期的目的，这就导致了实践会超出结构和体系的那一部分。我们刚才说了，说实践有可能冲破结构和体系的制约，但是我们没有具体说它怎么超越。吉登斯在这个地方告诉了我们对实践的前提和后果的不自觉，我看到这些思想的时候特别有感触。

再比如说萨林斯，大家都知道萨林斯特别强调文化理性、实践理性。在他看来，人类学的学术史其实就是文化理性和实践理性两种理性的交替呈现。有些人特别强调实践理性，有些人特别强调文化理性。比如马林诺夫斯基就特别强调实践理性，一切文化的因素在他那都不重要，重要的是它有什么功能，所以强调的是实践理性。可是反过来，比如像列维－斯特劳斯，他就特别强调文化理性，强调文化结构性的东西。萨林斯自己似乎更强调马克思意义上的"实践"。

总而言之，这三位人类学与社会学家虽然都强调了实践这个概念，但是在实践发展、实践研究的层面上，我认为他们各有各的长处，各有各的偏重。当然，最根本的一条，我认为他们都是在强调马克思主义意义上的实践，这是相对于体系结构意义上的实践。他们三个人的这种实践观是一种超越了主观主义和客观主义、社会物理学与社会现象学、社会结构和心智结构、唯理论主义与唯实证主义、符号性分析与物质性分析、理论研究与经验研究、微观研究与宏观研究、结构与能动作用等二元对立关系的实践观。① 就是说它是两者之间的一个调和，是真正的马克思主义者的辩证论意义上的"实践论"。

这是给大家讲的第二个问题，就是在 20 世纪 70 年代末 80 年代初人类学和社会学领域当中的实践论转向。

三　实践民俗学要关注的三个关键词

20 世纪 80 年代以来，在文化研究领域里面有三个关键词，我认为这三个关键词可以在很大程度上促进实践研究。所以我把这三个关键词拎出来，如果我们对这三个关键词足够重视，可以推进我们对实践这个概念的理解。

第一个关键词是概略。为什么谈权力这个概念？在实践论转向之后的，如果我们从 20 世纪 80 年代算起，到现在已经有四十多年了。

---

① 王杰文：《"实践"与"实践民俗学"》，《民俗研究》2019 年第 6 期。

在这四十多年里，文化研究领域很多人谈论过"power"这个概念。实践理论家们像詹姆斯·斯科特的《弱者的武器》，雷蒙德·威廉斯的《马克思主义与文学》《城市与乡村》里边都谈到了权力的问题，像布尔迪厄，他的所谓"场域"的概念里边怎么能没有权力的维度呢？"权力"的概念很重要。但经过了福柯、威廉斯、斯科特这样一些专门研究权力的人物对"权力"的概念的讨论之后，我们再来把权力这个概念放到我们的实践研究当中，可以深化我们对权力和实践这两个概念的理解。

第二个关键词是历史。前面提到的实践理论家里边强调"历史"的概念最多的是萨林斯，他专门写过一本书《历史之岛》，因为实践的领域其实就是历史的领域。但是，我个人认为实践理论家们对于历史性的维度强调不够，如果能够对历史性的维度的强调加深一些，可能对实践的概念的理解也会升华。

第三个关键词就是文化。文化对于我们民俗学的学生来说最不陌生，但是有一点，这也是来自对文化研究的一个洞见。过去我们谈到一种文化，好像一定要跟某一个特定的群体联系起来，好像"文化"就意味着某个特定群体的特定文化，我们把文化作为一个本质主义的概念来使用它。而现在的文化研究告诉我们，文化是超越性的，文化是可移动的。所以一切的实践一定是文化的实践，文化不应该再在传统意义的文化概念上使用，尤其是在多媒体与全球移动的时代，文化这个概念对于我们重新理解实践应该会有帮助。

这是我最近特别关注的思想问题，这些问题主要受惠于前面说到的美国人类学家雪丽·奥特纳的相关论述，我认为，实践理论或者我们的实践民俗学，应该在这三个维度上加深认识。这里可以应用的理论资源也有很多，我在这里就不多讲了。

四 学术实践：反思与批判

第四个问题也很重要，就是学术反思的问题。我们民俗学家关注的是他者的实践，但是民俗学研究本身也是一种实践，我现在要说的就是对于民俗学实践研究的反思和批判的问题。反思也是最近几十年来出现的一个潮流，众所周知，人都是有反思性的，人对自己的行为都有反思意识。吉登斯曾经有一篇文章谈到过反思性的问题，他说，第一，所有的主体都有反思性，都对自己的行为具有反思意识；第二，社会科学把自己的研究成果反过来纳入社会生活当中去的时候，它具有反思性，社会科学研究会对自己的学术研究有反思性；第三，任何一个社会都有反思性，就像我们说的五年计划、十年计划就是反思的体现。社会本身对自己有反思性，它知道自己在做什么，会有什么后果。这种反思性，是所有社会都有的。这是吉登斯对反思性的认识。

我也相信，所有的研究者，都知道我们的社会立场、社会身份、社会地位、知识储备等一切因素都会影响我们的研究。但是这种学术自我反思意识，在我念书的时候似乎还没有人明确地提出来并加以论述，当时，大家好像并没有明确地提出并讨论这些问题。那个时候，大家似乎还在强调客观性，强调自己的研究工作多么科学与中立，几乎所有从田野中归来汇报自己的田野工作成果的人，都把自己摘得清清楚楚，仿佛田野中的他们穿上了隐身衣一样。可现在老师们再去讲田野作业，讲民俗学的民俗志研究，都会讲到，我们自身如何建构了我们的研究对象，如何建构了我们的民俗志文本。这个认识上的转变非常重要。

美国西北大学有一个人类学家叫洛恩·德怀特·康克古德，他是西北大学表演研究系的第一任负责人，他提出了一个核心的概念，叫"表演的民族志"。他认为田野作业就是一场表演，田野关系是一种表演的关系。我记得很清楚，他在论文里面讲了量子力学的"测不准原理"。测量仪器的存在影响了测量的结果，叫测不准原理。那就意味着所有的研究者在走向田野的过程中就建构了田野关系，建构了田野资料，所以他说与其是这样的话，不如把我们的工作看作共同的表演。他的思想很前卫、很前沿，因为他对田野关系做了非常深刻的反思，才能提出表演的民族志，他知道田野的关系本身是建构的关系。英国人类学家露西·芬尼根写了 *What is Language*，这本书里边也有一个观点，说这种研究方式建构了我们的田野关系，建构了我们的材料的最终形态。这些思想都是对我们的学术研究实践的反思。

这些还不是最重要的，我认为，最重要的是布尔迪厄的一个思想。布尔迪厄提出了一个非常要命的问题，就是在《实践与反思》这本书里面，他说学术界有种集体无意识。他说的可不是每个个人有种集体无意识，而是说整个学术界有种集体无意识，即把实践理性当作理论理性。这就是说学者们都有一个先天的倾向，就是用一种理论逻辑去取代田野实践者的实践逻辑。所以布尔迪厄强调实践逻辑，反对理论逻辑，这是对学科本身的根本性的反思。直白地说，就是学者不要拿着你脑子里面的那些条条框框，拿你的理论逻辑去取代人家当地人的实践逻辑，布尔迪厄认为这很不妥当。他说其实像列维－斯特劳斯这样的研究者就是拿着理论逻辑去取代实践逻辑，所以他特别强调实践逻辑。这个反思是根本性的，它不是针对一个学科的问题了。上述，都是对民俗学学术实践的反思，对民俗学学术实践的研究。

到目前为止，我讲了两种实践，一是研究对象的实践，对它我们应该能做到细化，能真正理解它的实践逻辑。二是民俗学者的实践，民俗学者应该对自己的实践有反思意识。我强调了两个层面的实践，并认为我刚才讲到的、涉及的所有的学者，对帮助我们理解什么叫"实践"，细化"实践"这个概念有很重要的作用。

最后我想讲的是著名的马克思主义哲学家安东尼奥·葛兰西，他写了一本书《实践哲学》。我认为他跟我们关系密切，他也是让我们能够跟吕老师和户老师对话的基础。为什么这么讲呢？因为葛兰西是个马克思主义者，西马的代表人物之一，他和马克思在对实践概念的认识上有一些共同的地方，但是他说自己的哲学是最庸俗层面上的实践哲学，他说的庸俗不是在骂自己，而是从客观的意义上来说的。他说，所有人都是哲学家，这是人存在的前提。只要有一个人在讲话，只要有一个人在这个世界上活着，他就有自己的逻辑。但是，这些天然具有生活常识的人的知识是不完整的，是缺乏连贯性的，是片面的。葛兰西曾经特别提到所有老百姓都有民俗，民俗就是一种通俗哲学，这是他的核心观点。从这个意义上来讲他和我们很有亲缘性，因为老百姓都有他的知识体系。我们可以把他叫作民俗哲学家，因为他有自己的一套逻辑。但葛兰西认为很大程度上老百姓是愚昧的，因为老百姓的很多常识就是偏见。知识分子应该跟老百姓是什么关系？是做空头的哲学家吗？就像唯理论者一样，做的学问跟老百姓一点关系都没有，好吗？这个是葛兰西坚决反对和批判的，所以他强调实践的哲学。实践的哲学是什么？知识分子一定要亲近老百姓，这是葛兰西的思想。知识分子还有一个得天独厚的优势，那就是他们是哲学家。他说的"哲学家"，指的是他们的知识是连贯的，是成谱系的，这种知识具有内在的自洽性。他的一个非常重要的观点是，作为一名哲学家，他们具备哲学史的知识。什么叫作"哲学史的知识"？就是这套知识是成体系的，是人类迄今为止所获得的所有知识，这些知识在他脑子里系统地、整体地存在着，他们作为哲学家，知道所有可能的解决问题的办法，这就是他对知识分子的命名。因此，他对知识分子是有要求的，不是说我们作为民俗学者，就一定是知识分子，如果一个民俗学的从业者没有这套系统的知识，他就算不上是知识分子。那么如果他是有知识的，尤其他是一个职业的哲学家，再加上他又能亲近民众，他就可以使老百姓意识到自己的知识是不连贯的，就可以帮助老百姓建构出基于他已有知识的成体系的、一贯的知识，这就是他所谓的"实践哲学"。

当我说到这里的时候，大家会发现，我们可以跟吕老师和户老师对话了，他们就是从这里起步的。他们所谓先验的理性、实践理性就在这些地方与我们相关联。

　　最后，我总结一下我所理解的"实践民俗学"的"实践"指的是什么。"实践民俗学"的"实践"，就是指民众的日常生活实践。我们要在细致认真地理解其实践的复杂性和多样性的前提下，在反思自身学术研究实践的前提下，基于对美好生活前景的向往的前提下，帮助老百姓认识他自己实践的不连贯和不一致，争取达成一种具有连贯一致性、具有逻辑性的新的实践的知识。这就是我理解的"实践民俗学"的"实践"。

世界社会的民俗协商：民俗学理论与方法的新生命①

高丙中
(北京师范大学人文和社会科学高等研究院教授)

一 民俗学的现代与后现代

民俗学因现代性的生成与茁壮而兴起，却因现代性在全球的扩张达到巅峰而陷于危机。好在这让我们又一次见证了物极必反。不仅以理性化、生活化的祛魅为核心的进化主义将同时带来全球一体化和人类文化同质化的预期没有降临，而且文化领域发生了一场逆转。在20世纪后半期，民俗复兴、宗教复兴、文化复兴等思想和行动几乎在全世界激荡，个人和小群体的叙事不再因为宏大叙事而失声，混合体制公行于世，多元文化并存共荣，这些都被归入后现代性。中国民俗学在1979年前后逐渐恢复起来，在学术上恢复的是五四运动之后的现代传统，但是从大处来看已是后现代分期。后现代思想方法对国际学术产生了颠覆性的冲击，但是中国民俗学在相当大的意义上一直都是五四运动的继承者，尽管学科发展在现代性桎梏下也遭遇到了瓶

---

① 本文的底稿，是2019年5月31日在北京师范大学系列讲座中的演讲稿，后来在参加北京师范大学社会学院和山东大学民俗学所举办的"有温度的田野"研讨会上再次以相同题目发言。收录于本书中的版本根据两次发言内容整理，王杰文批注，邓苗博士修改初稿，高丙中教授审定，与已经发表于《民俗研究》2020年第3期的版本有些许不同。

颈，但是主要还是在"现代性方案"里寻找突破之门。我在《民俗文化与民俗生活》中的努力就是其中一个例子。

随着社会的现代性增长，科技、教育等领域有所发达之后，"现代"生活方式渐成气候，传统生活方式相形见绌，"民俗"才被关注、被界定，才会有民俗学，并逐渐形成学科认同。吊诡的是，当现代性在生活中形成支配之势后，被归入民俗的现象越来越少见，民俗学的研究对象逐渐消失，这个学科也将面临生存危机。从 20 世纪 70 年代开始到 1990 年前后我写博士论文《民俗文化与民俗生活》的时候，理查德·多尔逊、阿兰·邓迪斯和我也都是在现代性思想方法的支配下思考已经被后现代趋势在背后改变的方向的问题。① 前面两位卓越的民俗学家早已作古，没能来得及重新思考民俗学对象消失的危机。而我直到最近才恍然发现我们还没有真正自觉意识到中国民俗学自 1979 年前后以来的复兴、扩张实际上是得力于后现代处境孕育的各种机会。

在工业化、城市化将第一产业的人口减少到极限的时候，为了弥补民俗之民占人口的比例，我们论证"民"是国民、全民；为了弥补民俗之俗的濒危和消亡，我们依靠日常生活或生活世界的概念论证"俗"的范围扩大。② 同时，我们以整体观看待对象的理念，倡导面向当代现实生活的调查研究方法。③ 可是，我们没有足够重视另外一个现象，即人口的大流动造成各种民俗传统的人工作在一起、生活在一起；人们通过媒体、旅游、日程交往了解或参与不同的民俗，并且

---

① 王杰文批注：1993 年，围绕着"传统"等一系列概念，美国民俗学家们有一次集中的大讨论，即关于"民俗学的危机"的问题。相关的代表作是巴巴拉·科森布莱特-吉姆布莱特的名篇：《民俗学的危机》。Kirshenblatt - Gimblett, Barbara, "Folklore's Crisis", *Journal of American Folklore*, 1998, no. 441: 281 – 327.

② 高丙中：《民俗文化与民俗生活》，中国社会科学出版社 1994 年版。

③ 刘晓春：《从"民俗"到"语境中的民俗"——中国民俗学研究的范式转换》，《民俗研究》2009 年第 3 期。

能够在"自己"的生活流程中纳入不同来源的民俗。现代民俗学以"民"与"俗"相对应的思想方法与现实生活中"民"的分化与"俗"的多元化所构成的日常生活在根本上是脱节的。"现代"民俗学已经落在时代和现实之后很远了，大家对此缺乏敏感。

当今社会，人口因大流动而杂居、混居，文化因大交流而拼贴、融合。个人的重要性被各种政治理念所承认，个人的价值凸显，在于个人的教育机会、信仰自由、迁徙自由得到法律的保护，个人基于自愿去选择而非被强迫驱使。不同习俗的人大量交往成为现实，说明各种社群、共同体的文化认同是可以并行不悖的。面向当下，面向这样一种后现代状态的民俗学我们应该做出思想方法的创新，由此带来学科的新生命。

民俗学的集体主义方法论必须创新，给予个人应有的权利，以适应这个时代的价值转向。民俗学从来都认为，民俗之为民俗，就在于它属于作为集体概念的"民"。民俗不是个人性的，而是社群性的，但是社群不能湮没个人，我们在观察、思考"民"的时候，应给予个人足够的重视，视个人为社群的起点、基点和落脚点。

民俗学中以日常生活的结果为分析对象的研究方案必须延展到日常生活的过程①。传统的风俗概念和现代民俗学都在已完成的活动或活动的结果里界定"俗"，这样就省略了活动的过程。大量的民俗学研究专注于"俗"，甚至都不会在意"民"，其背后的学理原因就是这种省略过程的方法论。我们采纳思想方法的过程论，就必然关注生活的细节，就必然重视真实的个人，这使方法的个人主义被包容进来了。

重视个人，重视过程，将在现实关怀上提升民俗学的能力，并将在学术上促使民俗学成为更精致的经验研究。我由此提出对整个社会

---

① 王杰文批注：从"结果"转向"过程"，其实就是从"文本"转向了"表演"。

的民俗协商，希望对改进民俗学的思想方法以顺应这个时代的内在逻辑有所助益。

二　入时：民俗学的时代机遇

　　我们最应重视的是时代的状态。我们要立足于这个时代思考民俗学的可能性。从个人的角度看，我们所有人都能非常真切地体会到，我们不是生活在生而所处的环境当中。受过高等教育的，在家乡之外的城市上学，又在另一个城市工作；没有受过高等教育的，需要到外地务工、经商，哪里有机会往哪里跑。我自己生长于湖北乡村，在武汉上大学，在北京读研究生，在美国西部、中西部、东部生活多年，而我在少年时期都没有想象过自己能够离开那个乡镇去谋生。生活当中的流动性，换成民俗的内容，那么就可以换一个说法：当我们展开自己的人生，我们都会发现，我们不是生活在同一种民俗之中，不是生活在生而所在的那个民俗圈里面。① 其实，这不是少数人的特殊经历，这种现象很普遍，因为我们都在经历人口在国内乃至跨国的大流动。

　　当然，你也可以说人一直在流动，人是有脚的，所以人的生活、人的生命的历程就是一个流动的过程。人类社会也在流动，亚洲人的老祖宗据说是从非洲迁徙而来。尽管如此，我们用"流动性"（Mobility）概念来衡量，对于一个以定居农耕为主，并具有"安土重迁"价值观的社会，从范围、幅度、所凭借工具的便利性等指标来看，人口的流动仍然是从未有过的显著现象。②

　　这个时代的高流动性③，一方面在于流动的发生及其大范围、宽

---

　　① 邱国珍：《互动与重构：海外温州人民俗观念与行为的传承与变化——以巴黎的温州人为中心》，《民俗研究》2010 年第 4 期。

　　② 鲁永刚、张凯：《地理距离、方言文化与劳动力空间流动》，《统计研究》2019 年第 2 期。

　　③ 王杰文批注：全球散居的概念及相关讨论，可参见詹姆斯·克利福德有关"diasporas"的相关讨论。

幅度、高频率的事实，另一方面在于观念上对流动的自觉认知和主动选择。我们无时无处不感知到流动的现象与话题。在流动已经成为普通现象的时候，我们从概念上学会从流动的观念来看这个社会，仍然需要一个社会自我学习的过程。即使流动大量发生着，思想和学术仍然可能假设流动是意外、偶然，是非常态，从而继续采取社会稳定的观点来看这个时代的属性。

从民俗学的特有关注来说，人口大流动，不是一个与一向关注文化的稳定性的学科不发生直接关系的社会变化。人口的数量和结构对于终究要落实在人头上的一切社会与文化的存在方式都有巨大的影响力。除了少数基本上生活在自己的专业里的人，大多数普通人都可能离开自己多年乃至从小就熟悉的社群，离开日常的民俗圈，这在微观层面会深刻影响个人及家庭的生活，在宏观层面会推动整个社会的巨大变化。

海量的人日常都要与不同民俗传统的人们相处，虽然他们仍然能够利用新技术与亲朋故旧保持联系，互相参与民俗与仪式，但是他们也要与其他人互动和参加共同的活动，甚至交友、联姻。这种生活包含丰富多彩的民俗实践，如果能够介入这种民俗实践，民俗学将获得巨大的生命力。

三　顺势：世界社会的民俗学

非常高比例的人不是生活在自己从小习惯的民俗圈子里面，这种现象是世界范围的。人们从"生于斯、死于斯"的传统社会被现代化趋势推入一种世界性的社会。很多事情不是取决于我们在自己的小圈子怎么样，在自己的家乡怎么样，甚至不是取决于在国内怎么样。在各个国家，尤其在非欧洲国家，执政者与国民可能并没有产生什么新情况，可是"无妄之灾"就降临了。本来街市的生活一如既往地太平，突然变得国将不国了。其实它内部没有太多变化，就是因为外部力量的介入。这涉及全世界的范围，谁也不能完全掌控，对谁都有巨大的不可知、不可控的后果。

在人员跨国流动的同时，资金、信息、交通、货物也都在全球流动，互通有无的过程就是世界的内在联系被多维度地建立起来。在大众旅游的时代，快速的喷气式飞机让你在很短的时间内从世界的一端到另外一端，你是可以把世界体验成一体的。中国在 2014 年就已经达到出境旅行人次每年过亿的数量级，这时世界可以一体贯通的体验已经是大众性的。

我们作为生活在不同的地球点位上的人，过去是看不到很远的，因为地平线肉眼是看不过去的；而现在，你可以借助技术的天眼看到地球的每一个角落。大众媒体对于事件的现场报道让人们总是能够及时目睹现场，通过各种摄像设备、传输设备，各种体育世界杯、奥运会，还有世界各地的灾难如地震、空难、海啸，都能够即时地呈现在所有人面前，并且这些媒体事件成为亿万人民的共同"阅历"、共同记忆，仿佛大家本来就生活在一起。再看微观的层面，很多家庭，由多国籍的家人所组成，我认识的几个熟人的家庭由来自三个国家的人生活在一起，我以前招的一个土耳其的博士生与她的父母、兄弟姐妹及其配偶分别拥有五个国家的国籍；在大城市很常见的跨国公司在很多国家聘用人员，其股东和股票拥有者来自许多国家。由此可见人们的实际生活已经跨越了国家的界线。

"世界社会"自 20 世纪 80 年代就成了一个很稳定的学术概念。[1]回溯到 20 世纪 40 年代，最迟在第二次世界大战时期，人类社会正在成为一个世界性社会的现象就被中国学者注意了。[2] 那个时候出国是

---

[1] Meyer, *World Society*: *The Writings of John W. Meyer*, Gili S. Drori & Georg Krücken, eds. , Oxford University Press, 2009.

[2] 费孝通：《"美国人的性格·后记"》，《费孝通文集》（第五卷），群言出版社 1999 年版，第 49—50 页。

少数人的机遇，钟敬文先生、费孝通先生就是其中的幸运者，他们能够感到有一种新的社会是超出国家存在的。但是这种感知要真正成为知识界看社会的基础事实，是在几十年之后了。世界社会概念揭示了人类的新状态。首先，基础设施把国界贯通了，把天空连接起来了，把信息在全球迅速传播；其次，大量的人口不是生活在自己的国境内，或者并不总是生活在自己的国家；最后，科技、教育、工商业、慈善公益的机构和组织把不同国家的人员结合在一起，国籍不同不是分开他们的理由，更可能是他们结合的理由。至少这三种的状态使社会生活不再是或不再只是国家的内部现实。

　　世界社会概念所描述的现实从根子里动摇了我们对民俗和民俗生活的多种预设。你和别人的民俗因不期而遇或不解之缘而发生关联。首先，别人的民俗展示在博物馆里，出现在媒体节目之中，你有机会观看。其次，别人的生活就在你面前，你是别人的仪式活动的观摩者，作为无心的路过或者作为安排的旅游。最后，你需要和别人共同举行活动，而你们对于相关活动具有不同的民俗传统①，你们得商量出一套民俗模式或仪式细节。这三种关联方式都彰显别人的、别样的民俗出现在"我"的生活之中。因为我的流动和他人的流动，我不再只是生活在我原本所属的社群之中，我不再只是生活在我的民俗传统之中。早前那种生活就是活在自己的民俗传统之中的预设就完全不能成立了。

　　从外部来看，学者们会把这种现象看作民俗衰败、濒危、消亡的

---

　　①　王杰文批注：关于这个重要的问题，中国民俗学家一直忽视了理查德·鲍曼的一篇奠基性的论文：Richard Bauman，"Differential Identity and The Social Base of Folklore"，*Journal of American Folklore*，1971（84）：31 – 41。这篇论文是他走向"表演"的关键。我个人以为，现在高老师提倡新的民俗学理论，也是基于"民俗的差异"，而不是"共享的认同"。这一点跟鲍曼的理论旨趣一致。

例证，看作文化拼贴（Cultural Collage）①。从消极的方面感受，以怀旧的模式感受，所有人都失去了民俗的家园，即使他生活在故乡。但是若从作为生活主体的个人的角度来看，认知和情感模式应该很不一样。

各种出现在人们生活之中的民俗（作为休闲，作为艺术欣赏，作为猎奇体验，作为与他人合作的途径），究竟是他们生活的内在部分还是外在部分？人们作为生活的主体，这些东西出现在他们的生活是他们的主动选择还是被动加诸？这些思考和回答对于认识我们今天的生活是否仍然是一个整体以及如何是一个整体都很有用。面对这些问题，把"俗"看作既定的先于个人、高于个人的文化模式，与把"民"看作主动选择、建构民俗生活的主体，是两种不同的思想方式。

四　懂事：生活事件中的民俗协商

对生活进行整体性的经验性的呈现，就是事件。事件对我们来说基本上就是具体展现生活的现场。把生活作为一个整体来看待，事件肯定是人为的，但是事件肯定不是一个人所为的，必定有他人，必定是一个社群的、一个组织的、一个社会的概念。所以这个时候，作为民俗主体，我们要从人的角度，要从个人的角度，然后也要从社会这个角度，把这些因素同时都考虑到，才能讨论事件，才能通过事件来看民俗在当下是怎么样运作的。这个说起来很简单的朴素事实，对民俗学来说，是很难想到的，因为民俗学从来都视"民"为一个社群，关注的是其集体性、群体性，如果涉及个人，那就不是民俗，那就是个人的兴趣，是其偶然行为。一定是社群的，还有历史积淀的，才是

---

① 这个术语是伯明翰当代文化研究中心的关键词之一。所以，民俗学走向文化研究也是必然的趋势。由此，文化研究的学者提出了"文化超市"的隐喻，面对多样化的文化资源，我们都是逛超市的主体，具有主动选择与组合的主动性。

民俗。民俗学没办法让自身从个人的角度来考虑问题。为什么民俗学的专注对象一直是"俗"而很少说"民",就是因为那个"民"一直被认为是一个集合概念,需要假设它是稳定不变的群体,不需要也可能不能够从个体的角度去说事。

今天,如果我们能够紧跟时代趋势里,我们一定要说,确确凿凿地认清"民"究竟是现实生活中具体的谁,并且让这个"民"同时在个人的维度和群体的维度都能够被我们在观察方法的角度与理论的角度同时关照到,也许我们就能够做好这个时代的新民俗学的研究。

这里能够给我们启发的是很有意思的"席明纳"(Seminar)和工作坊(Workshop)的概念。我们念书的时候大都是被满堂灌的,现在从研究生到本科生都习惯"席明纳"和工作坊了,并且我们可以看到,这些在世界上很多国家流行的形式也逐渐下移到国内的中小学了。这两种形式都是,人人都要发言,人人都要提出意见,结论在过程结束之后出现,而不是先前就预备了。"席明纳"偏重学习交流,工作坊则偏重结果(论文或工作方案)的产出。其实,大家都已经意识到,众人在一起时不喜欢被谁耳提面命,孙子也不喜欢爷爷这样。"席明纳"和工作坊的平等协商方式在我们的社会也越来越成为一个人跟他人相处的时候进行观念交换、成果产出的方式。社会组织、公司部门、社区活动都在学会习惯这些方式与心态。

"席明纳"和工作坊作为一种人际相处方式、一个典型的场景,是一种隐喻或者说象征性的概念。我们今天在各种情景里面的人,都在用工作坊这种模式、这种程序、这种机制,去互动,去产生共识,然后形成集体决议,进而产生集体行动。"席明纳"、工作坊正在成为我们今天的生活方式的运作机制。事件,是相关的人在一起商量而后才发生的。如,过日子是协商出来的。原来过日子,是按部就班地熬着就成了日子;现在可不行,过日子一定是不停地商量,直到达成共识采取行动来构成生活的主要内容。生活的内容是过日子，日子的主要内容是各种协商。如果我们在其中进行民俗认定，我们会发现大量民俗不是三代沿袭的，而是当事人协商出来的。

关于民俗协商，我举婚礼的例子说明一下。婚礼作为人生仪礼是民俗学的基本内容。[①]"过渡礼仪"是民俗学非常基本的概念，是民俗学对社会科学最有贡献的一个研究对象。我们都很熟悉，婚礼有一套固定的模式，不管是古代的六礼，还是现代的演变，从相亲到订婚，再到结婚，最后回娘家，一步一步都是要按照程序来的。大家按照民俗传统做，理所当然就好了。而我们能够在生活中看到的一次次婚礼都是不尽相同的。有的有媒人，有的没有；有的有彩礼传统，有的没有彩礼这一说；有的一定要在老屋（父母家）安置新房，有的可以在新房子安置新房，等等。仅服饰一项，就不知道有多少种搭配。按照中国传统的红喜事的概念，一定要有大红的中式套装；但是也得讲究洋气，当然就少不了洁白的婚纱；还有国内诸多民族的婚服传统。所有这些方方面面都要由当事人多次反复协商，形成一套程序、行动模式，大家互相配合着把"剧本"演好。因此，在婚礼上要穿好几套衣服，先要穿一套传统的中式的婚服展示一下，再穿白色的婚纱展示一下，这都是要搭配的。在这里面我们看到，不同的民俗元素搭配在一起，这就是中西结合的一个产物。还有一个更加具体的内容，就是婚礼之所以搞成这样，大家看到很多碎片的东西被糅合在一起，这是当事人之间互相商量的结果。

我知道一个朋友家孩子结婚，新娘是武陵山区土家族的，新郎是秦皇岛的，两位年轻人都从国外大学留学回来，他们的服装搭配就是中式红色套装、西式婚纱和西服，以及土家族西兰卡普女装。结婚的典礼在秦皇岛的海滨宾馆举行，之后安排在新郎家和新娘家行礼。这

---

① ［法］阿诺尔德·范热内普：《过渡礼仪》，张举文译，商务印书馆 2014 年版。

些都是由两边家长和新人反复商量出来的，并不是所有的传统都能够被安排。土家族哭嫁，就没有安排，北方人恐怕难以接受；也没有男方送彩礼的安排，女方是独生女，不认为女儿嫁去别家了，而是认为女儿和她的爱人一起生活了。婚礼的更多具体细节，不便赘述，但都体现出"协商"二字。有些亲家之间把今后谁帮忙照顾孙辈都事先商量了，大家都有预期，今后少了意外的冲突。原来的婚礼，都有执事、全福人现场安排、主持仪式，理所当然就是一套一套的传统。现在所有的细节都是协商之后，拿北方人的婚礼、土家族的婚礼、中式婚礼等既定的民俗模式来套，都不能完全对应。我们是拿这种婚礼来看民俗的碎片化呢，还是寻找一种新的方法帮助我们认识这种协商出来的婚礼仍然具有自身的整体性？

五　民俗协商与国家治理

民俗协商，即当事人协商出一套民俗活动的模式，付诸行动进而呈现为仪式过程等民俗，构成他们的共同生活的有机部分。民俗协商发生在公众的日常生活之中，既有国民个人之间的协商，也有国人作为个人或群体与政府部门的协商，后一种情况就可以归入国家治理的范畴了。

民俗一直都是一个非官方的范畴，很多对于"民"的界定就是与"官方"相对立的。可是，当我们转变思路把民俗放在现实生活中作为事件、过程看待的时候，官方就不在民俗之外，而是以多种方式作为民俗发生的直接的或间接的参与者。我多年前注意到民俗在现实中的开展与国家脱不开干系，用国家对于民间活动的在场来勉力描述二者的联系。① 这篇 2001 年的文章发现了"民间"与"国家"纠

---

① 高丙中：《民间的仪式与国家的在场》，《北京大学学报》（哲学社会科学版）2001年第 1 期。

结于民俗生活现场的事实，但是没有悟透民间、民俗、生活这些范畴与现代国家（政府部门）的真实关系，其原因还是受限于传统民俗学对于民俗与国家关系的预设。"民俗活动的国家在场"这种归纳仍然只是笼统地把国家当作民俗的背景因素或外部力量。我们今天从民俗协商的角度能够看到民俗与国家之间更丰富的关联。

认为"民"是一个总体，甚至被想象为自成一体，"国家"当然在外面。现在，我们转向民俗生活的现场，注重活动的参与者。我们说这个环节的方法论是个人主义的，实际上是以实际的行动者为对象的，而行动者可能是个人，也可能是组织或社群代表，还可能是政府机构的代表，即组织、社群、政府。如此界定活动的参与者，民俗和国家的关系就出现了新格局。一方面，国家是民俗背后的公共物品（法律规范、安全与秩序、公共场所等）的提供者和维护者。现代的生活，当然包括民俗活动，都以国家的公共服务为前提条件。我们虽然仍然能够看到民间法单独发挥作用的领域或场合，但是那已经是当事人生活中一个很小的范围。把这种范围定为民俗学（民间法）的对象，是典型的旧思维。另一方面，国家与民俗实践的角色扮演者，如果需要协商，国家是参与协商的一方。国家的主要假日与原来民间的主要节日经过各种方式的官民协商，发生融合，在新体系的公共假期里，国家与公众一起扮演角色以及各自扮演角色，构成节假日民俗的丰富内容。当然，国家与作为"民"的各种公众的互动并不都是这么顺畅，在有些时候，国家在本质上只是一个协商方，但是一些政府机构或政府官员的操作超过了制度设计的天棚或底线，甚至使用强制力单方面推行"移风易俗"的运动。但是，我们从这种失当的例子恰恰能够看出官与民的民俗协商是现代生活的基本内容。

中国人的丧葬礼仪是非常严肃的，对逝者的敬重是中国人赋予个人尊严的核心仪式，谁要挑战这些，内部的人会被认为大逆不道，外部的人会被认为伤天害理。你去挖别人家的坟，去把人棺材给砸了，在我们中国传统的民俗观念里面，这是天理不容的。① 可是近代以来，所有的这些东西都在发生，并且一遍又一遍地发生，谁家的祖坟没有被扒过呢？最近几年的迁坟和收缴棺材现象，仍在河南、江西等地发生。改革开放之后，人们可以从村社或市场选择埋葬地点，于是原来的祖坟又重新被用起来了，配套的活动，如祭祀祖先、家族聚会又开展起来了。这是国家向民众妥协的结果，而这种妥协就是一种民俗协商。

一些地方推动火葬的过程呈现为国家与民众进行民俗协商的复杂过程与局面。地方政府没有明智地与民众开展民俗协商，强制推行火葬，相当大一部分民众选择偷偷土葬，丧仪从简或放弃，还滋生出非常违反人伦的地下交易。② 这里的局面是，国家要做的老百姓不答应，老百姓想做的，国家不答应，陷入了协商或不协商的乱局。这可以说是一个民俗协商失败的例子。因此，在什么地方推行火葬，在什么地方推行土葬，配一套什么政策，应该像房地产业一样要因城施策、因地施策。对于一些人来说，不能接受火化，其实可以让他有所选择。慢慢地，更多的人会选择火化。这两个主体都是可以用民俗协商的概念来考虑的。对国家来说，推行一个新的风俗，并不一定要一刀切，让所有的人突然都来遵从这个风俗，而是和大家商量，让大家有一个选择就好。③ 如果我们是以民俗协商的方式来处理，从公共政策的角度来说，从民心的角度来说，都会有一个更顺的过程与更好的结果。因而，我们的生活会因为民俗的意义体验是积极的而更为文明、更为人道。

---

① 魏顺光：《殊相的文化：传统中国社会中的祖坟观念——关于河南周口市平坟事件的文化省思》，《江苏警官学院学报》2013 年第 2 期。

② 近些年，报纸和网上报道了多起盗挖尸体高价卖给新近逝者家庭的案例，令人发指。

③ 陈华文：《火葬政策的国家实践与村庄效果》，《广西民族大学学报》（社会科学版）2006 年第 6 期；李德瑞、刘燕舞：《火葬政策的国家实践与村庄效果》，《华中科技大学学报》（社会科学版）2008 年第 1 期。

六　民俗协商与民俗自由

今天我们以个人协商的方式来安排生活，肯定是基于自身的一些观念。你的观念依托于一些行为方式、模式，就是你心中合适的民俗，也许是已经存在的，比如说特定的丧葬仪式，也许需要通过各方商量来产生一个新的方案，实施所呈现的就是某一民俗仪式。在这种过程之中，当事人体验到一种自由，我们谓之民俗自由。民俗自由，是指当事人有机会在民俗生成的过程当中发挥主体性，体现他的自由选择与自愿参与。这个民俗过程让当事人感到自己的价值表达与目标追求是符合自己的意愿的，是自主的。即使当事人在过程中放弃了什么，他也有一种积极的或能够接受的心态。我认为这就是自由这个概念在民俗生活中的体现。

我们把民俗学的分析对象细化或深化到个人，就要认真对待个人如何行使自己的自由。离开了这个点，只能说明我们实际上没有把个人当作"人"。比如，你保持着吃素的习惯，如果你是因为偏好素食而选择中意的蔬菜水果、豆制品和菌类，而非因为买不起或买不到肉类，那么你是在行使你的民俗自由。但是，如果你真切渴望三代同居，践行父慈子孝的生活，但是因为你买不起足够大的房子而不得不让亲人分开居住，那么在这个点上你的民俗自由被遏制了。①

民俗自由是最难实现的自由之一。生活的基本构成要通过跟各方面进行互动协商，在这里面，你能感觉到你的意愿能够得到体现，你坚持的东西能够变成现实的东西。这个可能就是民俗学今后可以切入的一个巨大领域。联系民俗观念看待人的社会生活，这是民俗学最擅长的。民俗自由的概念把特定的民俗体裁的运用，它们在生活当中如

---

① 王杰文批注：这与以赛亚·伯林的所谓消极的自由与积极的自由的观念相关。[英] 以赛亚·伯林：《自由论·两种自由概念》，胡传胜译，译林出版社2011年版，第167—221页。

何发生作用，与当事人的价值观、经济条件、思想的自由等，都贯通起来了。

在这个思路里，民俗学在做更好的自己时，又与其他学科所关心的问题打通了。如果民俗学是这样的一个学科，就无所谓边缘学科了，① 反而是社会科学的一个基本学科，因为它以民俗自由检验人的自由在何种程度以特定的文化形式在他们的生活中实现，以民俗协商来认识社会人的真实互动——这些是社会科学关于人及其社会、文化存在方式的最基本问题。我们由此进一步理解这个时代，衡量社会经济发展指标中的幸福指数等。人怎么样被尊重，可以从民俗协商的运行来评价，因为民俗协商一定会把对人的尊重与对其文化或者民俗的尊重纳入同一个过程。

在日常生活中，以从前的民俗学预设推导，普通人依俗而行获得相关方的尊重，而通过新的民俗学预设，当事人因为参与"编组"民俗模式、民俗事件程序，行使了表达与承诺的权责，在依俗而行的时候既获得相关方的尊重，也获得内在的自由体验。

七　民俗的协商性与民俗学的基础性

概括地说，民俗学在传统上把"民"设计为同质人群，他们世代生活在一个特定的地区；在一定意义上预设"俗"是一种脱离个人行为的文化传承。我们通过"世界社会的民俗协商"提出另外一种思想方法：因为人们作为流动的结果并以继续流动的预期发生生活的关联，如果我们要让"民俗"仍然是一个有现实性和生产力的概念，那么就需要放弃民俗是一种同质社会才有的现象这种预设，能够在容纳着那么多差异性、多样性的世界性社会看到个人仍然通过相互的合作建构有所认同的民俗生活。我们认识到，我们生活在世界社

---

① 高丙中：《作为国家基础文献的民间文学》，《华中学术》2017 年第 3 期。

会，虽然这是一种新的生存状态，但是我们仍然凭借民俗过着有意义的生活。在这种情况下，我们只有跟他人进行民俗协商才能构成我们自己的生活，构成我们现实的生活。如此，生活就是一个整体。① 按照这种思路，我们甚至可以对一些理论重新进行更有力、有理的推导，民俗之"民"就是所有的人，民俗学能够研究所有人的生活。② 如此，原来把"民"界定为社会的特定人群、人的特例，就真正被超越了。民俗学有一个特别能够说明它的对象学的例子，如研究传统生活方式、传统社区的农民，当他们进城后就开拓出一种城市民俗学来继续研究他们，而城市民俗学既不研究城市，也不研究城市的市民，而是研究那些带着乡下传统到城里来的少数人群。这不是我们今天还可以接受的思想方法。研究所有的人，所有的人都作为"民"，这种研究思路在新的方案里才能够真正得到贯彻。

所有的社会科学，其基本的部分都是观察人跟人怎么样结合，都是从这个基本的问题开始。社会学、政治学、民族学、人类学，莫不如此。问题是，从民俗学的角度来说，人跟人的结合，不是两个头脑空白的生物人的结合，而是带着自己的历史记忆、自己成长所养成的民俗的社会人的结合。民俗，在此前的生活中养成的民俗，作为构成"自我"的社会财富使一个人能够建立自我认同、能够被他人理解与预期，在人与人的协商中发挥支持性的文化功能。这就是民俗学应该研究的基本问题。所以，所有以人与人结合构成的社会为对象的学科，都要以这样的民俗学为基础学科。

人跟人相遇，大家互动、谈判，实际上都是基于民俗的。这个谈判，不管他谈什么，谈成之后又如何去做，其实都是同一个民俗协商与民俗实践的过程，也就是生活本身的文化维度。人跟人之间之所以

---

① 参见黄益民《从语言到心灵：一种生活整体主义的研究》，江苏人民出版社 2014 年版。

② ［美］阿兰·邓迪斯：《世界民俗学》，陈建宪、彭海斌译，上海文艺出版社 1990 年版，第 2 页。

是可能结合的，是因为中间有民俗，不论是已经被确认共有的民俗，还是将要协商达成共识的民俗。有民俗，即使是不同的民俗，人们相互之间也可以沟通、理解，也可以相互商量并达成新的方案。对于学术活动来说，也是因为人和社群是有民俗的，所以他们才是可以理解的，"社会"才是可观察、可研究的，研究结论是可验证的。否则，人们的各种行为只是各种杂乱的动作，是无法描述、无法预期、无法解释、无法验证的规则或规律。

都市·中产：现代民俗学的新方向①

徐赣丽

（华东师范大学社会发展学院民俗学研究所教授）

在当代语境下，很多人可能会和我们讨论实践民俗学，北师大也一直在倡导，并开展了一些相关研究，比如近年来启动的"百村社会治理调查"。以前我也做过乡村研究，也发现了一些特别有意思的选题，但是现在在上海工作，大都市生活带给我很多刺激，加之学校的资源倾斜，所以思考的问题就转向了都市。我所思考的问题是，在城市化背景下，传统民俗学如何关注当下，如何走向未来。今天这个题目其实是一本书的大概思路，这也是我对最近几年研究的一个回顾性总结。

今天我分三个方面来讲。一是民俗学研究对象的变化。以前我们常常谈到"民间"，"民间"究竟指的是什么？虽然已有一些学者对这个词在不同时期和语境下的意蕴进行了整理，但是今天它还在不断变化，那么我们民俗学是继续用，还是要重新去定义它？二是都市民俗学有没有可能性。三是一些中产阶级生活方式的研究到底算不算民俗学研究。在这个基础上，我们去谈中产阶级生活方式纳入今天的民

① 本文是 2019 年 5 月 13 日作者在北京师范大学中国社会管理研究院/社会学院民俗学专业所做讲座的录音整理基础上的修改稿，感谢北师大诸位师生的辛苦付出！

俗学研究的可能性，或者说今天的民俗学，能否拓展到社会学或是文化学关心的领域。

首先我们要大概了解一下背景。在人们的想象中，民俗好像是凝固的，像以前我们所谈论的传统似乎是不变的一样。今天的中国处于一个转型时期，所以各种变化都超越了以往，虽然各个时代都是变化的，但以前的变化是相对自然的，是内部力量推动的，可能和今天的转型带来的巨变有所不同。特别是政府干预和市场经济的飞速发展，都对民俗变迁产生了深刻影响，同时还有全球化带来的文化碰撞。可以说，民俗在当代社会语境下的再生产屡见不鲜。在这样的背景下，我们来讨论新的现代民俗学的可能性和必要性。

一　理解"民间"的丰富内涵及其变异

"民间"这个词指什么呢？

民俗学研究的对象是民俗，或者说民间文化，"民间"是我们民俗学常常会讨论的概念。"民间"有些时候是不是指特殊的"民"呢？我们经常可以看到很多学者在讨论民间信仰的变迁，也有人研究民间风俗、民间艺术及其变化，那么，今天的"民间"表达的是什么意思？这个"民间"还和以前的民间一样吗？如果不一样，那么为什么还要用这个词？（我们民俗学者常常有一种乡愁情结，在《民间文化论坛》上曾经就有一组关于乡愁的文章。）"民间"不一定是我们认为的那种淳朴的草根文化符号的象征，但是很多时候又被赋予一种草根文化的内涵，那么它真实的存在是怎样的呢？这是值得思考的问题。

"民间"是一种泛称，普通人都可以是民间的一分子，那么，"民间"和"人民"的区别在哪里？"人民"这个词显然更注重意识形态，是现代采用的说法，古代可能不这么用。"民间"如果指普通百姓，那可不可以指大众呢？很多时候谈到"民"，似乎都没有明确所指，我们所说的"民"常常是面目模糊的，代表被抽象化的、由面目不清的个人组成的均质社区或群体，代表着落后与愚昧，而不是有血有肉的丰富的个人。[1] 长期以来，民俗学注重"俗"而不注重"民"，因为这些"民"是匿名的、集体的，这些人的个性是被遮蔽的。我曾经研究过农民画，有些地方的农民画中的人物头像只是一个圆形，没有五官，这就没有主观地把它跟其他人区别开，呈现其个性。可以说农民画里的农民是高度复制性的，在某种程度上就非常像民俗的那种类型化。

我们一直认为，民间文化既不同于精英文化或官方文化，也区别于主流文化。在今天，民间和精英的界限正逐渐模糊，应当如何区分它们？这个区隔是不是非常重要？如果不区隔是不是就没有了民俗学的立场？这一点，我也在不断反思。民间的提出主要是相对于官方而言的，但是在很多时候民间又是被代表的，它是被我们所想象和建构的。这是我的一个简单看法。

在过去，民俗学特别是民间文学研究，过分地高估了"民间"，在很多时候"民间"被作为一个跟官方对抗的力量被想象、被美化。在西方，"民间"曾意指民族，在当代的研究中"民"有时候也指乌合之众，如汉娜·阿伦特所说的"平庸的、邪恶的人"。[2] 在中国古代和当代都不乏这样的人，大家可能知道上海的安利事件，因为安利公司产品实行"无因全款退货"政策，有的上海市民就去买洗洁精之类的日用品，买回家后倒下大半瓶，拿着剩下的小半瓶去要求全款退钱。类似的事情不胜枚举，比如中国式过马路现象等。这些"民"并没有做什么伤天害理的事，只是喜欢占点小便宜，或是盲目从众，

---

① 彭牧：《实践、文化政治学与美国民俗学的表演理论》，《民间文化论坛》2005 年第 5 期，第 93 页。

② ［美］汉娜·阿伦特：《反抗"平庸之恶"——责任与判断》，陈联营译，上海人民出版社 2014 年版。

因为是无名的群体，于是形成了一种力量，这些人我们能说是纯朴的，或者代表了正义的力量吗？我们说的"民间"应该是无名称的群体，像陪审团、议会或者我们华东师范大学民俗学研究所，这是有名称的群体；而街头（临时聚集起来游行或摆摊售货的）群体经常是混合型的存在，就可能是乌合之众。

从文化的角度来说，"民"代表为数众多的人，而且并非纯正、单一、铁板一块的，以民间文学研究为例，关于民间的讨论就有学院派和采风派之争。学院派认为搜集资料的主体是研究者，搜集者是研究主体，民间是供学者研究的对象；采风派认为搜集者也是民间的一部分，是人民群众的一员，他们自己就是民间。① 这样看来，民间就是有争议的对象。

最近我很想召集我们的学生做一个读书会，重读赫尔德，赫尔德的思想与智慧在今天仍然有很大的意义。在赫尔德等人的民俗学研究中，"民"最普通的意思是指一个国家或民族人口中最大的或最有用的、最有感情的那一部分人，② 从这个意义上说，"民间"就是德国，乃至整个北欧的民俗学的、民族主义、民族精神的一个象征。值得注意的是，赫尔德说的"民"与大众文化关联密切。

大众文化可以理解为大众，也可以理解为流行文化，它并不局限于工业时代。户晓辉老师曾指出，赫尔德所说的"kulyur des volkes"（民众文化）就具有民族文化（The Nation Culture）和大众文化（Popular Culture）的双重含义。"popular"一词最初作为法律和政治用语，意思是"属于民众的"，从 16 世纪开始才有了"下层"（Low）或"底层"（Base）的含义，自 18 世纪开始才有了今天所谓

---

① 刘宗迪：《超越语境，回归文学——对民间文学研究中实证主义倾向的反思》，《民族艺术》2016 年第 2 期，第 130 页。
② 户晓辉：《论欧美现代民间文学话语中的"民"》，《民俗学的历史、理论与方法》，商务印书馆 2006 年版，第 646 页。

的"广受喜爱的"（Widely Favoured）和"受人欢迎的"（Will Liked）之义。大众文化既指人民创造的文化，又指文化工业为"公众"创造或提供的文化。① 受 18 世纪末期赫尔德的《民间文化》（*Kultur des Volkes*）影响，"popular culture"（大众文化、通俗文化）指由普通百姓创造出来的文化。②

　　大众文化的意义到今天已经变化了，我们到底是用它最初的意义，还是用后来发生了变化的意义？需要语境的限定。大众文化还可以回到以前，虽然它有变化，但我们今天用这个词的时候，是不是可以更加强调它当初的意义，回到过去呢？③ 即大众文化既可以指人民创造的文化，又可以指文化工业为公众创造或者提供的文化。当代文化产业兴起，民俗的再生产也很普遍，大众文化可能是民俗主义化了的民俗，或者它可能不叫民俗，只是一种生活文化。民间文化是不是可以包括这些？这也可以纳入民俗学的讨论范围。

　　大众文化既可能是流行文化（Popular Culture），也可能是群氓的文化（Mass Culture），而因此成为受批评的对象。当代的民间文化有时候也比较接近受众广泛的大众文化，有时候又呈现为流行的、小群体内部的文化，因此，民间文化不一定是均质的、扁平化的，有时是小众的、个体性的，有点像丹・本 – 阿默思界定的今天民俗学研究的对象——小群体内的艺术性交际（Artistic Communication in Small Groups）④，这是我所理解的大众文化。也许有人认为，大众文化和大众都不属于民俗学研究的对象，但其实在今天可能发生了改变。大

---

　　① 户晓辉：《第 6 届国际民俗学暑期培训班侧记》，《民族文学研究》2003 年第 2 期，第 109 页；户晓辉：《民间文学与现代性》，社会科学文献出版社 2004 年版，第 156 页。

　　② ［英］雷蒙・威廉斯：《关键词：文化与社会的词汇》，生活・读书・新知三联书店 2016 年版，第 401—402 页。

　　③ 就像今天有人认为应该继承德国民俗学的最初的反启蒙的主张，继承这笔民俗学的遗产，今天我们已经不同于百年前的情况，那么这笔遗产能否对我们今天有帮助？

　　④ ［美］丹・本 – 阿默思：《在承启关系中探求民俗的定义》，张举文译，《民俗研究》1998 年第 4 期。

众文化通常是指城市社会中由消费主义主导的、受现代传媒影响的普通民众的文化。我们已经进入了消费时代，消费无处不在，民俗学以前不关心消费，今后可能需要去突破；从这个方面去研究都市人群或中产阶级，是有可能性和可行性的。

接下来我要讲的是今天我们看到的那些民间信仰、民间文学、民间艺术的一些变化。通过这些来看以前我们脑子里固化的民俗学研究的对象是不是还存在。

首先，我们可以讨论一下怎么界定民间信仰。在很长时间里，我们存在寺庙之争，属于国家正式承认的五大宗教是合法的，普通老百姓的所谓"民间"信仰就被视为迷信，但是上述情况在今天有所改变。比如壮族的布洛陀信仰，在被评定为"非遗"之前，在有布洛陀信仰习俗的广西田阳县等地，地方政府曾大力扫除"迷信"，炸毁了一些庙里的神像和信仰装置物；布洛陀被认定为壮族的人文始祖后，田阳县城附近的敢壮山也被认定为布洛陀文化遗址，当地政府不仅建造了布洛陀的塑像和气派的田阳敢壮山布洛陀文化遗址的山门，而且每年的农历三月三，地方政府都会出面召集并组织周边村寨的村民去敢壮山参加祭祀大典，每个参加的单位形成一个队列，并举着一块牌子（有时是一面旗子），共同出席祭祀大典的开幕式。此外，每个村都要准备祭品，轮流到布洛陀神像前去祭拜，这些活动已经被政府事先安排好了；政府还号召邻近国家（主要是泰国、老挝）和周边省份地区信仰布洛陀的人共同前来祭祀。本来是民间自发的行为被政府有意组织，这样看来，布洛陀信仰已经不纯粹是"民间"的性质。除此之外，祭孔、祭妈祖等活动，在今天的语境下也都上升为复兴民族文化的实践。我们看过很多关于民间仪式有国家在场的论文，其中民间信仰中的"民"呈现多元化、意识形态化、多面相的特征，可能是国民，也可能是公民、村民、市民、俗民，还可能跨越阶层。

　　最近网上热传，一位清华大学的博士生发现北京附近的一个"奶奶庙"里边供奉着手握汽车方向盘的车神。我国历史上造车的车神是轩辕氏，"奶奶庙"里的这个车神不是他，是一个新造的神，掌管现代汽车行驶安全。去"奶奶庙"拜祭车神的人，从阶层来说，可能不是普通的民，在前些年有私家车的人就不见得是下层，很多应该是中层或上层人士。

　　另外，中国人祭祀的神也可以跨越民族、地域和国籍。2000 年我在越南胡志明市第五郡的街上看到一尊孔子塑像（那时候国内的孔子塑像还很少见到）；现在关于孔子的归属问题也有争议，听说韩国把孔子视为他们的圣人。这说明，孔子的信仰可能是跨越民族和地域的，它不再只是曲阜的、山东的，甚至不只是中国人的，而是跨越了国界。这样看来，当代民间信仰中的民间，并不是凝固的某个地方或民族群体，而可能在不同语境下发生变化。

　　民间文学的"民间"变化更为普遍。万建中老师曾经发文指出，舞台上表演的民间文艺现在成为人们关注的重点，甚至表演者成为传承人，但是生活中很多浅陋的民间文艺却被忽略了，这确实是现实。由商家和政府重新建构的民间文艺现在成了流行和主流，我们通常能看到的大概都是这种。这样的民间文艺能否代表民间？当然可以说这是符号化的民间，那么作为文化符号的民间更重要，还是作为生活本身的民间更重要？我们到底是保留被挑选的精华的民间文艺，还是保留生活中支离破碎的、未必有多少意义的那些东西？生活中的民间文艺为什么会被忽略？学者去关心它的目的在哪里？我们能够达到的效果或发挥的作用又是什么？这其实涉及我们研究的立场和民俗学的任务等问题。

　　当下，民间文学特征的变化是经常被讨论的话题。民间文学的一个主要特征是重复性和类型性。民间文学由于口头创造和传播自然伴随着重复，共同的民族情感和历史经历及相同环境产生的相近观念也会带来类型化的作品；但是当代社会人们的喜好是注重个性的，大家都不喜欢重复性的物和作品，而生产者要面向消费者生产，就要尽可能满足不同审美、品位、兴趣爱好的消费者的需要。

另外，民间文学的集体性特征也已经随着公共性的衰落而衰微，集体创作和口头传播大量减少，而更多是依赖网络传播，新生的故事和歌谣极少有地方性和民族性的特征。换言之，技术的发展使得传播方式突破了地缘和血缘的限制，我们对民间文学的认同也相应发生了改变，地方性和民族性不再像以前一样被格外强调。随着全球化的发展，文化的传播已经进入无国界时代，虽然还是有地域和民族认同，但文化越来越多地呈现出跨越既有边界的发展趋势。另外，当代许多民间文学和艺术是通过融合外来文化新创造的，而非单纯是从历史上传承下来的，也就是说历时性的传承衰弱了。共时性的空间传播因为自媒体的发达而更为突出，而知识和信息更新太快，反而容易让经典迷失或不再产生经典。由于文字和视频的传播，相对于以往口耳相传的变异性，作品更容易被准确记录而稳定下来，同时因为传播的广泛，也为改造提供了便利。最后，当代的民间文学在消费主义的影响下，主要起到一种娱乐作用，常常出现在旅游产业、"非遗"展演中，原有的作为自我情感表达的功能仅剩部分在延续。

接下来说说民间艺术的变化。当代，民间艺术与专业艺术和高雅艺术的边界逐渐模糊。一方面，专业艺术借助民间文化符号进行创造，力图呈现新的风格或体现民族文化的深度与厚度；另一方面，民间艺术朝向专业艺术发展，手工艺和传统民间艺术大都失去了实用性，而成为满足审美需要的消费文化。工业化及大机器生产，给传统民间艺术带来巨大的冲击，诞生于农耕文明时期的各种产业及其相伴生的民间艺术，就失去了存在的土壤。比如在今天，由于工业产品的发达，塑料桶很方便买到，做桶的木匠就要消失，或者说他就要变化，不再是靠做桶为生。手工艺在今天更多地成为一种符号而存在，少数既有艺术性又有实用性的产品，是谁在消费呢？我认为，它们走进了中产阶级的家庭，成为一种中式生活方式的装饰或用具。中产阶级对传统文化的认同相对自觉，在日常生活中使用手工艺品，既把它看作一种文化标志，也看作一种生活品质的象征，因为当下的手工艺较昂贵，一般的下层民众轻易不消费。

民间音乐也有这样的情况。祭祀音乐被搬到音乐厅，对于听众来说，失去了原有的意义；《花儿与少年》面向游客表演，唱歌的人和听歌的人之间没有情感的交流和共鸣；民歌在舞台上被表演出"原生态"，这个歌虽不是伪民俗，但是这个"民"不是"我口歌我心"的"民"。种种现象表明，被客体化的民间音乐，因为拥有与高雅的经典音乐所不同的审美风格，成为一种新的形式而得以在城市继续存留，并没有发挥原有的功能，也仅有少数在原来享有民间音乐的民众中存活下来。

总之，当代几乎不存在不受媒体和商品社会影响的纯粹的民间文化，换言之，民间文化许多时候跟大众文化没有截然两分的界限，民间文化有朝向大众文化、亚文化、流行文化发展的趋势，或成为一种融合性的新样式存在。在发展文化产业和推动文化消费的社会形势下，民间文化的商品性和消费性特征日益突出，许多的民间文化已经从乡间走向城市。当然城市里原来也有，但今天城市里存在的民间文化很多被客体化，许多传统民俗在今天被继承，是被有意地挖掘、加工、包装的，它成了人们怀旧的对象与传统的代名词。比如，在有的大商场的一些时装门店前，我们会看到摆放着旧家具、旧服装等旧物件，这就是商家为消费者提供的一种充满想象、具有怀旧意味的象征性符号，这种所谓的民俗并不是老百姓真实的生活，而是一种消费文化。当然，今天也有新民俗，这种民俗应该也受到当下社会的影响，而与我们头脑中所熟知的"民俗"不太一样。新生的民俗或民间文化很多都是城市里的中青年基于生活需要的发明，这里的民间是小众的民间，是亚文化的群体，不是我们常说的均质化的民众。比如，同性恋、御宅族，它不具有广泛的代表性，只能代表"民间"的一个小群体，普罗大众反而可能不够了解或者会拒绝这样的流行文化。

前人已经指出，民间文化很多时候是指一种理想，我们讲民间文化的时候，是指一种理想的存在样式、一种文化真实性。① 还有学者注意到，"民俗学家一直在假想理想的'民间'群体，没有受到大众文化及其相伴的媒体公司的污染和侵蚀"②。这其实道出了民间文化与大众文化界限并不分明的事实。由于受民俗学产生时的浪漫主义的影响，民俗学圈内长期执着于乡愁叙事。我们一直在寻求一种乌托邦来寄托我们共同的信念，有一个共同的"民间"用来抵抗或者区别于精英或政府，但是却发现许多时候所谓的"民间"，其实只是用传统的外壳包装了一下，骨子里是残留着旧的文化因素的新文化。它有旧的东西，但它未必是传统或代表了传统的根本，只是借助了传统的外形来满足当下的需要。我在一篇文章里谈到，民间文化可能不仅仅是下层百姓自己创造、享用、代代相传的，民俗的定义和民俗学的研究方向也许需要转型。这在《城市化背景下民俗学的"时空转向"：从民间文化到大众文化》③ 里说过，可能有一些绝对，但我是想指出这个趋势来提醒大家思考学科转型及研究视角的转变。当代民间文化与上层文化的界限之所以逐渐消弭，一是消费社会文化商品化造成的结果；二是全球化的影响，全球化加速了文化的传播和交流，造成文化混杂化。

以上都在提醒我们要重新审视"民间"，并反思把"民间"视为

---

① 户晓辉：《第 6 届国际民俗学暑期培训班侧记》，《民族文学研究》2003 年第 2 期，第 109 页。

② ［美］丹·本－阿默思：《传统的七股力量：论传统在美国民俗学中的多重意义》，张举文译，《民间文化论坛》2018 年第 5 期，第 46 页。

③ 徐赣丽：《城市化背景下民俗学的"时空转向"：从民间文化到大众文化》，《学术月刊》2016 年第 1 期。

我们主要关注对象的"传统"。正如在 2017 年的应用人类学大会上，大家达成的共识：

> 人类学家虽然视传统为起点，却不固守。与百年前相比，现在已经是完全不同的世界，成为真正意义上的"全球"社会，每一种文化都无法独善其身地"保持"传统，都面临传统与新世代的对接，甚至是与虚拟世界的对接。因此，今天的人类学家们不能再像前辈那样，去居高临下地审视一个异域中的"他者"，而必须用更现实的视角看待自身和自己生活所在的文化，并在人类学方法论传统的基础上，寻找更多可能的方向来不断拓展学科边界。①

上述应用人类学大会上所提出的新理念，也可以用来反思民俗学。我们应该用更现实的视角来看我们的文化，拓展我们的学科边界。

人类学一直是民俗学羡慕和学习的对象，但是现在我们也不能光是跟在人类学家后面走。西方人类学有大量的经典、理论和方法，他们的学科范式已经成熟了，是可以马上学习和借鉴的现成的知识。反观民俗学，没有多少理论，也没有自己特有的方法。这看似是不足或劣势，但因为没有现成的东西牵绊，我们反而可以比较轻松地前行，可以激发我们去思考应该怎样发展我们的理论。以往我们只是关心乡村的传统，这种眼光固化了我们的思想，也许拓展学科的边界能带来新的思路。中国人类学以前是不想这个问题的（学科边界），现在也开始在想这个问题了。他们长时间执着于原生态，执着于寻找异域他乡或城市的边缘人群作为研究对象，这其实是受经典人类学的影响。

---

① 2017 年美国应用人类学年会现场报道：《路，传统和新方向 [下]》，https://site. douban. com/292282/widget/notes/193184960/note/630448287/。

但国外人类学视野更宽，他们也关注当代都市社会，比如对消费生活、对流行文化的研究等等；不过，中国人类学对城市中的当代文化问题关注很少，而在这些方面，关注民众日常生活的民俗学反而有更多优势。

二　守正创新：反思都市民俗学的发展困境与经验

在民俗学早期，我们认为民俗学的理想是致力于从一个国家或民族寻找和提倡自己的文化传统，争取民族独立。民俗学的目的是透过民间文化来了解民众的思想、心理、民族精神和以往的历史，这在今天仍然是国家建制下学科立足的基本；但民间如果仅仅局限于边缘群体，如乡村农民或城市里的底层民众（外来务工群体或城市里的流浪汉），该怎样通过民间来了解一个民族的文化和精神呢？民俗学应该洞悉本民族民众的思想情感，建构民族精神。如果我们的研究对象是这些人，他们能否可以代表更主要的、占人口多数的群体呢？所以，要突破原有的民俗学研究，需要超越乡村，这是现代民俗学的一个方向。

这里我讲三个方面，一是城市化的趋势，二是现在都市空间和都市文化的混杂性特点，三是都市研究有没有可能。

首先说城市化。城市里非农业人口大量聚集，这个跟乡村传统熟人社会是不一样的，城市具有人类生产和生活的多种综合功能，人口很密集，资源也很密集，文化资源也很多，信息非常集中，同时强调一种理性化、高效化的行为方式。城市生活的特点是复杂性、分化性、开放性和流动性。中国从 1992 年起进入了快速城市化的发展时期，在"十五"计划中城市化首次被提升为国家发展战略。许多人批评城市化带来了许多问题，但我们阻止不了城市化的步伐，因为这是时代发展的潮流。上亿的农村劳动力都在涌向城市，这个现象社会学早就重视了，我们民俗学好像还是非常希望能够留住乡愁，还是希望要回到乡村去，对现代性的城市表示抗拒。在今天的同一个时期，我们国家有像北京、上海这样的现代化城市，也有像松阳（浙江丽水）那样的桃花源式的乡村，保留了非常多民俗传统的乡村，可见，各地发展是不均衡的。但是城市里的文化，非常传统的恐怕很少，因为整个模式都改变了，当然这也是一个渐进的过程。我们国家的城市化早就有了，但当代的城市化跟历史上的城市化不同，今天的城市化是和现代化相伴生的，是现代化的一个前沿阵地，不仅仅在空间上区别于乡村，其实跟历史上的城市不同。一般来说，农村更为传统，而城市更为现代。随着城乡交流的加深，农村文化也受到了城市文化很大的影响，也发生了很多改变。我不知道大家对农村的"村村通"建设有没有印象，村村通公路、村村通电话、村村通自来水，改水、改电、改灶。被视为民族文化的核心符号的火塘被改掉了，火塘文化也就此消失；几乎家家都购买了大彩电，使用无线接收器，及时了解外面世界发生的一切。我十多年前去调研的时候，就已经是这样。他们了解当今这个时代的变化，并保持与外部世界的沟通，紧跟时代步伐；他们生活的物理空间环境虽然是农村，但实际已经过上了城市人的生活。可以说，城市化已经是当下的现实。

在都市语境下，科学技术的发展和人口的流动，也使人们的思想观念发生了重大变化。民俗曾经的规范性和神圣性以及集体性、地方性都在减弱，而在现代消费社会里，文化的消费性和娱乐性特征在增强。

当代城市跟历史上的城邦不同。萧放老师做过大量的与都市相关的民俗典籍的研究，在这方面具有权威性，更有发言权。我在这里只是作简单说明，在现代性进入以前，城市基本上是乡村的延续，人们的生活方式大都稳定为一种模式，在今天可能就有多种模式。为什么这么说？以前的人可能相对固定地在一个城市里生活，现在我们可以在这个城市生活，也可以去另外一个城市生活甚至出国，不同国家的人也会来到这个城市，城市中也有一些从农村来的仍然保留乡村生活习惯的人，所以就会出现"混杂性"的问题。"混杂性"这个概念是由墨西哥学者凯西亚提出来的。她指出，拉美国家在遭遇全球化过程中，既想保持文化的传统，保持传统文化的纯粹性和自我特征，又想要现代化，所以造成本土文化和外来文化的杂陈。① 杂陈并不是一种拼盘，它是一种混杂，就是混血，它否认了民族文化的整体性和纯粹性。我考察过上海的田子坊，田子坊这个地方就类似于北京的南锣鼓巷，它是上海的一个文化地标，保留了比较多的代表上海地方性的文化，像石库门这类传统建筑就是其一，那里既是消费空间又是当地人生活的地方，烟火气很浓，各种人在那里来来往往，它就是一个很混杂的空间。画家陈逸飞最初在那里用废弃的厂房做工作室，就这样吸引了一批艺术家入驻，一批画家在那里画画，也吸引了一些国内外的做手工艺的人入驻。开始它并不是一个景点，现在也不收门票，大家就是去看看，体验一下那里的氛围。因为那里的艺术氛围和具有创意的物品，吸引了许多人前往，慢慢地，商家嗅到了商机，于是想尽各种办法把艺术和当下的消费时尚结合起来，把田子坊变成很多人都愿意去消费的地方。外地人和外国人觉得这个地方更像上海，因为卖很多代表上海的东西，比如雪花膏、上海围巾、上海旗袍、上海老弄堂小吃，它们标志着地方性而成为外来游客对地方的一种想象。中国内地的人不仅觉得那里很上海，还觉得那里很洋气，所谓洋气可能就是上海这个地方外国人多，生活上讲究要有一种"腔调"，品位比较小资，所以会让人觉得很洋气。老年人觉得它很怀旧，有许多旧物件；年轻人觉得它很时尚，因为很多东西是刚刚创意开发的，也有些是对传统的再包装。年轻人不知道传统是什么样的，看到现在的样

---

① 何平、陈国贲：《全球化时代文化研究若干新概念简析——"文化杂交"和"杂交文化"概念的理论内涵》，《山东社会科学》2005 年第 10 期。

子，反而觉得怀旧的东西很时尚，这也说明传统的东西要想在当代生存，是一定要披上时尚的外衣。这样一来，这个特殊的空间既有全球化的气息，也有各种地方文化，这就说明，各种地方文化正在被重新建构为上海的文化标志，上海文化本身也在不断地进行塑造。正因如此，部分学者把这样一个复杂多元的混杂空间解读为一种怪异的存在。事实上，田子坊就是现代都市的缩影。

我们要研究这样的都市，有没有可借鉴的方法呢？我讲到都市民俗学时，经常就有一些老师说，日本的都市民俗学已经走向衰落。其实，日本跟中国有很多不同，我们可以借鉴日本，但是不能完全走它走过的路，二者各有自己的特殊性。日本的都市化早就完成了，因此对都市的关注也比较多，比如，对都市里家庭的房屋、家居的空间布局的一些研究。那么日本的都市民俗学可不可以给我们一些借鉴呢？今天日本的都市民俗学已经有点偃旗息鼓了，大家不怎么提了，因为日本的民俗学深受历史学的影响，今天也常常保留了历史学的视角和方法。所以整个日本的都市民俗学也是这样的，他们研究都市的很多例子都是前现代的，是把都市作为跟乡村相对照的区域来看待，而不是研究现代都市的人和现象；其都市民俗学只是传统民俗学研究的一个延伸，它的研究对象、研究方法与研究乡村没有什么本质的区别。因此，日本都市民俗学未能把握当代城市的现代性及其相关问题，也就不能推动其朝向现代民俗学发展。

欧洲的经验不太一样。瑞士民俗学家提出城市民俗学应该研究城市特性和城市的生活风格。在德国、芬兰等国家，早就开始用新的视角和方法对现代城市和科技影响下进行民俗学研究，甚至民俗学已经改名为"经验文化学"，其中的许多研究就以中间社会阶层的日常生活实践为对象。

研究都市，就应该注重当下都市里的文化，都市文化主要是大众文化。20世纪90年代以后，中国社会逐渐走上了市场化的轨道，进入了消费社会，而现代大众传媒对人们的影响也日渐深刻，日常生活逐渐朝向审美化发展。日常生活审美化使人们在满足了温饱之后，开始追求艺术、审美，这样也使一部分民俗变成了大众文化。随着第二次文化范式革命的兴起，以文字为主要媒介的文化形态被视觉文化所冲击。以前我们交流的媒介最初是口语，然后增加了文字，现在又增加了视频，这说明电子科技和消费主义必然会影响民间文化。种种不可逆转的时代潮流使得大众文化迅速崛起，并占据了当下文化的主阵地。大众文化的势力很强，它有很大的吸附功力，能够把各种文化整合在一起。民间文化被整合进去，高雅文化、主流文化也被纳入，所以它挤压和替代了传统民俗文化活动的空间。今天我们正在遭遇全球化的文化生态进化，在以城市为主导的文化主战场，有各种不同的文化成分。有传统，也有现代；有中心，也有边缘。这要求我们有更宽广的胸怀和新的事业，不再像以前那样要求过于精细的专业化，而是走向融合。传统文化越来越融进当代和未来文化，这也要求我们进行选择、重组和改造先人传承下来的生活方式和生活经验→我们对于先人传承下来的生活方式和生活经验不断进行选择、重组和改造，传统文化以不同的方式融进当代和未来。这要求我们有更宽广的胸怀和新的视野，重新调整我们的学科对象和研究问题。这是民俗学的任务和目的。

那么，缺乏经验的民俗学，如何在都市这个环境里跟媒体人、文化研究学者、社会学家的大众文化研究平分秋色呢？这是我们需要重点解决的问题。媒体经常报道都市里的实践、都市里的文化，我们用在乡村做田野的方法进入都市非常难，那么，是不是可以像媒体一样，像记者一样，做蜻蜓点水式的采访就算完成了任务？答案肯定是不行的。我们如何能体现我们学科的特色与价值？社会学家早就做过都市研究，值得我们学习，但社会学的追求跟我们不一样，民俗学要怎么做，还有待我们共同思考。

三 中产阶级崛起："民""俗"新变及民俗学的可能性

如何进行都市民俗学研究？我认为，不要沿袭以往选择一个村落进行封闭空间内的调查模式，而是要关注都市里的人群，也就是从关注"俗"转向关注"民"，我试图从一个阶层——都市里的新中产，做一种尝试。什么叫中产？作为日常交流的词汇，中产就是有一定资产的人，但作为我们研究的一个学术概念，不是想划分阶层，而是泛指既不是富人，也不是穷人的那一部分人，他们在城市里生活，受过高等教育，同时有稳定职业、稳定收入，主要从事专业技术工作。为什么一定要受过高等教育呢？这是一种文化自信，他们跟传统乡土社会里的地主不一样。地主也算中产，但不是我们要讨论的新中产；比如以前乡村的地主，有钱就会想着置地买牛，他不是拿这个钱去旅游享受，而是积攒这些农业生产的资料，因为这些家产是富裕的象征。我国目前的新中产，主要是指那些受过现代教育，掌握专业技术的人，这群人正在当代都市崛起，包括在座的各位就是潜在的中产，将来是城市人群的主要构成部分。

我们要研究中产阶级的生活品位。我最近看的一些文献谈到明清文人的优雅生活方式，希望有机会可以跟萧老师学着做一些这方面的研究。对这一块，历史学其实已经有不少关注，以前我们总觉得这不是民俗学要研究的，因为这是文人或士大夫的生活，不是底层劳动者的生活。今天都市这些中产的生活跟这些传统的生活方式有某种接续，也就是我们通常所说的"中式生活方式"，虽然中间由于战争、"文革"等中断了，今天人们解决温饱以后，就开始有文化上的追求，想去接续我们的传统，而这个传统就是满足了温饱之后的中产阶级式的、讲究品位的生活方式。

关于中产，不同国家对中产阶级的概念有不同的界定。首先，它是有文化差异性的，不以经济收入为主要指标。其次，中产阶级的概念有双重维度，一是时间轴上的变迁性，一是空间上的差异性。

最近我和一个本科生合作研究网易严选文案，非常有意思。网易严选的文案针对的就是都市新中产阶级，希望能塑造这些人（准确地说就是潜在的中产阶级消费者）的品位。新中产阶级并不是收入很高的人群，因此，网易严选还是会强调性价比的，它的风格有点像无印良品。中产阶级非常强调舒适，我们研究网易严选文案，文案中出现频率最多的词是什么？就是舒适，只有中产阶级才有这个意识，他要追求自我享受，而不是像守财奴一样不断积累财富。文案中许多内容都是针对中产阶级的家居生活的，这些人并不是要去追求政治上的突出贡献，相反，还是比较倾向于对家庭生活、生活乐趣的追求。

中产有文化品位，所以他们要去参观美术馆、展览馆、博物馆。昨天我开了个博物馆的会议，当时有的专家就说，我国马上要爆发博物馆的热潮。上个月我去浙江和江苏两地调研了五天，去了大大小小的各种民俗博物馆，其实很多都是私人收藏馆。博物馆为什么会这么兴盛？一方面，是因为我国的中产阶层已经在崛起，他们开始追求一种有文化的生活，注重发展个人的兴趣爱好。另一方面看展览成为当下人们休闲消费的新方式和品味身份的新象征。

新的中产阶层在当下成为一支重要力量，从 20 世纪后半叶开始，东亚国家的中产阶级就开始崛起，清华大学的李强老师有文章专门说到城市化的加快、经济的增长以及中产阶级崛起。为什么会一下子出现那么多的中产？原因其实很简单，一是独生子女政策的颁布实施；二是高校扩招；三是经济的发展，使得这样一批人，就像在座的各位，开始大范围涌现。你们的生活方式和欣赏趣味跟你们父辈一样吗？不一样。比如做饭就不一样，我们这一代还是跟母亲或奶奶学做饭的，而比我们年轻一些的妈妈们给孩子做饭的方法很多是从网络学习的、通过视频学习怎么做各种美食。这种生活方式不是传承而来的，而是现代信息科技带来的，它还可能反哺，年轻一代教老一代学习使用现代网络的各种实用功能。随着消费时代的到来，中产阶级将成为引领消费的重要群体，从而塑造新的文化。在我国，中产其实就是新兴的阶层。他们是一个个的小众群体，但是总体上具有共同性，如我刚才说的，受过现代高等教育，有稳定收入，思想观念比较现代，等等。与西方和亚洲其他国家相比，中国中产的特点尚未完全定型，在消费上仍未脱离传统观念的影响。比如把网易严选作为一个调查对象，假定它是针对中产的，我们就会发现网易严选更多的是强调以一种比较划算的价钱获得高品质商品的理念。虽然也比较贴近中产生活，但是非常强调性价比。无印良品在日本是低廉的代名词，但是在中国反而成为中产生活的榜样，受到了都市青年的欢迎，也更多地代表了一种中产的审美和生活理念。通过这些现象，我们可以发现当代中国的新中产不仅代表了"民"的现代性，也保留了"民"的传统性。

社会学对中产有没有研究呢？其实他们走在了我们前面。比较有名的是中国社会科学院研究消费的朱迪，做得还是挺不错的。此外还有於红梅和刘毅，他们写过两篇博士论文，於红梅写的是上海高档小区里居民的生活，那个群体是相当难接近的，但是她还是完成了研究；刘毅是做珠三角地区以广州为中心的中产的消费品位的研究。他们跟我们比较接近。其他对中产阶层的研究很多是从社会分层、政治地位和经济结构的目的出发的，较少进行文化分析。

2016年上海大学的马丹丹老师举办了一个中产阶级的会议，与会的有人类学、社会学、政治学等专业的老师，我当时就我们所关心的中产阶级生活方式及初步的调研做了一个发言，许多老师反馈说，我所关心的内容，社会学、政治学、人类学基本不会关心，虽然大家都在研究中产，但他们不会注意那些比较细微的、具体的生活方式。

这也许说明民俗学介入中产阶级的研究，是有空间的，是可以做出自己的特色的。

那么民俗学研究都市中产阶级生活方式有哪些理论或经验可借鉴呢？《美好生活：中产阶级的生活史》① 这本书你们可能都看过，比较通俗的一本书。作者是民族学家，他们用民俗材料来描述城市中产阶级的生活方式，探讨中产阶级的特性。中产阶级的文化和价值观已经成功渗透到日常生活中的每一个琐碎庸常的角落。还有《格调：社会等级与生活品味》② 这本书，也是很通俗的书。有人说《格调：社会等级与生活品味》是一个笑话，但对我而言这本书提供了一个很好的视角，对研究中产的消费品位很有帮助。当然在此之前应该先去看凡勃伦的《有闲阶级论》③。民俗学是通过传承研究社会变动的④，研究生活方式的变迁尤其能折射社会本质变迁，关注中产的生活方式，其实是关注当代中国人生活方式的变迁。随着阶层固化，中产阶级的生活方式是否会固化呢？按照民俗学的视角，从小众的流行文化变为全民的、大众的生活方式，这是不是民俗？我们是不是要考察中产阶级生活方式是否是复制的，与传统的民俗传统有没有区别呢？对此，我还没有完全思考清楚，但希望做一些尝试。

下面就介绍几个我所关注的中产阶级生活方式的调研项目，侧重于日常生活和休闲。中产阶级非常注重身体，很多中产阶级会去健身房，现在的都市中产大都是白领，他们的都市生存环境和工作压力很大，需要放松。

第一个例子很有趣。我们发现上海有一家叫"廿一"的文化公

---

① ［瑞典］奥维·洛夫格伦、乔纳森·弗雷克曼：《美好生活：中产阶级的生活史》，赵丙祥、罗杨等译，北京大学出版社 2011 年版。
② ［美］保罗·福塞尔：《格调：社会等级与生活品味》，梁丽真、乐涛、石涛译，中国社会科学出版社 1998 年版。
③ ［美］托斯丹·邦德·凡勃伦：《有闲阶级论》，蔡受百译，商务印书馆 2018 年版。
④ ［日］鹤见和子、市井三郎编：《思想的冒险》，日本筑摩书房 1974 年版。

司，就是塑造中产阶级生活方式的养成所，有很多人到那去练瑜伽，其中一位参加的会员谈到，她是企业高管，长期处于高压状态，因此选择通过练瑜伽对身体进行治疗。在廿一文化公司里还有古琴、书法、茶艺的课程，琴棋书画这些都是中产阶级的品位，内容比较偏传统。那里的消费群体基本都是都市白领，紧张的工作使得他们每天都处在很理性的思考判断中，所以需要从比较放松的传统艺术中舒缓情绪，并习得一种优雅的行为，他们不仅自己学，还经常推荐给自己的团队，受其影响，也有同事一起来学。这就形成了一个圈子或一个群体的共同爱好。通过研究他们参加这些活动的动机，可以了解现代人的情感、生活现状和压力，以及他们如何处理压力，如何从传统中获得智慧。

第二个例子也很有意思。我有一门研究生的田野方法课，学生的作业之一是要去做访谈实践，有个学生就去访谈本校学生的口红使用情况。我们通常认为口红作为一个人的化妆品，想涂就涂，不涂也没什么；但是她在访谈中发现，口红是都市白领女性日常生活中的必备品。在上海，一半以上的白领都是女性，她们都会被要求化妆。我们学校有个女生去实习，她说上班的时候天天都要涂口红，因为经理要求必须用，他会天天检查，员工必须对外呈现一种美好的形象。还有一个被访谈的人说，上班的人都需要打扮，这是基本的礼貌，不化妆就是不礼貌，所以很多人化妆，觉得不化妆就有点丢脸，有点土。她们这样对待自己的形象，其实就是身体被规训了，说明中产阶级的身体或着装其实已经形成了某种文化标志。我在日本和韩国的时候，曾经有朋友直接"问我为什么不化妆?"他们认为我不尊重他们，化妆才是尊重，所以必须化妆，这其实就是中产阶级生活方式，也是一种文化。女性对身体的管理习惯，其实我国古已有之，现在我们研究身边的人，既可以跟传统对话，又能汲取时代的气息。

另外，中产阶级的饮食生活也是有特点的。有位老师告诉我，她家里有很多现代厨房里的用具，非常方便，什么面包机、大电饭锅、小电饭锅，煮饭的、煮粥的，什么都有，还有烙饼的、做汤的，等等。虽然女性没有完全从厨房中解放出来，但是和以前比起来已经节约很多时间了，机械化、自动化的东西可以帮人们解决很多问题。从饮食方式而言，我们很多时候都在外面吃饭，因为要见面、要聊天、要谈事情。还有外卖，还有很多半成品，买回去就可以了。这都是一种快速的城市生活节奏带来的。那么，中产阶级带来的饮食生活方式的变化可以给民俗学带来怎样的思考呢？

再举个例子。咖啡和茶作为中产阶级非常明显的身份标志，很多人都有过这种感受。有一位南京的年轻学者，做过咖啡馆的中产阶级生活调研，然后出版了一本书，很有意思。我们学校有个学生，她做茶艺的创业，同时博士论文也写了这方面，为了研究普洱茶是怎么被建构为中产阶级的一种品位的，她去台湾地区和原产地做调查，然后通过原生的话语去解读人们对茶的想象。条件相当又爱好茶的人会形成一个小圈子，他们有一套喝茶的仪式，还会经常互相交流茶的味道、茶的价格等，这种现象说明一种很有文化的、新的生活方式在兴起。分析这些现象也可以做出很好的民俗学研究成果，可惜我们很多同人过于关注乡村和传统了。

中产阶级对家居也有自己的品位，我跟一个本科生合写了一篇关于红木家具的论文。以前人们认为红木只是一种收藏品，但访谈的结果告诉我们，很多人收藏不是为了升值，也不完全是为了彰显自己的身份，而是基于红木家具背后的文化意义。用一个调查对象的话来说，"红木家具摆在那，给人的第一印象就是有品位，不像其他的一些东西，金银珠宝之类，看着就不顺眼"，而红木家具让人看着就心安。这些喜欢红木家具的人，他们不是土豪，没有的见到喜欢的红木家具就买能力，而是在兴趣培养和历练的过程中，一边学习一边攒钱买回。相比于那些购买金银珠宝的人，他们更有文化追求，买回来后会经常去拭擦、打磨，会跟同一爱好的人交流和分享，进而思考其背后的文化及其生活的风格。喜欢红木家具的是些什么人呢？通过调查发现，他们都是喜欢喝茶、喜欢读书、喜欢安静的人，他们形成了一种共同的品位。他们都对传统文化感兴趣，有一种文化自觉。通过这些中产阶级人群对物的消费的研究，我们可以深入了解现代人对传统的情感，他们是如何在私人生活中寻求自我实现的。

最近我指导一个博士生在写中产阶级的鲜切花消费的论文。上海是全国最大的花卉消费市场，鲜花的消费早在民国时期就很旺盛。大家也知道上海算是城市人口比较多的，或者说应该是人口最多的一个地方，城市的中产生活特征非常明显，鲜切花消费已经成为他们生活中的一个日常行为。很多女性白领不仅在家里要摆放鲜花，办公室里也要经常更换鲜花。还有一点需要强调，就是上海的报纸连续很多年在一个版面上刊登关于鲜花的消费、养护知识等内容，说明上海市民在生活中对鲜花特别重视，而传媒也在有意培养广大市民对鲜花的消费倾向，所以，鲜花在上海市民的日常生活中是很常见又彰显城市文化的一个符号。对于这种都市里非常普遍的生活现象，以前民俗学是不关心的，在今天都市中产已经解决温饱而奔向小康时，这种生活已经是具有普遍性的模式化生活了，理应进入民俗学的视野。

都市里中产阶级的生活方式就是都市里的新民俗，它越来越呈现出群体内的艺术性交流或交际的特点，就像前面所提到的丹·本 – 阿默思重新定义的民俗，他们有一种共享的价值观和生活方式。当然，这样的新民俗或类民俗，不一定都是有传承历史的，也许很多是一种都市里的流行文化，但我个人认为，传统与流行其实是可以互相转化的。我们通过研究都市里这些人的生活，来理解他们的情感、爱好、心性，可以折射这个时代的变化，也可以为他们的生活实践提供民俗学的解释。这应该就是我们不同于社会学的贡献。

最后，民俗学虽然已经有很多的成就，但是在当代如何能够继续往前走？我们有一个面向未来的追求，是不是可以通过研究都市里的新中产这样一个群体，从他们生活方式的变迁来看社会的变化，同时也体现民俗学跟社会学或别的学科不一样的贡献？虽然研究的是同样一个对象，但是我们做的贡献不同，我们会很细微地记录他们的生活。社会学比较宏观，他们用一些宏观的数据来说话，我们是很细微地记录。就像这几天去开博物馆的会议，他们用这些老物件来留住我们的记忆，通过物来叙事，展现了以前的人们怎么生活。那么我们今天就可能通过田野，通过民俗学的视角来记住这样一个转型时期的变化，呈现当代的"民"和"俗"的新变，从而探索新的理论和方法。这是我的一个初步的想法，也希望能有更多的同学，更多的同行一起来做相关的研究和讨论，推动现代民俗学的发展。

二　民俗学研究方法论

性别会阻碍还是促进田野作业

——女性研究者在田野作业中的性别境遇①

刁统菊

（山东大学儒学高等研究院民俗学研究所教授）

一　研究者的性别对研究过程和研究结果有没有影响

有一个研究生跟我讲过一个例子。她在大学时期读本尼迪克特的《菊与刀》，后来考到山大民俗所，上课的时候才知道作者竟然是位女性。这种对作者性别的想当然或者说完全忽略，是不是普遍的？我们拿到一本书的时候会关注作者什么情况？会不会考虑其性别？还是认为作者的性别无关紧要，不需要关注呢？

社会科学从一开始就不太关注研究者的性别、阶层、生活经历等个人特质，这些东西不会对研究过程有影响吗？不管谁去做，研究结果都是客观的、可以重复的吗？

北师大有一篇硕士论文《文化资本：东固传统造像技艺传承研究》，里面提到造像技艺仅限为家族传承，传男不传女，不传外姓

① 本文是 2019 年 6 月 14 日作者在北京师范大学中国社会管理研究院/社会学院民俗学专业所做讲座的录音整理稿。本文部分内容以《女性民俗学者、田野作业与社会性别制度——基于对 22 位民俗学者的访谈和个人的田野经验》为题，发表在《民族文学研究》2017 年第 4 期。

人。科书平时是不会拿出来的，是放在某个地方收藏好的。① 但论文里没有提及，作者的性别因素在研究过程中有没有产生影响；作为一个传男不传女的技艺，而且研究者是女性，她去研究这样一种技艺的时候，性别会有什么影响。但是大家可能想不到，应该去说明这件事情。

有学者指出，20 世纪 60 年代以来，西方的社会学界包括民俗学界，对研究者的角色开始进行反思。1985 年女性研究者琼·内夫·格妮（Joan Neff Gurney）提出，尽管有很多研究证据显示，男性研究者跟女性研究者的研究经验是不同的，但是质性研究方法数据依旧持续忽视田野研究的性别差异。丽贝卡·霍恩（Rebecca Horn）也指出，研究者受到鼓励，要去反省在研究过程中的角色，但是研究者的性别跟研究环境的互动还是没有受到重视。②

一般情况下，我们会注意一个细节，就是访谈对象的性别。我上课的时候会和学生说，一定要对访谈对象的个人生活史保持密切的关注。一个人这样回答你的问题，而另外一个人那样回答，你怎么解释这种差异？他的阶层、性别、职业、文化程度，包括个人生活史，都可以帮助我们理解这种差异，让我们更为客观、准确地去阐释我们生活于其中的民俗文化。

再进一步了解民俗学田野作业的研究，我们会发现，在一些访谈中谈到研究者的身份是会影响访谈对象的，比如进入一个社区访谈，你是以大学教师的身份进入，还是一个记者的身份进入，还是通过某一个官方单位的介绍，但是谈论"性别差异所导致的研究过程中的差异"这个问题的很少。有一篇文章关注到"女性在田野调查

———————

　　① 廖珮帆：《文化资本：东固传统造像技艺传承研究》，硕士学位论文，北京师范大学中国社会管理研究院/社会学院民俗学专业，2018 年。
　　② 蔡玲：《女性在田野调查中的性别处境研究》，《中华女子学院学报》2014 年第 3 期。

中的性别处境",算是谈到了这个问题。① 但是这样整体的关注还是很少。

《摩洛哥田野作业反思》《天真的人类学家》等名著都提示我们关注田野作业的过程,因为这个过程能够展示田野知识的生产。保罗·拉比诺提到,从根本上说,民族志知识是民族志作者跟文化他者(Cultural Other)之间复杂关系协调的产物,会受到很多方面的影响。不管是这种异文化的调查,还是我们现在对身边的研究,即对校园民俗或者对故乡的研究,自我和他者之间固有的问题都很复杂。田野作业过程,包括田野作业获得的资料,所有的描述和阐释都会不可避免地受到道德、政治、情绪等很多因素直接或间接的影响。大家都认为阶层和职业这两个因素会影响到很多的东西,但是年龄和性别的功能一般不会被注意到。

今天跟大家讨论的就是研究者的性别,主要是女性研究者在田野作业中的经验,或者说遭遇或境遇。这个问题可以帮助我们深化对研究者的身份如何影响研究过程和研究结果这个问题的理解,更可以帮助我们理解,对于田野作业来说,性别到底是一种资源还是一种障碍,或者说性别是如何阻碍或促进田野研究的。

二　资料来源

我搜集资料的对象,首先是我个人的田野作业。我关注这个问题,是因为我有两个姐姐,妈妈怀我时,所有人都以为这次是个男孩了,结果依然不是,家里有几次想把我送人。所以从小我就有一种意识,那时候家里很多人都吃窝窝头,我说我长大了一定要吃白面馒头。由于有这种观念,所以我会关注这个问题。其次,今天讲的内容,一部分基于已经发表的文章。2016 年年底,因为一次会议对 22

① 蔡玲:《女性在田野调查中的性别处境研究》,《中华女子学院学报》2014 年第 3 期。

位中青年学者做了一个简短的微信访谈。当时的主题是"女性做田野的优势和劣势"。这22位中青年学者中,有10名女性,12名男性。要看待这个问题,其实是要对照,这些人中的大多数是以田野作业为搜集资料的方式来写论文的;其中有2位以文献为基础来写作,但是也长期活跃在田野。我当时在想,我肯定是有一些个人经验的,但是谈及这个问题时还是会有一些局限性、片面性,所以我在做访谈的时候邀请了很多人。

除此之外,我还在山大民俗学研究所承担一门课程,课程上会讨论很多田野的东西。除了讲方法以外,就是大家一起讨论田野。比如有很多同学参与所里老师的课题和项目,多数是在山东和河北做的田野作业,也包括参加刘铁梁老师承担的北京民俗文化的项目,还有他们自己的博硕士论文的调查。2019年4月1日我就进行了一个讨论,讨论的范围很广,几乎把所里的同学都邀请来了,讨论的主题就是女性研究者和田野作业,但是大家发言的范围也很广。我在朋友圈写过这个问题,提到大家把自己的很多调查体验、生活体验都纳入这次讨论,最终生成6万多字的讨论记录。当时讨论给了我非常多的启发,另外就是阅读,读其他老师和同学讲自己田野的文章,让我受益很多。

三　对原文的批评与反思

2017年,我在《民族文学研究》上发表过一篇文章《女性民俗学者、田野作业与社会性别制度——基于对22位民俗学者的访谈和个人的田野经验》①。这两年来,我对学者作了很多调查,包括田野作业。有些是我个人的田野作业,有些是我跟其他男性同行、女性同

---

① 刁统菊:《女性民俗学者、田野作业与社会性别制度——基于对22位民俗学者的访谈和个人的田野经验》,《民族文学研究》2017年第4期。

行还有一些研究生了解的。现在产生了一些跟 2017 年的文章不一样的看法。所以我讲一下对当时那篇文章的三点反思。

（一）田野作业中存在研究者性别差异

文章的第一部分是说女性学者在田野作业中的优势，第二部分是讲女性学者在田野作业中的劣势。当时我写的优势和劣势都跟社会性别制度有关，但是我们知道，无论男性还是女性都处在社会性别制度的笼罩之下，而且从很多男性学者和男性研究生的田野作业来看，他们也承受了不同程度的偏见和制约。因此，与其说女性学者在田野作业中同时具备优势和劣势，不如说在田野作业中存在着研究者性别差异。问题不在于存在性别差异，因为性别差异存在于社会的各个领域，而在于性别差异真的会影响研究过程和研究结果。

（二）对性别差异有低估

那篇文章的第三部分，给出的结论是个体差异大于性别差异。我当时也提到了差异，否定了第二部分优势和劣势之分。但现在想来，当时对性别差异还是有些低估。

性别观念不仅普遍存在，而且呈现出明显的群体差异，在城乡、年龄、婚姻状况、经济社会地位、家庭背景等领域都存在。性别区隔的问题在于家庭的存在，可能大家都很熟悉，因为我是一个女孩，在家里受到的待遇和男孩不同，考上研究生后，父母并不是特别高兴。工厂中也有，比如说在对马来西亚工厂女工和墨西哥跨国工厂女工的研究中，王爱华（Aihwa Ong）和费尔南德兹－凯莉（Fernandez-Kelly）都曾指出，可能女工暂时从家庭内部的男性支配中挣脱出来了，但是在车间内部又遭遇了另外一种制度化的男性支配，男性通常作为工头出现。张鹂的《城市里的陌生人》谈到对中国农村进城务工女性的观察，也涉及这个问题。性别和阶级的剥削都存在，只是在工厂里面，性别的剥削是特别隐蔽的。

除了这些家庭内部的、工厂的性别不平等以外，我们通常认为性别不平等最不该出现的一个地方是高校，因为大家都认为教育肯定是平等的性别观念的最重要和最核心的一个推动力。那么在高校教师系统内部，应该会有较为平等的性别观念。但实际上这里也存在着非常深重的性别歧视或者说性别刻板印象。

2017 年，《教育观察》杂志刊登的《高校女教师职业倦怠状况调查》就指出，高校女老师和社会上普通的职业妇女一样，面临各种压力和传统偏见的束缚，而男教师即便是受过高等教育，即便是教授，也深受社会性别制度的影响，对女性有很多这样那样的偏见。①

有一个公众号叫"女泉"，里面讲了 3 个教授的例子。第一位教授说："昨天面试免试推荐的研究生，居然 5 女 1 男，性别比例失调，结果前三名还都是女生。根据以往经验，女生读研后继续走科研道路的十不足一，读研期间也少有专心学问的，大多混个文凭准备就业。免推生就这样拿走了 3 个名额，正常考试的名额就剩 2 个了，真为那些有心走学术之路的考生担忧啊！"第二位教授说："女人比男人更接近自然之道，女人只有一个野心，骨子里总是把爱和生儿育女视为人生中最重大的事情；而男人的野心有一千个，高于自然的复杂使命都是由他承担的。所以女人不管她是痴情地恋爱，还是在愉快地操持家务，或者是在全神贯注地哺育，都无往而不美。"这两个人观点是一样的，就是女人没有事业心。第三位教授说："今天早晨上课讲了一个重要观点：让女生也早上 8：30 起来上课真是太残酷了，她们本来更应该有充裕的时间来打扮自己的。最好是女生只用跟上 10 点的第二节课就好了，从 7 点到 9 点的时间应该用来化妆，吃早餐后再适当补妆，然后再优雅地进入教室，于是，男生因为受到美的感动

_____

① 姬梦月：《高校女教师职业倦怠状况调查》，《教育观察（上旬）》2017 年第 6 卷第 6 期。

和鼓励，就会赢得奋斗的动力了。"① 这个说法更气人，把女生当作花儿一样给物化了，但说这些话的其实都是大学老师和高级知识分子。

举这些例子跟我们讨论的主题也不是毫无关系，但是更主要的是我想讨论。

如果我们始终用社会性别的制度来框定女性，最终的结果，就是把女性推到一个性别刻板的框框里，就会抹杀女性研究者在研究中所付出的种种努力。社会、历史、政治、经济，包括文化体制，本来就无处不在，而且无时无刻不在生产、复制着性别偏见，不管什么年龄、什么阶层的女性也都在承受着这样的偏见。高校女教师也不例外，而男教师在承受的同时也在实施这样的性别偏见，所以性别差异是非常重要的。这就是我为什么会谈到这些。我们所调查的地方常常是持有较为传统观念的地方，更加缺乏性别教育，也更加不会想到去反思性别差异，反思我们自己的性别观念。我们和他们基本上有着不同的性别观念和不同的性别实践，很难产生交集。

比如有一个女研究生说，她在考研的时候就跟她妈妈说，她可能考不上了，她妈妈就挺高兴的，觉得一个女孩考不上研究生也好，赶紧找工作，赶紧嫁人生孩子。另外一个女研究生说性别歧视在生活中很常见。她说她读研之后，经常有亲戚、邻居跟她妈妈说，读那么多书干什么？将来还是要嫁人的。这方面我也有经验，我记得考博的时候，知道成绩确定能上了，我父亲非常开心地给我舅舅打电话，说孩子考了第一名，而且不用交学费。我舅舅说这有什么值得高兴的，又不是男孩子，考第一名还是要嫁人的。我刚才说的女学生，她在自己的村子里、自己的家族中做调查的时候，并没有感受到性别的不同对

---

① 《学术界性别偏见与歧视前沿研究文献，我们给你译出来了》，公众号"女泉"，2019年3月15日。

待。这不是没有不同对待，是因为她生活在这样的环境里面早就习惯了，所以她不会想到去注意不同性别在田野作业中会有什么样的遭遇这个问题。

（三）应关注"女性研究者"

现在来看，我当时把范围做得太小了。我当时的研究对象是女性民俗学者，准确地说，我应该讨论"女性研究者"，因为这样可以对更多的民俗学专业女研究生以及其他学科的女研究生，或者说一些女性同行的求学、田野经历，特别是对田野作业这方面进行考察。因为从我有限的观察来看，在民俗学的硕士生招生中，能进入复试范围的基本上都是女同学。今年我们所招了 12 个硕士生，全是女生，当时只有一个男生进入复试，但没有通过复试。大家说本来就只有一个男生进复试，结果还没通过。因为我们很公平，学生面试以后，我们就开始各自打分，到最后他的名次很差，上不了没办法。当时大家都觉得可惜。有人跟我开玩笑，说你们以后没有拎包的了。这不是对男性的歧视，男女体力上的差异得承认。所以我们要讨论的主角其实是女性研究者，女性研究者在田野中的一些经验可能更值得我们去重视。

另外，我可能对这个问题谈不出什么系统的想法。上午我跟王杰文老师、鞠熙老师，包括在座的老师一起讨论。我跟他们不太一样，我就想总结各位研究者在田野实践中的体会，包括大家的观察，包括我和他们进行的电话、邮件、微信等各种讨论，跟大家一起分享，没准我们在一起讨论也会形成一些新的东西。

四　亲和力强和敏感细腻是作为"女性"性别的优势，但同时女性性别也容易被评判

（一）女性的特质

大概有 19 位受访者——上面说过的 22 位受访学者中的，他们完

全肯定女性研究者特别容易被访谈对象信任。我的一个体验就是，我上大学的时候在学校门口买凉皮，我常常忘记带钱，大家都愿意赊给我，但是我的男同学就不会有这样的待遇，我不知道为什么。是不是因为大家一看我就是好人，或者说因为我是个女生，不会骗人，男生会骗人？总之女性研究者给人一种容易被信任、容易被接纳的感觉。这有几个方面的原因。

第一，大家基本上都会有一种刻板印象，相对男性而言，女性更温顺、服从，所以缺乏危险性。访谈对象在面对女性的时候，会较快地放下戒备心理。三位男性民俗学者当时就说，女性的柔弱感还会让访谈对象产生同情，他觉得你一个女孩子出来真不容易，有的还是把孩子扔在家里的妈妈，更不容易，他就会主动帮你调查，很热心地帮助你找访谈对象，所以工作效率有时候真的很高。而且在有些田野场景里面，男性学者提出拍照，人家可能就拒绝了。女性学者可能也会被拒绝，但是发生冲突的可能性大大少于男性研究者。这种时候，因为女性形象温顺、服从的看法会给你一些压力，女性学者可能会觉得你不让我拍，咱就不拍了。也有一些学者跟我说，她不拍是因为我尊重伦理，尊重访谈对象。

第二，在访谈对象看来，女性民俗学者首先是女性，所以建立关系的时候，她就会借助女性的这种渠道，比如说家庭和儿童话题；所以有些人她去做调查，即使不是专门研究女性民俗的女性学者，也容易在调查时切入田野语境。比如我们有次上门调查时，人家正在准备婚事，根本没时间招待，就很冷淡地拒绝了，正好这时他家一个小孩出来摔倒在地上，我当时出于同情心理就把她抱起来，然后拿糖果安慰她，给她擦鼻涕，恰好她母亲出门找孩子，这件事就提供了一个契机，以至于新郎的三个姐姐及其和娘家、婆家的关系，最后都进入了我的研究个案。如果是一个男人，他去抱小孩，大家会有不一样的想法，但是在当时，我反而成为被感谢的对象受邀到家里去了。

第三，女性的亲和力强。很多人会认为女性亲和力强，是因为她的心思细腻、思维缜密。指出这一点的其实全是男性学者。如果没有性别对比，女性能不能知道自己心思细腻？女性善于体察访谈对象的情绪，能体贴入微地关心访谈对象以及他的家人。就此而言，女性具有非常大的亲和力。像云南大学的董秀团教授，她的经验就很好地表明了这一点，她说她"在田野中建立了较稳定的关系，得到村民的认可，有时村民遇到事情都会来问我，虽然不一定能帮助他们解决所有问题"。这些事情跟田野作业以及我们要关心的问题都有关系。访谈对象把自己的生活、生产、家庭婚姻等情况也都告诉她，她体会到访谈对象对她的信任。

还有一些男性学者认为女性学者耐心、细心，代表着敏感，对田野问题的把握可能更加细致，更容易捕捉到访谈中的细微信息。有些被男性忽略的信息，可能就容易被女性发现。因为我们在女性的访谈经验中，能感受到她个人气质——细致。但是有时候过于细致，访谈对象也会厌烦。有个研究者说，因为她是母亲，难得出来做一次调查，就想分分秒秒都抓住，不让访谈对象休息，在比较短的时间里面就要把所有的问题都弄清楚，所以有时候会出现操之过急的情况，导致访谈对象很反感。

有时候因为女性情感细腻，大家就会觉得女性过于感性。我就存在这种问题，过于感性。你在田野的时间过长，就会不由自主地念叨家人，女生可能会念叨父母，身为母亲的研究者可能会念叨小孩，我们不是有意地念叨，但是跟别人谈的时候会有所偏重，有些话题会在自己身上不由自主地流露出来。有两位女性民俗学者，她们经常外出，小孩当时都三五岁，就提出这个问题，所有男性学者都没有提过这种问题。所以就算是外出做调查，身为母亲的女性研究者，她也要事先把家里的方方面面都安排好。她一看天气预报说要变天了，就会担心。我在调查的时候遇到一个同行，她就是这样，她说不知道孩子爸爸知不知道把衣服收起来。所以女研究者外出做调查时真的很不容易，不是那种来一场说走就走的旅行。男研究者可以那样，女的根本不行。我不知道同学们在面试的时候，有没有遇到这样的问题：女性在读博期间是否有要二胎的打算？有些学者说会问这样的问题，我一听别人会问那我也问。所以有的女学生在面试的时候，会主动说已经生完两个孩子了，意思是不会在读博期间生二胎。但是恰恰因为她说生了两个孩子了，作为面谈时唯一的女老师，我马上就问，那你打算在读博期间怎么带这两个孩子？从我做母亲的经验来说，这点更重要。要二胎对女性学业的影响远远大于男性。

(二) 女性研究者易被评判

我是在调查中通过对同行的研究来关注这个问题的。不管是男性学者还是女性学者，大家都有一个共同的感受，就是女性研究者更容易被当地人评判，无论是女性的衣着服饰，还是眼睛打上的眼影，包括行为举止，喝不喝酒，吸不吸烟，这些都会被关注。女性稍微不注意，就会遭到非议，遭到不解，大家会形成一个"你不是学者"的印象。

中央民族大学的张青仁老师在接受我访谈的时候就说，女性本来就难以深入男性圈，如果深入男性圈，就会遭受田野中其他女性的质疑，就会被大家认为不检点，女性访谈对象就会拒绝你的访谈。特别是遇到"钻石王老五"的时候，"你看这是我们村里的'钻石王老五'，就不要访谈了"。这也是田野作业地点对性别界限的一个假定，以及访谈对象的道德准则跟我们这些持有不一样的性别观念的人存在的不同所产生的冲突。

张鹂从1994年到1996年在北京浙江村做田野调查的时候，就注意到这个问题。一开始她自己做调查的时候，穿梭于不同的空间，也跟男人交流，很多人认为她越界了。当时浙江村的很多人都是公司的老板，他们就很不高兴，因为他们的妻子经常说："你看人家张鹂都能出门，为什么我不能出门？"所以有的人就会问她："为什么你老公能让你出去？"而且她在田野调查的时候，和一个男性业主在服装店里聊天，这个男性业主甚至以为她是一个做什么特殊行业的人。她非常恼火，反复跟人解释，说她是一个对外地人生活感兴趣的学者，是为了学术目的来做研究的学生。但是很多人觉得她没有说实话，认为她只是羞于讲出事实。[1] 这是张鹂在她的书里面说的。她这种体验其实非常普遍。刚才说的董秀团教授，她就发现在一些生活文化比较封闭的地方，女性研究者出来调查，这简直是"抛头露面"。而且你因为工作需要，还得跟男人多次深入接触，这就容易引来流言蜚语。特别是一些外出打工的人，包括返乡的农村进城务工人员，他们在外会遭遇一些不平等，就会想跟我们这些研究者谈谈。当地民众就会说，这些从外面回来的人条件都那么好，这些女学者跟他们谈是什么意思？他们就会考虑得特别多。特别是长得漂亮的女生，会遭受比较多的性别上的问题。还有一些女性研究者会被污蔑成"小三"，当地的单身女性甚至离婚女性也会不满，导致研究难以开展。所以性别制度对女性研究者的压力非常大，限制比较多。

五　性别与研究主题的关系

(一)"女性"性别优势与学术格局

女性在田野中会受到各种包含偏见的评判，但我们也得承认女性研究者的女性视角更清晰，也容易体认女性的情感。比如说男老师对学生和女老师对学生就不太一样。女老师对学生总是有一种母亲的情怀在里面。不一定所有人这样，但是我的学生从南方来到济南，觉得天气比较干燥，在朋友圈里念叨，我会嘱咐他多喝水，男老师不一定

---

[1]　张鹂：《城市里的陌生人：中国流动人口的空间、权力与社会网络的重构》，江苏人民出版社 2014 年版。

会考虑这些问题。女研究者因为体验女性的情感更加便利，所以很容易进入女性的日常生活。很多研究者都说女性学者的发言权，更多的是在婚姻、家庭这些更家常的问题上。这个认知实际上跟社会性别制度对女性的要求是相呼应的，也就是说女性的学术格局应该与日常生活格局是一致的。比如女性在调查有关育儿问题的时候，就被认为应该跟访谈对象形成共鸣和同情。要是形成不了共鸣和同情，只能说明是个"假女人"吗？女性应该能够迅速地融入田野，获取更多的经验资料。比如节日服饰、饮食，涉及要手工去做食物，包括女性组织、女神信仰，女性学者因其丰富的、深刻的体悟，也容易切入田野语境。特别是在研究女神信仰、女性组织，包括服饰、饮食方面，也是对男性的一个启示，谁说男性学者就做不好呢？所以女性学者做这些话题的研究，大家都认为自身的经验会帮助她发现女性跟社会发展、家庭之间的相互关系。

我们研究所有一个博士生叫魏甜甜，她和另外一个博士生罗瑞霞都感受到了女性调查的优势，比如魏甜甜在访谈的时候说，她很快就到人家家里面并爬上了人家的炕。我也有过这种经验，我发现上炕以后跟老大娘聊得更多。魏甜甜所访谈的大娘的儿子一开始做渔民，后来去韩国做建筑工人，如果作为一个男生，就说一些这样的话题，大娘不一定聊这么多，包括生育经历，她也不会给男生说。包括生了女孩子以后（老人生个儿子之前生了几个女儿）家里婆婆怎样苛待她，她难受痛苦的经历，这个时候女性的共情能力可能更强。

还有一些细节。比如在女性受压力的情况下，会有更敏锐的感知。我为什么会关注这个问题，跟我从小的经验有关系。我们研究所罗瑞霞的硕士论文做的是"超生人口的田野作业"。在广州一个超生村落（因为超生人口在这个地方聚集形成一个村子），她访问过一个女性，女性生了儿子以后，接生婆看到是个男婴，对男主人喊的第一句话就是"恭喜你呀，你要当爷爷了"。罗瑞霞跟我们说，这句话其实是很妙的一句话，她为什么不说恭喜你当爸爸？她说恭喜你当爷爷了，其实是说恭喜你们家终于有后代了，因为生了女儿，你也是当爸爸，但是只有生了儿子你才有机会当爷爷。她认为当时接生婆的反应是非常自然的，张嘴就来了一句话，这就是在这种环境中建构出来的认识。罗瑞霞做调查能产生这种认识，是因为她个人的经验，她自己也是超生的孩子，能注意到这个材料，所以她比一般人有更敏锐的感知。

华东师大王均霞老师的硕士论文做的是"泰山进香女性研究"，后来又在她的家乡鲁东南地区做了乡村女性社会关系研究，她就深切地感受到作为女性学者的优势。不管访谈对象是陌生人群体还是熟人群体（进香研究完全是陌生人，家乡都是熟人群体），她觉得女性身份跟个性特征使她容易接近受访者，包括对方愿意跟她倾诉一些事情。后来访谈对象会邀请王均霞到其家里，说："你有空的时候到我家里来玩吧！"双方的信任关系，从泰山进香中的场景发展到了她的家乡。这些人有一些不是山东人，有些是外地人，她也去他们家里做了调查。而王均霞在她的家乡做熟人群体的调查中就发现，她的母亲跟她私下交流的话题，平常从来不和儿子谈的。

男生和女生在田野地点也会有不同的关注。比如说今年山大一年级的博硕士生去河北调查菩萨会，在菩萨会上，很多妇女会送纸花，就是一种手工作品，女生关注的对象就是纸花相关的问题：怎么做？做这个干什么？有一个大娘还给女生讲了传承线路是怎么回事，家里怎么传给我，我又怎么传给女儿。但是男生很自觉地就问组织问题、结构问题、流程问题。研究者所关心的话题，有的时候就会受个人性别角色的影响，男性学者通常不太关注女性话题，所以一旦有男同学关注女性话题，他就会产生不一样的发现，比如说岳永逸老师做北京生育礼俗变迁的研究。当研究者为女性的时候，她的性别角色确实会对她所研究的话题起到积极的作用，更容易进入这个场景，进而获得对方的认可。

(二) 文化体系传承的性别区分

男生和女生有不同的选择，既有性别制度的笼子，也有属于文化传承体系的性别区分，这种区分导致某些话题只对男性开放或者只对女性开放。男性当然也会受到排斥，有时候大家觉得总是女性被排斥，其实不然，男性也会被排斥。比如说我的研究生陈科锦在家乡调查观音诞辰庙会，这个庙会完全是女性主导和传承的，有一个重要的道具是妇女人手一个的灯笼，学生就听他妈妈说这个灯笼蕴含了当地女性的生死轮回观念。他就要去现场询问，觉得不能光听他妈妈讲，结果一个老太太说："这是我们老太婆知道的事情，你们年轻人，你们小伙子，不需要了解，也不要再问了。"人家干脆地一挥手把他撂下，自己就走了。当然，这里面除了性别问题，还有年龄问题。

我们再来看女性研究者的遭遇，有一些话题对女性的开放度真的很低。比如刚才我说的博士生魏甜甜，她一开始想做的研究访谈的对象就是这样的，一个全是男性的群体，在一个立交桥下面，有些人在那里等活儿干。她后来就发现作为一个女学生很难进入那个群体，那个群体基本上都是青壮年，中年更多，所以她意识到自己要去做调查，必须先找一个男孩子跟她一起。她觉得成本太高了，因为这些人都在那打牌，大呼小叫，吸烟，她就觉得她进入不了这个群体，因为女性单独和男性群众合作的话，除了安全上的考虑以外，交流上的障碍也是其中之一。

我访谈的大部分女性研究者都认为，女性尽管更容易走进访谈对象，但想真正进入男性的世界还是特别困难的，因为总有些话题是拒绝女性进入的，所以就有各种各样的原因排斥女性。有一些习俗规定只能由男性参与，女性要参与进去就会在田野伦理上陷入困境，人家不让你进，但是你非要进。举个例子，我们在微山湖调查的时候发现，微山湖的渔民通过姓氏找自己家所处的社会位置，以及要不要跟其他陆地农民联通，为了做这么一个活动，就建了一个神棚。神棚分为三层，其中最里面的一层只有男性可以进入，所以当时所有女性，包括我在内，都没法进去，我们离得比较远，只能远远地拍。包括仪式怎么样开头，族长聊天这些问题，我们都很难做。因为他们里面有些关于生殖崇拜的东西，还有一些只传男不传女的所谓信仰的东西，特别是关于生殖崇拜的东西，他们认为一个女性去研究这个本身就很奇怪。

　　还有一些乡村政治的问题、家族的问题等比较严肃的话题。比如我们去问一个村主任族长是谁，然后找到族长，他一看是女的，首先就排斥了。这样的例子非常多。尽管时代发生了很大的变迁，但是因为残存的传统习俗，仍然会有很多的禁忌以各种各样的理由禁止女性进去。比如有一个女性学者，她在多年前独自去做清明节的调查。现场一二百人，所有参加者都是男性，只有她一个女性，她就觉得很害怕，突然间有一种恐惧感。我说当时别人怎么看你的？她说当时其他人看她眼神都不一样，对她的访谈也不爱搭理。越是传统的祭祀活动，包括家庭祭祖，对女性的开放度越低。而近年来，一些大型的、公开的祭祀活动反而对女性没有排斥。现在很多大型的祭祀活动，主席台上邀请的嘉宾都有女性了。社会营造出来的话语体系，就是围绕着男性，所以很多领域女性是弱势群体。当然男性也是被社会性别制度钳制的一个对象，但是却并没有出现"男性主义"。不过现在对男性的研究也有了，从去年开始我就注意到《妇女研究论丛》开始有关于男性研究的稿件出现，大概有三四篇了。

　　另外，受访学者里面，无论是男性还是女性，都提出，女性做调查有时候真的很不方便。所谓的不方便，其实更多的时候是指调查的内容，对女性来说是有一些禁忌的。比如民间故事的调查，当女性在场的时候，每逢涉及脏话或者荤故事，男性讲述人只能略略提到，停顿一下，或者哈哈一笑，女性研究者心知肚明，也笑笑作为回应。但有的时候，她不是不好意思，而是无法体会男性角色的感受。所以有一个男老师跟我说："你让我去做姑嫂关系、婆媳矛盾类访谈，要对方跟我讲她怎么样受婆婆虐待，你说我能理解多少。"这一点我也同意。

还有对一些以男性为主体的民俗仪式进行考察的时候，女性的身份也容易受到限制。像在湖北地区有一个跳丧的仪式，以前流传着"女人跳丧，家破人亡"的说法，在山东那边是"女人当家，墙倒屋塌"。在跳丧的场合上全是男性，因为仪式的后半夜他会模仿一些动作，如果女性在场大家会觉得很奇怪。因为女性研究者进入仪式，想从头到尾观察这个仪式，结果到了半夜她不走，当地年长妇女就觉得她怎么那么傻，怎么那么不懂事，就用很不理解的眼神看她。

这种田野关系上的性别差异，其实不只是体现在访谈对象里面，研究者本人也会感受到这种差异带来的影响。刚才提到的华东师大的王均霞，她在接受我访谈的时候，说她自己深受传统社会性别制度的影响。比如说她面对一些话题的时候，是主动避开的，不自觉或者自觉地去逃避，避免做男性受访者的访谈，她本人也意识到这是一个研究的缺陷。怎样弥补这个缺陷，需要认真思考。当女性研究者用女性视角去观察男性为主体的民俗事象的时候，肯定会发现男性研究者身处其中而熟视无睹的一面。所以，对这个问题你要不要回避男性研究者？你是想办法迂回还是和男性同行一块去访谈研究对象呢？

我有时候还觉得女性要特别注意把握和男性交往的尺度。我在做田野作业的时候，有一次在山东鲁中地区跟一个老大爷一起走路，一个女学生就从背后一直跟着走过来。她后来跟我说，觉得我跟老大爷一起走路一点都不搭。那我就问谁比较搭？她说张士闪老师（一位男性学者）跟他走在一起比较搭。这也是我当时的感觉。我在跟男访谈对象聊天的时候，就不由自主地感到紧张，跟女性就不会。王均霞跟我的感受相似，或许因为我们俩都是山东人，有男女有别的观念，当然没有明确对比过，但这种观念在我们内心里面根深蒂固，跟男性访谈对象交谈的时候会觉得不自然，相关话题展开不太容易。反过来，我们俩跟女性交往的时候，很快就能打成一片。

六　女性研究者不太容易建立专业角色

有一个研究生叫黄莞，她在采访一个 80 岁的老大娘的时候，对方就强调，对她出来不理解，她说"我一辈子都在做家务，很少抛头露面。都是男人干活，女人把家务操持好。男人出来没问题，女人出来不安全"。还有一个学生在河北菩萨会上做调查的时候，当地会给每个人发一个小黄绳系在身上，有个大娘就问她和另外一个女生："你们两个小姑娘有没有对象？"她说没有，大娘说你们要把黄绳系在离桃子比较近的地方，这样容易有桃花运。但是那个大娘就不会问男生这个问题。在她看来，好像婚姻对于女性来说更重要一点。

在一个由男性主宰的田野环境里面，女性研究者很难建立起一个研究者的专业角色。相比在社会观念中，女性研究者容易引人注目，容易被人评判，也容易遭到忽视。但是正常情况下，不太容易产生这样的感受。你独自做调查时不明显，但是一个女性研究者和一个男性同胞一起去调查，这种差异就比较明显。不管是男性学者还是女性学者，在接受访谈的时候都有人跟我说，访谈对象是从性别观念出发的，认为男生干大事，是说了算的，女性就知道家长里短，知道洗衣做饭，知道喂孩子，不值得充分的尊重和信任，没必要和她多说话，就算她是教授也不行。

所以女性研究者跟男性访谈对象之间进行深入的交谈是很困难的。比如西南大学的郭凌燕跟我说，她 2016 年在一个村庄做调查，当地人对她说的最多的一句话是，你这么年轻就是大学老师了。她当时既是老师又是学生，而且还是个女娃。她在当地待了十几天后，人们看到她还是不由自主地发出这种感慨。在调查的时候，她得把访谈对象从这个话题上拉回来，可是访谈对象老是在那感慨。有时候她为了想求证一个问题，就反复地跟人家问，人家才会意识到"你在问我问题"。她付出的努力比男性研究者要多得多了。

所以有的女性研究者在做调查的时候，都会被视为服务他人的角色。在调查团队里面，带队的老师也容易指挥女队员去做倒水、整理东西等服务性工作。我后来也给这些老师辩护，我说也许是女生太多了，男生就容易被当成宝。当男女研究者都在场的情况下，女性研究者在问问题的时候，经常人家视而不见，或者说你问的问题，举例来说，我看着张士闪老师的脸来回答，我不看鞠熙老师的，就算你提了问题，我不回答你的，或者几句话就敷衍了，然后继续看张老师，等张老师提问。

不过有的时候这种蔑视也会带来一些意想不到的好处。一个女研究生看起来就"傻白甜"。她第一次跟着她的师兄去做调查的时候，那边非常热情地招待她，师兄就受到冷遇，这是很奇怪的。因为大家都认为他们是官方来的，而她的师兄被认为是"政府工作人员"，在干群关系不好的情况下，政府工作人员肯定会受到冷遇。一方面，大家都认为男性更可能是政府工作人员，而且更可能是领导，所以干群关系不顺畅的时候，男性研究者就不容易被接纳。而女性即使是"政府工作人员"，也不会是关键角色，也就是被指挥的，所以大家同情她，愿意跟她多叨叨。另一方面，让自己看起来"傻白甜"，有时候也是女性处理一些问题的一种柔性的方法。通常情况下，访谈对象对外来研究者都非常热情，研究初期有时候会用一顿丰盛的酒宴来招待一下，男性研究者容易被人灌醉，你不喝酒简直不好意思说自己是男生。有一名女学者跟我说，在同样的场合她会说"我不会喝酒""我喝酒过敏"。一个男人要是说自己喝酒过敏，大家不会相信。女生这样说的时候，大家哈哈一笑，不会被人瞧不起，她也不会觉得有什么不好意思。反过来，在散香烟的时候，大家不会考虑到要给女老师香烟，只会给男研究者。还有时候在一些敏感问题的访谈上，有一些女学者会使用一些撒娇、卖萌这样的技巧，来让对方能够接受我的访谈。偶尔犯错，女性比男性更容易被原谅，不会引起正式的争端和矛盾。

今天我和鞠熙老师说喝酒的问题，我也插一个额外的例子。我读研究生的时候，山曼老师说学生面试之前不用让他紧张，在进门之前先给他喝一瓶白酒，能站着进来的，就可以录取了。虽然是玩笑话，但是在很多情况下，喝酒真的是一种交际手段。你到一些地方去，当地人先和你喝酒，你把酒喝好了，你喝醉了，你有诚意了，然后调查就不会特别困难，在有些情况下真的是这样。我在第一次进入红山峪的时候，也被一个女副镇长给灌醉了，人家要喝酒咱就喝，如果不喝酒让人家觉得好像你不愿意跟人家深交一样，后来我才知道她喝的是白开水。男性就会把喝酒作为自己建立人际关系的方式，所以也会把它运用到田野中，得到访谈人员的信任。比如我们所的一个博士生张旭，他在调查的时候有一个感受，你喝得怎么样决定了你的田野资料获得的怎么样。他在微山湖的田野中就已经跟人家喝成这样的兄弟关系，人家说"张旭，这个资料就是给你的，你千万不要给别人了"。他说这个资料是可以卖几百万的，意思是"这个资料很宝贵，我只给你"。后面有人再去做田野作业，要这个资料，不行，这个资料"我不能给你，我已经给别人"。因为他们喝得好，喝成了兄弟，喝得非常亲密。

需要指出的是，社会性别制度对女性研究者的这些拒绝、质疑、阻碍、蔑视或者歧视等各种各样的态度，也是一个新的学术生长点。吕微老师曾经提醒我，你要注意观察男权社会对女性的禁锢到底有多么强大。① 很多在乡村做过田野调查的学者都有这样一个认识，就是

---

①　此处感谢吕微研究员给予本文作者的启发和提醒，中国社会科学院"民俗学专业责任与研究伦理工作坊"会议，2012 年 12 月 10 日。

人们崇拜知识，崇拜拥有知识的人，那么作为同样拥有知识的女性研究者、女研究生、女博士、女教授等，她在田野中所遭受的一切基于社会性别制度出发的对待，都会让我们更深刻地理解男权社会给女性的压力和禁制。

七 女性学者的身体弱势与性骚扰及其应对

所有的受访学者，不管是男老师还是女老师，都有这样一种担忧，就是女性更容易受到人身攻击，包括性骚扰。有三位女性学者跟我讲过她们的经历，虽然有惊无险，但是后来独自到陌生的地方，甚至比较偏远的地方去寻找研究对象的时候，会心怀恐惧，战战兢兢。我当时听她们讲的时候，就跟听惊险的冒险小说一样，感到后怕。我到最后就说，你这样子平平安安地完成调查，运气真好。我在刚开始独自一个人做田野作业的时候，我导师叶涛教授就嘱咐我，你要带一个大号的手电筒，可以照明，也可以当防身武器。我当时是非常理解的。因为我小学的时候大家一块在村里看露天电影，我和我同学坐在一块，忽然觉得有只手放在我背上，我就拿起手电筒迅猛地砸了起来，那人就退后面去了。我同学跟我说，他在她身后骚扰了半天。我说你为什么不喊呢？她说害怕。大号手电筒这样的东西，晚上既可以照明也可以当武器来用的。事实上，我当时还准备了一根一米多长的铁棍，是从家里带过去的。我把这些东西都带好，夜间时刻抓在手里，其实睡着了也不知道铁棍丢哪里了。后来住宿条件改善了，安全感就不一样了。我的一个女研究生外出调查，因为她下午没有按照约定时间跟房东通电话，房东很担心她的安全，就给她打电话，可是她手机放在包里面根本听不到。当时房东焦急得不行，找到我，我就找村书记（我的同学），差不多要发动全村人去找她。

有一个女性研究者讲她调查期间的不容易，说她在广州一个城中村做调查的时候，在巷道里拿着相机拍照，突然冲出来一个中年男人，穿得破破烂烂，向她跑来，她也下意识地跑，出来之后有人就说，幸亏你跑开了，那人是个神经病，专门袭击只身一人的女性。还有一次，她在网上约了一名访谈者，那个人在电话里非常兴奋，很开心地接受了。见了她以后，两人相互介绍，访谈者就对她这个研究者失去了兴趣，他说："我和老婆感情不和，已经分居好几年了。我以为你是一个寂寞的大学生我才出来，没想到你是个老师，你约我出来干吗？你得赔我钱，你得报销我的车费、精神损失费。"最后她就没办法，把自己的钱拿出来给他才脱身。

这种田野作业中的人身安全问题我没有遇到过，但是1999年我在济南市的老街做调查的时候，完全没有这个意识，我那时候认为世界上都是好人，都跟我一样。我在别人家里的时候，跟一些五十多岁的老头访谈，他跟我讲他祖上卖翡翠，讲他祖上的光辉，一待就是半天。到中午吃饭的时候，他说："你不用走了，反正我自己是吃面条的，你要不嫌弃的话，我就多煮一点。"没想过安全这个问题，可能跟我的性格有关系。加上我留短发，不化妆，眉毛也不像一般的女生那么秀气，所以打扮起来比较中性，女性色彩得到最大程度的掩盖，可能这是没有遇到过类似问题的原因。所以我上大学的时候，同宿舍的同学都是来自县城以下的，比较害羞，学交谊舞的时候，她们都让我学男步，所以我是男女步皆通的。

前一段时间，我跟一个来自一流大学的教授交流，他们在进行民俗学、社会学、人类学这种相关学科的招生的时候，性别是其中一个考核的原因，只不过没有公开宣称，心照不宣而已。为什么？他希望招男生。不是说男生更优秀，也不是因为他们更聪明，更不是因为体力上有多么大的差异，唯一一个考虑的原因就是田野调查期间的安全。他说现在留守人群有"三八""六一""九九"和"二五零"，"二五零"有时候从外地混到了当地，混不好了就回家乡去了。女生做田野调查的时候，万一遇到这些"二五零"怎么办？安全性实在让人担忧，能不能写出博士学位论文，能不能通过答辩，能不能有什么创新，这些都不重要，最重要的是安全，一旦有安全问题，对学生个人、对老师、对学校、对学科都会产生不可估量的影响。

也有学者跟我说，"参与观察的时间足够长，就没有安全问题"①。但是在现实生活中，不管你在田野中待了多久，女性自身的不安全感都是难以消弭的。对陌生世界的恐惧，是天然存在的；如果没有对陌生世界的恐惧，我们就不会有危险意识。比如有一次我们在村里面做调查的时候，上午还没听到动静，到下午继续溜达的时候，突然间广播说村里来了一群陌生人，大家都要注意把门关好。我还告诉学生，大家注意啊，可能有坏人。其实人家广播里说的就是我们。后来我们才意识到，对陌生世界、对陌生人的恐惧天然存在。再加上女性弱势的身体条件，女性研究者受到伤害的系数远远高于男性研究者。所以我就说女生你什么都可以不学，一定要去学跆拳道之类的技能。美国墨西哥裔民俗学家奥尔加·纳胡拉 - 拉米雷斯（Olga Nájera - Ramírez）说她在墨西哥进行田野调查的过程中，就遇到过不同程度的性骚扰。通过自身的实践，她建议女性研究者在单独出来的时候要注意衣着，尽量避免穿着较为暴露以及具有挑逗性的服饰，切勿浓妆艳抹，最好不要刻意打扮。她还出了一个点子，如果有条件就跟当地的孩子结伴步行，这样能够有一些保护作用，而且要尽量回避或明确拒绝性暗示和性挑逗。② 我们所一个女学生在调查的时候，就遇到有人要加微信，就是一些这样的骚扰，我就说你不要理他，直接把他拉黑，离开这个人难道就不能做调查了吗？

在从事一些较重身体负荷或者恶劣环境的调查时，女性体力上的

---

① 蔡华教授对本文作者发言的一个评论，中国社会科学院"民俗学专业责任与研究伦理工作坊"会议，2012 年 12 月 10 日。

② Olga Nájera - Ramírez, "Of Fieldwork, Folklore, and Festival: Personal Encounters", *Journal of American Folklore*, 1999, 112 (444): 183 - 199. 转引自李牧《民族志研究与田野调查法》，未刊，2016。

不足也会导致调查不顺畅。比如前面说的董秀团老师，她带学生做调查的时候，村里面修路，去之前不知道，所以大小行李都得抬进去，女性的体力就不够，生病的也比较多。还有前一段时间广西民族大学陆晓芹教授在朋友圈里面说她跟团队去调查，在田野开车的过程中遭遇到道路泥泞，费了好大劲才把车弄出来，等到目的地的时候，调查活动差不多结束，要调查的对象已经基本上表演完了。有时候我们还需要学生扛着摄像机拍摄一些移动的活动场面，女生扛着真的费劲，当然我们有那种一般的相机，也可以应付拍摄。卫生问题对女性研究者也是一个很大的考验，特别是生理周期的时候。我记得有一年我跟一个师兄去调查，在第一个住的地方我只住了一晚。那个地方又冷又脏，被子全是黑点，散发出难以忍受的味道，但这些都可以忍受，睡着了啥也不知道；但是我肚子疼，而且越冷疼得越厉害，我就受不了，我只想换一个暖和点儿的地方。第二天早饭后，我说师兄我们必须得换地方，师兄说你怎么这么不能吃苦，我真的不好意思跟他说明。这种身体的不适感受男生理解不了，我们必须得去克服比他们更大的困难。像山东电视台的樊宇做影像纪录片做得很多，他在山西做榆次后沟村的调查时，选择了四位男性同行住窑洞，当时一个女性想跟他过去，他就不同意，他说你去了上厕所都很困难，的确是找不到。

说这么多，被歧视了怎么办？怎么样预防性骚扰？刚才我的那些经验，包括美国墨西哥裔学者在一些场合提出来，我们要淡化女性色彩，在着装、化妆这些方面要尽量淡化。还包括你要用你的神情、态度、专业尽可能地展示你的研究人员的身份，处处不忘提醒对方这一点，你是一个女研究者，他就会在心理上先对你产生跟他有区别的感觉，他不敢轻易去骚扰。如果说到预防，我认为没有什么好办法，一旦你感觉到危险就立刻逃跑，因为任何学术问题都比不上安全问题，所以一定要记住这一点。

八　女性研究者遭遇的地方、年龄、学生腔问题

有一个学生石玉洁在村里做调查的时候，她说能感受到老百姓都在衡量你是不是一个大人，他们觉得如果你是一个大人，那么你说话就有分量，他们就重视你。他们的根据是什么？她有没有结婚，有没有生孩子、做妈妈。讨论这个的时候，我们肯定要抛开"你在你妈面前肯定是个孩子，你妈八十了，你六十了，你还是个孩子"这样的想法。这个学生当时说她现在快三十了，可是在访谈人那里她永远是个孩子，因为她没有结婚。我说："你有没有别的原因？比如你调查的问题、调查的地方是你的家乡吗？家乡村里面都知道你小时候还尿我们家的床呢，肯定在他眼里你就是个孩子，这么大了他还会觉得你说话依然没什么分量，尤其是个人的田野调查的性别关系。"还有一个学生说她去做调查时，学生腔的态度改不了，觉得做什么都是一个学生。还有一个学生感受到地方差异、身份差异，她在北京做调查的时候，被北京当地人问："你从哪来？"她说"我是山东大学的研究生"，于是人家就有一种中央看地方的表情。后来她就学聪明了，发现即使说是山东大学的博士研究生也不行，然后她就说是北京师范大学的，也不说北京师范大学什么，就是北师大。

当然这些问题男同学可能也会感受得到。

九　性别是资源还是障碍

人类学早期的田野调查强调性别组合，我们在学田野调查方法的时候都会讲到性别组合，讲到团队调查的意义，不光是学科组合，还有性别组合，是出于女性可以做一些家庭婚姻方面的调查和研究。

性别在研究上有没有别的意义？我们有一个学生蒙锦贤说："老师我们可以统计一下学界的副教授、教授、学者、讲师中，女学者都

在做什么。"他有一个建议，他觉得目前民俗学做田野的话，田野对象和分工尽量匹配性别优势，女性就应该去做跟女性有关的研究，这样会比较顺利一些，也就是说顺从性别制度。那么如果我们光去顺从这种性别制度，突破的发生还有没有可能？男性也只能做男性的研究，我们难道就循着这些限制往前走吗？面对两难的选择，或者说田野困境，想去调查一个东西，对方不允许女性调查，还有田野作业中遇到的性别歧视，你是忍气吞声去维持良好的田野关系，还是勇敢挑战其中的性别歧视？大家在调查中都需要思考。

比如前面讲的学生石玉洁，她感受到自己被当成孩子来对待，一方面跟她自己就在那个村子里调查有关，而且每次调查都是她父亲陪着，所以代际差异自然就出现了。有一个父亲在跟前，当然你是孩子了。另一方面是罗瑞霞想到的，也跟自己对自己的看待有关。有时候别人怎么看待你，应该取决于你怎么对待别人。如果一个处在二十来岁年纪的人，想要借助年龄的低幼化来获得信息，让别人把你当成一个孩子，激发别人的同情心，你就不能在调查结束以后怪别人把你当孩子看，因为你给别人提供的是那种印象。我记得有一本书上曾经讲过，在历史上某些时期或者说某些区域，妇女和儿童是不被视为成年人的，不被别人当成成年人看待。所以在田野中，特别是女性，如果你想表现得低幼，你更不会被重视，所以要让自己的气质看起来是专业的，要让他相信你是专业的。女性在调查中有时候可以撒娇，但撒娇仅限于作为一种策略的情况下，特别是对一些老奶奶，不由自主地会撒娇。

十 个体差异大于性别差异，性别应该是一个生产性角色

传统文化中的社会性别制度不仅仅发生在我们的日常生活里，前面所讲的例子说明，在研究者跟访谈对象之间的关系建构中也存在。而人类除了性别这一区分范畴，还有很多范畴，如阶层、年龄、种族

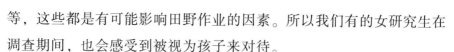

等，这些都是有可能影响田野作业的因素。所以我们有的女研究生在调查期间，也会感受到被视为孩子来对待。

男性和女性之间并不是说有多么大的鸿沟。这个鸿沟很大，可是有的时候我们对鸿沟也有一些扩大，因为你如果承认女性拥有完全有别于男性的特质，也就是说在社会分工的时候，有些职业和领域可能只适合女性来从事。那么问题又来了，如果一个女老师来做这个民俗学，只做家庭婚姻有关的领域，也只能带女学生，这样对学术的发展有没有好处？如果这样去做，等于又退回到了男权的陷阱里面，我们就服从了这个制度。所以，我们强调差异，不如强调策略。

受访的女学者大多是从自身的调查经验和体会谈到自身和男性研究者相比，作为一个女性有什么样的优势，比如得到访谈对象的信任较为容易，也容易和女性访谈对象走得更近，但是一些限制也是一样的，有些话题无法深入，容易被拒绝、被忽视、被敷衍。男性学者对女性学者在田野作业中的优势和劣势这一问题的认识，很多人不是根据生活刻板印象，而是根据观察身边的同行。一位男性学者曹荣观察到，有些女性学者过度沉浸在女性主观的视角里面，就是说女性身份肯定是女性研究者的一个优势，但是你要把女性视角过度夸大，过度利用这种方法，也是有问题的，这样会使得性别研究视角几乎变成女性学者的自留地，所以现在研究女性民俗的基本上都是女性学者。这就是为什么一些期刊上会刊出这个作者的性别，这对于图书馆统计来说是有用的。刊登你的年龄或者说籍贯，对图书馆统计是有意义的。如果过多强调性别的差异、性别的视角，会使得性别研究成为女性学者的自留地，也会去用这个视角框定所有的研究，你会以为性别意识能够观照所有的问题、所有的领域，但肯定不是这样。

很多人说女性的田野优势和劣势都是基于社会性别制度的划分。当然了，在田野中我们受到一些压力的对待，男性学者也不是就没有。他们在调查的时候，要是跟年轻的女性访谈对象接触多了，村里人对他也会有不好的看法，但是这个问题跟社会性质有关系。北大的蔡华老师在做摩梭人调查的时候，在会议上跟我说，"跟女性说话没有任何问题，人家不在乎你"①，这是社会文化的差异。

另外我还想讲一点。比如在调查的过程中，你容易被视为一个孩子，视为一个晚辈，容易被人家视为女儿或者姐妹这样的角色，而你一旦被人家框定了这个角色，你就得花费一些时间来扮演。被当成女儿来看时，你是怎么样来表现这种角色，你需要一些耐心去听他们的教导和训示。而且由于角色的转换，他会把你当成一个家人，然后进入一些田野访谈也会有困难。

总之，性别各有优劣，女性作为女性的优势跟男性作为男性的优势其实是一样的。赵旭东老师就说，即使有差别也不会太大。像岳永逸老师就说，不能把男女对立起来看，因为优势和劣势是相互对应的，所以非但男性和女性做调查本身不是问题，他们也并非对立的双方，优势也好，劣势也好，关键是置身田野现场，我们怎么做，要做什么。康丽老师用"分寸"这样一个词跟我谈这个问题，她说"你的这种角色扮演越深入，你在社区待的时间越长，这种身份就越有可能给你带来反向的钳制"。比如扮演女儿这种事肯定会钳制你的行动。"你越了解社区的规则，加诸你身上的社区的规则和责任就越会限制你一些行动，你可以做什么，不可以做什么，你可以接触或不可以接触哪些人，这其实都是一个分寸的问题。"比如女性通常被认为不应该抽烟，不应该喝酒。我孩子在七岁的时候，他在理发厅门口看见一个女的胳膊上有文身，穿着暴露，头发染成紫色，还在抽烟，我孩子最先评价的不是她的文身，他说"妈妈，你看，女的也抽烟"。

---

① 蔡华教授对本文作者发言的一个讨论，中国社会科学院"民俗学专业责任与研究伦理工作坊"会议，2012年12月10日。

他不会说她文身了，他先注意到的是抽烟。我在田野里面也有一个很好的经验，假如我掏出香烟来递给一个男性访谈对象，特别是老年男性，他会特别高兴，不吸也会夹到耳朵上，这会大大增进调查的便利，他会很愉快地跟我聊天。但是我可以给你烟，可我不能吸烟，如果我吸，那就是另外一种看法了。当我拿出香烟的时候，老年男性访谈对象会觉得我不是女人，好像我更专业一样，因为男性和男性之间才会相互递烟。在他看来，哪有女人随身带着香烟？我给他，但自己不吸，很多男人拿烟敬给对方的时候自己也会点一根，可是我不会点，而是放回兜里，或者整盒都给他。女性研究者在田野中，如果把吸烟等诸如此类的习惯当作自己的日常行为，你接着跟人家一块吸，肯定会带来一些负面的评价。康丽老师曾经说过一个词叫"跨性别体验"。"跨性别体验"是什么意思？"社区只允许男性参加的事情，作为一个外来的女性田野工作者也可以参与其中，而不会让他们感到异样或者被侵害。"这种体验可能大家都会遇到。我在红山峪村遇到新女婿上门，人家觉得让我去陪客他们很有面子，因为我是北京师范大学的博士生。在我看来，其实跨性别体验是很困难的事情，因为山东有"女人不上桌"的习俗，而让你一个女性参与陪新女婿这种重要的事情，是非常难得的。但是如果遇到机会，我们也可以利用自己的性别和性别角色来观察新女婿上门的一些具体的东西，因为这个场景对研究亲属制度非常有用。

社会科学是个体的生产。个体会有很多的差异，比如女性个体的身体素质、健康程度、性格、专业素养、美貌程度，这些都会对访谈对象、田野作业产生影响。退一步来说，面对同一个访谈对象，个体的性格和魅力也会导致不同的结果。你第二次去换了一种形象，可能都会有影响。有些人说男性长于技术型工作，而女性擅长关系建构，更适合维持长期、稳定的关系。如果这样说，男性同行肯定觉得被歧视了，难道我在田野作业中建构的关系就不诚信、不长久吗？肯定不是这样的。当然我们要承认，在田野中女性跟访谈对象建立的关系，经常会延伸到个体的现实生活，尤其家庭领域，这对实际调查很有帮助。但是有一个女性学者跟我说，我可能不擅长这样。我说你还能说出别人来吗？她又说了三个人，我就去挨个问了。确实有人说"我对建构关系、维持关系的亲密度和长久度都不擅长"。也有男性学者说，"我就觉得我和访谈对象的关系维持得很好，很多年了，非常友好"。在我看来，性别不是主要问题，关键在于研究者的个性。比如王均霞跟我说，她在调查泰山进香女性的时候，主要依靠女性的身份，但是她的人品和人格也受到了访谈对象的赞赏。她在进香途中尽其所能地去帮助对方，事后及时把拍的照片分类寄给对方，对方因此感受到她的诚意，于是打电话邀请她到家里来回访。研究者在田野中的伦理尺度、道德尺度是非常重要的，有利于田野关系的长期建构。这也提醒我们，在做田野作业的时候，建构田野关系的时候，应当依据日常生活中人和人之间的交往规则。你想和别人交朋友，你首先应该做一个独立的、真诚的人，把访谈也看作个体之间的对等交流，然后对方能够感受到你的真诚，进而可能会和你建构久远的关系。

我们当然不能否认性别视角是一个非常必要的研究维度，但是这样的性别视角反映在我们田野关系中的建构的时候，有时候在一些情形下，真的需要我们暂时忘掉或者模糊、淡化性别，这时候所表现出来的精神面貌，可能更容易得到访谈对象的认可。但是不要忘了，女性就是女性，再怎么淡化，也不可能让自己没有性别。比如我刚才说的芙蓉街五十多岁的大爷，他就会跟别人说，"我们家来了一个山大的女研究生，我要给她介绍对象"。他当时说"我要给你介绍一个温良恭俭让的对象"，我至今记得他的原话。他说我像是一个假小子，穿的牛仔裤、T恤衫，天冷了去店里随便买一件马甲套上，冬天就是羽绒服，黑乎乎的。但他还是会觉得我是个女的，要给我介绍对象。所以不可能让自己没有性别，怎么样在选题或者在调查中最大限度地发挥出自身性别的优势，才是我们应该考虑的地方。而且除了性别研究维度以外，性格特征、人格魅力、学术背景（现在有的民俗学导师愿意招学理科的博士生，这是很有意思的）、性格爱好这些因素不仅会影响研究者对调查对象的思考、把握，也会影响田野地点的选择、田野作业的过程，包括对原始资料的分析。比如一个理科背景和一个中文背景出身的博士生，做的谣言分析都不一样。

　　我最想说的一点其实是，性别应该是一个生产性的角色。研究者的女性身份显然在挖掘女性访谈对象的内心世界方面确实具有非常强大、独特的优势，而且如果女性研究者跟女性访谈对象建立起比较亲密的关系，也会颠覆一些常识，所以这个时候性别发挥的就是生产性角色，这有足够积极的意义。华如璧在香港厦村做调查的时候，跟妇女的关系非常密切，还写了一本书《兄弟并不平等》。她在调查的时候就发现所了解的事情跟一般的宗族研究不一样，为什么会发现这个问题？因为她在调查中跟妇女们关系非常密切，以至于发现宗族社会并非像学界通常认为的那样"宗族里只有男性的影子，宗族里是以男性为中心的"；她发现女人的家庭地位非常重要，女性角色在宗族建构中也就具有了独特的价值和意义。① 马丹丹在读葛希芝（Hill Gates，美国著名女人类学家）的《中国马达——"小资本主义"的一千年》时，跟我说，葛希芝在里面就讲到女性商品化以及女性在商品经济中的作用的研究。因此，马丹丹就想到在她读这本书之前，还没有意识到原来女性的政治经济角色这么活跃，然后她就开始观察身边的亲人——她的姥姥、奶奶，发现这一代人有非常丰富的劳动和社会经验。很多人会以为她们都是家庭妇女，一辈子不出门，最多回娘家、赶个集而已；只会家长里短，照顾孩子，赡养老人。她因为读这本书就受到影响，发现姥姥、奶奶这一代人有很多的劳动经验、社

---

① ［美］沃森：《兄弟并不平等》，时丽娜译，上海译文出版社 2008 年版。

会经验。我在读一本书 *A Life Story in Recipes*，作者通过母亲遗留下来的烘焙食谱来研究女性生活，包括她母亲的劳动、对家庭的照顾、在社区和家庭中的角色及伙伴关系。[①] 也是通过这种比较密切的观察，作者颠覆了一些常识，这时候一个女性的性别就会起到生产性角色的作用。

受到这些研究经验的启发，可以得出以下两点。一方面，随着社会的开放，无论是男性还是女性研究者，在选题上面都会有很多突破，所以有一个博士生，她想研究风水，她身边的人、她的导师就说"你不要研究风水"，这个东西女性几乎很难进入。她不管，她还是要做，甚至做了很多调查，还建立了一个公众号，专门谈风水研究。所以在选题上面的突破有时候就是这样。另一方面，我们也要接受一个事实，就是性别制度在影响我们的田野作业、田野关系，田野作业也表现了我们的性别制度。那么对这样一个事实，除了接受以外，我们还可以做什么？

我们在调查的时候，依据的是什么？我们为什么要去做调查呢？因为你是一个研究者，你是带着问题、带着想说的话，去了解人家的文化。所以我们依据的不是女性身份，而是一个研究者的身份。最应该做的是让对方接受这个身份。性别肯定是要考虑的，但更重要的是让对方考虑我们是一个专业人员的身份，要让自己变得中性，比如把田野关系建立于日常交流的层面，这是一个办法。有没有别的办法？一个女性研究者访谈宗族方面的问题，我的经验是，对方（特别是中老年人、族长）不愿意搭理我。一般情况下，会感觉自己被藐视了，他瞧不起我。他为什么瞧不起我？是不是因为我是一个女人？你老实在家里不行吗，你出来干啥？你不用抛头露面，你在家待着就好

---

① Diane Tye，Baking as Biography：*A Life Story in Recipes*，McGill – Queen's University Press，2010.

了。但是我认为他瞧不起我的主要原因更可能是他觉得我不懂，他觉得女性在宗族里面没有位置，在宗族祭祀的时候，所有女性参加的方式就是做饭，做了饭摆上去；而且特别是有一些祭品，女性没有资格买，没有资格做，没有资格端，有一些祭品只有男人可以碰。他是不是因为这个才会这么看待和评价我？所以这时候我们就要发挥作为一个研究者的身份，一个专业人员的身份。我的经验就是，要说一些他不懂的东西，比如关于宗族的知识，我们懂一些更连贯的学术史，可能知道的宗族的专业知识比他还多，比如外地的一些东西，或者一些非常学术性的话；然后他觉得你这么有知识，赶紧正眼看你，马上态度就不一样了。我认为，我们要想被他们瞧得起，变成男人也不行，关键是你要让他觉得你懂，觉得你有真才实学。我们还可以就访谈问题说出一些行话、一些专业的东西，让他觉得我们不是一无所知，我们了解他的东西，懂得他的东西，他才会觉得跟我们谈的时候，他会被理解、被尊重。人人都渴望自己被理解、被尊重嘛。这好像对女性的要求提高了，但实际上男性也一样会遇到受性别传承限制导致被拒绝的问题，因为文化体系有传承的性别区分。所以若是遇到困难，我们应该迎难而上，不是说我做不了就不去做了，对方不接受，我就换一个题目，越是像民俗学这样对田野作业、田野关系有重度依赖的学科（当然也有人做文献的，我主要是说做田野专业方面），挑战性别区隔越会带来非常大的突破。需要我们挑战性别区隔的时候，不要退缩，破除这些性别上的障碍，克服一些对我们的藐视或者忽略、敷衍，让他们意识到我们是一个研究者。这时候，男性和女性都只是研究者前面的一个定语、一个修饰而已。

乡村研究与田野工作的滋味①

孙庆忠

（中国农业大学人文与发展学院社会学系教授）

感谢萧放老师的邀请，让我有机会来到北师大跟同学们分享我的田野研究经历。和在座的很多人一样，我也是经由中文系转向民间文学、民俗学专业学习的，只是后来我又学了人类学和社会心理学。总希望能够有一个机会，让自己的研究真正深入下去。我在辽宁大学学习民俗学期间，师从乌丙安教授、杨太教授，还有江帆教授，他们在我的专业成长道路上都给了很多的指导和支持，我也因此更愿意把读书受训看成一种思想上的滋养。有些遗憾的是，多年来我并没有从事民俗学研究，或者说没有从事正宗的民俗学研究，所以到民俗学的大本营跟博士们、老师们谈民俗学，实在是班门弄斧了。好在田野工作是多学科普遍关注的话题，乡村研究是我们共同发力的领域，同时又侧重以自己的经验感受来谈事儿，这也许能够让我在面对面的观点撞击中找到一个逃遁之所。

一 田野工作：初念、类型与主旨

对我来讲，从在辽大受训到回沈阳师范大学中文系教书，乡村研

---

① 本文是 2020 年 9 月 25 日作者在北京师范大学中国社会管理研究院/社会学院民俗学专业所做讲座的录音整理稿。

究一直是我理解所学专业的重要场域。我在沈师教过 1992、1993、1995 和 1996 级四届学生，他们的期待给了我很多走到乡村的动力。为了讲好"民间文学"和"民俗学"课程，我要跑到乡村去，去采录一些民间故事，听闻一些乡村趣事。这样做的动机很简单，就是想让我的课堂变得丰富充盈。从那个时候算起，到今年已经 25 年了。

很巧合的是，3 年前的今天，即 2017 年 9 月 25 日，我们农大社会学系举办了一次工作坊，系主任熊春文教授邀请我给系里的老师和博士生们讲一讲我的田野工作，我将其命名为"从文化阐释到促进变革的田野工作"。此前我也在不同的场合讲过田野调查的经历和感受，包括 2007 年的《田野调查的技艺与修养》和 2016 年的《田野工作的信念与真情》。正是这一次次的回望，强化了我对田野工作的思考，并依据每个阶段的主旨内容将其分成三大类。第一类是阐释文化特质的田野工作。我们从事的乡村研究，更多是在进行文化阐释的工作。比如我们在妙峰山观察这里延续了 400 多年的庙会，并对其变迁轨迹和当代形态进行记录分析。第二类是揭示社会问题的田野工作。研究总要直指社会问题，并寻求一些解决问题的方式、方法。从我在中山大学读博士期间，对华裔美国社会学家杨庆堃先生的追踪研究算起，一直到在农大工作初期带领学生对李景汉先生调查的京郊四村进行再研究，都是试图发现在城市文化和乡村文化冲突和汇聚的过程中，原有的乡土文化有了怎样的重组形式，也试图去探讨城中村的文化形态，以及那里潜存的社会发展问题。第三类是促进变革的田野工作。这是我最近 6 年间尤为倾注心力的探索性的实验。其实这也是我的本业研究，希望能够通过一次又一次的乡村之行，丰富我的课堂，让我的教学变得生动可感，让我的学生们能够通过我的讲述了解更多乡村的事实。正因为与乡土社会走得如此之近，从 2014 年开始，我的田野工作发生了转向，不仅仅停留在如何阐释乡土文化，如何揭示社会问题，更重要的是还希望凭借一己之力尝试改变乡村凋敝的事实。也正是在这个过程中，觉得自己这窄窄的肩膀突然间放大了好多倍；也越发觉得生逢这样一个灿烂的时代，能够为乡土社会里的老百姓做点事是一种使命，不仅可以提升自我的人生品质，还可以些许地改变乡土社会的样态。一个普普通通的大学老师，能够拥有这样一种机缘和一份心境，这是非常荣耀的事情，所以我非常看重后边6年的田野工作。

2017年在我们系的那次分享，我本来准备了好多有趣的故事，在头一天晚上，我把下乡走过的地方、遇到的人，把那些难以忘怀的往事都慢慢地过了一遍，让我激动不已。我原以为会欢声笑语地讲述，没承想开讲后竟然几度哽咽，只因那些焦灼、无助的日子宛如重来。细细想来，寂寞与欢悦的变奏才是我田野工作的主旋律。多年来，我一次又一次地赶赴乡村，表面上看是对自己所学专业和教学工作的尽职尽责，实际上是在寻找一种生命的链接，是将自己的生命和生活与别处的老百姓之间建立一种联系，继而去探究生活的多种可能性。这是我对自己25年田野工作的定位，以及对它的类型和主旨的解说。

从2005年到2013年，8年间我曾经带领农大社会学系的10届本科生赶赴妙峰山。不同的是，前5届学生集中在山上，后5届学生基本上都是在村里。因为我认为对妙峰山的研究必须有一个新的转向，我学过民俗学，我也必须走出民俗学。作为民间文化的庙会，在400多年的延续中有了哪些新的变异？它的生存环境发生变化之后，文化组织形态又呈现出什么样的形态？正因为后几届学生的努力，才在《妙峰山：民间文化的记忆与传承》《妙峰山：香会组织的传承与处境》之后，有了《妙峰山：香会志与人生史》。

回顾我们的妙峰山研究，与顾颉刚等前辈学者的不同就在于他们集中在山上、时间短，而我们是在山下；他们不知道上山的每一档香会的会首叫什么名字，有怎样的人生经历，而我们都有采录。但是我们的研究方向不同，那里的老人家我能够叫出他们的名字，还知道为什么在城中村急速变迁之后，他们依然能为这一档香会倾注自己的所能——只是为了一个承诺，即"老祖宗留下的玩意儿不能在我这里丢掉了"。所以在 8 年的妙峰山研究中，我带领十届学生做了一项在很多人看来是农大不该做，而应该由北师大民俗学专业师生来做的事情。但不论怎样，我的学生在这个过程中受到了基本的学术训练，社会学的学生能够感知到民间文化的魅力，能够在妙峰山听闻山风，感知春雨，继而享受老娘娘赐予的世代祝福，这都是非常难得的体验。

回到田野工作本身。今天好多人都在谈田野，都说自己下乡了，以为到乡村走一走，跟老头老太太聊聊天就是从事田野工作了。事实是这样的，田野工作有几个目标。第一，也是最核心的一个就是能够审视人类学知识生产的过程；第二，要去了解是什么样的自然环境和社会生态催生了当地特有的文化现象；第三，要深入挖掘乡土知识，进而去理解那里蕴含的生存智慧；第四，就是培育我们创造生活的情感和能力。应该讲，通常所说的田野工作就集中在前三个方面。而对我来说，就如刚才提到的近 6 年田野工作的转向，更加让我看重的是第四点。我们是受训者，不论是硕士、博士，还是教师，在多年的田野工作中，最容易忽视的就是这一点。大部分人觉得能出产论文就是一种最实在的能力培养，而事实上正是一次又一次或碰壁或难耐的田野工作，培育了我们的心性、情感和能力。如果缺乏尊重别人生命的情感、缺乏理解他者生活的能力，永远不会体悟到田野工作的深层魅力，充其量就是浮光掠影、蜻蜓点水而已。这是我对田野工作的目标定位，也是对田野工作转向后的一点思考。

在谈及田野工作之后，让我们回到乡村研究的基点，那就是对乡村、对于此时的中国社会是否有一个基本的判断？如果没有判断，你的文章缘何而来？如果没有自己的判断和实践，那些写给决策部门的要报又有什么意义？所以，我们在探究中国乡村社会变革的时候，有一个首要的前提，那就是必须充分认知乡土中国以及后乡土时代中国社会的变化。

二　集体失忆：乡土中国的现实处境

中国文化自古以来就叫"乡土文化"，又被称为"五谷文化"。美国的农业科学家富兰克林·H.金（F. H. King）认为，中国人和土地之间始终保持着特殊的循环，人因土地而生，死后又要回归土地。人和土地的循环过程构成了我们整个生命的链条。所以人与土地之间构成的内在循环逻辑关系，是中国文化的一种特殊品质。20世纪40年代费孝通先生提出了"乡土中国"这个概念，并认为中国文化是从土地里长出来的。所以我们每一个中国人，天性里都带一份土性，而且一直封闭在与土地的循环之中。这种循环突出表现在，一方面国家的收入要靠田赋；另一方面农民的收入要靠农产，离开了土地就没法生存。尽管这种生活状态已经发生了根本性的变化，但无论你今天生活在一线城市北上广，还是生活在穷乡僻壤，在我们的骨子深处那份土的禀性却都依稀可见。我在讲课的时候常常想到法国人类学家布鲁诺·拉图尔（Bruno Latour）的一本书《我们从未现代过》。你现代过吗？不管"90后""00后"因使用iPad、5G手机而显得多么新潮，但是当你用固有的文化尺度去衡量自己的观念和行为的时候就会发现，你不过是个融入传统的时代里的文化造物。从这个意义上说，文化滋养出来的民族根性没有改变。

但我们又不得不承认一个基本的事实，特别是中国改革开放40年来的快速发展。让我们看一组数字，到2019年年底，中国大陆总人口140005万，城镇人口84843万，占比60.60%。另外，还有一个数字是我每年都关注的，那就是农民工数量，2019年年底是29077万，这是一个流动中的中国。这些数字说明，乡土社会以血缘和地缘关系凝结起来的家族村落文化式微，"离土"时代已经到来。那么，作为常年奔赴乡村的学者，如果你把自己定位成一个老中医，为乡村号脉之后，就要说清楚乡村究竟怎么了，得了什么病。为什么今天要重提乡村建设？为什么要把乡村振兴当成一项国家战略？如果乡村发展得很好，还用得着有一系列的举措吗？我对乡村处境的判断，得益于从 2011 年至 2013 年这两年的中国乡村教育调查。农大的教授跑到乡村去问乡村基础教育的现状，对很多人来说是非常不解的。其实这是基于特殊原因，这是我们学校给社会学系专设的课题。朱启臻教授带着我和熊春文教授，与一批研究生一起走乡串村，乡村教育问题从那个时候开始正式走入我的视野。我们相信，如果把乡村教育的问题摸清楚了，对于认识中国乡土社会的走向更有价值。两年走下来，我们有什么感受？我的心里极度失落，真的为中国乡土社会担忧。庆幸的是，我每每对乡村绝望的时候，都会用妙峰山的研究聊以自慰。因为妙峰山的香会组织让我看到在都市化的背景下，曾经根植于乡土的民间文化并没有凋零，而是实现了和城市文化融合之后的重组，实现了文化的继替与再生。

　　我当年曾经写过一篇文章，讲的核心就是妙峰山让我看到了乡土里的文化是"形散而神聚"的。乡土社会的外形发生了太多的变化，但是它的宗旨、它的精气神尚在。也正是带着一些积极的眼光和热情去看乡村，乡土社会才有希望。而这两年的乡村调研让我对乡村做出怎样的判断呢？乡村已经处在集体失忆的边缘。我常常讲，一个人的失忆意味着和他的过往道别。也就是说，如果一个人失忆了，就意味着他没有了昨天，也就没有了今天，更没有明天。我们走过的地方，一个又一个村庄失忆了，人们逃遁了，留下的是空空的村落。如果人不在了，记忆还能藏在哪里呢？一个国家也一样，如果没有了国家记忆，就等于这个国家没有了历史，没有历史的国家还能够持续吗？一个民族也是如此，我自己最近几年跑了 6 个少数民族地区的村落，也经常想起乔健先生当年写过的一本书《漂泊的永恒》。他讲到瑶族的祖先每逢战乱都要迁徙，待等生活基本稳定后还要迁徙，目的是寻找他们的祖居地。一代又一代人艰难跋涉，就是为了寻找故乡，就是在对抗失忆。如果一个民族失忆了，这个民族存在的意义又在哪里呢？

那么，对于在几千年农耕文明中成长起来的一辈又一辈中国人，当我们的乡土处于如此这般失忆的境地，我们又能用什么样的方式去寻求改变呢？我从到农大工作以后，就积极地引导我的学生走进乡村，去为存留乡土文化做点什么。也因此在多年间被一些人赐予了一些非常好听的名号，"理想主义者"或"浪漫主义者"。"乌托邦的乡土""理想浪漫的田园牧歌"也总是和我的说法与行动联系在一起。但事实上，我们可以用自己的实践让所谓的理想变成现实，让乌托邦变得不再只是浪漫。

我一直觉得，我在乡村所做的工作，是基于我对乡村的基本直觉，是两年乡村教育研究之后对其做出的基本判断。我说今天的乡村处于失忆的边缘，基于我目睹了乡村的现状。调研乡村教育的两年，与我研究中国地理标志同步，承此机缘我走了7个省的8个县。在这个类似于奔跑的过程中，我发现以下几点。首先，我看到孩子们6岁就开始住校，家庭对于他们来说是无法亲近的。其次，虽然也有少数的孩子生活在乡村，远山可见，近水可闻，却没有哪个老师敢带着他们走出高墙大院，到山上观察小动物，去看植物如何成长。再次，他们对于自己的家乡历史是无知的，因为要逃出大山，这是教育给求学的明确指向。最后，他们对于村里的礼俗是漠然的，因为他们觉得那终将不是他们生活的故乡。这四点决定了中国乡村的失忆状态。在这样的背景下，我们还有什么样的信念敢去相信乡村还有未来呢？

调研结束之后，人民政协报社通过我们学校统战部，邀请我到那里去参加一个座谈会。在这次会上，我讲了两年调研给我带来的心灵冲击，也是在这次会上，我见到了中国人民大学的段成荣教授，他给出一组流动儿童和留守儿童的普查数字，真是让我触目惊心。全国的调研数字显示，2014 年中国的流动儿童有 3581 万，留守儿童有 6973 万，而在 3581 万的流动儿童当中，有 56.8% 的孩子跟户籍地没有联系，有一半以上的孩子不知道自己家乡所在乡镇的名字。正是基于这一组数字和我前面的调研经验，让我做出一个判断——我们的乡村已经身处集体失忆的边缘。如果说一个学者为乡村号脉，开出了自己的药方，那我接下来要做的工作就是为失忆的乡村唤回记忆。

我们今天讲乡村建设，讲乡村振兴，它的本质就是让乡村有魂，不然村庄修得再漂亮又有什么意义？它的价值应该在于有了魂之后才能够去丰盈它的生命，这个时候乡村振兴才有可能。当年调研之后我讲过，无论我们对于回归乡土、对于留住记忆心存怎样复杂的情感，也不管你被冠以什么样的名号，所有这些都不重要，一个实实在在的问题摆在我们的面前——乡村终结、农民终结在中国是行不通的。我的学生曾经以此跟我争论，我说我们姑且不论一百年之后还有没有乡村，但是乌丙安先生讲过的一句话，却是我们必须思量的。他说，可能等待乡土社会的结局一定是死亡，但是就如我们看待那么多自家的老人一样，即便你知道他会死去，也要让他有点尊严地逝去，这是我们后辈人应该做的事。如果各位也能够同意我这样的判断，接下来的问题就已经摆在眼前：一是如何进行乡土重建，以此来应对乡村凋敝的事实；二是如何让文化回归乡土，以此延续记忆的根脉。这就是我的两个目标。我后边的田野工作，如果说不同于我早期到乡村去做文化记录的地方，就在于我开了方子，我要去实践。

三　川中传奇：乡村复育的教育实验

我的川中教育实验到现在已经有 6 年多了。"川中传奇"是在社区大学 5 周年的时候，奕阳教育研究院董事长张守礼先生赠予我们的一个纪念品，这幅画有很多可解读的深意。那么，在这南太行的山区我做了什么？河南辉县的侯兆川教育文化中心是我 2011 年到 2013 年乡村教育调研的最后一站。两年的调研让我看到一种情形，年老的乡村教师等待退休，年轻的等待回城。人们在等待中过活，乡村教育还有希望吗？乡村即便有学校，当教育以优化整合资源这样一个又一个名号进行撤并，当教师不能投情于其中，乡村学校存它何用？我们印象中的乡村学校是传播乡风文明的中心，但是今天，10 个中有 9 个是高墙大院，已经把学校和乡村完全隔开，在这样的情形之下能不能破解两个难题？第一，让乡村教师安驻于乡村，让他们觉得在乡村工作是一件很幸福的事情；第二，能不能让高墙大院从此打开，让学校周边的村民在这里接受终身教育。这是我当年勾勒的一幅理想愿景。

　　我第一年去尝试的时候，包括村里的老百姓都不相信，幼儿园老师们更是带着怀疑的眼光。只是因为孙老师看起来比较可信，就索性跟他做吧。在这样的情形之下，第一年我的朋友们都认为这是天方夜谭，他们说："今天的乡村都什么样子了，你是农业大学的教授，如果你是师范大学教授或许还可以尝试推动一下"；第二年他们也认为我的幻想简直不可理喻，但被我的诚心所打动；第三年没有声音了；第四年完全是一片赞叹。这种变化让我很不适应。那么在这里我做了什么？年轻的幼儿教师做了什么？人们都听说过大学附属中学、小学、幼儿园，却没听说过幼儿园附属社区大学，我说这是全国第一所。在这所学校里，我要验证我对乡村的判断，要去解决我认为的乡村症结问题。经过前面的筹备，其实也是一个试验阶段，在 2014 年的 5 月 30 日，川中社区大学挂牌了，实际上就挂一个小小的牌子。对于那里的 20 位幼儿园老师来说，他们最初觉得自己只是一个中师毕业生，怎么还能成为社大讲师，简直不可思议，都紧张得不得了。我说社区大学不是我们说的高等教育，实际上是给农民一个机会，让他们在这里体验到一份终身学习的幸福感。

我第一次去上课的时候，在小学的小礼堂里坐了三百多人。当时过道都坐得满满的，周边十几个村落的老百姓都跑来看，看什么呢？"有人要在幼儿园里办大学，听说还有一位北京的教授跑到这里来，这是新鲜事儿"。所以他们都来看热闹，屋里挤得满满的，这让我很感动。有很多人问我为什么不以初中和小学为依托？因为学生都住校了，让他们的家长经常往学校跑是不可能的。而要想让学校和村落、家庭之间建立联系，最好的方式就是以幼儿园为载体，先打开局面。这里原来有个园长很了不起，叫张青娥，她因患癌症 2015 年去世了，后面有个年轻的"80 后"园长叫郭文艳，也很了不起，多种机缘辐辏聚合下才让这里成为一个典型。6 年走下来，如今这所社区大学拥有了两个国家级的称号，2019 年被评为全国终身学习品牌项目；今年 2 月又被中央文明办授予学雷锋"4 个 100"最佳志愿服务项目。也就是说，6 年之后这里的乡村教育已经发生了巨大的变化。

在这里都发生了啥？第一，我当时的定位，虽然一开始学员主要是家长，但这绝不是家长学校，跟学前教育讲的家园共育是两回事。第二，农民是要靠种地为生的，请一些农技老师教农技课程也不可少，但是绝对不是农业技术学校。那它是什么？它是一所成人终身学习的公民学校。"成人终身学习"这个词对于乡村来说非常陌生。在我们乡村的留守人群当中有谁啊？留守妇女，就是那些留守妈妈们，她们因为孩子太小，不得不留下。再有就是那些留守的老人们，这两拨人就是我们社区大学的重点关注人群。我们的课程有一个共同的名号叫"社大幸福课"，有一次，我问老学员王合月："你记住了吗？"她说："孙教授，我赶过牛，捡过柴，就是没有拿过笔。"后来我说，你不会写字，我教你写字，你一定要学会 9 个字，"川中社区大学王合月"。我第一次教她写字的情景，被一个"80 后"的宝妈拍下。后来这张照片发在《教育时报》的电子网络版上。在发表这张照片那天，她给我发了一条微信说："教授，我的作品发了，当我看到照片的时候，我流泪了。"这里有两层意思：一个年老者在这里重新接受教育，对我们来说稀松平常，但是对一个从没拿过笔的老人来说，那是一种别样的体验，后来有多位记者到她家里去的时候，她最高兴的一件事就是拿起笔写她的名字，以此为荣；对于年轻人来说，她的作品能够发表，这也是一种意想不到的事情。让年老者、让年轻人都在这个过程中体会到了一种存在感、一种幸福感。应该说，如果没有办社区大学的经验，我无法想象那些村庄里的小媳妇和老人们的本事有多大。他们没有机会多读书，但他们对美和艺术的渴望一点都不比我们少。因为社区大学的课堂，那些留守的宝妈们告别了麻将桌，拿起画笔开始练书法，学画画，画牡丹、梅、兰、竹、菊等，这些都是我们幼儿教师以创造性的工作来完成的。20 位可爱的幼儿教师十八般武艺样样都行，他们周末返城回家，平时住在学校，所以他们每天晚上一起备课，然后教学员们做手工、跳舞、唱歌、打太极扇。乡村人的生活世界从此发生了太多的变化。每年一届的社区大学庆典晚会，就是侯兆川的不眠之夜。十里八村的老百姓都跑来，下雨也不走，老太太非得蹲在台前，要看过儿媳妇表演完之后才舍得离开。这样的情形在社区大学，在川中一年又一年地上演着。他们诵读的文章不是我给他们选的课本，而是他们自己的创作，是幼儿园老师写的诗，是老大娘写的快板，你能相信吗？多位师范大学的老师目睹之后都为之感动，为之落泪。

在乡村凋敝的背景之下，社区大学能够让我们看到一种生命力量的精彩幻化，是令人兴奋的事情！尤为令大家不敢相信的是，这里的幼儿园老师每年编辑一卷 30 万字的《川中社区大学年刊》，里面包含了他们这一年的教学体悟、生活感受，以及社区大学每门课程带给学员的收获。比如我去讲"如何做一个智慧女人"之后，当年的年刊就有一个专栏，年轻的宝妈们都会写怎么和自己的先生沟通，不再吵架，怎么来陪伴自己的孩子，她们的悟性高极了。而对于幼儿教师来说，他们能够每年坚持编辑文集，写观察日志和读书札记，这是了不起的进步。今年我要求他们写自己的生命叙事，最长者写了28000字左右，文字很真切、很舒展、很自由。我家的书架上总要摆上他们的年刊，在我自己无力的时候，都要向他们看齐，他们给了我一种力量，让我知道乡村振兴他们是不可或缺的一极。

每一年庆典晚会后的学员座谈，我都会听到这些乡村妇女的哭泣与欢笑。"80后"的宝妈常春梅已经有两个孩子，她说自从嫁到西平罗村11年来，和左邻右舍都不怎么说话，每天过的是捧着手机看电视的日子，是社区大学改变了她寂寞的生活，也改变了她对周边人群的看法。"90后"的宝妈姬唤香说："别人一年365天，我一天365遍，我的日子就这样简单地重复，我想教育我的孩子，但我力不从心，就好像拿着锄头雕琢美玉一样。"其实他们每一年的哭泣或者欢笑都在告诉我，社区大学改变了他们，他们的生命从此不同。郎晓云是我们社大的优秀学员，也是班长。她现在已经到城里创业去了，还自学了大专的课程。我们第一次见面是在社大一周年的座谈会上，那时她哭着说："姐妹们，请把你们的手举起来，看看谁的手上没有老茧，我们每天围着锅台转，每天刨地，我们对孩子除了发泄愤怒没有别的，对我来说可能最愉快的瞬间就是去打麻将，那时我什么都能够忘掉。但是，社区大学改变了我，让我们这些乡村妇女和艺术连接在了一起。"可以说，我们的教育实验在某种程度上在改变人的生命形态，让乡村妇女从此拥有了属于自己的精神生活，她们都开始尊重自己了。每一年的庆典晚会，她们会穿上从新乡、辉县借来的服装，结束之后，我问她们为什么不把表演服脱下来，她们说："舍不得。"我知道她们是希望在外地打工的先生在微信的那一边能看到。这样的事情一直在发生，这6年间也一次又一次地让我感动。

这所社区大学今天怎么样？这个月怎么样？学校辐射周边15个村落，这些年轻的幼儿教师也已被县里的组织部门任命为15个村的村委会副主任。他们有一个共同的梦想，就是社区大学能够延展到那些离学校比较远的村落。2020年9月15日，川中社区大学西平罗学堂建成了。老百姓热情很高，纷纷来这里听课、学习。与此同步，兆村学堂开工仪式也在进行中。老师们到村里废弃的麻将屋踏勘之后，就决定把这个地方修建成让老百姓聚集的学堂。我说，社区大学每走到一个地方，传播的不是知识，而是这个时代带给村民的温度与情感。幼儿园所在的西平罗乡，在籍人口2.2万多人，现在留在村里的有6000人左右。我们应该给留下的老人注入一种活力，不是天天给吃给喝他们就开心了，而是让他们能够自我发现，在60岁、70岁的时候依然能够重新设计自己的生活。我每一次走到社区大学，走到幼儿园，看到那些老人们，他们都会告诉我，他们的家庭关系得到了改善，他们觉得自己可以成为一个书法爱好者，这就是社区大学带给他们的最大的收获。

回到我刚才讲的，6年的事实证明，我的乡村教育实验不是乌托邦式的构想，而是可以跨越这个时代乡村困局应有的一种形态。川中社区大学破解了两个问题。一是乡村教师们热爱自己的职业，他们觉得生活在乡村也是一种荣耀，别人怀疑有多少个基金会来支持这项工作，实际情况是一个都没有。这些幼儿教师一个月只有两千多块钱收入，却在那里做着奉献乡村、奉献别人、奉献社会的工作。二是学校与乡村之间建立了一种特殊的连接，让乡村学校发挥了应有的功能。每年我去观看他们的庆典，去跟年轻的志愿者们座谈的时候，都会心潮澎湃。别人说是教授给那里注入能量，我说不是这样的，是教授当自己精神懈怠之时，到那里去重新获得一种持续工作的能力，所以这种瞬间是无法被遗忘的。

这是我的第一个案例，川中社区大学是用教育来撬动乡村建设的一个例证。后面也有朋友问我，可不可以在其他地方再开社区大学，我说那不是我要做的事情，有更多的后来者要去做。我的精力有限，我还有别的实验。我现在一共有 4 个实验点，每一个点我都希望能破解问题，如果各位认为川中教育实验解决了当下乡村教育最难解决的两个问题，那就意味着乡村教育是需要变革的，而且时机已经到了。

四　文化干预：农业文化遗产的保护实践

第二个实验是我对农业文化遗产和中国传统村落的研究。我希望能够通过这种文化干预撬动乡村建设。无论是从教育入手，还是从文化资源挖掘入手，其实要破解的核心命题是明确的，那就是在乡村凋敝的背景之下，如何能够让乡村持续；在记忆行将失落的时候，如何能够延续文化的根脉。

最近几年，中国的梯田景观时常通过各种媒体闯入我们的视野。云南红河哈尼梯田、广西龙胜龙脊梯田、湖南新化紫鹊界梯田、江西崇义客家梯田，以及福建尤溪联合梯田，无不如临仙境，美轮美奂。但是在这样的文化景观背后，你看到乡土社会面临的危机，看到那里潜藏的悲伤和泪水了吗？风景是美，如果没有了村落，如果村落里的守望者一个又一个相继离世，这样的村落，这样的田地，这样的农业景观又能够持续多久呢？2002 年联合国粮农组织发起了一项国际计划，就是全球重要农业文化遗产。从事民俗学研究的人都知道非物质文化遗产，"非遗"好像被很多人等同为民俗学。人们只知"非遗"，却不知农业文化遗产。我跟乌丙安先生一起探讨过这个问题。老爷子说农业遗产是体，"非遗"是皮上的毛，如果体和皮不在了，毛就真的无法存在了，所以要重视对农业遗产的保护。为什么要先保护"非遗"呢？老人家说，因为"人绝艺亡"，技艺流失得太快。农民那块田地可能还能保留一段时间，但是人一死，记忆就没有了，在迫不得已的情况之下，必须先来保护"非遗"。我们国家农业农村部从2013 年开始进行中国农业文化遗产的审批工作，到目前为止已经有 5

批118项农业文化遗产被列入保护名录。

农业文化遗产对我要进行的乡村建设来说，具有一种文化干预的性质。如果某地有一个世界级的名号，有一个国家级的名号，它就会给老百姓带来一种家乡认同的信心，他们会觉得老祖宗留下的东西是一笔财富，是在这几百年甚至上千年的流传过程中，存续下来的生存智慧，是我们要呵护珍爱的宝藏。农业文化遗产和村落又是紧密连接在一起的，没有村落，也就没有乡土社会了。在那些激进的城镇化者的头脑中，村落是落后的象征，所以要把它干掉。但事实上，村落不是一个简单的由砖和瓦叠加在一起的聚落空间，而是经由生活在这里的祖祖辈辈的人，世代累积的情感、文化和意义体系。你别小看村口那棵树，那棵树上的鸟窝是几代人的记忆，那是小孩子们爬上爬下快乐玩耍之所。那里有祖上的记忆，所以才能够转换成为老百姓家乡认同的情感依据。我们能不能把这些文化和记忆体系转换成可以操作的文化符号，继而让老百姓充分地认知这些乡愁的栖息之所？如果没有了它，乡村留着还有什么意义？

正是带着这样的心愿，2014年6月，我带着学生来到了陕北的佳县泥河沟村，从此跟这个村子结下了不解之缘，以至于当地的一个文化人说："孙老师你前辈子一定在这里欠下了太多，所以这辈子你必须来还了！"泥河沟的近旁是我们的母亲河，黄河的对岸是山西省临县。这是晋陕大峡谷的所在地，风景是很美的，但贫困却长期困扰着这里的百姓。2014年我们进村的时候，这个隶属于中国14个特困片区的小村子共有213户806人，常年在村的有158人，60岁以上的有111人，这是一个典型的老人村落。村庄的周围就是全球重要农业文化遗产——36亩古枣园，这里有1100百多棵枣树，年龄最长者1300多岁。我们怎么来看待这样一个拥有着丰富文化资源的贫困村落呢，如何来破解它的贫困之根？这是我在这里工作时思考的主要问题。所以，跟教育实验相对应，这里是用文化干预的方式撬动乡村建设的另一个实践。

我和学生刚来到这里的时候，因为听不大懂当地人讲的陕北话，看到的也不过是破败的窑洞，他们自然会追问，这里值得来吗？这里的古枣园被评为全球遗产之后，我就和学生说，那儿有 1300 年树龄的枣树，枣树是人工培植的，那得有多少丰富的资料，我们看看那里的文化智慧有多少。可是去了之后，令我们非常失望，翻阅县志和地方史料，没有超过 300 字的文字记载，这样的地方还能做研究吗？我的学生跟我过去之后就问："这里只有河神庙、龙王庙和观音庙，其他也没啥，我们还留下做研究吗？"我说："你没有看出来更多，那是因为缺乏慧眼，缺乏专业素养。如果能够在平淡的日常中发现那些为别人所不能看到的文化特质，那才叫作训练有素之人。"我们在那里前前后后工作了三年半的时间，我驻村 76 天，我的学生们因为毕业一拨又进来几个，所以他们在那里也能住 50 天左右。在这里我就是希望通过文化干预的方式，通过老物件、老照片去收集他们的生活记忆，为这个没有文字记载的村落，存留一份属于他们的定格的历史，所以编撰村落文化志是我最先设定的目标。但是在做的过程中，我们发现老人们的讲述有声有色，那里有心酸、泪水，也有欢乐。这条黄河带给他们灾难，也带给他们幸福。因此，专门为村民做一本口述史也就列入了工作的日程。

我国农业农村部国际合作司有一位领导问我："孙老师，那么多农业文化遗产地，你为什么跑到陕北，而且一去就出不来呢？"我说有一个原因，那就是我上大学的时候，正值路遥的《平凡的世界》第一部出版。陕北对我来说不仅仅有艺术作品呈现给我们的地域风情，更重要的是那里有我喜欢的少安和少平。当我和这里的年轻人座谈的时候，就笃定他们一定是泥河沟的优秀分子。如果没有这样的信任、信念，在乡村工作是坚持不下去的。

在泥河沟工作的日子，村里的老人走进了我的生活。他们的县委书记都很惊讶地问："孙老师到底是干什么的？你是大学老师吗？你怎么可以记住村里几乎所有人的名字？"我说这就是我们的专业训练，要把别人放在心上！在那调研的日子里，我不仅仅能记住村里老人的名字，甚至连他的祖宗三代、他儿子在哪儿打工我都清楚。去采访的时候，每个人的故事都会让你跟他一起落泪，这样过心又过脑的日子，你会把他们忘掉吗？在那本 50 万字的口述史中，每一个人的故事都足以让我讲上半小时、一小时。怎么能够让农民在和你一起工作的过程中，觉得他不是遗产的旁观者，而是积极的参与者呢？必须得唤起他们讲述的热情，唤起他们关注家乡发展的热情。为此，我们专门举办了 3 届泥河沟大讲堂，举办了 3 次全球重要农业文化遗产周年庆典晚会。每逢这样欢乐的时刻，村里人都会积极到场，在外打工的年轻人也专程归来。82 岁的武子勤老人大字不识，但是能现场创作快板，看到什么就能唱出什么。对于沉寂了多年的村落来说，这样的日子令村民兴奋得难以入睡！

很多人疑惑我们的泥河沟大讲堂到底讲什么，讲今天的乡村建设吗？讲泥河沟的垃圾谁来收拾；讲泥河沟破败的窑洞怎么利用；讲泥河沟作为全球农业文化遗产地，当别人来村里观光的时候，你应该报以怎样的微笑。此外，还专门有一个建筑设计师团队，在那给他们讲厕所为什么这样设计，讲昔日的小学为什么这样重修。所以，在大讲堂开讲时有不少在外打工的人都回来了，老人家很早就在那里等着，一个又一个的夜晚，不论冬夏，过得都如此充盈。

2018 年 6 月 15—17 日在那里又开了 3 天的大讲堂，与前面的调研不同，我的学生们都毕业了，我成了光杆司令。但是县里说："今年有枣花节，能不能请你再来做大讲堂？"我就去给农民开大讲堂讲课了。没想到的是，两辆大巴拉来了上百号人，据说有省城西安的，有榆林的，还有江苏扬州对口扶贫的，都来听我的大讲堂。我感到如此荣耀，这是不曾享受过的待遇。那么多的农民听我讲课的感觉，其他教授难以体会得到，但是我体会到了。在这里和我的 18 位学生联手，与村民共同完成了 3 本厚重的书，有口述史《村史留痕》和文化志《枣缘社会》；为了让老百姓能看懂，我们还专门设计了一本影像集《乡村记忆》，在这里他们可以看到自己的形象，看到自己爷爷奶奶的形象，这本身就是一种唤醒乡村记忆的内生性力量。所以我才说这是乡村发展不可或缺的一种精神特质，从此这个陕北村落里拥有了。

在做这项工作的过程中，我们感受到一个又一个生命的存在，搜集了他们身上所携带的几十年的生活记忆。黄河的记忆，那沟沟坎坎的湾塌坡峁梁的记忆，每一种地形都带着他们祖祖辈辈对生活环境的神奇想象。泥河沟村一共有一百四十多个地名，每个地名只要你提及，村民的反应就宛如那是他自家的宝贝一样。今天生活在乡村的人，有几个还知道自己家乡的地名故事，那是祖先们留给子孙最直观的财富。在这里，有过很多的瞬间让我意识到，人，必须在乡村振兴当中被重新发现，乡村自身存在的力量也需要外部力量去唤醒。所以，在这个时代里，知识分子、一介书生的能力完全能够得到淋漓尽致的发挥。

2018 年 2 月 3 日，泥河沟村所在乡镇的党委书记和镇长专程到北京来，到我家里说："教授，你在泥河沟工作这么长时间，现在村里确实比原来好多了，但是老百姓的兜里还是空的。"那一刻我其实挺伤感。这是在质疑我，意思是说："教授你在这里的工作确实做了不少，但是你却没有告诉我们怎么来赚钱啊！"我说："如果我既能够挖掘村落文化，又能让老百姓赚钱，那还是我吗？县委书记干什么？那么多企业家干什么呢？"谈话间我说："如晖书记、小军镇长，你们应该知道，我在这里带着我的学生工作了三年半的时间，其实做的那些工作在哪儿呢？就比如我家住的这栋楼有 18 层，我们做的是打地基的工作，上边之所以能盖 18 层，是源于稳固的地基。这种文化资源的挖掘，如果你们能够利用好，就是乡村致富的宝藏。那 36 亩的古枣园，就是咱村的聚宝盆，你们会利用它吗？从哪里利用它？这是考验我们地方官，考验我们村民智慧的时候，这哪里是一个教授可以包打天下的呢？"当然我和那里的乡镇干部、县里的干部都相处得非常好，泥河沟也在他们的努力下，每天都在发生着变化。但是这一个案例告诉我们的一个事实是，我们做的是文化挖掘的工作，可能不会像产业振兴那样一下子给村庄带来几百万元、几千万元，它所产生的效益是柔性的，也恰恰因为它是柔性的，所以它是具有弹性的，它所能发挥的社会效应绝对又是刚性的。这就是一个做民间文化研究者应该具有的自信。因为有这份自信，我们才觉得从事这个专业是可以为乡村实实在在做贡献的。这是我要讲的第二个案例，就是通过文化干预来影响乡村，去撬动乡村建设的一个实验。

我现在全心投入的一项工作是在河北涉县王金庄村开展的。这个村听起来是 1 个村，实际上包括 5 个行政村。别的地方都是一个行政村包括多个自然村，可是这里是 1 个自然村包括 5 个行政村，它们紧紧地连在一起，共有 4525 人，所以这个村不缺人气。这里的石堰梯田被称为"中国第二万里长城"，太行山的石头垒成的石堰连在一起有 0.6 万公里。而梯田上面的土层不过是长年累积的那点土，最薄处只有 20 厘米。就是在这样的条件下，村民世代生活了 700 多年，其在贫瘠的土地上挖掘、寻找适应自然的生存智慧，是我们研究的重点。

我从 2015 年 5 月来到这里，经过 5 年的持续调研，要讲的体验很多，但我只想说乡村振兴必须依靠内在组织的力量。涉县有一个非常有作为的地方官员，是他们农业农村局的副局长贺献林，是一个学者型的官员。他协助当地的老百姓成立了"涉县旱作梯田保护与利用协会"，把 5 个村子的 72 位村民组织在一起。这个村子一共有 24 条大沟，120 条小沟，399 个地名，其地貌景观令人流连忘返。那里的老农厉害，他们用腿丈量梯田和用仪器测的结果一模一样，简直令我不敢相信。因为村里的 24 条大沟分属于 5 个行政村，所以他们彼此并不太熟悉其他村的地名。经过梯田协会的集体普查，他们开始热爱这片既熟悉又陌生的土地，不论是年老的还是年轻的。有位 70 多岁的老人还说，走每一块地都很有感触，能够想象在寒冬腊月的时候，他们的祖先修建梯田该有多么的艰辛不易。年轻人也发现这块土地不能撂荒，因为那是老祖宗留给他们的遗产。所以王金庄的行动让我们感受到乡村的内生性的力量。

去年夏天，我带我们学校 28 位青年学子组成的研习营，在哈尼梯田的绿春县瓦那村做调研。哈尼梯田的范围包括 4 个县，绿春县是其中之一。瓦那村有 9 个寨子，在籍人口 4905 人，相当于一个乡镇的规模。我们在那里生活了 22 天，让我对曾经想象的哈尼人，对那些千年守望的祖祖辈辈的农民有了太多的认识。他们生活得好吗？作为观光客，我们看他们生活在云端，那的确是非常漂亮的。但一位哈尼老哥跟我说："我们是农民，我们说汉话都很费劲，我们活得好吗？"我说："你们现在活得很好啊！"他说："不好吧！我们从农历的三月开始，一直到十月，没有一天休息，每天天没亮就要上山采茶，7 个月的时间里，每天干到晚上十一二点钟才能把茶叶加工好，而后晾好。从十一月开始，我们又有一个月的时间在烤桉油，没日没夜地干，就这样做。在这期间，我们还要去犁地，还要去插秧，还要去收割，还要去打谷。孙老师，这样活着有什么意思吗，我们的日子真的像你们说得那么好吗？"

我想说的是，他们明知道生活如此艰辛，但还要活着，还要守护那片土地。在我们眼里，哈尼梯田是绝美的农业景观，但是你知道吗，家里有 4 丘梯田，没有劳动力呀，每年到耕田的时候，要去雇人，雇牛，一丘一个工，一天就要 250 块钱，因为只雇牛不雇人是不行的，牛只听主人的话，4 丘梯田 1000 块钱就没有了。等到收割稻子的时候，还要请 4 个工，600 块钱又没有了。然而，这 4 丘梯田的收成，总共也不值这 1600 块钱。但是即便如此，他们因为不忍心看到祖上的梯田荒废，也不得不在那里坚守。我们享誉世界的农业景观靠着这样的农人一辈辈地坚守着。我们去的时候，70 多岁的老人依然在田里干活。这就是他们的生活。因为梯田都是在山沟沟底和斜坡，每年打完稻谷之后，还要靠人力把七八十斤一袋的稻谷背到平地，每一趟要走 3 公里左右，无论男女都要这样。我在那里割了半天的稻，累得不行，可这就是那里老百姓长年累月要过的日子啊！

听了他的这些话，目睹他们的生活状态，我一下子明白了，过去有人批评少数民族不可教化，给他们点扶贫的钱，全都喝酒了，吃肉了。他们为什么这样？那一刻我理解了什么叫"苦中作乐"。明天还能活着吗？不知道。活着每天比牛马还辛苦，这日子值得过吗，这世间值得活吗？这无言以对的痛楚感让我反复追问，我们能为他们做什么呢？今天的哈尼梯田谁在守护？"80 后"凤毛麟角；"90 后"听而不闻；"00 后"根本没有去过那块梯田。梯田的未来不值得我们担忧吗？在这里我体会了哈尼人的生活，我也理解了梯田存续千年的密码。

五　人生镜像：田野工作的瞬间感悟

接下来再讲一讲田野工作的滋味，特别是一些老人带给我的所思所想，这里有欢乐也有苦楚。

陕北泥河沟村的武忠兴，今年有 85 岁了。这位老人家一辈子单身，他外貌最大的特点是下颚处有一个大瘤子。他在年轻的时候是村里的能工巧匠，因为要跟黄河和车会沟抢土地，村民就要修堤坝，否则大水一发，土地就被冲走了。据说他带领村民凭经验修的堤坝，比水利工程师设计修建的堤坝还要牢固。所以我们调查村里的灌溉系统时，专门去和这位老人见面，向他讨教。我 2014 年和 2015 年去村里都见过他，只是匆匆一面，老人不大爱说话。2016 年 1 月 9 日，当我们再次来到村庄调研的时候，才与这位老人有了正式的接触。此次约老人家带我们看村里的水利工程，讲讲顺水坝和漫水桥修建时的往事，也是我们调研计划中的重要安排。说来也巧，在我们去往后河的路上，与老人偶遇。他穿一件羽绒服，脚下是单布鞋。当我把夏天给他拍摄的照片拿给他看时，他的脸上划过一丝微笑。他的耳朵背，大声讲话才能听到。我就趴在他的耳朵旁说，请他带我们去看看村里的水利工程。在接下来的一个半小时里，我们走近了这位孤独的长者。一路上，20 世纪 90 年代从村里走出去的大学生武琳为我们介绍了每一项工程的原理，以及她所知道的旧事片段。与之相比，忠兴老人全程也没说几句话，只是面带微笑地看着大家。此时，泥河沟有零下 10℃ 左右，年轻人都觉得有些挺不住了，但老人依然平静地与我们同行。其中有一个细节令我们难以忘怀，老人耳背，为了听清大家说话，他会不时地把羽绒服的帽子拉下来。看着他那光光的头，我担心他受凉，就一次次地为他戴上帽子，而后趴在他的耳旁说话。就这么一个不断重复的动作，让静默无语的老人向我们敞开了心扉。也许开始的时候，老人家是为了听到别人的声音，但后来不是，而是在享受这一过程。在他的生命体验里，很少有人如此表达关切，尤其是在一个寒冷的冬日。我想老人一次又一次地把自己的帽子拽下的时候，他很希望有一个年轻人再一次给他戴上，所以当我趴在他的耳边跟他大声说话的时候，那双穿着片鞋的脚可能是冰冷的，但老人的心里一定是暖暖的。

　　第二天在开章小学专门采访老人家的时候，我的学生说："爷爷满眼寻找的是老师！您去我们那个屋子取东西时，他几乎忘了我们问他啥，一直在盯着您，直到您离开。"我们没有为老人做任何事，仅仅是一个细微的动作，以晚辈的姿态与老人进行了短暂的肢体和只言片语的交流，却让我们的田野工作有了温度。通过这样的案例，我告诉学生，当你们走到乡村的时候，你不经意的一个动作可能会给老人的内心带来温暖。走进乡村，我们在多大的层面上去体味如此这般的生活细节，这样的故事又能给我们自己的学术研究带来怎样的启示呢？2018年我做大讲堂之后和老人家的合影，对我来说是有特殊记忆的，它不是普普通通的一张照片，这里包含着两个生命在一个时间点上的契合。

河北涉县王金庄村的李爱勤，她才60岁出头，但是在乡村已经算是老人了。这是我的学生郭天禹讲给我的一个故事，他们常年跟我下乡，知道哪些瞬间是最值得记录、最难以忘怀的。我的这位学生目前在德国读博士，去年7月参加了我们农大的青年学子研习营，总共有50位老师和学生到王金庄村调研12天。在那里做分享的时候，郭天禹给我讲了他采访一位老人的经历。他说："老师，我们住在亮红家，亮红的婆婆叫李爱勤，60岁，没念过书，不识字。我要采访她，大娘就是不肯。我问她叫什么名字，大娘说她叫李爱勤。"可是，"爱勤"怎么写，老人家不知道。于是他请大娘把身份证拿给他看一下。我的学生看完之后说："大娘啊，你的名字好有讲究啊，你知道吗，爱是爱家的爱，是爱国的爱；勤，是勤快的勤，是勤劳的勤。"老人满脸疑惑地看着他。天禹说："大娘，你不懂吗？勤快，你每天早晨5点下地去摘花椒是勤快；每天6点打豆面、给我们做豆面汤是勤快；8点送孙子上学也是勤快。你的名字是爱国、爱家，既勤快又勤劳啊！"当老人听他讲到这里的时候，突然间捂住自己的脸，失声地哭了，而后说："我已经活了60岁，却不知道我的名字还有这么多的意思。"我的学生把这件事讲给我的时候，非常激动。他说："老师，你在河南创办乡村社区大学，让那些不识字的老人在六七十岁的时候学会写自己的名字，是一件多么有意义的工作啊！今天的乡村老人都需要这样的社区大学，他们的生命也应该是这样的。"

2018年5月，《中国慈善家》杂志的记者张霞要采访我，她看了我们为泥河沟村老百姓所做的口述史之后给我写了一封长长的信。她说她出生在山东沂蒙山区的一个小山村，爷爷奶奶和爸爸妈妈还生活在那里。她从中学开始住校，也曾一度厌恨家乡的贫穷、闭塞，也因此在情感上始终与故乡割裂。她很羡慕那些因我们而留有故事的村民，如果她的爷爷奶奶辈，那些以前不被重视的人，也能有这样讲述的机会，好像他们的一生也被温柔对待过了。我当时看这位记者给我发的微信时，由衷感动。一个年轻人能体会到这一点很是不易。的确，又有多少生命被温柔对待过呢？今天又有多少年轻的学者和学子愿意来体味乡村带给我们的那一份特别的情感体验？

再补充几句，我在云南宁蒗彝族自治县（被称为小凉山地区），调查过一个摩梭人村落的故事。2018年、2019年我曾两度到这个村子，主要是希望能够帮助那些一直服务乡村的伙伴，让他们知道如何调查中国传统村落。但是这里给我造成的心灵冲击和深度的影响，简直比我的伙伴们都要多得多。这里是金沙江支流无量河畔的一个小寨子，是加泽行政村的一个自然村，一共有84户人家，其中82户是摩梭人，有三大姓。在这个小村子，村民天天诵《东巴经》，各类仪式全年有400多场。在这个时代还有这样的村落简直令人难以置信！走在那里我常有穿越历史之感，好像跨越了几千年，过往被描述的生存形态依然展现在我的面前。很庆幸的是，我在那里和一个村子里的9位东巴都有过接触，还和两位超度仪式时跳舞的侠武有过亲密的交谈。我们今年会完成一本村庄的文化志及9位东巴的口述史。做这些事情干嘛？存留东巴文化，关注乡村发展。我们真是非常的幸运，2017年7月和2019年1月到村寨都赶上了转山节。

我在村里调研的期间，每天早晨起得比较早，独自上山，去远眺无量河。一天，当我走到半截的时候，看到老村长石农布正围着一棵树转来转去。我说："老村长，你在干什么呀？"他回答说："孙老师，我在看梅花，梅花马上就要开放了，我们油米村的春天要到了。"那一刻间，我竟不知如何回应，只是站在远处看着那些吐露新芽的梅花，看着这位欣赏梅花的老人。我们觉得乡村人粗枝大叶，好像没有机会去感受生活、感受美，但事实上不是这样的。我们天天从树旁经过，却没有留意。我们认为生活在穷乡僻壤里的农民对生活缺乏感知，用太多的所谓文化人的眼光看我们自己，却不晓得对于大自然的这份知觉，对于生命的感知，没有谁比他们更加敏感。当老村长轻松地说出"油米村的春天到了"的那一刻间，真的令我心醉，也令我心碎！生活如此艰难，但是他们从来没有放弃对美的追求。就在他们村子，我看到了这令我感动的一幕。

我们再来看看这几位东巴。这张照片是一位老东巴和他"80 后"的儿子小东巴。这些年轻的东巴，他们为了能够传习以家族为载体的东巴文化，从小很少去读汉文，因为一旦读了汉文就难以学好东巴文了。他们过着同时代年轻人无法想象的生活，却又无法游离于这个时代。今天年轻人能够享受到的那份快乐，都与他们无缘。你会觉得那是宗教迷信吗？如果你走近他们的生活，一定不会这样看他们。因为他们自己过着清贫的生活，却安慰着这里的每一个家庭、每一个人的心，这是我没有想到的。所以当我面对老东巴的时候，我不得不说"您是我看到的平凡的英雄主义者"这是法国思想家罗曼·罗兰说的。他们"在看透生活的本质之后，依然热爱生活"，我们有吗？如今太多生活在城市里的人，可能忙于顾及自己的那一点感受，又在多大的层面上可以为别人去做点事，去积累一些这样的功德呢？

如是这般的田野工作，几乎涵盖了我 6 年间走过的每一个地方，也夹杂着我那么多难以名状的情感。我每一年在泥河沟村，不论冬夏，晚上都会坐在外边，去看漫天的星斗，去看窑洞里温暖的灯光。我走过的地方似乎都告诉我，在这个时代没有哪一个乡村不需要我，千万不要觉得自己是乡土社会里的旁观者，一介书生也可以为乡村去做一点力所能及的事情。我在和老东巴一次又一次的谈话之后，我知道他心心念念在想着什么。那一刻，其实跨越了身份、跨越了空间阻隔的，人和人之间原本就应该有的那份心灵的交流，一直在延续着。此时的老东巴在想什么呢？他的神情里有对世人的悲悯，更有对民族文化的忧虑。

六　岁月回首：三师身份的切换合一

回首我这么多年的田野工作，特别是最近6年的田野工作，我认为我一刻也没有忘记我的研究目的，那就是我要为乡村寻找一种内生性的力量。我一刻也没有忘记中国的未来发展离不开乡村，同时更没有忘记我自己的本分。我曾经讲过，二十几年的田野工作，只为了我的课堂变得丰满，能让学生在我的讲述中知道一个被他老师体验过的真实的乡村和那些乡村里多半被忽视的村民的生存状态。

我也是在去年的一次讲座中突然有一份感悟，认为自己现在拥有这三个身份。第一个身份跟老东巴一样是"巫师"。巫师是干什么的？是招魂的。我们的乡土文化之魂已渐行渐远。在这种情形之下，首先要做一个"巫师"去为乡村招魂。一个人的力量够吗？不够。我要让我的学生们成为"小巫师"，要让村民们成为自己的"巫师"。只有这样，乡村的文化之魂才能够被唤回，失落的记忆才能不断被唤醒。但被招魂之后就宛如大病初愈，所以我肩负的第二个身份是医师，要像医生一样要去疗愈它的伤痛，要为乡村的未来打下基础。当一个人拥有了魂识，当他身上的疾病被治愈之后，接下来就要为他重新灌输一种生活的能量。因此，我必须回归我的第三个也是最原初身份，那就是教师。要让我们这一代人、下一代的年轻人都能够拥有热爱生活的能力。这三种身份在我一次又一次赶赴乡村中切换，在这个过程中也让我看到自身存在的意义和价值。

如果说田野工作真的可以唤醒我们的生命感知，可以促发改变，在我看来，近 6 年来的田野工作或者叫行动研究，不仅仅带来的是我生命的变革，也影响着我的学生们对乡村的情感，更带来了乡土社会的变革。在乡村建设这条路上，我们不必着急，就从一个人开始，继而影响一个家庭，影响周遭，最终一定是整个乡土社会的深刻变革。

　　我的田野故事还在延续，期待有你同行！

民俗地图法：其概观与实践①

何　彬

（南京农业大学人文与社会发展学院教授）

　　感谢母校请我回来讲课，我也很高兴有这个机会。我带着实践民俗学的感想和收获回报母校。民俗地图的实践研究是我一直比较偏爱的，它曾经帮助我走出写博士论文的瓶颈。我也觉得它是值得参考的。这不是崇洋媚外，也不是照搬照抄；是我运用和理解之后的体会，是吸取并高度消化了的外来理论、方法；是我很希望学界同人们一起吸收和运用的一种方法。

　　我在很多地方讲课的时候会讲到，其实这个民俗地图并不是起源于日本，而是六七十年前在欧洲兴起的。我跟波兰两个国立大学的几位老师合作研究欧洲的民俗学，如果没有新冠肺炎疫情，2020 年 3 月我就应该去看波兰的民俗地图图库的，因为新冠肺炎疫情没有去。所以这次介绍的主要还是以日本事例为主。

　　我比较强调民俗地图的功能，它现在已经能够作为传统文化分布或者非遗保存的一个方法。它的缘起是地理学科的一般地图，在人文地理学上用得很多，在历史研究方面好像也很多。民俗地图是我在日

---

　　① 本文是 2020 年 10 月 16 日作者在北京师范大学中国社会管理研究院/社会学院民俗学专业所做讲座的录音整理稿。

本留学学习民俗学的时候学到的。我在日本留学的时候，它最热的一段时间已经过了，现在已经都做得很稳定，到了细水长流地保存和运用的阶段。2015年中国编辑出版了第一本省级民俗地图分布集。今天我想讲的主线，是民俗地图从欧洲到日本再到中国，是介绍保存文化或显示文化或者帮助你研究文化的一种方式。

先讲一下日本民俗学界各种类型的学者。先说柳田国男。不是说讲日本民俗学就一定要讲到柳田国男，而是因为他的论著涉及民俗地图，他是第一幅日本民俗地图的制作者。顺便介绍一下，其实在日本民俗学界并不只有柳田国男，柳田民俗学是主流派，此外还有折口（信夫）民俗学等，还有很多有名的民俗学者，他们形成自己的民俗学研究范式，在自己的研究项目范围内做了很深、很好的工作。

第一幅民俗地图出现在柳田国男的论文里，该论文发表在当时日本的人类学刊物上。他除了提出著名的周圈论理论之外，还主导了几次全国性民俗普查，并记录下大量当时的民俗生活状态，他在整理分类了调查记录卡片之后，又出版发行了《山村调查》《海村调查》和《渔村离岛调查》，还编辑出版了《民俗语汇》5册等。实际上，比起柳田理论，他参与的民俗调查和民俗资料的整理、出版的量更大、更多。三十几卷的柳田国男全集的论文目录可以说明这一点。

再讲南方熊楠，他是非常有名的。他不仅是民俗学者，还是天文学者、人类学者、考古学者、生物学者等。他研究、采集的植物，发现的新的蘑菇菌种是非常有名的。他做的民俗学研究受到柳田国男的称赞，但是后来他们之间有了距离，分头独立地做研究。

折口信夫是民俗学史上很著名的学者，在日本文学史上也非常有名。在日本国学院大学讲授的课程，被叫作折口民俗学或者折口文学。他在二十几岁的时候，给柳田国男主办的乡土研究投稿，柳田国男给他回信，他们对民俗的认识非常契合，由此他就开始关注民俗学。他去冲绳调研时发现，在当地，人们信仰从遥远的海那边来的神，就是来访神，这成为折口民俗学说的重要起点。后来他独立于民俗学主流派之外。

涩泽敬三是财阀出身，他做过日本政府的大藏大臣和日本银行的总裁。他的祖父涩泽荣一，对日本现代经济发展贡献很大，3 年后日本一万日元纸币的头像要换成他的相片。涩泽敬三年轻时对民族学、民俗学感兴趣，出资在自己家办了一个阁楼博物馆，把一些动植物标本、化石、乡土玩具和有关民俗的器物都收集起来。他很喜欢钓鱼，把渔具、渔船，包括周边国家的照片或实物也都集中到一处。阁楼博物馆最后以日本常民文化研究所的形式并入神奈川大学。他积极参与并资助学会的组织和科研活动，曾担任九学会（人类学、民俗学、地理学、宗教学、考古学、心理学、语言学、社会学、民族学）联合会长并资助人类学和民俗学学者的调研活动和学术组织的建构，还极为关注博物馆事业，关注生活物品的大量收集、保存和陈列。在他死后 50 年，也就是 2013 年的时候他被重新评价，而且评价非常高。评价他对物质文化遗产、有形物质文化的保护和研究，包括对图片、照片、绘图和实物的收集整理和出版等。

宫本常一作为民俗学者的最大特征，是走遍全国，用脚丈量土地记述各地的社会、经济状况和日常生活文化。他的视野是超越民俗学的，记录下的大部分是当时平民的生活。他的书畅销几十年，最著名的一本是《被忘却的日本人》。他的调研开辟了有特色的民俗学形态，他的著述非常多，《农渔村采访录》14 本，《离岛论集》6 本，《宫本常一演讲选集》8 卷，《宫本常一著作集》50 卷，等等。他未发表的文字还有很多，在他死后，人们计划续写《宫本常一著作集》。他留下的以文字为载体的材料非常多，但是他没有像柳田那样提出著名的理论，在民俗理论上可能不算是著名人物。但是大家都以为他是民俗学的巨人，因为他忠实记述了当时的生活和历史，他的各种调查报告大多被作为当地或该行业的重要参考，给日本社会留下一笔巨大的民俗调查、研究的遗产。对他的高度评价及其著作的常年畅销，说明社会也需要这样的民俗学者。

再介绍一位我非常敬佩的野本宽一教授。我跟他是通过几个会议认识的，老人家非常好。他是"文化功劳者"，相当于享受政府津贴的人员，每年政府会评出几个人，评出来之后，他就可以一辈子享受政府津贴。他的著名理论是什么？他最著名的一句话就叫作"从第一手资料组合理论"，就是不要想着我要制造理论，为了提出理论我要怎么做，要去关注并收集记述第一手民俗资料，从中发现理论。野本教授单著和共著已经有 64 本，编著和论文就无数了。他开启了环境民俗学、生态民俗学等新的研究视野，也是走遍各地民俗区域，用文字记录和表述民俗文化的著名民俗学者。

对上面介绍的这些日本民俗学名人来说，有名和无名实际上是一种外界因素，他们的努力目标就是脚踏实地调查、记录和分析民俗资料，为后世留下一大批学术资产，从中拿出一部分做自己的研究，研究不完的就放在那里供别人去研究。这给我一个很大的启发，就是创造理论固然很重要，但理论不是每个人都能随时随地创造出来的。有时候资料和研究还没有积累到那个阶段，还不足以实现理论性的飞跃，那么我们就扎扎实实地做好资料整理和分析这一部分，如果到最后也没有建树很大的理论，那么你扎扎实实积累和保存的这批资料，就是为别人留下的财产，后人还可以继续做研究，继续去提升理论。就类似于你有一个菜田，你认认真真地栽培出一大批菜，但是你吃不了，或者你没有这么大的消化能力，或者你不在了，那别人继续利用这些菜，别人可以做出更好的菜肴，也可以加工成其他的东西。那么我们把菜田做好，也是一种贡献。

石毛直道先生是著名的日本人类学者和食文化研究者，他在两年前讲日本食文化研究史的时候，指出日本食文化的研究是从日本民俗学科开始的。他指出柳田等人在 20 个世纪 40 年代做普查式民俗调查时就记录下大量日本食文化的文字资料，编辑出版了关于食生活类的资料集等。日本的人类学界对日本民俗学、对柳田等民俗学者们的评价，无论是从积累保存下食文化资料角度还是从对上述那些著名民俗学者的功绩评价角度来看，都认为他们做田野作业非常之细，资料收集和后期资料分类很出色。日本民俗学很有名的坪井洋文先生，去世比较早，他和福田先生一起邀请我去他所在的历史民俗博物馆附设的文部省的大学院留学，他是当时的民俗研究部部长，我去后不到一年他就因病走了，很可惜。他曾经说过，日本民俗学没有很大的理论贡献，但是它为社会、为整个学界留下了数量庞大的资料，而且记述手法和观察手段非常科学。实际上也确实如此。我想强调的是，日本民俗学的资料手法，很注重调查和资料的后期处理，这确实是它的主要特征。

为什么要讲这么多日本民俗学者呢？我今天是来讲民俗地图的，而丰厚的民俗资料是制作民俗地图的重要基础。制作民俗地图需要我们像上面那些民俗学者那样，扎扎实实地做好民俗资料的收集作业，需要这样的学术大环境和坚实的文献数据基础。

同时要声明一下，民俗地图法是一个很不错的工具，但不是唯一的工具，更不是万能的工具。因为今天只是一个概述，很多具体的分析和记述载于《民族艺术》，连载了三期，有些具体的分类和技术操作都在里面，请大家看一下。

一　民俗地图起源与发展

好，我们离主题已经走得很远了。关于民俗地图的起源发展，首先它的基本概念就是运用符号和文字表示在地图上，这是地图的定义。然后，我们在地图上不是标记山川水流，或者是行政区划的地名，而是用我们自己规范的符号记述某一民俗事象，或者多个事象，或者这个事象的前后变迁，这样的图就叫做民俗地图，也可以叫做民俗分布图。只标注一种数据的符号叫单项式民俗地图。如果标有多种数据的符号，就叫做复项或多项式民俗地图。

单独把数据标出来，绘图作业就做完了，在一个平面上展示给你那些民俗就是这么分布的。然后你观察这种分布，发现分布的一些倾向或者提出一些疑问，进而追究下去，把这个疑问解决了，就做完了一个小的课题。那么这个地图就是你所运用的一个方法。这个意义上的民俗地图不光是标志民俗的地图，还是一种研究民俗的方法。

这个做法最早出现在德国民俗学界，它起源于地理学性的尝试。德国的 W. 曼哈尔特设想的是在本国和奥地利等周围国家发放有关农耕的问卷请大家回答，把收回的结果标在图上，就可以看出自己国家和周围国家有什么异同。虽然收回的问卷不太多，他也没有立刻把收回的答案标到图上，但是他的想法和做法启示了欧洲民俗学界。于是1907 年德国学者提出了"大德意志民族地理学"的设想。1927 年，也就是 20 年之后，德国民俗学会开始组织编绘德国民俗地图。1928 年，在财政支持下，成立民俗地图的专门机构。1937 年，也就是 10 年之后，出了第一辑。据说以后几十年里面德国民俗学会陆续出版、陆续编撰、陆续修订民俗地图。就是把日常生活记录下来，先把它保存下来，然后看看会从里面看到什么。当时德国的这个绘民俗图的项目在学术振兴会里平行于考古学、地理学等其他重要项目，也是非常重大的一个项目；也就是说从地理学角度去反映文化的方法，得到了国家行政部门的认可。

我们下面看第一份资料，德国最早的 120 张民俗地图分作 36 个种类，每一个种类用几幅图来表现。它的具体题目在这里，你这么一看就会发现它其实是很日常的，谁来照看婴儿、放置捆扎粮食的架子是什么样的、丰收节日的名称是什么。但实际上这和欧洲民俗学的成立和发展有关，他们发现在高度产业化之后的欧洲，大家没有蜡烛台了，没有自己独特的民族服装了，没有装粮食或运输用的小工具了，都是统一地用电灯、用电动的东西，他们觉得村和村之间的区别特色都没有了，有了危机感，于是开始记录每个村落的生活。这个记录，除了记述文字和照片外，还有民俗地图。德国的这个大课题，由全国主要大学作为具体实施承办单位，当时德国的各个州都设置了制作基地，有些只是几个人的调查室。虽然规模不大，但是设置了民俗地图调查专职人员，具有很重要的历史意义。大学承担民俗地图制作，奠定了其后的民俗地图研究的基础，这也是大学教员和研究者参与地图制作的学术意义。

在那之后，20 世纪 40 年代末，俄国也开始做民俗地图，法国、葡萄牙、西班牙、意大利等也受德国的影响，仿照德国民俗地图方式去做本国民俗地图。他们会定期召开会议，交流经验，报告做了什么，怎么做的。最近有没有开会我不知道，但是各个国家至少还是在细水长流，慢慢在做，在修改更新，然后还在把民俗地图电子化，这是欧洲的一个概况。

在阅读相关文献之后，我从德国民俗地图制作史里总结出两个特征：一是民俗地图制作的调查和编绘工作是大型工程式的；二是地图制作后及时跟进对民俗地图制作的分析、讨论，建构相关理论。当时有一批主要研究民俗地图的学者。

二　日本的民俗地图

日本民俗地图出现得也不是太晚。日本民俗学仿效欧洲，于 20 世纪 30 年代开始出现配有民俗分布地图的论文。柳田国男 30 年代发表的《蜗牛考》论文里的图，被称为"日本第一幅民俗地图"。

20 世纪 50 年代以后，民俗地图已经被普遍用于日本民俗学界一般性的民俗调查记录和论文，在写论文时或做调查之后，很多作者都会把数据缩成一幅图或几幅图来表示，便于大家平面式地、一目了然地看。

在 20 世纪 50 年代柳田国男监修的民俗词典最前面附了三张折叠的民俗地图，分别是《海女分布图》《两墓制的分布》《头顶搬运的分布》。日本在民俗字典里附加民俗地图，这种做法不常见，足见日本民俗界当时对民俗图的制作非常重视，而且评价很高。

而后在 20 世纪 60 年代，文化厅策划制作全国的分类民俗地图，一套 10 卷本（如图 1 和图 2 所示）。这套民俗地图由两部分组成：地图和数据。首先把一大张的地图折叠起来放进去，一卷会有几幅或十几幅图。然后文字的一册，是各个地方调查民俗的具体数据。把调查数据变成符号，符号标在地图上变成民俗分布图。把地图和数据两份放在一起构成一卷，任何时候谁想参照都方便。这样你永远可以拿它去理解当时生活中的某一项民俗事象，可以还原它的样貌。这是它的精细之处，就是所谓的处理民俗资料的科学技术所在。但因为当时的技术限制，这套民俗地图从 1969 年出了第一卷之后，2004 年才完成第 10 卷，用了 40 年才做出一套。但是现在运用电子技术就不用这么久，简便多了。

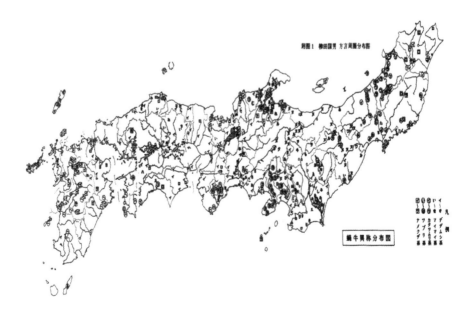

图 1　"日本第一幅民俗地图"，柳田国男：《方言周圈分布图》

图 2　《日本民俗地图》外观

日本还有另外一套大型民俗地图集《都道府县日本民俗分布地图集成》，共 13 本（如图 3 所示）。其中每一本里面收入 4 个县（即我们国家的省），或 3 个县的数据。这套民俗地图集的制作是分头行动式的，以县为单位选择调查项目，在自己境内处置，选择调查地点的多寡不一，因此资料也多少不一。这套民俗地图集叫作民俗分布图，只告诉你什么民俗，存在于哪里。因为各个地区多寡不一，没有统一的规定，那么一般每一个县往往 40 幅到 50 幅图，多的大概有 200 多幅，大概总数有 3000 多幅。那么你想调查了解某一县级地方的历史民俗，可以去翻开它看看（如图 4 和图 5 所示）。

图 3　《都道府县日本民俗分布地图集成》

图4　《都道府县日本民俗分布地图集成》图例

青森县端午习俗分布图

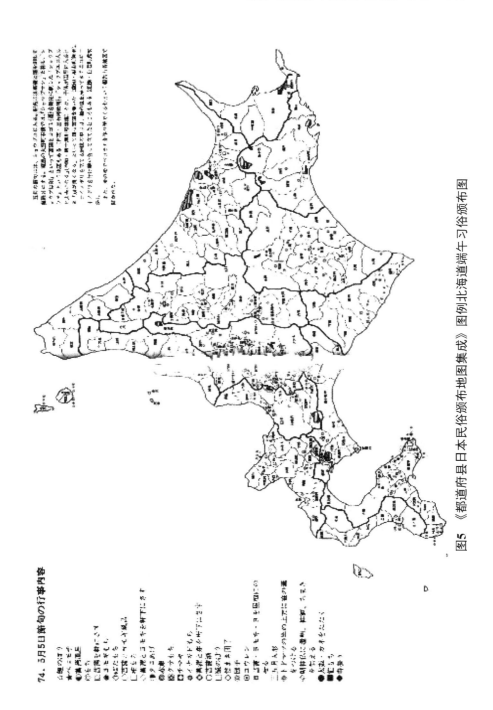

图5 《都道府县日本民俗颁布地图集成》图例北海道道端午习俗颁布图

民俗地图，实际上是从宏观的角度标示那个时代的民俗信息，它是压缩在平面上的，平面上呈现的是当时的空间和时间的信息。这种资料的整理和表现方式为后人认识社会、认识日本文化和历史提供了一种直观的工具。

除了这两大套之外，还有各种小型民俗地图丛书或单册的单项民俗地图，此外还有各种散在的个人制作的单张民俗地图。它提高了学界对日本民俗学的认知度，然后民俗学界本身又提高了对民俗地图的认知度。对于民俗和数据的可视化，现在大家都很认可了。

我印象很深的是我的学生用这个民俗地图的资料去做毕业论文，或者他尝试着把他做的数据去绘成一幅图。中学和小学的老师在布置暑假作业的时候，会说去看看你们家乡的那部分，或者东京都的某个区的民俗志里的民俗地图，去翻开一个，然后看看里边写的什么，对哪个感兴趣，细细解读之后拿它来做暑期作业。研究论文时可以用哪些图作参考资料，外国的日本研究者以民俗地图作为考察那个时代的线索之一。

我在留学读研期间，学了民俗地图的起源和发展。后来导师对我说，如果你觉得这个方法好，其实也可以介绍到中国。这个方法是跟德国学的，后来在日本进一步发展了。用这个方法收集、记述了很多日本社会的民俗资料。

我希望这个方法能够从日本走出来，因为它本来就是从欧洲走过来的。用这个方法为我们的社会科学研究服务，为继承、弘扬传统文化提供一个有效的工具。按我们现在的状况，非遗做到这个阶段，到了注重如何把它整理得系统化，如何保存和提供给社会，如何让数据活化的阶段了。我认为，在我国现状下，应该拓展民俗地图的概念和适用范围，拓展为"文化传承图"，或叫作"非遗传承图"，或者叫作"文化分布图"，这些都可以从民俗地图生发出来。

三 民俗地图的基本概念和类别

好，我们下面接着进入具体讲述。那个民俗地图到底什么样？我们先说一下基本概念。

首先是定义，就是运用各种符号将民俗事象的类型、数量、形态以及它变迁的规律等想说明的东西进行可视化表现，使之平面化、一目了然，是一种无言的表述。民俗地图的载体就是一般性的地图。一般把地图的一些其他的标志都去掉了。它的标示符号不再是那种标山标水的符号，而是用我们的事象和民俗分析的信息或者用数据可视化的标志来标注。数据就直接按照数据标示，信息可以按照自己选定的符号来标示。

那么民俗地图的功能是什么呢？通过民俗地图认识你所想叙述、想认识的对象在空间的实际状态，把散在的事象用浓缩化后简单的方式展现在眼前。通过直接视觉感受这些东西，让烦琐的、深奥的内容一目了然，之后，帮助你去认识和把握它的性质和意义。通过分析符号的倾向表现了什么，这个色彩倾向说明了什么，就能够提取这个民俗地域特性和它本身存在的特性，或者它的变异特性，以便于展开分析和研究。

接下来就是范畴。比如调查之后，把数据标在图上，这个数据体现了什么地方有什么民俗存在，标出来后，一目了然，这样的图是民俗地图标示法范畴，这样标示出的图叫作"记述型民俗地图"。为什么这种文化事象要这样分布，这种分布现象说明什么，读解图的分布倾向或特征之后撰写论文，解释标示显示的文化现象的意义所在，这样的民俗地图就变成一种辅助你研究的工具，这就是民俗地图研究法的范畴。这个范畴的民俗地图叫作"研究型民俗地图"。

关于民俗地图的类别。民俗地图可以有很多种分类。如，按制作、使用目的分类，从具体标示方法分类，依绘制民俗地图或民俗图表依据的资料性质分类，按制作者分类，按制作规模分类，按图示项目多寡分类，单幅图连续图等根据图的数量的分类，等等。下面具体讲解一下。

具体标示法可以有三类，一是点式民俗地图，二是线式民俗地图，三是图表或图像民俗地图。点式，就是用小圆点或三角符号等标示民俗存在的地点。比如一个地方有温泉，就用小温泉符号的点状符号标示法。现在可以图表式或者图像化，把一些小照片直接贴上去。比如馒头用馒头照片标示，窝头用窝头照片标示，一看就知道哪个地方吃馒头，哪个地方吃窝头，这也比较一目了然。这就是图表或图像民俗地图。各式符号可以表达不同的信息，这可以用于表现民俗信息分布图、民俗现状记述图、民俗变迁记述图、民俗行为的时间图等。线式图很少，是把点状分布的符号用线连接构成环状分布，以此显示分布的范围和境界。

按绘制民俗地图或民俗图表依据的资料性质分类，有一次性民俗地图和二次性民俗地图。一次性民俗地图就是根据手里的资料直接绘出来的第一份图。如果进一步用图表阐释，一次性图则构成二次性民俗地图。或者运用他人的一次性地图构建新的表述内容的图，也叫二次性民俗地图。就是说大家相辅相成，我做了这部分收集，你就拿它做研究，做完研究再绘图，别人看过你的图提出一个新的角度，在他的认识里把这些数据再次绘图重新阐述。

按图示项目多寡分类的有一元或多元民俗地图。一幅民俗地图内所标示的是单项内容或多项内容，就可以做一元化或多元化分类。具体有四类，一是单项民俗地图，二是复项民俗地图，三是单项多元民俗地图，四是复项多元民俗地图。

上面介绍德国和日本的事例，也许会给人一个印象，民俗地图要大规模、系统地制作成套的才可以，其实不然。在个人研究论文里也有很多成功运用的事例，论文作者不以制作地图为最终目的，通过一幅或几幅图，阐明自己要论述的目的。

其实如果我们每个人都做一些小的图，然后你可以用图给别人提示出问题所在，也提示自己如何深化认识问题，这就是民俗地图法，那图就自然而然地成为一个小小的帮助你的工具。你要想自己制作一个什么图，选其中一个小类别就行，选择合适你解决或说明问题的类型，制作一幅图或者一两幅图可以说明问题就可以了。

四　民俗地图事例

（一）记述型民俗地图事例

记述型民俗地图在欧洲是非常多的。在日本，大多是做某个民俗的分布图以进一步展开自己的论文阐述论点，然后得出一个结论，或者指出某种规律、特征等。记述型地图制作的量也最大，标示也相对容易，用某种符号标出民俗存在的地点就可以。

例如日本的年糕，烤一下或者直接煮在红豆汤里，作为甜点吃。实际上这种食物，在所谓的南北方，即日本的关东关西地区，称呼是不同的，具体加工方法也不一样。所以地图标出来之后用色彩表示居然是截然不同的两大部分。日本按照地区做大的饮食习惯区分，文化特征一下子就按照东西地域截然分开了。

那么为什么会这样分布，它有什么传说，有什么讲究，由什么其他的民俗所致，这就是你分析它的前提知识，你再把它提炼成问题，重新去研究、去分析。日本正月吃的年糕，有的是四方的、小长方的，有的是小圆圆的、扁扁的。可以放在刚才讲的红豆汤里吃；过年时还可以做杂煮，放在那种咸味的汤里吃，这是正月的一个必不可少的食俗。年糕食用分布图，把年糕什么形状一目了然地标示出来了。看图就知道关东以上的地区都吃长方形的年糕，下面吃圆形的比较多。烤过的、不烤的几大分布地区我们就知道了。

关于粽子和竹叶果的小团子、草团子，或者是豆馅包在糯米饭之外的这种饭食也有民俗地图。这是一个端午饮食调查报告里的图，它告诉你，吃粽子的地方有多少，吃团子的地点是什么状态，吃豆馅糕的是什么分布状态。图后面还有数据和图示的分析，我只是把这个图截过来给大家看。写一篇论文，可以先用图提示该民俗分布的不一样，然后调查该地区这个习俗。在进行自己的调查和执笔论文时，用这样的图来表现一些数字，就是数据的可视化，用地理学的方法很有效。

讲一个我很喜欢的民俗地图事例。这是一幅记述型民俗地图，后来延伸成研究型民俗地图。日本的和食于 2013 年 12 月登录成为世界无形文化遗产。那么它登录遗产的时候，提出以和食四点特征为依据。据说和食申请世界文化遗产登录，三次都没有申请下来，说是理由不充分。于是就把民俗学、人类学的专家，研究日本文化、和食文化的专家都投入进去。他们把食文化、年节文化和节日文化压缩后构成和食申遗特征的四条。凭着四条理由，日本和食申遗成功。

四项依据中很重要的一点就是从这个图中表现的日本人的食俗和日本年节文化。杂煮图清晰记述了正月的节日食文化，有助于理解日本正月食俗。

此外，利用平面的一目了然的功能，在表现浓缩数据，彰显本地文化特征以及吸引观光旅游方面运用事例也很多。

（二）研究型民俗地图事例

数据标示在图上，展示了一种或数种文化事象、民俗生活的状态。标完之后还可以继续做研究。它就牵扯到一个深入研究民俗的问题。研究性民俗地图的学者其实不是特别多，但每个人在做论文的时候，还是随时都可以用的。

我们先看最有名的研究型地图，就是柳田国男的方言周圈分布图。柳田国男根据分布图呈现的语言传播规律而提出的方言周圈式分布论理论，是一个影响民俗学、日本研究、日本文化论的一个大的理论。柳田在 20 世纪 30 年代提出，影响非常之大，后来的几十年里，所有的民俗研究几乎都按这个理论进行论证分析。柳田国男在图上标记了五类记号，这五类记号就是各地的关于蜗牛的五种称呼类别。柳田观察了这幅称呼分布图后发现，标记的符号呈现分布对称性。也就是说当时文化的中心在京都，几乎是在日本列岛的中间部分。方言传播就像一石投水，之后波纹不断往外扩散。因为它是个细长形，所以它只表现成像括弧一样的形状。它如果是一个大的正方形状，就会显示出圆形波纹形分布。这是他的周圈论的基本思维。当然他用很多历史资料、历史文献去进一步证明他的推论。之后，他得出的结论是它就像一石入水，水波不断扩大，第一波在不断扩大之后，扩展得最远的、最大的那一波就是最早的那个波纹，是最古老的。柳田认为位于最古老波纹地点的方言，就是蜗牛最古老的称呼，这是蜗牛考论文的基本内容。

柳田制作的是一次性民俗地图。为了加深理解或者展开阐述这幅民俗地图而做的图或表就是二次性民俗地图。图 6 是语言学家柴田武用来阐释柳田图说所作的图以叫作二次性民俗地图。柴田武的解读图把日本的国土放在一个长方形里，京都是文化中心，柴田武把柳田举的这几类数据的名称都放在圈里。

讲课的时候学生说不好理解，我就画了一个图，我也是用二次性民俗地图重新解释和抽象出柳田的理论，如图 7 所示。

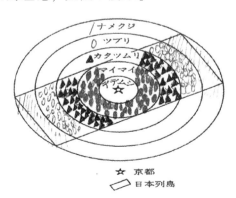

图 6　柴田武：对柳田方言
　　　周圈图的读解

图 7　何彬：用符号再现柳田
　　　方言周圈图

柳田都没做过这么精细，福田的二次性民俗地图表述出柳田思维的精华，如图 8 所示。对民俗地图的解读和再次描绘民俗地图或模式图，是对一次性图的深化理解和提升，往往会产生新的见解和理论认识。

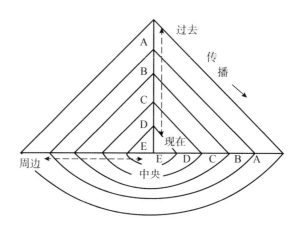

图8   福田亚细男：方言周圈论模式图

据说很多古方言研究也使用这个柳田模式。这个模式后来就被扩展为民俗周圈论、日本文化周圈论。而据柳田研究者福田老师所说，柳田自己的日记或笔记或讲话里没有直接提到过其他的周圈论，只是大家扩展去应用，可见他既没有否定，也没有反对。但实际上在四十多年、五十年之后，就发现有些民俗的分布是逆周圈论式存在的，离得越远的越新，而最古老的就保存在中心的，这在鹿儿岛地区就特别明显。小野重朗先生做了地毯式调查之后发现，中心的地方是最古老的民俗，边远的地方在流传过程中不断地剥落，它已经不完整，剥落之后就成一个新的东西，再剥落又是一个新的变异，于是把它叫作逆周圈论。但是因为逆周圈论不是主流派，因此他的研究没有得到认可，没有被推广开，但我们应该知道这也是一种认知的方式。

　　日本的和食申遗是在 2013 年，是第五个国家地区，而最早的是 2010 年的法国美食。申遗需要理解自己的文化，需要浓缩和压缩，但是又要简明扼要，能够显而易见地表现出来。这也是对我们认识自己文化时的要求，如果把这个做好了，相信我们的食文化也可以早点走出去，去向世界展现我们的食文化。

图 9　奥村彪生：正月煮年糕习俗分布图

　　这里再讲正月杂煮图，如图 9 所示。杂煮图按年糕的形状、年糕加热后的形状、汤的味道和不同的附加食材的资料分类，再按类别标出，标成一幅正月食俗的图。这个图我大概 20 年前就见过，因为我学过民俗地图，对这个比较敏感，当时就把这个图记下来了。其实在申遗之后我才偶然发现，后来还有几幅图，图示的符号和色彩多一点了。而真正申遗之后的图标志、色彩处理得非常漂亮，一幅图里的项目也增加了。也就是说这幅数据转化的民俗地图，实际上是一步步进化的，不是一次完成的。因为做图的老师他本身也是和食研究家，那么他绘图之后，把味道、年糕种类和加工都标好之后，用研究者的目光审视这幅图，首先发现了南北之间有一道年糕的圆形和方形的分界线，两大文化区可以分开。又发现圆形年糕也有烤的，长方形年糕也有不烤的；然后汤汁呢，中间那部分是白酱，两边是清汤、鸡汤，在日本地图上会显示几块局部食俗文化板块。绘图者和别的食文化研究者围绕这幅图写过几篇论文，关于圆形年糕和长方形年糕，关于年糕的烤与不烤，关于杂煮汤的味道，为什么离得很远的地点也还有相似符号、相似食俗存在。这个图即是食俗分布图，又构成一个区域文化图。日本全国过正月都要吃杂煮，时间和概念意识都相同，只是具体的表现有所不同。其实后来还有研究幕府政治关系与杂煮调味异同关系的。一幅好的民俗文化图、食俗图不仅仅是作为认识和深化食文化研究的工具，还可以提供进一步做历史研究、经济研究等研究的线索。

所以，做出一幅好的民俗地图可以让别人去用于研究分析出其他的成果，例如历史的、政治的、区域经济的、地域文化的研究等。也就是说，我们种出来一棵白菜，我自己只会炒白菜，别人就做熘白菜、熬白菜、做白菜馅饺子。但是我们种出白菜，我们的努力结果是关键，是基础。我们把图和数据都做得很科学，那么人们永远都可以使用。这就是我们积累资料和把资料压缩在民俗分布图上的意义。

现在举两个13本一套的民俗分布地图集里的例子，秋田县山神的性别分布图。符号呢，女性神是实心圆，男性神是空心圆。那么你一眼看过去是什么样子？实心圆特别多，空心圆偶尔有。就知道在秋田县，信仰的山神为女性的村落多。一般印象中的山神都是很厉害的、很英武的，为什么这里的山神是女性？它的功能是什么？它有什么传说，有什么特殊的女性神保护了当地人或者历史上有什么有名的人变成女山神了？这些都是可以研究的思路。如果你把它跟其他县的山神去比较，这又是一个研究的路子，这又是一个给你提示研究思维的图。这样的图是一个提示我们研究思维的工具。

标好代表民俗事象的各种符号的图就叫民俗分布图，数据标在平面地图上，工作就做完了。实际上它留给我们很多通过解读民俗地图，深化民俗研究的思维余地。就是说它既是一种具体数据分类之后的处置方法，同时也是一种数据的读解方法。直视分布图，有时候会让你发现光看一大堆数据、光看眼前的一堆资料卡片时没有察觉、没有发现的东西。也就是说，它是一种数据标志法和保存法，同时也可以提供新的思路作为研究课题，作为深化研究的新的起步依据。

民俗学科非常重视田野作业。个人整理获得的田野资料、整理文献数据的机会有很多。你可以尝试一下，把你的数据摆在一个平面上去看看。然后你再考虑一下，下面还能再进行什么研究。实际上作为研究方法的地图的作用，是柳田提出的周圈论，而后扩大到研究日本文化的周圈论。奥村长期关注正月的煮年糕习俗，然后从它的分布图里提取出日本节日文化、日本传统食文化和食的特征。民俗地图是一个可以帮助你去发现某个规律，去追踪、去继续分析民俗事象的助手。

比方我们的辣椒消费，大米生产和消费分布，小麦粉的消费量分布可以表现出地区性食文化特性，可以把这些都标出来。我一直想把除夕吃饺子的食俗分布标出来。如果我们申遗，我想先做一个饺子食俗图，这也许能够让不太熟悉中国文化和食文化的人也能够一目了然地读懂我们的一些文化特征。

结　语

　　2015 年我参加了《山西省民俗地图集》部分的编辑和绘制，如图10 所示，围绕文字原稿和图示做了意见交流。但是真正发挥重要作用的是山西文化研究家们对当地的地理和文化特征的分析和认识的积累，这是一种研究的积累。我把《山西省民俗地图集》送给几位日本民俗学的老师之后，福田老师回邮件说他非常高兴，图编得非常好，超越了日本民俗地图。这是一个特别让人感到高兴的评价。技术操作上很多地方是不同于当年日本编制的地图。并且结合现实，服务于社会。年间民俗可观赏的地点和时间分布图非常有现实性和实用性。民俗旅游资源章，告诉人们传统节日、节庆什么时候在什么地方举办，这些都被直接标示在图上。除民俗之外，自然、地理、经济、历史等图示，以及自然分区、文化分区都标得非常好，食材分区

图 10　《山西省民俗地图集》

这些都挺不错的。最后还有自驾游的旅游路线，晋西、晋中、晋北怎么过去，然后可以看看几个大院，各种具有地方特色的食物。民俗地图它不仅是作为纯学术的工具，作为地理学的、作为当地文化的记载和向别人宣传自己文化的工具，同时还便于结合现在的旅游发挥作用。直接用图片标志也是新民俗地图的特点。现在我们电子技术非常发达，标示图很方便。

民俗地图在欧洲起源，然后日本把它继续发展，证明民俗地图的标志和研究方法，起码在欧洲、在日本都不是一个很重要的研究理论，但是作为一个手法或是研究工具还是比较有用的。在日本民俗概论书里也会有一个章节专门讲民俗地图。

这个图用来保存我国物质文化研究和非物质文化研究还是比较有用的。日本学界本身对民俗地图也是褒贬不一，认可它的人就去做，不认可的人就用别的方法做自己的研究。只是当你认可了它或者觉得可以，你就尝试；但尝试之后觉得不是很适合你，那么就去用其他的方法。

民俗地图可以作为标示民俗数据的方法，也可以作为掌握民俗的工具，我反复强调它不是万能的，保存和研究传统文化、非遗、民俗，还有其他的工具和手法，不要单纯地追求什么数据都去做个民俗分布图。中国现在很多人文地理学的方法用得非常好，像我们用各种色彩用数据标注各种图的也很多，民俗地图省级的至少五年前也有了，这是很好的趋势。我希望我们今后能有更多的不同形式的、不同规模的地图、传承图出现。比如现在这种电子手法非常普及，其实在中国用电子三维版就非常好。点击手机，立刻就给你一个图像或者数字解说，这样就更利于我们压缩更多的数据在里面。

希望用这种民俗地图、文化传承图更好地充实我们非遗或者传统文化的记述、保存和研究。也希望我这些介绍可以帮助每个人的调研和论文写作、学术研究。

三　民俗学的社会应用与非遗保护

中国人的时间制度

——漫说二十四节气、传统节日和新年①

刘魁立

（中国社会科学院荣誉学部委员　中国民俗学会荣誉会长）

非常感谢各位能一起来讨论这个非常重要又有意思的话题。它不光是我们民俗领域的问题，也是一个科学问题。我们的生活不仅仅有情感的表达，同时也有对规律的认识。二十四节气充分体现了这一点。看起来是习俗，是我们的生活方式，但这个生活方式里边包含着非常多的科学内涵、科学知识。这样说来，我们如何生活就不全凭自己的所谓好恶、价值，而是会有相当的科学依据。我想这个题目的意义就在这里。

一　中国人的时间制度

说到二十四节气，我们讨论的当然是时间问题。这个时间问题，严格地说，有非常多的科学家来讨论，比较有名的是霍金。时间问题实际上困扰了人类相当长的时间。后来哲学家们讲清楚说，时间本身就实体来说是没有的，它是物质存在的形式。我在一篇文章里开头就

---

① 本文是 2019 年 3 月 21 日作者在北京师范大学中国社会管理研究院/社会学院民俗学专业所做讲座的录音整理稿。

特别随性地说，我们人生活在时间和空间当中，空间是具体的、固定的，而时间是需要用一种办法来标识、计算、测定的。这个说法本身有问题——空间难道不需要通过某种办法测定和标识吗？所以时间和空间本身都是没有的，就它们自身来说，都是物质存在的形式，有了物质才有了所谓时间和空间。空间也是需要计算的。一定要有一个办法来统计、来测算，最后把它标识出来。东西南北就是如此。时间它需要被标识，它自己没有办法量自己，需要找一个参照物。合适的参照物，我个人觉得这种参照物需要具备三个必不可少的条件。三个条件满足了之后，大家才可以把它当做标准，用以对话，这样彼此才能理解。

头一个条件就是我们大家都能看得到它，我们大家都能意识到它的存在，而且我们大家都能平等地来认识它。第二个，它必须是恒定的，今天是这样，明天是这样，永远是这样，这个标准才能够持续下去。第三个标准就是这个参照物，这个对象它应该是周期性的。为什么说要是周期性的？假定我们抽象地说，时间它好像是从一端开始朝着另一端前进，永远不能停止，也永远不会后退。现在没有任何一个了不起的神仙能够让我们停下哪怕半秒钟，时间是一条前进的直线。可是如果我们需要将这条直线定下来加以测量的话，一定要找一个可以封闭的周期性的东西，才便于测定它。一把尺子有头有尾，你才能去量东西。如果尺子也是无限长的话，我们就没办法量。

那么这三个条件谁符合？最起初我们看到的是太阳。太阳我们都能看得到它，这个没有问题，而且它是恒定的，对我们人类有限的生命来说它是永远不变的。另外它的活动是有一个周期的。今天它出来了，晚上回去了，第二天它又出来了，而这个周期性，我们正好可以用它来量我们的时间。那么找到了这个之后，我们发现它太短了，还需要找一个长一点的"尺子"，这个"尺子"就是月亮圆缺的时间长度。大家都知道，月亮有圆有缺，这是从我们地球人类视角来看。也许早期人类最早以为月亮它是自己长出来，然后自己再缩回去，就有月圆月缺。当然后来逐渐知道可能是别的因素导致的。过去认识月食，比如说是在满月的时候，在某个月的十五，它本应该是圆的，可是突然又发现它不圆了，缺一块，大家就觉得这是天狗把它吃掉了。大家知道，过去的办法是敲锣打鼓把狗赶开，月亮又恢复到原来的样子。刚才说到的太阳，作为一个标准，或者我们叫作参照物，给我们提供了非常方便的计算方法。比方问一问萧先生您出差，上一次我们到浙江去，您去了几天？或者叫去了几日？实际上就等于说您在那里看了几次太阳？我去了"三太阳"，在这里看了三次太阳，就是我去了三日或者三天。这就是刚才我们所说的参照物。参照物的长度还挺有意思。不能只有很短的时间尺度，因为我总不能说是三百个太阳，太费劲了，我们可以更简便地叫做十个月，月亮的十次圆缺。这十个月亮就比那三百个太阳说起来要简便得多。这个还不够的话，我们还可以有另外的参照物，比如谷物成熟，过去大概都不是双季稻，通常都是一季，一年谷熟一次，这样一个周期我们把它叫做年。以上是讲所谓时间的测定和标志。现在我们已经都有了共同语言，即日、月、年。

这样说时间是往长里说，往远处走，往长度上走。后来我们逐渐又往短里走。往更小的长度上走的时候，才有了后来的时间计算，我们叫作计时器，包括表和过去采取的一些办法。大概最早的时候，我们用的办法是指示器或者指示杆，是一个很简单的东西，看杆的影子长短来计时。到了3000年前，我们已经有了非常明确的计时的办法。到了更晚的时候，我们有了所谓的漏和日晷。日晷大家都知道，现在故宫还有一个日晷，根据日影来测定和标识刚才所说的一天当中时间的进展情况，时间进度。这和我们二十四节气的关系不是很大，所以就把它放在一边，接着再说二十四节气。

二十四节气实际上是把刚才说到的年的周期过程进行细化，就像刚才我们把一天细化了是一样的。最早我们知道的我们和太阳的关系，不是像现在我们理解的这样。过去在比较长的时间里，我们以为是太阳围着我们转，是以地球的视角来看太阳。站在地球上，我们当然就看到它有时候出来，有时候回去。先人测定太阳围着我们转的轨迹称为黄道，把黄道的周期划成 360 度，每 15 度算作一个节气，这样就有了 24 个节气。在划分时间节点的过程中，最早还不像现在这么细致。所有的文明发展比较早的民族，都有对太阳比较准确的观察，和对春分、秋分，冬至、夏至这四个时间节点有所测定，虽然用的名称并不相同。到了今天，无论是比我们文明发祥更早的一些民族，还是较晚一些的民族，不少民族在他们的日历上都对这四个明显的时间节点有所标识。比如我知道的俄国日历就有标识，也有自己的名称。至于说到二十四节气，他们就没有我们这么细致了。我们不仅有二十四节气的标识，同时还进一步有七十二候的解析。这对我们这个农业大国来说，对所有从事农业生产活动的农民来说，有极大的帮助。在纪元前 1 世纪西汉刘安编撰《淮南子》的时候就已经明确了。从汉代到现在这 2000 多年当中，我们一直在这样一个时间制度下生活。

二十四节气对于我们中国人来说，也许在某种意义上是从事生产活动非常重要的时间标识。所以我们称它为"时间制度"，这个制度规范着我们大家的生活。当然各地的情况不一样，我们的祖先在制定二十四节气的时候是以黄河中下游的地方情况为基准的。现在河南登封还有一个古观象台，现在那里是二十四节气非遗申报单位之一，也是保护单位之一，在那里还有许多与节气相应的活动，同学们有机会可以去那儿看看。还有一个地方在山东，那里有一个非常有意思的祭祀性的活动，叫做"四时主"，即四季之主，也是关于二十四节气的祭祀活动，在海边，虽然秦始皇本人没到过那里，但是当地有几块给他立的碑，如今是最早的碑文之一，非常有意思。那里现在还有几处比较古老的遗存。

说到二十四节气，我觉得，它对于我们今天的现实生活或许没有像过去那么重要。实际上，我们就生活在这个太阳历当中。相对来说，我们中国人还有一个特别喜欢、特别重视的时间计算标准，那就是太阴历。当我们把太阳作为参照物制定历法，在现实生活里规范和指导我们生产生活实践的时候，在我们生活当中同时还存在着另外一个非常活跃的系统，就是我们通常说的太阴历。刚才说的太阳历，有的时候我们觉得好像阳历只是外国人的事儿，实际不然，我们认识和确定二十四节气比他们制定的太阳历历法一点都不晚。比如，我们通过观察日夜的长短变化情况确定了冬至夏至春分秋分四个时间节点，四个节气。其他一些古老文化民族也都差不多有对这四个时间节点的认识。当我们非常准确地制定了二十四节气这样一种历法的时候，在某种意义上已经超过了其他民族和国家。

做民间文学工作的都知道，我们的几个史诗非常重要非常著名，比如《格萨尔》《江格尔》《玛纳斯》，但查一查 20 世纪 50 年代初期，更不用说以前了，所有外国的、也包括我们中国自己的百科全书一类的工具书里，全都把这几部史诗说成是外国的口头创作。如今经过这么多年我们的工作，包括各个地方民间文学领域学者的工作，现在再去看新编工具书记载的信息，就不一样了，一下子就实事求是地变成这是中国藏族的、蒙古族的和柯尔克孜族的口头传统等等。以前不这么说，这是因为蒙古国和俄国他们有一些论述史诗的书原来那这样写的，欧洲仿照他们也那样写，并不了解真实情况，所以就出现这样的问题。我们过去对我国少数民族的文化成就研究很不够。经过中国社会科学院民族文学研究所以及各有关省区诸多学者的共同努力，这种局面才得到彻底改变。我举这个例子是想说明，一旦说起阳历，有时会以"西历"称之。常常会认为这是人家的，是西方的。对不起，我们有自己的阳历，二十四节气就是阳历，而且发明和使用得相当早。有人把它归入阴历是不对的。在我们《二十四节气歌》里最后有这样两句话，其中的一句是"前半年是六廿一，后半年是八廿三"，还有一句"相差不过一两天"。这是什么意思呢？是说我们要是按阳历来说，按欧洲的所谓"公历"来说，好像我们差个一两天。实际上是谁差了？不是我们差了，我们的二十四节气是准的，是公历差了。为什么会差呢？一年的时间，刚才我们所说的太阳周年的长度是365天又5小时58分56秒，大家记住这个。真正差的是他们，差在哪里呢？他们为了简便，要想一个办法把这5小时58分56秒消化掉。如果不消化，将来就没有办法比较恒定地来计算所谓的太阳周年。他们就采取了一个办法，叫做置闰。就是放一个闰年，闰年他们加一天，加在二月，为什么加在二月？因为二月已经给弄短了。大家都知道他们有的是30天，有时候31天，然后有的时候就故意把它减少。而且照理说正月大、二月小、三月大、四月小、五月大、六月小、七月大，但八月还是大。因为这是当时的皇帝制定的，他是八月生人，他说必须再多一天。多一天上哪儿弄去？就从二月那儿挪一天。由于这么一些行政干预，结果就把时间弄乱套了。等到我们如今算起来，好像是我们历法的责任，只跟他差个一两天。实际上是他差一两天，当然这又是开玩笑的事了。所以我们要理直气壮地说，阳历是我们自古就有的，是我们时间制度的一部分。"我们的历法过去叫阴历，现在改成阳历"，对不起，这个说法本身是有缺陷的。关于改历的问题，等说到年的时候再细说。

我们中国人的传统节日体系在某种意义上和太阳的关联并不那么强烈。主要表达的还是我们和月亮的这种情感关系。或者说我们把月相，月亮圆缺作为自己表达情感的各个时间节点。我们对月亮的观察变成我们情感表达的一个客观标准，这可能是外国所没有的，或者他们不如我们那么关注。我多次说过，中国人对于月亮的情感非常深厚。我们的先人制定传统节日体系的时候，重要标准就是和月亮的关系。其他任何民族在制定自己的节日体系的时候，在对月亮的考虑这一点上和我们是没法比的。现在我们知道的其他几个非常重要的文明，确定节日体系的依据差不多都是他们崇拜的某一个圣人，他自己的生活的节奏、生活的阶段。

最明显的例子，现在的复活节、圣诞节，依据都非常清楚。有的依据甚至于都有些莫名其妙，比如说他们定了一些节日，在历史进程中节日的意义也有所改变。大家都知道情人节是 2 月 14 日，这个节日传说也很多，比如说关于圣瓦伦丁，到底圣瓦伦丁是和何许人也？他当时大概会治病吧，治好了一个盲女。而这个盲女是典狱长的女儿，后来又跟他相爱，圣瓦伦丁被处死的日子后来成了情人节。如今我们把它变成情人节，多少有点荒唐。所以分析起来，我觉得以上这些依据都是可以改变的。而我们的依据是和自然的关系，我们观察自然，并将其和自己的发展情况相互关联来制定的。所以它是不变的、恒定的、客观的，对于指导我们整个农业生产是非常重要的。

至于我们的节日体系，当然也是如此，比如我们以观察到的月亮圆缺情况为依据。现在我们知道，从地球的视角看，月亮圆缺实际上反映了三者之间的关系，即太阳光照在月球上，月球围着我们地球转，地球常常在日月中间挡着太阳光。月亮围地球公转、地球围太阳公转的过程就造成了我们在地球上看月亮有圆有缺的情况。根据这个观察结果来确定节日活动，我们的所有节日差不多都是这样过来的，重点是对月亮的观察。所以正月十五、八月十五，直到除夕，所有节日是非常清楚的，都是根据月亮来的。第一个月亮的节日就占了一年的结束和第二年开始，这个月亮节我们把它叫做元宵节，实际上是大庆而特庆的，因为它是第一个月亮出现。还有一些节日好像和月亮没什么关系，但其实是很有关系的。比如说我们的人日正月初七，比如说七月七，再比如说腊月二十三和腊八都是月半，这些节日的制定可能仍然是出于和月亮的关系，不然的话为什么一定非得要腊八和腊月二十三呢。所以当一年最后剩下半个月的时候，我们给它制定了一个所谓灶王向玉皇大帝汇报的时间，我们叫它汇报期。腊月二十三我们要把灶王送走的，那几天我们是要忙着准备过年的，这个时候灶王爷没在这里监视我们，但是因为年很临近了，所以不会做什么违法的事情。在这种情况下到了腊月三十，所有人家要重新把灶王请回来，叫作"回宫降吉祥"。这样的一个周期就是我们的节日体系，是我们自己表达自己的情感，处理人与人之间关系的活动。这些活动我们都把它安置在对月亮观察所得的档口上。这样看的话，我们是将生产活动和日常生活非常有机地以和太阳历、太阴历结合在一块儿的方式安排的，这就是我们自己的时间制度。我们的民间传统节日体系，例如春节、元宵节、端午节、中元节、中秋节、重阳节，以及清明和冬至等，都是依据过去千百年来通行的阴阳合历而确立的。我觉得这种结合是一个独创且独特的发明。

当我们一般地说关于二十四节气的研究，或者是对二十四节气的关注时，不能非常简单地把它看成每一个节气就是个独立的节气，一定要把二十四个节气放在一起来认识，才能够确定它的地位、价值和意义。所以我特别建议成立一个二十四节气的联盟，把这些保护单位都请到一块，大家共同来商量怎么保护二十四节气，而不是我保护立春，你保护立冬。现在我们几乎就是这样的做法，三门专门讲立冬，衢州专门讲立春。这样强调了之后，咱们全国人民只记立冬、立春，二十四节气上哪去了？不知道。所以我主张成立这样一个联盟，让大家能够协同起来。另外还可以建一个常设的办公室来做这件事情。这样就使得我们自己中华民族的文化传统，通过二十四节气这样的一个活动，把阴历、阳历、我们的节日体系连接起来。也就是刚才我说的，不仅需要关注二十四节气是太阳历，还要和我们的节日体系联系起来，和太阴历联系起来，这样才能够有一个整体的对于中国人的时间制度的关照。不然的话，我们仍仅仅是阳历归阳历，阴历归阴历。现在过节，关于节日体系我们有一些办法，关于太阳历我们似乎也有一些办法，怎么把这两个结合起来，变成我们中国人的时间制度，这个事情就不同了。另外前面提到，我感觉需要有一个统筹二十四节气的实体，让大家相互之间能够关联，这件事情就能够做起来。如果办起来了，我觉得我们中国人对自己的时间制度的关注度就会有所提升。现在有时候我们常常由于"洋节"，有一点忽视自己的东西，无论是太阳历，还是有我们自己的节日体系的太阴历。过去农村里的人非常清楚今天是哪一天，只要晚上一看月亮，就知道今天初七还是初六，是三十还是二十八，清清楚楚。因为日历是在天上的，所有的人都知道。可是现在大家都常常问：今天是几号了？关于二十四节气，回头大家有什么问题我们再一起来讨论。下面我就想说说我们的节日体系。

二　中国的节日体系及其文化意义

我们常常会感觉到，自己的节日体系和自然的关系显得特别密切。这一点非常突出，不像任何其他的民族。包括俄罗斯族等，季节在他们节日体系当中的作用、地位并没有那么明显。因为他们如果以某一个被神格化了的人的经历来安排节日，就不会和自然有这么密切的联系。我们的一些节日最初的时候是个自然节日，比如说端午节，我自己始终感觉到端午节和后来的传说有关系，但是最早或许它是一个自然节日，不完全是我们后来看到的文化性节日。现在端午节俗里面的许多事情，几乎没有办法解释和屈原或曹娥有什么关系。比如我们吃粽子、划龙舟似乎还可以联系起来，但是我们点红痣、带五彩线、喝雄黄酒，和屈原或曹娥就没办法联系起来。而和这些节俗有关的正是我们的阴阳五行学说。大家知道，五月也叫"午月"，过去确定岁首，"建寅"就是正月，寅、卯、辰、巳、午、未。所以五月五日中午，或者说午月午日午时，这一天被称为"天中节"，这个节日正是阴阳交替的时候。阳气从冬至开始发展，到这个时候，基本上已经走到了尾声，开始消沉了。这时阴气悄悄萌生，阴阳交替的时候，就是一个关节。

我记得费孝通先生说过一句话，说到民俗，如果要找它的所谓的"关节"，你就找两个不同状态交接的时候，由一种状态变成另外一种状态，这时民俗活动最强烈。比如突然没了、断了气了，用我们现在的话说，走到另外一个世界去的时候，礼数特别多。从没有这个人到一下子降生到这个世界来，这是诞生的活动；从你是一个孩子到你能够主事，从你是一个个人到你组成一个家庭，这些都是关节性的地方，活动特别多，问题也特别多。解决问题所采取的许多办法成为习俗，这些习俗活动也就特别多。我觉得在从事研究的时候，把握住这几个交接的过程，用范·根纳普的话说，这叫阈限，这是过渡。这个过渡是一个很困难的事情。五月就是阴阳交替的时候，所以会有非常多的矛盾，会有"五毒"出现。所有的阴气、邪气在这个时候都可以侵害人类，所以我们需要防范。怎么防范？有各种各样的办法，点朱砂、红痣、带五彩线、喝雄黄酒、用艾蒿挂在门前……来解决这个问题。当然光这样说可能还不足以体现我们自己的一些观念。于是后来就有了屈原的内容，叫作"忠"；才有了所谓曹娥的内容，这叫"孝"。因此这些人文观念，忠、孝等伦理、道德方面的因素就加进了这个节日里边。因此，我们今天的端午节是一个综合性质的节日，非常有意思，这就是我们的节日。我们其他的节日想来也都是如此的。

你要看特别有意思的，还有中秋。大家知道我们关于中秋的套票现在已经出版了两期了，两期都是非常好的，一个是祭月，一个拜月，还有一个走月等等，非常有意思。讲讲月亮本体的事儿，就是月亮上面的事儿。因为咱们说嫦娥在那里，将来咱们的航天员还要上去。我们对于它的认识是越来越精细，越来越实在。对它进行实践性的认识没有问题，但是在中秋这个时候，我想我们不会扔掉关于它的那种幻想，和那种美好的、审美的价值判断。我们如今已经认识到它是一片荒原，知道是不宜于人类生活的，但这并不妨碍我们派嫦娥、吴刚、兔子到那儿去生活，不妨碍我们在那里盖一座广寒宫。我觉得这些都是特别有意思的事情——我们自己的价值判断和审美活动，并不妨碍我们科学地认识对象。科学的认识结果不应该改变，另一方面也不该完全抛弃我们自己的审美追求，否则这个世界就变得特别枯燥。我们不是机器人，我们有情感，我们会创造一个自己认为可信的世界。这个可信的世界包括戏剧、歌唱等，这难道不是我们自己创造的另外一个审美的世界吗？关于中秋，我觉得在某种意义上，或许今后越对月亮有所认识，我们越怀念、越钟爱自己所创造的那些和月亮有关的传说、神话等口头创作。这当然也是我们的愿望，至于一百年之后的人们会不会记住，这个我不敢肯定，但我想应该是会记住的。你想想这个世界多好，有广寒宫，一开始的广寒宫我不知道什么样，现在的一定是光芒万丈。为什么？现在我们可以点长明灯了，一定特别明亮。除此之外，你想想那里居然有动物、有植物、有建筑物，还有人的活动，我不知道嫦娥吃什么，但我想她总得吃点儿东西，她应该有一个灶房。诸如此类，就有了无限的想象。我们有的时候做课题可能缺少一点什么呢？我觉得就是这种浪漫性认识。我们有时候把课题做得特别像数学那样，这是应该的，但是我觉得我们的表达在某种意义上也有一点诗意才好。这是关于中秋我想说的。

这些节日和我们之间的关系应该说是特别重要的。这里我要说一件事情，通常在二十四节气、节日体系当中存在一个问题，就是人存在于这些节气和节日当中，人和节气的关系我们常常处理地并不好。比如二十四节气里面的养生问题，二十四节气的气候对于整个人类的影响问题，我们在谈二十四节气的时候，这些东西就只从一个视角来看。我觉得常会有这样的情况，就是我们认识问题一会儿是"解构"的，一会儿又变成"结构性"的。而解构和结构我们又没有结合得很好，有时我们把结构性的东西放在解构的视角下去谈，然后又从结构的角度来评说等等，推论混淆，很不严谨。所以常常是自己从这个话语中跳不出来，这个关系我们处理得并不是特别好。比如说刚才讲到了联盟问题，当然现在我们是解构地来处理，这不合适，于是我们就想让它有一个结构性的组织，把结构性的二十四节气串联起来。那么现在我们看一个节日差不多也是这样，也有所谓解构和结构性的这个情况。当我们说节日是一个体系的时候，往往就会在研究的过程中忘掉这个体系的存在。刚才说到的几个方面都是这样。另外，它是我们生活的一部分，所以我们常常要把自己摆进去才行。

过去我们常说到"天人合一"。"天人合一"究竟是什么意思？就我个人理解，就是我们所谓的人道、自己的生活规律，要符合天道、自然的规律。自然的规律是客观存在的。我们是不是可以随意安排我们自己的生活规律、人生规律呢？常常有人会觉得我们可以，我们很了不起。人类中心主义在这里就发挥一个很坏的作用，常常会违背天时，违背天道。这个时候你就不能说是天人合一。我常开玩笑说，我买菜买最便宜的。我住处附近的小市场没了，但早市还在。买菜为什么买最便宜的？倒不是因为钱，而是因为最便宜的也是当季的、出产最旺盛的，这样的菜它才便宜。所以我倒不是看中了它的便宜，而是看中了它是当季的。大家想想，一个西瓜从秋天放到冬天，它的营养会损失多少？假定用灯光去照射它，仿佛是给它一个与太阳照射一般的环境，其实它能够吸收那么多的养分吗？大家都知道，秋天以后种出来的西瓜是不甜的。这就叫做天道与人道不合一。人类在这个时候，常常会觉得自己非常了不起，这叫"反季节"。反季节是反什么？反二十四节气，反天道。所以我不特别看重反季节的东西。

我认识一个朋友，他的名字很有意思，叫马超。这位马超先生是四川的，他是在赤水河边上做酱油的。原来是一个小小的开发商，最后他说有一个要倒闭的酱油厂，干脆把它盘下来，不再做房地产了，去把酱油做好。现在的酱油厂一般大概在两三个月就能出产品，非常快。他说过去我们做酱油，是要经过春夏秋冬四季的，我干嘛不按照这个办法，完全不用机器，完全靠人工。如果这样做，酱油就特别好。结果他就按照这个办法，在赤水河边大概有几百个整整齐齐的大缸。我当时看了之后那种感触……我不知道在观礼台上看游行队伍往前走的时候是什么心情，我看这些大缸就好像是看行进中的检阅队伍。那些大缸特别厉害，就好像在飞机上看梯田一样的壮观，远远地能看见一个人戴着套袖在那里翻豆子。他就是按着天道的办法来生产酱油，也不扩大再生产，他的酱油好极了，卖得特别贵，而且只供应成都和他的小小的县市，这是非常了不起的。我们现在已经有了这么一批实业家，认识到天和人之间非常重要的密切关系，和它们之间的这种关系的规律，我觉得非常了不起。我们现在也有很多志愿者在做这方面的事情，随着科学的发展、发达，我想我们会越来越认识到人并不可以主宰一切，不可以改变整个自然环境。有时候我们把这个事儿想得太容易了，所以常常会吃亏。我们现在好多事情要往回走，是因为什么呢？是我们过去愚蠢，以为自己很了不起。比如说围海造田，现在又想办法再恢复，何必呢。我们拆了好多庙，现在要重新再建。都是因为觉得自己非常了不起，但现在想想有时候我们真的很多事都做不到。

习近平总书记谈"人类命运共同体"，这当然是一个非常好的愿景，是我们需要创造、实现的中国梦的一部分。人们相互平等、相互关照，让我们这个世界变成一个和谐的美好的世界，变成我们能拥有美好生活的世界。在某种意义上这也是非常现实的，比如说，我提醒你正在浪费水，你觉得你可以随便浪费，因为是你花了钱买了的；但对不起，你的确是浪费"我的"水，因为我脚下的地下水位，因为你的浪费，在一点一点往下走。再比如说，是我自己买了手纸，我随便愿意怎么用，我扔掉就扔掉了；不对，你扔掉的纸是我的那半棵树，世界因为你扔掉了这半棵树会变得土地沙化，会气候干燥少雨，如此等等。所以在某种意义上，我们大家都是共同体的一部分，这是现实。我觉得所谓人类可以主宰世界、人类至上、人类中心这些东西都有问题。

三　简单说说新年

说到这儿我就想三言两语说说年。说到年，大家都知道，过去有一段时间，我们中国民俗学会在自己的传统节日体系当中发挥了一些作用。为此提供了一个提案，做了一个设计，后来又经过发改委，最后确定了年这个节日的国家法定假期，另外我们还提议增加了几个传统节日成为国家法定假日。

（萧放：最早是2004年的时候，中央文明办提出的。当时韩国端午节申遗引起了很大的国际舆论，老百姓反应很强烈。后来政府重视这个问题，就去找哪个单位来研究传统节日。文明办处长骑着自行车在街上转的时候，突然发现朝阳门那里有一个挂了牌子的单位，就是中国民俗协会。他就进去找到值班的秘书，后来秘书反映到了刘魁立老师那里，当时刘老师是会长。后来文明办就委托中国民俗协会，委托刘老师主持一个传统节日研究的课题，找到我们一起来做，后来写了个报告。刘老师做了很多工作。）

同时我还想，今后如果各种条件具备的话，是不是把我们另外的一些传统节日也都能纳入到国家法定假日里来。当时我们在做这个课题的时候，考虑到一个特别重要的问题，就是节日经济问题。实际上，节假日的经济问题是我们没有办法来说的。放一天假等于没有产出，但是单位必须付出工资，这是公休。而且你如果让员工加班的话，还得付三倍的工资。总而言之，假日经济我们没有办法来计算，所以那个时候我们的建议比较简单，就是以原有的假日框架来安排我们的传统节日，所以我们就压缩了几个普通节日的假期。虽然现在也的确压缩了，但我觉得压缩得还不够。比如说"五一"长假，是不是可以采取另外一个办法来处理，把它变成清明长假？这样的话，我们自己的节日在人们心中的地位就更重了。我们不把清明节俗简单地说成祭扫，还要考虑到迎春踏青接近自然和春假的问题，这个时候我们有人际关系问题、历史问题，另外我们还有敬仰先烈、先贤的问题，另外还有家庭教育问题。所有的都可以在清明节里面体现，应该让我们的这些东西得以彰显，而不仅仅是放个假。放假只是给大家一个空闲，如果它能有非常丰富的文化内涵，我想大概这样才是值得的。另外在某种意义上，我还希望把我们的国庆长假变成中秋长假，但不妨碍我们的"五一"和"十一"的庆祝活动。当然"十一"的问题难一些，但"五一"相应容易一些。将来如果有可能，像重阳节，甚至于中元节，在某种意义上都可以强调出来。大家不要以为中元节就只是鬼节，我觉得中元节有两个特别重要的含义我们并没有挖掘出来，一个是孝亲，一个是做慈善。它们都非常重要。我们知道目犍连这个了不起的人物，他看到母亲去世后进了饿鬼道，不能吃饭。他说我得去看看我母亲，就到佛祖那里请求去给他母亲送饭，他发现母亲吃不下，取食成火。他又回来请求佛祖，问能不能有一个办法让我母亲进食。佛祖说你必须做慈善事业，这样才能普惠天下。所以现在我们的许多慈善事业在某种意义上和目犍连做的事情是一样的。我觉得如果能够把中元节的这两层文化含义发扬出来，对于社会和谐的创造是有好处的。当然这都是国家的事情，咱们只能建议。至于重阳节，我觉得也很重要，现在老年社会离我们越来越近，在某种意义上已经开始进入到老年社会了。大家都知道一个很简单的事情——让座，这么一个简单的事儿，车上明明还标着特殊座位，但就是不行，就是需要打架。我有的时候也觉得挺可怜的，不是我可怜，是年轻人可怜。为什么呢？很多人一天工作下来，早晨起来需要早起两个小时，然后才能赶到单位，到单位拼命工作一天八小时，中午又不得休息，下午下班一身疲惫。大家想想，他坐在那里马上都要睡着了，然后来了一位老人说你不让座没道理，年轻人说我可以让你好好说话行不行。彼此赌气，不和谐。我上车绝不让人让座，一旦有人要让座，我就说我快下车了，请你坐下，别客气。还有从外地来的人，大包小裹地坐了很长时间的火车、汽车，到这儿来之后两个腿好不容易找一个地方歇歇，然后你让他起来，有时候也不近人情，所以这非常复杂。我倒觉得如果有一个节日，能让大家彼此关心就挺好的。我说敬老，在某种意义上老人自己要有自觉，要自敬。有的老人说你必须敬我，但你有什么了不起的，你贡献的时间完了，现在他们年轻人正在贡献。这个就不多说了。

我现在想要简单说说的是"年"。年，我觉得非常奇怪，凭什么把"年"叫成"春节"？我就一直不赞成这个词。有的时候我不得已，也用这个词，但用的非常少，我通常仍然把它叫成"年"。有一次在中央电视台谈论一个什么事情，我一看到墙上打的标语，顿时感到不愉快。那个时候才四月，写着"打造五彩春晚"。我看了就生气，最后等到正事说完了的时候，我就开始说，你们电视台做了非常多有益的事情，效果也很好，只有一件事情，我觉得这个电视台是有责任的：就是所谓"春晚"。过去我们对于迎春、春节这个词好像并没有那么深刻的印象，大家都还叫过年，现在由于你们的提倡，叫响了"春晚"这个词，特别强调用"春节"来代替"新年"，于是春节一词在人们的心目里加强了不知多少倍。尽管始作俑者是历史上的孙中山先生和袁世凯，但是我说在某种意义上你们也是有一些责任的。我认为你们干得真不好，现在是什么时候，你们现在就推进"打造春晚"，从过完年之后，就开始折腾"我要上春晚"，一直折腾一年。实际上你们把这个事情就鼓励成了完全另外的东西，然后大家都在这里追逐这个。姑且不说你们变相地鼓励"一夜成名"，或者提高知名度。更重要的是，把所有百姓的注意力都集中在一个虚拟的世界，在这样一个屏幕上，让人和人之间的关系变得特别淡，人们在这时候连说话都不认真，一边看着电视，一边说"你把茶杯放在那儿就行了"，或者说"你把饺子搁桌子上，我等会儿吃"就还盯着那个屏幕，这可是全家团圆的年夜饭哪！。这就夺走了非常多的人和人之间的亲密联系和相处的时间。所以我就说"把年还给我们老百姓吧"，还我新年。什么意思？还我新年有另外的含义。年是什么？我觉得"年"有几个非常重要的内涵。姑且不说它的起源等问题，我认为把它叫成"春节"，把它降成"二等公民"，是消解了它本来有的极特殊意义、特有内涵。

新年第一个特有内涵叫"人的更新、人的重生"。我今年还去作调查，去理发店问他的营业情况怎么样？说比平时的顾客多六倍，就是腊月比平时多六倍。我自己在腊月去著名的"清华池"排队搓澡，平时好多师傅都在那等着，这个时候需要等两个小时才能搓上，于是经理就雇了一些临时工。这就是过年。人的更新、人的重生，要理发、洗澡、换新衣服。到了新年，所有的东西在这个时候都发生了变化，不仅仅是两个时间周期交替所谓关节。实际上在这个时候，你自己会有一种像蝉一样，像螃蟹也好，蛇也好，到了一定的时候，自己要把壳脱掉的。我们也是要脱壳的，一年的这个时候我们会更新一回、重生一回，必须要对昨天进行总结。这是人的更新。

第二，环境的重建，人和自然关系的重建。大家都知道北京过年要糊墙，要刷大白，家家都要刷的。还要糊棚，换棚纸。过去不是这种固定的，都是用秫秸搭起来之后贴糊棚的纸。过年人需要换装，环境也需要换装，院子都是干干净净的。初一到初五，过去整个城市干净到什么程度？没有垃圾。我前些年一直注意看这个事儿：街道外面都有那种大垃圾桶，每逢腊月天天都是满满的，到了初一一直到初五之前基本上是空的，现在逐渐变得垃圾多一点了，因为年轻人并不管这些。垃圾到了过年的时候身份会改变，变成财富，是要往屋里扫的。所以这个人和自然环境的关系完全不同了，过去贴对联叫"出门见喜""抬头见喜"等等。这是所谓环境人和自然关系的重建。

此外，还有一个社会关系、亲属关系的重构、重新加固的含义。平时你恭敬你的父母，今天过年要特别隆重地恭敬。干嘛要这样做呢？它具有特殊的意义。平时给孩子们用钱没有什么名堂，就只有过年这个钱，叫压岁钱。哪怕只给你一毛钱，它也叫做压岁钱，它具有特殊的意义。你跟同志们天天在一起工作，突然到这个时候要互相拜年，要庆祝。什么意思？重新建构一个关系，把过去友善的关系加固，不友善的关系要改建。社会关系、人际关系、家庭关系、亲属关系，所有都在这个时候得到一种和谐的、向善的重新加固、重新建构。

没有任何一个节有这些内容，现在却把这样的一个重大时间节点降成"二等公民"，改叫节。所以我就常常说，大家老说年味淡了，请问年味在哪里？年味是在办年货的集市上吗？是在除夕的鞭炮声里面吗？是在吃的特殊的饭食里面吗？年味在我们的心里。而我们的心里面的，刚才所说的这些内涵才是年味的所在，刚才说的这些都是。但是更重要的是，我们自己在过年时的这几个特殊意义、特殊关系、特殊的重构、重建、重生的过程，这才是年。所以我就说在某种意义上，年味淡了我们自己有责任，当然环境也有责任。我今年过年的时候在乡下，大家都知道正好是在腊月三十那天立春。我就在那个时候去的衢州，除夕夜他们除了吃年夜饭之外，还做了一个挺大的蛋糕。大家伙一块吃饭，蛋糕也一块作为点心吃了。吃完蛋糕后，我就端着这么一个大盘子蛋糕到文化礼堂，看老人们都在那儿谈笑风生，门也敞开着。因为南方并不太冷，院子就是一个大的广场，放鞭炮都在那儿放。我端着蛋糕去送给他们，他们那时候正好打着扑克，每人面前一堆钢镚儿。我把蛋糕给了他们，他们每个人说给你个压岁钱，都给我送三两个钢镚，我满手全是压岁钱，后来我又去分给别人，分给周围的孩子们。这个年的味道就特别足。因为什么？因为它的确在这个时候把我和别人联系了起来，体现了人与人的和谐关系、亲密关系。我看着夜空，没有月亮，漫天都是闪亮的星星，听着鞭炮声，大家互相寒暄，互相拜年。多好啊！我们现在有时会把这些事情看淡了，我们天天都过年，天天都吃好的，刚才我说的这几个内容并没有特别强调出来，我们就把过年当做一个放假的日子。所以如果我们大家一起来营造，年味可能就会回来。

今天就跟大家讨论到这里，谢谢。

四 学术对话

鞠熙：您的题目是中国人的时间制度，但是咱们有五十六个民族，很多少数民族的时间制度跟二十四节气可以说有一定的关系，但是很不一样，也有自己不同的利用月亮或者太阳计时的方式。现在可能在节日这方面，确实民俗学者还比较有话语权，我们放的假都是汉族的假，重阳节、清明节，春节也是汉族的节日。那么少数民族的问题，民俗学者是怎么考虑？

刘魁立：这是一个很棘手的、很难回答的问题。因为从某种意义上来说，没有"中国人"，只有"萧放""刘魁立"等等。什么叫中国人？所有的我们现在说到的这些名词，差不多都是集中、集合性的。白马非马，非常简单，但是马非白马，倒过来也是如此。所以这个问题非常难以回答。比如说我们现在谈到中国人的时候，我们通常是以最大众的方法来说中国人是讲汉语的。这也莫名其妙，假如我是维吾尔族人，我也是中国人，但我干嘛要讲汉语，我讲的是我自己的维吾尔语，所以这个问题我觉得没有办法回答。

我们以后是不是采取这样一种方式来处理？说到中国人的时候，我们需要做一个说明。中国包含了五十六个民族，说到中国人的时候，自然也把这些民族都放在里面。但是谈到具体问题的时候，不足以用这样一个东西来概括其他的民族，解释其他的民族。因为无论是时间制度，还是风俗习惯，甚至是语言和其他的一些细节，各个民族都有自己不同的特点。这里我们仅仅概括地说代表多数的那样一个族群，我们姑且用这个词来概括，便于来说明问题。不然的话我们就没有办法往下说了。如果说汉族，人家就会提出另外的问题。所以我觉得做这样一个事先的说明，可能对于我们所有从事民俗学的人来说是一个方便的办法，不然我们真的就会处在一个非常尴尬的境地，就像您说的，人家会不断地来提这个问题。现在我们需要改变许多事情也很难，比如说中文就是中国的语言。为什么中文是一回事，然后维吾尔语是另外一回事，难道那个就不是中国的了吗？所以有的时候这些语言问题变成一个特别复杂的问题，必须有一个非常充分的说明，不然人家就质疑。这就是我为什么说这是一个比较的棘手、比较尴尬，但又应该特别说明的问题。

林加：刘老师您好，我是当老师的，所以比较关注应用的问题，二十四节气现在在整个学校的圈内特别火。但是我们知道二十四节气是传统农耕社会的一种农业生产的时间制度，但因为刚好申了人类非物质文化遗产，就有了很多学校教学需求，要我们给他们制作一套传承二十四节气的校园活动。这就面临一个很大的问题，我们在给他们做这种活动方案的时候，目的是要传承和传播二十四节气文化，但是现在的人很多脱离了农业生产的生活语境，如果我们再把农耕文化作为二十四节气传承的核心传播给学生，我感觉肯定不是人家最希望要的，课程也肯定是最不被接受的内容。我们在这种传承过程中应该怎么办？比如说我有一个简单的想法，是不是更多地挖掘二十四节气的都市性、城市性，但是这样的传承就会造成变异，您怎么看这个问题？

刘魁立：就像我刚才所说的，二十四节气对于我们今天的现实生活未必那么重要。也许刚才我们所说的，我们和月亮的关系，我们自己的那种表达情感的节日体系更加重要。因为这对于我们来说感受更深切。但是现在我们之所以要把它强调出来，在一定的程度上是因为我们现在离自然越来越远了，二十四节气的意义是在这里。针对孩子们，我觉得可以试试另外一种方式。前天，我从机场回来的路上正好下雨，前一天有人告诉我，之前还不这样，外面怎么一下子变绿了？这是春分到了，日子到了。白玉兰昨天还都没有开，现在一下子全吹开了。我说这是雨吹的吧，实际上不是，因为在这之前北京下过雨，但是它没有吹起来，是因为到了时候，所以会有二十四节气花信风。什么时候会出现什么花，什么时候花会谢，什么时候鸟会来，什么时候鸟又会飞走。我到云南去看几千亩的湿地，鸟儿什么时候来什么时候走，非常清楚，这都是和二十四节气有关系的。因为动植物对于自然的那种理解、感受要比我们人类清楚的多。我们已经因为人类中心主义而麻木了，我们现在的生活叫做晨昏颠倒。所以我觉得，对于孩子们来说，如果不讲农业劳作的话，至少通过二十四节气观察自然还是可以的。什么时候开什么花？一旦立春，满街的小黄花叫做迎春花。随后白玉兰一下子开了，然后过几天花全掉了，叶子长出来，诸如此类。我觉得对于孩子来说，他们与自然密切感受的缺乏，在二十四节气这里会得到某种补偿。另外现在有几个地方都是按照二十四节气来举办活动的，比如恭王府。现在许多活动都是安排在二十四节气的节点上的，这样逐渐我们还会有对自然非常敏感的认识，不然的话我们真的就麻木了。

萧放：实际就是强调一点，不管古代人、现代人，特别是现代人，跟自然规律太疏远，我们利用这个节气点，让人跟自然更亲近、更贴近，中小学生更要培养这种情感，尊重人跟自然的这种关系，顺天应时。

刘魁立：顺天应时，天人合一。饮食也是这样，什么时候进什么食，可以按二十四节气走，当然也可以分春夏秋冬，更广泛一点。

民俗学自主话语建设与学科创新实践

——以母亲节与中国母亲符号建构为例①

田兆元

（华东师范大学民俗学研究所教授）

首先非常感谢北师大人类学与民俗学系的邀请。我很重视这件事情，因为中国民俗学需要团结，需要交流，大家一起来应对困难，走出当前的困境。

北师大是我很敬仰的一所院校，在全世界赫赫有名。北师大是现代中国民俗学的策源地。我们都是在钟先生的旗帜下发展。我到华东师大工作，接手的硕士阅读书目，第一本就是《钟敬文民俗学论集》，是上海文艺出版社出版的，一共五本，放在书目前面，这么多年始终没有改变。后来很多人想改变，我们说这个东西是不能改的，是陈老师留在这里的，我们只能适度在上面增益。这就是一个学科的传承，你不能把它全部翻盘来做新的。后来他们要做新的书名，我告诉他们只能在上面进行增益，不能超过 30% 这样一个幅度来进行改变，但是钟先生放在最前面的参考书不能改变。

我们今天主要讨论三个问题。

---

① 本文是 2019 年 5 月 17 日作者在北京师范大学中国社会管理研究院/社会学院民俗学专业所做讲座的录音整理稿。

一　上海华东师范大学的民俗学传统

（一）华东师范大学的民俗学科发展

华东师大是由两个学校合并而成的，跟北师大——京师大学堂可能有点不太一样。这两个大学一个叫大夏大学，一个叫光华大学，这两个大学合并成华东师范大学，再调进来中央大学、浙江大学等学校的一些系科，还有圣约翰大学，也是大部分都并进来了，还有震旦大学也并进来一些系科。所以说华东师范大学实力还是可以的。在那个时候，有民俗学的一些基础力量进入这里。大夏大学文学院院长谢六逸先生1928年写出了《神话学ABC》一书，是中国神话学的开拓者之一。而吴泽霖先生与大夏师生在抗战期间撰写了《贵州苗夷社会研究》一书，开拓了苗学的视野。光华大学的杨宽先生出版了《中国上古史导论》一书，作为古史辨派的殿军，是神话学最具特色的力作。20世纪50年代初，北师大钟敬文先生、华东师大罗永麟先生与复旦大学赵景深先生，是新中国开始民间文学教育的开拓者，所以，大夏、光华传统得以延续。罗永麟先生还提出了"四大民间故事"的概念，影响很大。所以，我们有很厚重的民俗学传统，前贤有两大鲜明的特色，一个是学术创新，一个是社会服务。

2009年建立了社会发展学院，我被调到那里去了。那个时候民俗学研究所只有一个人，我们整个学院才三十几个人，现在发展到六十多个人，扩大了一倍。我们人类学和民俗学是最大的受益者，是新增的，人类学、民俗学大约有十五个人这样一个规模。我们当时也是抓住机遇进了一批人，最近再进就有点困难。所以有什么机遇就要抓住，错过了，就可能不行了。我们于2012年建立了一级学科博士点，这就有了民俗学博士点。2014年建立了博士后站。我们去年硕士招九个人，已经达到顶峰。要有足够的人，这是第一；第二，还要有足够的项目。我们这有二十多个硕士，二十来个博士。上次我们统计了一下，通讯录一共有六十一个名字，就是说老师、硕士、博士、博士后和访问学者一共有六十一个，至少有五十几个人是学生，所以这个队伍还是挺大的。这十年我们也算是刻苦努力吧，学科基本上没有掉队。我们做了一系列事情。

1. 传统节日文化校园行

一个是传统节日文化校园行。我们清明、端午、重阳都会有，有时候中秋也有，连续七年，每次都会引起强烈反响。我们第一次祭祀孟宪承校长的时候，据说整个校领导班子彻夜不眠地谈论这个问题。我们说不是纪念，是祭祀。我们是向他行礼，是不是应该叩头、应该焚香？因为这不是搞纪念的普通仪式，是一个神圣的仪式，所以校领导很感动。那个时候还有一点顾虑，前任校长叫他的秘书来看怎么回事，因为怕是不是有点迷信。这里的焚香、诵祭文、献花，就是一个综合的祭祀活动。后来我们还上贡品，奠酒，基本上都是用传统的方式。他们非常感动，说这样对待我们的管理者，是对他们极大的尊重。有个校长在法国打电话，用网络通话表示内心的激动，所以这件事情我们觉得自己做得很对。我们的孟宪承校长他有个教育理念，叫"智慧的创获、品性的陶融、民族与社会的发展"，每次祭祀大家都要背诵这句话，形成一个固定的礼仪，这其实是个很崇高的教育理念。这个事情坚持这么多年，也带动了华东师大校内各学科对先贤的悼念。在国内高校，包括萧放老师，以及北师大、中大等全国三十几所院校一起开展清明先贤祭活动。我们在一定程度上带动了全国的"校园先贤祭""清明先贤祭"活动。

还有一个就是端午节游园。我们和长宁民俗文化中心结合起来，有舞龙，还有很大的仪仗队，大家被这种轰轰烈烈的活动形式所震撼，媒体也没见过，一时大幅度报道。我们每年都做，所以就成为上海市社会主义核心价值观"做细做小做实"的典型示范案例。发奖需要校党委书记也出面，因为是市长颁奖。我们让两个学生去接受采访。一个是游红霞，在站博士后；还有一个是程鹏，因为他过去一直在装扮屈原。端午节活动我们有表演节目，一个是屈原的点雄黄；还有一个是白蛇传的一些情节，法海与白娘子较量。挺有意思的一个事儿，所以在学校比较有影响。

我们的民俗展览也比较有影响。海上风民俗博物馆，是重大的上海文化工程，比如现在上海的江南文化研究，我们也有涉足，如土布棉纺织技艺研究、展示。还有上海的中华创世神话工程，基本上坚持话语的引导性，我们也是市重大项目的负责人。叶舒宪老师在上海市建了一个中国神话研究院，这是世界上第一个，就在我们隔壁的交通大学，我们如果和他争夺会影响形象，而且我们关系也挺好的。他的博士也在我们这里做博士后，然后我们有什么问题也找他帮忙，努力构建团结。能力有限还要四处征战，闹是非，这是不明智的。我跟同学讲，我们是"广结善缘、彰显自我、服务社会"，在海上风①的时候我就讲了这三句话。

我们注重民俗学的媒体力量。原来我们经营自己的海上风自媒体，现在基本上是上海的文汇、解放、新民这三大块，还有光明，再加上澎湃新闻、新华社，实际上我们有重大的活动，都是在我们的新闻传播平台。我们在上海、在国内还是有存在感的。所以媒体的引导也好，社会实践也好，都在发展。民俗文物展，从学校，到上海，到国外，慢慢发展。

2. 系所间的友好关系

我们和社会学、人口学结成友好的关系。我们首先从自己力所能及的方面给他们提供服务。比如，我们过年每个人发一个福字，给其他学科贴在门上，给我们院办公室里贴上年画。然后在院里面我们也做了一件不小的事情，就是我们华东师大的楹联习俗申报了上海市非物质文化遗产保护项目。大夏大学的马公愚先生书法非常厉害，楹联

_____

① 指海上风都市民俗学论坛，常年由华东师范大学民俗学所承办。

也非常厉害。苏渊雷先生是上海首届楹联学会会长。我们有一个搞书法的人，他教潘基文写书法，是潘基文的老师，并且还写了两幅楹联。我们把这些结合起来，申报了一个上海市非物质文化遗产保护项目。我们是通过非物质文化遗产课程作业来实现的。这就是我这里的一个特点，民俗学教育、社会服务和科学研究是三位一体的。那个申遗第一年没成功，我们有很多问题，申报一个省级的非物质文化遗产并不是容易的，要有水准，也要有组织，更要有情怀。我们图书馆每年有"把楹联带回家"的活动，我们学院每年过年的时候要编一幅和我们学院的目标一致的春联书写张贴起来。我们学院有两个书法家水准的写手，我们自己也会一点，也编一点，所以就带动了一个学院的民俗风气。像图书馆，他们有的老师做一些，但他只会编，不会写。书法系那边他只会写不会编。我们学院这边，又能编又能写。我们三个单位再加上古籍所的，他们很会编撰。华东师范大学楹联习俗，经过两代人的努力，包括拍片、填表、研讨，今年正式宣布华东师范的楹联习俗进入上海市非物质文化遗产名录。在学校里面，我们要做的是，把每个关键的地方都写上楹联，彰显我们的存在。后来我就写了一篇《中国楹联文化》①，《人民政协报》登了一整版，后来网络版的转载到"学习强国"上面，这本来也没什么，但是这个网有点特别，好像是党员都要学习的，这篇文章有两百多万阅读量，楹联届也关注到，中国楹联学会对于我们的发展很重视，三个会长来到我们学校。所以我们是通过一切方法来彰显我们的存在。

我们学院人口学和社会学都很强大，人口学开创者胡焕庸先生，提出中国人口分界线，瑷珲—腾冲线，又叫胡焕庸线，李克强总理也很关注这个中国社会发展的不平衡问题，提出如何破"胡焕庸线"。我们清明节也祭祀胡焕庸先生，不仅学习了其创造精神与社会服务精

---

① 田兆元：《中国楹联文化》，《人民政协报》2018年。

神，也强化了我们与人口学的关系。当然社会学对我们很照顾。于是我们有了很好的局部环境，学科发展就比较快。

（二）注重民俗学学科系统建设

1. 建立什么样的中国民俗学派？

民俗学的话语，我们要强调自主话语。在钟敬文先生的文章里，他提出要建立中国民俗学派，但他去世以后，大家基本上没有按照他说的去做。王文宝先生，还有张紫晨先生，有两部《中国民俗学史》，我是要求研究生同学去看的。我非常重视传统的民俗文献的学习，所以想建立中国民俗学的自主话语。我从钟先生这里开始讲，不是讨好大家，而是向钟先生致敬，这是作为民俗学学人应该做的。从他文章里提出创建中国民俗学派的时间来看，到现在差不多二十年了。他说："中国的民俗学研究要从本民族文化的具体情况出发，进行符合民族民俗文化特点的学科理论和方法论的建设"，"我们的研究，不仅是为民族的，也是为世界的，我们应该在这方面做出贡献"。① 这是很触动我。我们再看，习近平总书记指出："一个没有发达的自然科学的国家不可能走在世界前列，一个没有繁荣的哲学社会科学的国家也不可能走在世界前列。"② 我非常认同他的讲法。从早期建设中国民间文艺学理论的主张，到建设中国民俗学派的构想，应该是中国民俗学学人的共同目标。

2. 注重民俗学学术出版传播的"上海中心"

民俗学还有一个来自上海的传统。我们有钟先生的传统，也有自己的一个传统。大家研究现代民俗学，一般都叫北京中心、广州中心、杭州中心，大家基本上不讲上海中心。但我们觉得，上海可能是个民俗读物出版传播的中心，当年很多的出版社在上海，商务印书

---

① 钟敬文：《建立中国民俗学派》，黑龙江教育出版社 1999 年版，第 4、43 页。
② 习近平：《在哲学社会科学工作座谈会上的讲话》，《人民日报》2016 年 5 月 19 日。

馆、中华书局是后来转到北京的，原来也在上海。我们说当年的民俗
学学科在上海，有它的特点。第一个，它是开创性的，就是说第一篇
民间文学是在那里刊载的，第一部民间文学的概论是在那里出版，第
一本系统的神话学概念《神话学 ABC》①也是在那时出版的。那么比
如说罗先生②，他是四大民间故事的提出者。钟先生、罗先生、赵先
生，他们所在的高校在 20 世纪 50 年代最早开办民间文学课程，上海
有两家。那么我们的后面，你看仲富兰老师③，他叫民俗传播学，这
是他叫响的。那么还有陈勤建老师④的文艺民俗学，这也是他叫响
的。无论怎么说，上海是一个富有创造活力的区域，民俗学在这里有
自己的传统。比如《妇女杂志》，胡愈之在《妇女杂志》有一篇《论
民间文学》⑤，这个很早，是 1921 年的，当时还有《东方杂志》《文
学周刊》，都刊发了很多的民俗学论文。很遗憾，我们上海的学者对
这些没有很好地研究。我发现北京挖得很厉害，在一次国家社科评审
中我看到有一个项目，"北平燕京大学及辅仁大学的民间文学、民俗
学研究（1931—1949）"国家社科基金项目，后来岳永逸老师申请到
了。我认为，他们是有贡献的，但是其贡献相对来说也是非常有限
的，但是大家都研究了。我们上海这么多也值得研究，却没有很好研
究。比如胡愈之那么早就讲了口头性、全民族性问题，我们后来也没
有太多的新想法，所以研究不够。

　　中国最早的民间文学概论⑥，作者叫徐蔚南。后来我发现他是
个大师，他写的书，就包括我们现在要做的国家级非遗顾绣的研

---

　　① 谢六逸：《神话学 ABC》，世界书局 1928 年版。
　　② 罗永麟，中国四大民间故事提出者，著有《中国仙话研究》《论中国四大民间故事》《先秦诸子与民间文化》等。
　　③ 仲富兰，著有《民俗传播学》等。
　　④ 陈勤建，著有《文艺民俗学》等。
　　⑤ 胡适：《论民间文学》，《妇女杂志》1921 年第 7 卷第 1 号。这是中国第一篇民间文学论文。
　　⑥ 徐蔚南：《民间文学》，世界书局 1927 年版。

究，我们现在都觉得是很困难的事情。徐蔚南先生好像有一二十本书，所以我计划组织起来进行研究，像徐蔚南这样的早期学者，贡献很多。

谢六逸先生，大夏大学文学院的院长，写了第一本神话学的概论《神话学 ABC》。比如他讲，神话学就是民俗学，民俗学就是神话学，两者只是名称不同。他讲了欧洲的一派，举了一些例子。我认为非常有道理，比如说我们的端午节，龙舟竞渡是个民俗，但是它也是个神话，没有龙舟神话就没有这个节庆，没有这个民俗。我们后来讲神话的民俗学路径都受到他的影响。

还有吴泽霖，从事西南民族民俗研究，就是贵州苗夷的社会研究。这个当时是国民政府承担的项目，主要进行民族调查工作。此前的苗学叫"印象之学"，最多在那里写点游记，大夏大学把它变成了"学术之学"。《贵州苗夷社会研究》一书，它前面的部分完全是民族工作，后面讲苗族的分布、来源、祖先神话、人祖神话，还有它的工艺。它就是很规范的苗族民族民俗研究，就是说把一个学科开创起来，也是建设性的。

这就是前贤留给我们的一个传统，即学科开创性贡献。

3. 注重学术的社会服务

上海与华东师大民俗学的第二个传统就是社会服务。

学术研究、社会服务与家国情怀是结合的。在描述师大前贤的时候，我们这样讲：在抗日战争这个中华民族灾难深重的时刻，华东师大的前贤一路弦歌不绝，在穷乡僻壤之间搏击，体现了中华儿女的赤子之心。确实是了不起，后来他们也去考察了，迁校去贵州，结果日本的炸弹炸到贵州去了，在那里学校也待不住了。然后他们就搬到赤水的一个文庙里继续办学。① 我们后来去调查了一下，觉得对当地社

---

① 大夏大学抗战时期内迁，最初选址在贵阳原陆军讲武堂，后迁往赤水文昌宫大庙。

会有非常大的影响。那个时候一个江苏同乡会办了一个会计班，短期的训练班，三个月，他们那个班的几个人后来成为税务局局长、财政局局长，是赤水市的负责人。那个时候公路不通，坐车从贵阳到赤水要一天，徒步搬运图书器材，可想多么困难。所以这些学者的精神让我们很感动。

当时的苗夷调查、苗夷歌谣搜集，搜集了两千多首歌谣。这是陈国钧、吴泽霖做的工作。陈国钧后来到中国台湾去了，在台湾中兴大学做很多工作。有一次请中国台湾大学的洪淑玲过来讲学，我说你帮我们看看陈国钧有些什么资料，他就带了一些陈国钧的著作，我们发现封面上竟然写"陈国钧，大夏大学毕业生"。他后来做了教授，可见他们对那段岁月难以忘怀。这些我们作为民俗史研究很少讲，真是可歌可泣的事迹。陈国钧搜集的歌谣很丰富，是我们现在搜集的方式，比如叙事诗、酒歌、婚歌、丧歌、劳作歌、儿歌、情歌，他把它翻译成汉语。

吴泽霖是老师，陈国钧是学生，他们是师生关系，还有一个学生叫张少微，加上谢六逸先生。大夏大学当时一个团队这么大，也是比较罕见的。

抗战时期的大夏大学西南民族研究有一个直接的目的，就是巩固西南后方的社会基础，当一个"蛮荒之地"突然变成首府的所在地，其安全性是重要的，地方建设与发展也是重要的。大夏民俗学师生重视苗族文化整理收集，重视服饰文化，重视民族教育、妇女教育，真是救国之壮举。

那么大家看到的光华大学的杨宽先生，古史辨派殿军，以现代神话学重建古史传说系统。这是书上的一些评语，像童书业先生说的"古史辨的最高峰"是杨宽。我认为这是神话学的一个代表作，① 这

———————————

① 杨宽：《中国上古史导论》，上海人民出版社 2016 年版。

是光华大学另外一支的一个传统。与古史辨前期以破坏为主不同，杨宽先生是在重建上古史，这也是民族文化根基建设。应该说，杨宽先生的文化出发点与顾颉刚先生从本质上是不同的。

所以这个学校之所以后面能发展，是因为我们有前贤在这里给我们精神的力量，还在于我们尊重这种力量，尊重这个传统。不尊重前贤，你自己肯定做不好的，尊重前贤是很重要的一个品质。

这就是上海民俗学的第二个传统，即社会服务。

（三）民俗学与民俗学者的定位

所以要注重学科系统建设。你看民间文学，它在上海这个地方很重视学科系统，很注重学术出版传播。当时出版物里有一个名字叫"林兰故事"，上海出版的，实际上是当年的文化抢救工作，上海出版的就叫林兰故事，是以林兰为笔名，做的一个整理。① 还有就是注重社会服务、家国情怀、专业奉献。所以我们强调，民俗学是文化的研究者，同时也是文化的建构者，这是我们从前贤继承的传统。后来在上海大学的费孝通讲坛上，我讲到民俗学学者，是文化的研究者、建构者这样一个双重角色。

大夏前贤吴泽霖、陈国钧等的《贵州苗夷社会研究》，我们看这本书的前言后记，发现他们的眼界十分开阔。他们寻找资金，寻找支持系统，非常积极。他们找当时国民政府内政部的人询问去哪里要钱，社会建设要做哪些工作，去哪里调查，要防范日本特务做哪些事情。它不是说我上前线去，做游击队去打仗，而是说我们作为一个学者应该怎么去做学者能做的事。积极地寻找社会支持，这是当时海派民俗学传统的一个特点，我们是在向他们学习，在一定程度上也获得了一些成绩。

---

① 20世纪20年代中期至40年代，署名"林兰女士"者编纂民间故事集，共计40种，陆续由上海北新书局出版。

二 民俗学的自主话语建设与学科创新实践

（一）民俗学的自主话语建设

1. 民俗是生活的华彩乐章

这些年我们撰写了一系列的文章讲民俗学的问题。首先我们把民俗定位为文化精华，是生活的华彩乐章。这是一个比喻性的说法。但这是我们所有发展、所有讨论的一个前提。

它是很重要的，我们不认为它是日常生活形式，而认为民俗是超越日常生活的形式，是非常重要的东西。开始我们只是说民俗是一种文化精华，后来我把精英也放进去了。民俗是精英主导、民众共创的文化形式。我认为一个民俗形式离开了精英，它可能是一个浅层次的东西，因此，它的价值就在于有精英主导。

我们想想，很重要的事件都与文化精英相关。我们就说寒食节，它与介子推这个人物有关，同时也与晋文公这个人物有关。这个节日虽然是因为有介子推，但是是晋文公推进的。在唐代，它和李唐王朝的统治精英推行自己的文化传统也是有关系的。因为是民众认同的，所以是共创共传。它的形式是世代流传的。

比如民间故事，我们一般的故事是普通故事或者普通叙事，但是"四大传说"是不一样的，那是经典。当时罗永麟先生提出来，我认为这很重要。现存这么多的传说，全国少说也有几十万个故事，但是可能还是那四个故事最厉害。现有八十几万个故事，或者是一百万个故事，稍微完整的有一万多个故事。但好的故事并不是很多，并不是每个故事都有价值，或者说有白蛇传那么大的价值。杭州这样一个城市，就有两个故事影响大，一个故事是白蛇传，一个故事是阿里巴巴。去掉这两个故事以后，这个城市可能要减少一半的影响力。所以这就是我们的精华论和精英论。精英论其实很好理解，比如顾绣，如果离开了那几个大师，它就不成立。再举例，比如楹联。我们普通的人写楹联根本就不行，编撰也不行。如果我们华东师大没有马公愚先生、苏渊雷先生，普通学生哪怕有一千个人参与，华东师大也不会成为非物质文化遗产保护单位，也不会有影响力。我们这样强调精英，不是我们轻视民众，恰恰相反，是对民众的重视，说明我们民俗是非常重要的，说明高手在民间。精英说的不仅仅是帝王、才子，而是包括民间的重要代表人物。所以我们定义的民俗是文化精英引导，民众认同共创，共同传承发展的文化精华形式。是活态的文化传统，是一种优秀的文化。

2. 民俗的三种叙事

我们还有一个对民俗的形式定位，即民俗是通过叙事形成的认同。我们以叙事性来揭示民俗的存在形式。我们把语言文字作为叙事之本，还有仪式行为叙事，物像景观叙事，这就是三种叙事，一种立体的民俗构成。

这种叙事研究是我们同学一起完成的。白蛇传研究过去讨论爱情问题、信仰问题、女性问题。讨论不是批判封建这样的问题。我们同学研究的是，断桥是怎么回事，然后雷峰塔的重建是如何发生的，它的空间的意义。所以我们强调了传说景观的意义，即景观叙事的意义。我们把传说的仪式行为，解读为一种表演性景观。景观化是当下很重要的民俗呈现方式。民俗的物质化呈现，往往也就是所谓的创意产业的一部分，有时候它不过是民俗的某种叙事的转化。

我们的同学通过三种叙事的视角研究民俗问题，获得了很多的国家社科基金项目。

3. 政治民俗学、经济民俗学的分类

后面的两个分类我们也是重点强调的，政治民俗学和经济民俗学很重要，是保障民俗学走向社会文化的主战场。关于经济民俗学我们已经发表了一些论文，政治民俗学我们提出来一些话语，但迄今为止一篇论文也没有，大概就我自己讲了两段话。具体的在后面说。

（二）立足中国民俗传统思想是民俗学的话语基础

1. "世界之最"的中国民俗学

下面我也讲讲欧美、日本的民俗学。在我个人看来，他们整体上衰败了。被认为民俗学起源地的英国，它就没有这个学科了。德国也没有民俗学了。美国现在剩半个民俗学博士点，可能还要被民间音乐所替代。美国印第安纳大学现在有个民俗学与民间音乐系，我们有学生在那里访学，后来就发现他们的理论也是偏弱的。

前段时间我们的一个老师去访学，发现他们的社会影响力很弱。访完之后就总结了一下，在当地的华人报纸登了一版。他们激动得不得了，说给他们长了很大的脸。后来他们来了两位教授在我们这边讲座，我们搞了个对话，做了两个人的大头像在报纸上发了一版。把它们放在橱窗里面，作为国际化交流典范展示了很久。所以印第安纳大学那里好像也有些问题，有孤独感、危机感。这是我们的一种感觉。

有一个问题：民俗学是不是一个强国的游戏？是不是民俗学强国家就强，民俗学弱国家就弱，或者说国家弱了民俗学也会弱？比如民俗学最早是英国提出来的，英国那时是世界上最强国家。现在英国民俗学也没有了，它在欧洲大陆待不住了，就回到岛上去了，国家衰弱了。那么德国也一样，我们现在看到德国的奔驰汽车好像很厉害，但其实经济不怎么样，比日本都弱。德国的民俗学也早就无影无踪了，在人文社科学科群里已经自我放逐了。前一段时间有一篇文章讲法国人退休后的优雅生活，可以买一个房车，到处去旅游。后来他们突然发现，国家可能付不出这么多的退休金了。你没有这么多的钱，没有收入，怎么优雅啊？欧洲整体上衰败了，有各种解读方式，我觉得最大的问题是缺少认同，缺少民俗认同。我上次到意大利去，我就问他们，欧洲有没有欧罗巴庙，神话里不是说欧洲是美女欧罗巴变出来的吗？欧洲没有欧罗巴庙？他们却是一脸茫然。在我看来，欧洲缺少认同，缺少像我们的神话——龙的传人、炎黄子孙这样一个叙事。我们是一个统一的国家。欧洲是一个分裂的大陆。美国和中国是两个统一的国家，所以数一数二。保持文化统一性是比较厉害的。

我感觉日本国家衰弱与民俗学衰落也是有关系的。在日本，我问他们搞民俗学的人，日本的民俗学学科怎么样？他们扳着指头算，也算不出十个学科来。日本的学科不像我们有团队，有时候只有一个教授在那里搞，他一退就没人了，那么这个学科也就没了。我发现，日本人基本上不学这个东西了。我去看他们的学生，好多都是中国人。学生都是来自我国很普通的学校，在那里打工。日本民俗学最厉害的好像是在神奈川大学，那里有很多中国学生。我见到小熊老师，他摇头说这个不行。他说我们同学都是在这里打工，学术是不怎么行的。我看他们在做研究，比如研究《清明上河图》，像坐标一样的打上格子，标上12345、ABCDE 这样的序号，看格子面有哪几个要素，做图像分析。这当然是可以的，是富有科学精神的。但是好像不符合现代精神了，从效率上看是不行的。有一次福田老师专门来上海，问大家《姑苏繁华图》中河边的一个图像是什么东西，大家也不太知道。但是理论上来说，即使把它搞出来了，这个成本也是很高的。你把它弄出来了，知道了，意义有多大？虽然他们有科学精神，但是科学也是讲效益的。这样的话，他们的学生工作很难吧。有一个地方还可以，叫国学院大学，有七八个硕士都在认真地干。他们那里都是日本人，中国人很少，为什么呢？他那里发上岗证，发神社上岗证。日本有很多神社，需要上岗证，所以国学院大学民俗学就很受欢迎，他可以找到工作。

我们中国现在的民俗学虽然有些问题，但是其学科超过世界其他国家的总和。我们现在有五十个以上的硕士点，全世界其他国家加起来也没有这么多。但是我们也有危机，前一段时间被砍掉几个。我们博士点正牌的有四五个点，是吧？北京有三个，北师大、民大和社科院，再加上华东师大、中山大学、山东大学，就是六个民俗学的博士点。还有民间文学的点，华中师大、山西大学等。全国加起来共十几个民俗学类的博士点，所以是世界之最。

2. 中国民俗学的开拓

当然我们这个世界之最也是有问题的，需要开拓。所以我们强调研究重要问题，即精华问题。一个重要的选题一辈子也研究不完。比如一个同学是研究诸葛亮的，他这一辈子是研究不完的。诸葛亮是重大题材，是我们民族团结的宝贵资源。云南诸葛亮研究、四川诸葛亮研究、湖北诸葛亮研究等，要搞多少年呢？还有国外的诸葛亮研究，越南的、泰国的，太多了。所以重大的问题一辈子都研究不完。我们有个同学研究山西帝尧，有个同学研究天地水三官信仰，都是大问题。这都是终生的事业。

如果是基于中国传统进行研究的话，中国民俗思想是博大精深的。我归纳为几个方面：第一，阴阳五行时空观，是思辨认知的哲理之学，它是中国人认识世界的钥匙。第二，关于神灵圣贤的叙事之学，这实际上是神话之学了。第三，春秋史记讲述英雄故事，是为政治国的管理之学。像北师大在社会治理这一块也闯出自己的一条道路来，感觉很高大上。第四，日常规则的礼仪之学，基本上就变成我们教学的一个部分，比如我们创业的同学做茶礼，做母亲节的礼仪，就是从这里来的。第五，民生福祉的经济之学，就是做地方经济研究。第六，技术艺术的专门之学，比如茶经、棋谱、各种花谱等，包括我们的萱花，这就要求很专业。第七，地方文化的资源之学，比如《桂林风土记》风土记系列，是地方发展的资源。第八，歌谣故事的文艺之学，《诗经》《乐府》《太平广记》这样一些东西，很宝贵。第九，族群生活的民族之学。说到中国民俗学传统继承与开拓，这个任务实际上很重，世界上有哪个国家的民俗有这一大把资源？所以这是我们传统的亟待开拓的空间。

但现在我们民俗学的学科开拓就比较有限。比如旅游民俗学，后来我发现民俗学根本没有这个学科，就只有我写的一篇文章《旅游民俗学》①，其他都是根据旅游人类学的看法。知网第二篇以旅游民俗学为主题的文章是杨利慧老师的《遗产旅游：民俗学的视角与实践》②，旅游和民俗学其实是隔开的，并不是在说旅游民俗学。民俗学学科的建立缺少开拓学科的意识。还有经济民俗学，我们能找出多少？何学威老师写过一本书《经济民俗学》③，我们写了一篇④，有一个硕士论文是南京师范大学的⑤，我们的一个博士后写了一篇⑥，你看，标题为经济民俗学的是不是只有四篇？有些其实讲的还不完全是经济民俗学，我们没有介入很重要的社会生活中去。那么政治民俗学就更没有了，讨论政治民俗研究的没有一篇论文。我们看兄弟学科，比如人类学，政治人类学有 110 多篇。讨论新政治人类学的都出来了，讲科学化与新政治人类学，人类学与政治学。经济人类学有 150 多篇，讨论马克思主义与经济人类学，还有农村葬礼、丧葬礼仪，他们用经济人类学的角度来分析经济人类学的视野、老字号经济人类学……等等。为什么人类学能做，我们民俗学不能做呢？我们国家现在以经济建设为中心，但我们偏离了这个中心。

民俗学存在政治问题和经济问题研究的缺位问题。这两大核心问题缺位，我们还怎么发展呢？

我跟萧放老师说，你们北师大是不是重点讲政治民俗学，讲社会治理。我认为民俗国家认同、社会治理、地方认同，这是政治民俗学

① 田兆元、程鹏：《旅游民俗学的学科基础与民俗叙事问题研究》，《赣南师范大学学报》2017 年第 1 期。

② 杨利慧：《遗产旅游：民俗学的视角与实践》，《民俗研究》2014 年第 1 期。

③ 何学威：《经济民俗学》，中国建材工业出版社 2000 年版。

④ 田兆元：《经济民俗学：探索认同性经济的轨迹——兼论非遗生产性保护的本质属性》，《华东师范大学学报》（哲学社会科学版）2014 年第 2 期。

⑤ 陈盼：《经济民俗学视角下的南京天妃宫》，硕士学位论文，南京师范大学，2016 年。

⑥ 李柯：《上海西郊农民画产业化发展的可能性——基于经济民俗学认同性经济的理论探究》，《文化遗产》2016 年第 2 期。

很重要的目标，你必须把旗帜扛起来。很多杂志社都邀请我写政治民俗学的稿子，我认为，第一个是没想清楚，再一个战线过长，我也觉得自己力量有限。我跟萧老师说："你们已经搞这个东西了，你们来扛这个旗帜吧。要把我们的学科带入一线阵地，对吧？"经济社会学不要说了，经济社会学已经在庆祝一百周年了，已经是第几代经典的现代经济社会学。我这是随便举点例子。你看别的学科，政治、经济两大问题，谁会放过？

所以我有这样一个目标，即以现实为出发点，以传统民俗思想为本，参酌西方理论的得失，兼取相关学科优长，建立起理论完备、社会服务能力强、独立又开放的具有学术影响力和社会影响力的强大学科。我认为我们要去做，虽然现在还弱，但是也得往这上面想。我们从2009年一个人，做到现在六十几个人，这好像也是一个成功的案例，尽管有很多困难，但是只要你往前走，就没有什么可怕的。这次我跟鞠老师说，我们是社会学一级学科，我们可以完全在社会学一级学科中建立自己的地位。

3. 以中国传统为本的民俗学：从端午竞渡谈起

民俗学怎么以中国传统为本？比如关于端午节龙舟竞渡[1]，在《荆楚岁时记》里面讲的是竞渡，哪里有龙舟竞渡呢？《荆楚岁时记》里叫飞凫，是鸟舟，不是龙舟，先秦两汉魏晋前面好像也没有龙舟。关于龙舟的起源，大家有一些随意的讲法，有的说起源于先秦，有的说起源于魏晋南北朝。看来这是没有的事。后来我们在《光明日报》就这个问题讲出来，原来不是龙舟竞渡，是鸟舟竞渡。[2] 文献显示大概到南宋才有龙舟竞渡。张勃写了一篇文章说龙舟竞渡在唐代就有了，[3]

① 关于端午节竞渡的详细论述，参见田兆元《论端午节俗与民俗舟船的谱系》，《社会科学家》2016年第4期。

② 田兆元：《鸟舟竞渡》，《光明日报》2015年6月22日第08版。

③ 张勃：《端午龙舟竞渡习俗至迟出现于唐代考——兼谈民俗史研究中史料的搜集与释读问题》，《民俗研究》2019年第4期。

我说唐代根本就没有，她就举了一些例子，我说你的例子只能说明鸟舟实有，龙舟有可能有，但是不能作为唐代有龙舟的例证，因为她是主张唐代有龙舟竞渡的。

我们以谱系学说来分析一下。谱系是事物与人事整体性、多样性与联系性的总和，谱系的存在形式是互动性表现。

我们现在把舟船竞渡进行分类，就会发现舟船有的是用于炫耀的，有的是用于载人载物的，有的是载灵的，一船全是鬼神。有龙舟竞渡，还有凤舟竞渡，后来我们发现舟船竞渡是一个谱系。这就是要发现事件的整体性、联系性和互动性三个问题。从这种思维出发，结果发现还有老虎舟、麒麟舟等。从谱系的视角看，是发现的框架，也是保护的框架。

炫耀之舟不是用来竞渡的。载灵之舟，有时候也叫龙舟，但是也不是用于竞渡的，而是放在火里面烧掉，或者放到水里面放走的。最后我们发现仇英版的《清明上河图》中有老虎舟，文献里面记载过老虎舟争先恐后的场景。春秋战国时期的竞渡，竟然是凤鸟之舟。鸟舟是有传统的，我们发现这是战国时代的一次竞渡的羽冠，这是1976年，宁波鄞县出土了一个战国时期的铜钺，上面有四个羽人做划船竞渡状，四人头顶有二龙图案。如图1所示。

图 1　给有竞渡羽冠图案的铜钱

后来我们在撒马尔罕唐代壁画里发现鸟舟竞渡。海外汉学家说这是中国唯一的龙舟竞渡的图像。当时，唐朝的势力波及乌兹别克的撒马尔罕。后来北大和人大的两个教授合写了一篇论文，发表在《美术研究》上，主张图中所给为武则天，是天子乘鸟舟。①

凤舟竞渡是很厉害的。我们也去考察了。在湖北洪湖、四川广元、广东揭阳都有，然后发现北京还有声势浩大的鸟舟竞渡。最后要研究这些学术问题，我们就专门搞了一个研讨会，然后还出版了一本《凤舟竞渡》，这就是我们讲的文化发现。我们花了很大的力气去推进地方的认同，推进地方的经济发展。

我说的文化的研究者与建构者，是要去发现、追踪、推进传承研究，包括传播、产业发展、文化复兴。对于端午文化要有一个全面的认识，现在我们传达给世界的是不完整的知识。关于端午文化我们讲了很多，带有一点颠覆性的东西。我们的研究，不太注重创新。文献和田野不注重发现新东西，只是在证明旧知识。

文献记载五月五最初不是端午节，《荆楚岁时记》写得清清楚楚，五月五叫浴兰节。在南方区域里有两派，一个是兰派，佩戴兰花的；一个是艾派，佩戴艾香的。佩戴兰花在今天的上海、江苏一带还有大面积传承。我不知道北京有没有这样的习俗，用铁丝打一个圈，穿进兰花柄，然后这样佩戴着，有幽幽的香味。生产基地先是在苏州，后来是广西那边供货的。这是五月初五佩戴兰花的习俗。还有以兰花熬水沐浴的，所以叫浴兰节。

但是艾派呢？就是端午插艾草，好像是主流的，但是屈原一点也不喜欢。《楚辞》《离骚》中说："户服艾以盈腰兮，谓幽兰其不可佩。"可见老百姓中有一部分人不喜欢兰花。屈原是兰派的，他似乎认为艾派是低俗的一派，他猛烈地抨击这一派。可能是某种原因，反

---

① 王静、沈睿文：《〈穆天子传〉与大使厅北壁壁画》，《美术研究》2017年第5期。

正屈原不喜欢艾叶。我们怎么能够忘记端午浴兰？兰派竟然被忽略了。我们民俗学的端午文化研究，其实学术上做得也不怎么过硬，漏洞百出。凤舟竞渡，是端午本源，这么大一个板块，轰轰烈烈的，但是被遮蔽了。兰花沐浴佩戴习俗，它没有消失，但是被忽略了。端午艾、兰双峰并行那是最好的一个状态。同样端午竞渡龙舟、凤舟并存也才是正常的形态。民俗研究要促进文化的丰富性，在丰富性中展现它的统一性。

三　民俗学学科创新实践——以母亲节与中国母亲符号建构为例

（一）萱花作为中国母亲符号

以萱花为例子来讲一讲。这背后我们还是强调一点理论的。

1. 相关理论梳理

第一个是仪式美术。"仪式美术"这个概念是我们提出来的，那是刚刚开始非遗保护的时候，我以"仪式美术"命名上海普陀区的一项文化遗产。其实是道士作法，但当时不能说道士什么的，所以我就讲从民间美术入手。道士道袍，道士整个仪仗的图像陈设、法器、楹联，所有的东西我取名叫"仪式美术"，我写了一篇论文规范了仪式美术。① 后来学界与外界社会也逐渐接受这个概念。就是说有一种美术，它是专门为仪式而生的，没有仪式这种美术就没有意义。如庙里的一些东西，它是为了做仪式崇拜而生的，所以叫仪式美术。还有丧葬仪式、婚假仪式，其中有很多的美术。有的仪式专家做仪式就拿出来，不做仪式就关在箱子里面；还有的是为了仪式临时创作的，仪式结束，就要把它清理掉，甚至要把它破坏掉。青海酥油花其实也是

_____

① 田兆元：《仪式美术：概念建立与非遗保护》，《中原文化研究》2014 年第 3 期。仪式美术，即为仪式而生的美术，即仪式活动中的美术表现。它不仅是仪式活动的核心，也是美术的一种存在形式。仪式美术，广义的概念，即所有仪式活动中的美术表现，仪式中的属于美术创作的视觉呈现，包括绘画，服饰，陈设等。狭义的仪式美术概念，则是指民间各类仪式活动中的美术表现，因其仪式形态不同而呈现出多彩的局面。

这样的。所以这是一个理论命题。为什么讲这个呢？因为萱花它与祝寿仪式相关。

第二个是景观叙事。景观讲述民俗故事，通过景观呈现民俗对象，成就民俗功能。有时是民俗的语言叙事、仪式叙事和景观叙事的统一体，它构成一个景观，构成一个母亲花、母亲孝道文化的景观。

第三个是民俗经济。我们讲萱花首先是一种经济民生，但带着厚重的文化要素，它不是一个简单的食品。我们生产玉米、稻子，它虽然也有文化，但从整体上讲它就是一个填肚子的食品。那么我们讲萱花是不一样的。当然如果文化色彩消失了，它就变成一个普通的食品。如果上面负载了民俗文化的内涵，这样的经济就叫民俗经济。

第四是谱系观念。这个是我们在研究东海海岛民间信仰所提出来的①。从整体上来说，它首先强调事物的整体性、连续性和互动性。前一段时间在广西西江现名梧州的地方，过去叫苍梧。我说这个地方文化研究从整体性来说，必须把这样一个偏远的区域编织到中国整个文化系统中间来，成为它的一个环节，这个环节应该把它枢纽化、原点化。西江那个地方有舜"崩于苍梧之野"说，苍梧还是屈原"朝发轫于苍梧兮"的起点。还有一个，苍梧和广东那边有共同的文化，可以扩展开去，形成地域间的互动。所以在这个空间中，要从整体性来看这个问题。这也就讲了它的联系性。谱系问题更重要的是互动性。我们是以互动性作为谱系的存在方式的。我举个例子就是琉球的龙舟，它和大陆地区现在没有联系了，所以它就成了谱系之外的一个存在，并且那个牌子上面写的"日本国民俗文化"，就不是你大中华

---

① 田兆元：《民俗研究的谱系观念与研究实践——以东海海岛信仰为例》，《华东师范大学学报》（哲学社会科学版）2017 年第 3 期。

的东西了，它跟我们这里没关系。好事者或者研究者说有特别想知道的就去考察一下，你看他们甚至也不认为是中国的，他们甚至认为是日本文化的创造，尽管他们打的大旗上面还写着汉字。琉球龙舟在这个发展过程中与中华文明断裂了。但是它存在激活的可能性，那就是同一个谱系。谱系有空间的谱系、有族群的谱系，包括前面我讲的内在结构谱系。但是在时间谱系里，它发生发展的空间可能会出现断裂。我们会去找，断裂的要素是什么？然后我们是否可以修复，怎么续接。

谱系构建是文化保护的一种方式。比如上海的滑稽戏，它原来没有剧本，就在这里临场发挥。今天我们演个什么戏？主角来了，就讲我们今天要演什么，一个大致的情节。演出时观众有互动。过去滑稽戏基本上只有一个情节，一个大概。这个观众也知道了，他一来就把气氛调动起来，场面活跃。所以上海滑稽戏是非常受欢迎的，是一个市民化的文化活动。但是为什么传承出现问题？问题在哪里？现在的表演内容需要交给文化部门去审查，这就要预先都写好。我们的表演现在是受管控的，节目内容是要写好的，观众就没有办法互动了。这样我们就找出了演员与观众关系断裂的原因。现在滑稽戏和大众沟通的环节断了，不受欢迎了，大家不喜欢这个东西了，所以它就衰败了。既然我们找出了原因，那接下来应该就很简单了。你应该恢复演员和观众的互动形式。演员原来不是在台上，他（她）就站在人群中间讲滑稽戏。在这个关系谱系中我们发现，应该恢复互动，那么它就能重新得到发展的契机。当然这不容易。

还有，比如和琉球的关系，我们是不是应该和他们交流，请他们过来，交流比赛一下龙舟。琉球岛上，妈祖信仰日趋衰落，我们是不是应该注入一点活力，形成一种互访。这就是互动性，是谱系的一个关键。

我接着讲发展谱系的问题。萱花传承是怎么断裂的，中间存在什么问题。我们说孝道丧失了，这是从观念上来说的。其中还有祝寿的仪式，赠送匾额的祝寿习俗变了。仪式美术的概念，比较符合今天的讨论。比如城隍出巡，它的辉煌神像，它的道袍、神衣，一切都可以说是一种仪式美术。上海的丧葬仪式，我们称为"长征道教仪式美术"。后来这个概念扩展了，就有了闽东仪式美术。匾额它就是一个美术形式，用来贺寿，是吧？当然还有祝寿联。对联，它也是一个仪式美术。它是什么？它是节日仪式，迎春仪式。

民俗经济也是最近各路人在讨论的。

华师大应该像北师大这样，我们不能只做一样事，我们是面向全国服务的，所以选择应该是比较多的。我们有一个博士后做阿里巴巴"双十一"的研究，这是不是企业民俗研究？因为参照我们现在传统的村落民俗研究，村落是一个单位吧？那么企业应该也是一个单位。我认为，我们现在要建构中观层面的民俗认知。国家层面的民俗，那是宏观的；村落的民俗，那是微观的。企业民俗、校园民俗，是不是也应该形成一个民俗传统，属于中观的民俗。民俗经济属于认同性经济，同样还是文化经济、情感经济。我们既然认为民俗是以叙事构建认同的，那么实际上我们讲的民俗经济都是叙事性经济，因为它们都是有故事的。我们的粽子是有故事的，我们的青团也是有故事的，年糕同样也是，几乎都是有相关的叙事的。民俗叙事和现代企业产品叙事不一样。民俗叙事是长久恒定的历史。我们到浙江旅游，到西湖要去断桥，因为据说在那里许仙白娘子他们俩见面过；白娘子压在雷峰塔底下，大家要去看一看。这是一种叙事性的经济，由叙事所引导的，形成认同性。我们强调它的叙事性，就像我们前面讲旅游，旅游对于民俗学来说，核心问题还是叙事。我们不就是讲故事吗，对吧？当然，除了导游讲的故事文本以外，可能还有它的原生态的文本，整理的也是生产文本，原文本的故事、后来的叙事，产品做好了向外发布又是一个叙事。它是靠叙事串起来的，我觉得它的根本问题，就是叙事。

2. 萱花的发展谱系及其断裂

现在来讲萱花传承的谱系，这是我们的一些探讨。

图 2 所示这一块匾额上的文字是萱花永茂，它是客家的寿匾。赣南师范大学有一个匾额博物馆，很早以前我在那边看了一下，很感慨，藏品很多、很丰富。但是你问匾额上文字的意思，大家都不知道。我一直想去写这个东西。他们客家要开一个会。有一个同学是北师大博士毕业的，叫黄清喜，在我们这里做博士后。他说，老师你一定要来开会，我说你这个客家我没怎么写，我怎么来开会？你去这个博物馆把这个匾额拍过来，我好写文字。我记得这块匾：棠棣之华，大家都知道这是表达兄弟关系的，在《诗经》里面，有一首诗歌也是描述兄弟关系的。我一看是描写兄弟的，很激动。因为我一直有一个想法，想写关于兄弟的故事，过去写过一本《盟誓史》①，讲结盟发誓，还有结拜兄弟。兄弟是失落了的一种精神，因为我们现在很多人都是独生子女，也没有了兄弟孝悌精神。后来他给我拍下来这个匾额，我一看很高兴，尤其旁边还有两朵花，中间还有个寿字纹。

图 2　"萱花永茂"匾额（黄清喜全供图）

---

① 田兆元：《盟誓史》，广西民族出版社 2000 年版。

　　我大学有个老师跟我们讲庄子，讲上古有大椿，椿树是表达长寿的。他说表达祝寿的时候，用"椿萱并茂"这样一句话。那个时候我鬼使神差地记住了这个词，印象非常深。有一个古代文学专家叫卞孝萱，是南京这边的。他的名字里就有孝道文化、长寿文化、萱花文化。结果后来发现这有很多，"椿萱并茂"是一个标准语。现在发现这块匾，失落已久的东西我们又看到了，如图 3 所示。我以前是知道这个词的，但是没有看到这些物象的东西。我后来问了一下，我说你们知不知道这是什么意思？好多教授也不知道，我们当时很多民俗学者在客家开会，绝大多数都不知道是什么意思。所以孝道文化真的已经衰落了。

图 3　"椿萱并茂" 匾额（黄清喜全供图）

　　我们就探讨一下。首先《诗经·卫风·伯兮》中的"焉得谖（萱）草，言树之背"，萱草就是忘忧草，为什么是忘忧草呢？这是个孝道行为。你看孟郊的《游子》："萱草生堂阶，游子行天涯。慈亲倚堂门，不见萱草花。"孩子走的时候，怕父母在家里面担忧自己，种一点萱草在堂前，让父母不要担忧。"慈亲倚堂门，不见萱草花。"孟郊提了两次萱草花，表达了母子分离这样一种忧虑。《诗经》之"言树之背"的"背"是北堂，所以母亲所住的地方叫北堂①，里面种了萱花，种忘忧草，这是孝道的呈现。

中国从唐诗就开始写萱草与母亲的故事，有一两百首诗歌描述萱花。我们的绘画至少从宋代以降就很丰富，但是我们现在去问美术学的老师同学，你们还有没有以萱草为题材的画？大家已经不知道萱草是值得一画的了。但在过去，绘画有三个重大题材，一个是牡丹，一个是荷花，一个是什么呢？萱草。现在萱草已经被遗忘了。我还没有统计，问了一下同学画不画萱草，有的不知道，老师不会讲，基本上就消失了。我们知道萱花题材在过去是广泛存在的。

在宋代毛益的《萱草游狗图》中，母狗带着一群小狗在萱花旁边，代表一种母子之情，其中的萱草就是黄花菜。

在明代陈淳的《松石萱花图》中，萱草一般和寿山石在一起。其中明代的苍松，"寿比南山不老松"，这是祝寿的意思。萱花是和整个大的意象连在一起的。

苏轼的《和子由记园中草木十一首其一》说"萱草虽微花，孤秀能自拔，亭亭乱叶中，一一芳心插"，就表达了孝心。

也就是说，萱草在古代是被反复吟诵的。它是一个艺术对象，是儒家文化的象征，是物与母亲意象的代表，地位崇高。包括了孝道，还包含长寿的意思。

图4所示为宋代北方定窑的图案。这是萱草花，但它是艺术化的，是把直的变成了曲的。

此外还有"萱茂兰芬"匾额。萱指的是母亲长寿健康。兰是指什么？是儿女。兰桂齐芳，儿女成才，就是一个家庭了，修齐治平。

---

① 宋代刘应时有诗《萱花》曰：碧玉长簪出短簪，枝头腥血耐炎晖。北堂花在亲何在，几对薰风泪湿衣。

图4　A型Ⅱ式萱草纹

1. 河北曲阳涧磁村定窑址出土；2. 内蒙古敖汉旗羊山2号墓出土；3. 北京金代皇陵出土

我们说北堂萱草，北堂就是母亲所住的地方，萱花代表母亲。所以，也有匾额题"北堂萱荣"意思是母亲身体健康。

上海也有一个匾额馆，有一个统计，以"椿萱并茂""椿萱永茂"等椿萱祝寿的，70%的匾额是单独有"萱"的，单独有"椿"的一块也没看到，当然我们收集得不完整。关于父亲母亲，要么就是"椿萱并茂"祝福父母的；要么就是单独为母亲祝寿的，用"萱"字。母亲文化在这里有非常重要的地位，萱堂、萱花、萱草等是这样，比如"萱堂衍庆"，是祝母亲福寿绵长。"椿萱并茂"是萱花的标准用语，萱花成为匾额表达的普遍意象和表述符号。

赣南客家匾额习俗是国家级非物质文化遗产，他们的文辞太简陋，完全没有雅致。所以说我们要复兴，这不是一两天了。

萱花文化随人口南迁到景德镇这一带，所以南宋景德镇瓷器也开始有了萱花图案，如图5所示。它是一个无所不在的东西。

图5　萱花图案

古代文人有将萱草和牡丹画在一起的，我认为萱草超过牡丹花的价值，因为萱草含有母亲的意象，牡丹没有母亲意象。母亲这么重要，所以萱花有它非常独特的地方。

这里的寿山石、不老松，就是要表达福寿绵长的意思，我们现在只知道福如东海长流水，但是椿萱这一块就去掉了。

还需要说明，萱花就是黄花菜，是黄花菜的别名。

3. 萱草母亲意象丢失

我前面讲萱花讲了半天，大家就觉得好玩。但还是很悲剧的，母亲文化衰落了。

其实是这样一个问题，祝寿仪式简化了，匾额衰败了，传统淡化了，被外来花卉（康乃馨）的母亲意象替代了。这主要是孝道衰落了，祝寿的仪式改变了，现在吃蛋糕，吃长寿面，然后吹灯拔蜡，已经不是我们的仪式了，它的意蕴不再了。

我说的仪式美术，其实就是所代表的文化本身。仪式美术没有了，仪式没有了，所代表的文化也不行了。仪式美术是一个文化现象，我们在探讨的时候，可能会延伸一系列的理论话题。

康乃馨是 1903 年在上海引种的。康乃馨是美国的母亲花，在美国也不过百来年，中国的萱草母亲花已有千年以上了，这一百年，我们的母亲花被美国的母亲花打败了。1934 年 5 月，美国发行"母亲节"纪念邮票。后来引进上海，它也是很灿烂的花，我们觉得丰富了中国的文化生活。但是把它引进来，让我们忘掉自我，这就不是很对。

正好前几天在我国台湾地区，他们过母亲节，康乃馨是一个，黄花菜是一个，还记得这事。1985 年的时候他们还知道萱花代表母亲，但是经过陈水扁和"去中国化"的过程，他们现在几乎不知道了，只知道康乃馨，萱花文化已经很淡了。从 1985 年到现在也三四十年了。

图6 1985 年中国台湾发行母亲节纪念邮票

（二）建构中国母亲节

1. 重拾萱花文化

去年我们的文章在澎湃新闻上发表了，影响很大。湖南省（祁东县）很大的一个黄花菜生产基地来找我，说他们搞黄花菜论坛，请我过去一下。我去了以后就讲，要和他们合作，要把黄花菜重新变成母亲花。他们种萱花，观赏性萱花没有卖出去一盆，都在那里，两三块钱都没有人要。我们说萱花是母亲文化，但别人说你是卖黄花菜的，这个（母亲）文化已经衰落了，失去了文化的商品，它就没有价值了。他们提出一些想法，甚至提出建黄花菜研究院，结果我们学校说不行。学校是不太了解，但我们不能气馁，要坚持。

所以我们今年办了华东师大萱花文化节，如图7所示。

这次学校为什么重视？因为他们那边县长也来了，我们又举办了一个讲座，然后我们学校的华申公司的老总，觉得这也是个机会，我们说服他把湖南黄花菜拿到上海推广。在校园里面，让他们带了几个师傅到这边来，教我们烹调黄花菜，在校园里面栽种、浇水。

图7　华东师范大学萱花文化节栽种萱花仪式

2. 学术研究、文化复兴、产业发展"三重奏"

我们要和商业等多方携手，校园传承，然后商业合作、创业实践。我们有一个民俗学创业者张海岚，这个活动都是她组织的，经费也是她搞来的。我们有了经费，事情就好办了。我们也训练学生自己来干这个事情，我们充当她的棋子。这个也非常好，你们能够做到这样，把老师调动起来，也不错。活动搞完了之后，我们大家吃了一顿黄花菜，现场挺受欢迎，一共有二十四道黄花菜。然后媒体就铺天盖地的轰炸。在上海，《新民晚报》《解放日报》《青年报》都有报道，这也是从文化上造舆论。

这就是我们想的"三重奏"。首先是学术研究、文化复兴和产业发展的三重奏，每一件事都蕴含着这三个方面的动机。依照这个路径，我们要发现问题、追踪调查，然后进行话语构想。如果我们在谈问题的时候加入一点民俗学的内容，比如精华论，讲萱花是传统的母亲文化的代表。然后从萱花讲出一个孝道的谱系，从一些精英、一些故事，讲出它是叙事的一种传播。因此，是话语构想和实践的这样一套东西，最终实现了学术与文化优势产业的互动。这个过程比较艰难，但是非常愉快。同时还是对民俗学学科的一种推进。

3. 关于中国母亲节的讨论

中国教育忽视中国母亲文化。沪版教材有《我们是怎样过母亲节的》① 这样一篇文章。课文没有讲中国母亲文化，但是这篇文章通过课堂传播西方母亲文化，这是很厉害的。还有他们的教辅读物，中学生英语上篇《母亲节的由来》（History of Mother's Day），通过英语讲美国母亲节的由来。然后课外语文杂志也有一篇《母亲节的由来和发展》，老师和学生就知道了美国母亲节的发展和由来。我们学校的特殊教育学院举办了"致亲爱的你"母亲节特别活动，放的是康乃馨，而不是黄花菜。他们缺少知识。但我们看到这就厉害了，学前教育、幼儿园，中小学教育，从小就把美国的康乃馨文化灌输给他们了，把中国的母亲花母亲文化放逐了。

我们有一个老师，他讲母亲节的"敬母花"，讲康乃馨也是生长在我国的，还讲到中国的母亲花叫石竹花。② 但是他只从古典中寻找，往西方的上面套。他说这个花在中国是石竹科，后面举了李白（"石竹绣罗衣"）、陆龟蒙（《石竹花咏》）的例子。这个很有意思，他仅从中国古典诗歌就认为母亲花不仅是西方的，是中国古已有之的这样一种叙事。他说："石竹花才是真正的母亲花！应当为它高唱赞歌！我们虽没有母亲节，却有孝敬母亲的优良文化传统。"他讲母亲花在中国，这是非常值得思考的一个问题。整个风气都是这样现实，都要找到中国的传统，就像马克思主义在中国也有很深的传统一样。

在整个社会遗忘萱花，遗忘母亲文化的时候，我很感慨。我们缺少文化自信，没有意识到我们有自己的母亲文化，有独特的符号价

---

① 《我们是怎样过母亲节的》，沪教版高一语文上册，第二单元第六篇。
② 王绍玺：《母亲节"敬母花"探源》，《华东师范大学校报》2015 年 4 月 15 日。

值。我们是不是文献教学不够，民俗学存在的民俗知识不够？

到现在，以我们为主要参与者的推进，使萱草母亲花得到很大的传播，被大众重新认识，萱草母亲花已经没有疑义了。

但是母亲节定在哪一天？之前有孟母生日是四月十二日，七月十八日是华夏母亲（王母娘娘）生日，女娲是三月十八日，嫘祖有两说，二月十日和三月十五日，还有中秋节、重阳节等。到底哪一天好呢？

我认为，第一，那时候萱花还没开，所以此前就不行，三月份四月份不可选择。那么七月十八日倒是很好，王母娘娘是中国的母娘，对吧？但是也有问题，这个时候大家都不在学校。龙母生日是五月初八，阳历六月，那个日子似乎很好。萱草盛开了，学生都在学校，可以组织活动。第二，选择的中国母亲要有代表性。我倾向以龙母生日为中华母亲节，即五月初一至五月初八。我们是龙的传人，龙母不就是我们民族的共同母亲吗？

关于萱花研究与文化传承，有很多的问题要说，有很多的事情要做。这里只是开头，希望我们一起弘扬中华母亲文化，一起研究民俗文化、广大民俗传统。

中华母亲文化、母亲花这么大的事情，我们民俗学为什么长期没有感觉、没有参与，问题在哪里？最后我用三句话与大家分享。

第一，民俗文献没有好好阅读，所以民俗学学科一定得阅读大量中国民俗文献，具备民俗知识。否则我们民俗学就是民俗文化的外行。

第二，民俗实践能力没有好好锤炼。推进一项重大民俗复兴，民俗学自身能力有限。所以希望大家具有民俗实践的能力。

第三，民俗学自己的话语不足，拿别人过时的理论来套，怎么可能研究好中国的民俗问题？所以希望大家一起努力构建中国民俗学的话语系统。

谈谈《汉声》五十年在文化传承方面的实践与社会价值①

黄永松

（《汉声》杂志总策划及艺术指导）

《汉声》英文版是在 1970 年开始筹备的，从 1971 年 1 月第 1 期出版开始，我一直参与采访编辑工作，我和《汉声》的机缘已经有几十年了。以今天的题目来谈谈我知道的《汉声》在文化传承方面的实践与社会价值。

一　在民俗学里起步和成长

从《汉声》杂志的函装本上可以看到"汉声杂志"四个字其实是非常好的书法，是瘦金体，为什么会用书法的瘦金体作为《汉声》的代表？因为这里面有故事，我借它来告诉大家《汉声》跟民俗学的关系。

庄严老师是以前台北"故宫博物院"的副院长，他亲切有趣。在一次机缘去采访他发现，他特别喜欢我们这些年轻的民俗杂志工作者，如有艺文活动都介绍我们去参与学习。有一次要我们到台北

① 本文是 2020 年 9 月 21 日作者在北京师范大学中国社会管理研究院/社会学院民俗学专业所做讲座的录音整理稿。

"故宫博物院"溪边,他在那里发现了一个"流觞"的石碑,他邀请该院的拓片老师张银武先生在现场示范"拓碑",我们兴奋地去了,详细记录下了拓片的过程。1973 年 3 月 3 日,在"流觞"石碑旁边的小溪里头进行了"曲水流觞"的修禊活动。1973 年是中国台北文化界的盛事,我们也受邀去参加活动,并认识了更多文化界的前辈。

庄严老师是有名的书法家,他的书法以瘦金体最为知名。文化艺术界请他写或者邀他写,是很不容易的!不了解他为什么对我们这么好,请他写什么字、什么句他就写。以 1974 年编辑的端午专辑为例,庄老师帮汉声杂志以瘦金体写了《礼记·月令》中的"仲夏,阴阳争,死生分,君子斋戒,止声色,节嗜欲"这些句子,然后写"日盛于午,午者物满长"这一句时,庄老师说:"我们换个字体好吗?"他说这样比较多元化一点,就写隶书好了。这样左边瘦金体,右边隶书体,在版面上呈现出大气美感。还有一句民间俗谚,关于"吃"的句子,他说我们北京有一句话"未食五月粽,寒衣不敢送",反而是庄老师提醒我,又提笔帮我写了。他说我写另外字体,换行书好吗?他就把有关端午节俗的句子,以三种字体写出来。庄老师越写越高兴,还请我和同事喝点小酒,共进午餐。从此我们称呼他庄伯伯。我们就在 1974 年 6 月的端午专辑里,用了他写的字。

2016 年 4 月,汉声为北京文化局编写"北京非物质文化遗产 278 项图鉴",这是大规模采访课题,首先在该年 4 月 1 日"妙峰山庙会"开始。全书非遗项目工作耗时两年,是一部厚达六百页的书,2019 年初出版。

2019 年秋天我带同事们重访妙峰山。当天妙峰山秋高气爽很舒服,大家各处参观的时候,我自己喜欢看碑,发现"妙峰山"的大碑后面有棵大树,树前碑后赫然发现刻有碑记。这个碑记是"中国民俗学会调查纪念碑"。碑文中记着:"公元一九二五年四月三十日至五月二日,北京大学顾颉刚携庄尚严、孙伏园、容庚、荣肇祖到妙峰山，考察庙会民俗活动，开中国现代民俗学有组织的田野调查之先河"等。庄尚严就是庄伯伯，他参加了！他是民俗学的前辈。

站在碑文前，恭敬地念着……我才知道为什么庄伯伯这么照顾我们，也喜欢我们，就是看我们这些小朋友都从事民俗调研，在向民俗学习。我查资料时发现，北大在1925年成立了风俗调查会，组织了五个人到妙峰山调查朝山进香的习俗，庄严老师随行做了记录，这个笔记回到家以后，由他的夫人重新誊抄，听说最近大陆地区有他的《妙峰山进香日记》出版，"京俗，每岁旧历四月初一至十五，西郊八十里外妙峰山有香会"，成为中国民俗学在开始阶段的一次实地考察的范例。调查报告还有研究心得，先在《京报》上发表，后来都被收进1927年出版的《妙峰山》一书里。

《汉声》杂志创刊时期，我在中国台湾认识了娄子匡老师，因为请教学习的机缘，我也成为中国台北"民俗学会"的会员，我们向娄老师学习很多。后来，我到北京和钟敬文老师见过好几次面。钟老在1928年秋，从广州到杭州教书，一年以后，开辟了《民国日报》副刊之一的《民俗周刊》。1930年又与江绍原、娄子匡组织了一个"杭州民俗学会"。我在北京的时候，专门到钟老师的小红楼向他请教、学习，钟老师跟庄老师一样很喜欢年轻人，鼓励《汉声》很多。我们把钟老师的文章收进《拓荒者的足迹》系列，《槃瓠神话的考察》则是登在《汉声》杂志民间文化第28期。还有一篇《谈民族的下层文化》，登在《汉声》杂志第49期。

郭立诚老师，这位老师随着民国政府到了中国台湾，她在北平大学女子文理学院读书，当时就完成了好几个庙宇的宗教信仰调查，《北平东岳庙》是她的第一个著作。在台湾地区我们把郭老师延聘到《汉声》杂志社的办公室，成为顾问老师，任何我们要读的资料、要读的书籍、要问的问题，都是由她和同事提供并指导编辑。《行神研究》是她在台湾地区台北市写的。1975年立春，郭老师还带着我们动手，做北京的春饼。

《北京非物质文化图典》2016 年 4 月开始，第一项田野调查就是妙峰山，有前面的积淀，由于郭立诚老师是老北京人，她在台湾地区没有办法回来，常提醒我到了北京，一定要到妙峰山。有了这个嘱咐，这次北京非遗采访工作，以参加妙峰山庙会展开北京非遗的第一个调研。

还有《岁时节庆》这套书，是 2009 年 1 月由萧放老师作为主编，由生活·读书·新知三联出版社出版的。第一本《春节》就是萧放老师的专著。这件事情怎么开始？《汉声》到了北京以后，和三联出版社有联谊，三联出版社的总经理董秀玉老师，也是我们的好朋友。她有一次谈到，三联书店也应该为民俗学做点事情，问我怎么做。我就告诉她前面的故事，所以组织了委员会，请萧放老师主持，再找其他几位老师分别撰写《春节》《清明》《端午》《七夕》《中秋》《重阳》等书，由汉声制作，三联书店出版。

以上说明我们与民俗学有趣且有意义的缘分，让我们边做边学，同时教育我们，从民俗学里好好成长起来。到今天《汉声》50 年了，是在民俗学、民间文化里长大的。

二　致力推广中华文化

1971 年 1 月创刊《汉声》英文版，1977 年停刊。1978 年创刊《汉声》中文版，一直到现在。50 年前创办英文《汉声》杂志，当时我们的想法是很单纯的，因为所处的近代中国接受了汹涌西潮的波荡，而西方对中国传统往往局限于浮光掠影，甚至是"山海经"式的认识。如果能以中国人的身份和立场来办一份"认识传统中国文化"的杂志，在平衡东西文化交流的意义上，应该是可以成立的。1971 年《汉声》杂志终于有第一本英文版了，越洋渡海抵达全球 30 多个国家的读者的手中，然后也在工作的过程中发现了我们所预定的、《汉声》杂志的内容与价值，竟超出了我们的想象。

虽然每期的专题研究项目都不大，中国的历史、文化、艺术是它的纵断面，中国人的生活方式和民俗活动又是展现上的横断面，任何一个小题目都无可避免地触及文化的全体。就算我们几个不知天高地厚的年轻人，个个都是专家学者，也不足以应付在办这样一份定期刊物的时候，各种纷杂而来的疑难，何况我们并不是。

于是我们定下了四个内容范围。第一，做中国的，外国的有人做，不需要做；第二，做传统的，很现代的有人做，不需要做；第三，做活生生的，已经消失的不做；第四，做民间的，社会上层的不做。我们有了方向，这就是《汉声》中文版再接再厉的目标。

作田野实地的调查，要翻典籍，拜访老前辈，邀请专家撰稿……每一次专题文字的收集、整理、消化，固然是一段艰辛的历程；由于在编辑上采取图文并重的方式，看重图像的记录功能，这就不得不为了图片的摄取，奔波与劳累了。我们希望图片在《汉声》杂志中充分发挥它的记录和传播功能，更能表达一份对自己民族和文化上审美的自信。

英文版跟中文版的区分是这样的，英文版是横坐标，东西文化的交流，是传播我们的文化让西方人知道；中文版是纵坐标，是传统和现在的衔接，给自己的同胞温故知新再创新。

《汉声》就这样一期一期做下去了，若要问在无数骄阳暴晒下，在彻夜通宵编印、不眠不休的夜里，是什么样的力量在支撑着我们继续工作，除了要感谢50年来逐渐增多的国内外读者的关爱和督促，最主要的应该是每当一个专题在逐渐凝练成形的时候，都仿佛揭开了一角沉沉的帘布，使我们重新窥见属于中国传统面貌的一部分，那种喜悦，该是对母亲文化亲情的自然流露。

三　建立民间文化基因库

我们把民间文化基因库分为 5 种，10 类，56 项，使每一个工作有一个定位，不至于凌乱，可以累积。第一种就是民间文化，第二种是民间生活，第三种是民间信仰，第四种是民间文学，第五种是民间艺术。

于是我们成立了两个研究所、四个研究点来协助拜访地方的学者、专家、研究机构，以及有心人。第一个是东南大学艺术学系的"东南大汉声民间艺术研究所"，和学校正式签约成立的，从事民间艺术研究，作品有《夹缬》《美哉汉字》《惠山泥人》《蜡染》《夹江造纸》等。还有一个是清华大学建筑学院的"清华汉声传统建筑研究所"，带动了对古建、古村落和流域的调研，出版了《楠溪江》《诸葛村》《关麓》《碛口》《婺源》《梅县三村》《丁村》《郭洞》《安贞堡》等十几部书。

我们又跟中央美院民间美术系合作，没有成立研究所，是和系所里的老师与同学们一起合作，完成了《黄河十四走》《华县皮影》《民间剪纸精品》，还有《瓜瓞绵绵》等有深度的民艺调研。然后又和北京中国美术馆合作，那时候副馆长是曹正峰老师，他指导我们并合作组织稿件，《杨柳青年画》《戏出年画》《曹雪芹扎燕风筝图谱》，还有他的专著《虎文化》等。沿着黄河往上走，到西安和西安文化局合作，我们也完成很多专题，《母亲的艺术》《阳歌阳图》《剪花娘子》，每年还为《大过生肖年》提供了百件生肖剪纸。每一年过年的时候，我们都会出版新年的生肖海报书给读者，在门口可以张贴大门神，室内贴吉祥年画，生肖人人都有，生肖的故事要知道。让我们过个好年，中国人就是要祝福过个好年！随着时代进步，这些传统年画年俗要保护并发扬，在现代生活中以传统文化凝聚人心。"大过新年"的系列，随着《生肖年》编辑出版，已经过了27年，出版了27本。

四　三个艺与道的故事

只因有梦未醒，不能成为灰烬，要薪火相传，民间文化丰富，虽无序但有生命。五十年走过汉声工作的漫漫长路，边做边学，成长与成就，让我们乐此不倦……举三个例子当作故事，讲给大家听。

第一个故事发生在 1976 年 4 月，我们完成了中国台湾南部制作油纸伞工艺报道的专辑。封面就是制伞的林师傅，桐油纸伞上印着"美浓广进胜造"，他的伞好漂亮！这篇记录是《汉声》第一次对油纸伞做翔实的调查和工艺记录。发行了一个月之后接到一通电话，是一个美国人打来的，他的中文讲得字正腔圆，他要来看我。到了约定时间他过来了，说他刚从美国来，过来干吗呢？他说，黄先生请你介绍我去认识这位林享麟先生。介绍当然没有问题，但是我好奇呢！你为什么要认识他？他笑着回答"要学做油纸伞"。这个很有趣，渡海过来的美国青年要学做油纸伞！由于好奇我就多聊了一点，互相交谈老手艺的失传……当我问他为什么会喜欢这些，他突然间一本正经地告诉我"我是 IBM 派来的"，我吓一跳！那时候对 IBM 不熟悉，只知道是制造电脑的。

他说，我们是做电脑的，其实也就是制造生产工具的工具厂而已，但是 IBM 特别注重手工艺，尤其是老工艺。公司成立特别小组，进行搜集整理，目前已经把美国本土的老手工艺调研完了。突然间看到你们的《油纸伞》这一本书，公司决定派我来学习，给我两年的时间不仅要学会，还要写本书出来，所以我就这么来了。我给你打电话，非常感谢你给我介绍……这让我愣在那里！我们司空见惯的老伞，这位老手艺人林老先生，和我们寻常的邻居一样，居然有美国 IBM 公司派人来，要跟他拜师学艺。发生这样一个故事，让我沉思很久。

时隔多年，我确实从这里得到一些反思……你知道美国科学技术那么高深，很多我们都不懂。IBM 的科研单位是很厉害的，它的微电子系统研发制作高深莫测，有的都不能发布，这次才知道他们有研究工艺的根基，就是从手工艺一步步走向高科技。

　　第二个故事是1981年在德国慕尼黑发生的有关"中国结"的故事。西方的有心人很注重对手艺的整理研究！1981年1月，《汉声》"中国结"第一册出版一年以后，在美国英文版发行上市一个月后，我收到德国来信，要出版德文版，就是贝塔斯曼出版社——德国最大的出版社。因为有英文版，我们同意从英文转成德文，马上可以进行工作。转成德文版的时候，德国人做事很仔细，因为编结工艺繁复，工序图解绘详细，印刷前希望能派人过去校稿，于是我去了。

　　第一天讨论和检查印刷版，整本书都没有问题，结束的时候已经是傍晚了，德国总编辑问我有没有什么地方不妥，要修正补漏的。内容全部没有问题，我忽然发现漏看了封底，中文版没有但英文版有，就是你要在哪里买编制用的线绳材料，以及电话号码。这个资料很重要，因为中文版没有，编制中国结要有各种不同颜色、不同粗细的线，质料的软硬程度也不一样，才可以编出无数种类的结。我们在中文版结艺研发的时候吃尽了苦头，当时也拜托各个出国的朋友，若到日本去不要忘记帮忙收集线，到德国去也不要忘记收集线，法国、意大利，一直到美国，朋友出国都帮忙寻找和购买线材回来，所以才有多种线材。

　　出版英文版的时候，我们就补充了这一点，德文版发现缺少线绳材料来源，我提出线绳来源很重要，一定要加的。总编辑看着我想了一下，他说我们不需要，我反问为什么不需要，他说德国人最爱手工艺，大街小巷都有美术劳作店、工艺店，随时可以买到各种线绳材料。这让我非常吃惊与羡慕，德国人对工艺的态度就是不一样。

　　第二天他们请我吃饭，我作为一个编辑，身上挂着一个小相机，随时可以拍摄，方便记录。到了饭局的时候，还没有开始，总编辑发现了，就指着问我，这个相机有什么用。我说这个相机随时可以拍摄记录。又问是什么牌子，我告诉他是莱卡，品质很好。又问："哪里制造的？"我说："是你们制造的。"又问"你们家乡有没有德国汽车?""有！好多……"再问："你们出版印刷的印刷机是什么牌子的?"我知道他的意思了，我说"德国的海德堡"印刷品质最好！我笑了……他也笑了。由这些对话可以知道手工艺的重要性，只有好的手艺才会有好的工艺，好的工艺才会提升为好的轻工业，从轻工业才能发展成更好的重工业，才能到今天的精密工业。他这么一说，让我明白"德国制造"品质好！因为德国人爱护、尊重手工艺。

所以采集整理手工艺是大有用处的。这个故事跟 IBM 一样，都是老外提醒我们对手工艺的调查是正确的，是好的，要保护！要传承！我们有最丰富的祖传手工艺，大家要保护传统的手工艺智慧，不要让它们失传。

第三个故事发生在 2002 年 10 月，我们到贵州采访各地各族的蜡染工艺。我们花了好长时间将蜡染工艺分别调研完成，并且采访了还健在的工艺师傅，记录它的工艺过程。中间我们听说在什么地方还有一个真正的老工艺，快失传了！现在都用铜刀蘸蜂蜜的蜡去画蜡花，贵州人称"铜刀蜂蜡"。更早的时候，他们没有铜，只能削竹做竹刀，然后他们没有蜜蜂的蜡，只能采枫树流下来的蜡，他们称为木蜡。"竹刀木蜡"与现在的铜刀蜂蜡是不一样的。

这使我们产生很大的兴趣，增加了好几天的行程，追到了这个地方，终于看到了二位瑶族姑娘。她们从地上捡一个竹片，从腰上拔出一把大镰刀，现场就做了两把竹刀，姐姐蹲在地上，在盛着灰的脸盆下起火，灰上放置了装着已经凝结的木蜡的碗，起火加热以后碗里的木蜡就从固体变成液体。两姐妹就开始在胚布上画蜡花，画好后去蓝染缸浸染，画有蜡花的部分就染不上颜色。姐姐用的那一块布是浅蓝色的，脱蜡完成后出现的花不是蓝白图案，而是深蓝底和浅蓝的花纹。妹妹在白胚布上画蜡花，下染缸浸染，定染好后脱蜡，就完成了常见的蓝白花的花样了。因为竹刀的关系，所以线条不能画得很长，而且枫木蜡融点低，没有办法拉得长，所以画出来的线条比较短粗，但是短粗有短粗的美感。

我离开的时候，问地陪可不可以买一块，不用像被单一样大的，一小块就可以，我带回去做个示范品。地陪说当然可以，我去给你拿，他就跑回寨子里去，拿了一块围裙布给我，说好多少钱，我也付了钱。正要和地陪坐车离开，突然有一位满脸皱纹的老太太冲过来，原来那一块是从这个老太太家里取的蜡花围裙，是这老太太做的。老太太看我手上拿着她的围裙，就一把抢过去，只听到他们在交谈，地方土话我听不懂。后来年轻的地陪就转过来说明，她是他的曾祖母，102 岁，她说不卖！老人家不卖我不能拿！但是地陪不放弃，再去说服曾祖母。跟她讲了半天，老太太同意把那一块给我。这时候我很好奇，我问地陪："为什么刚刚不卖，现在卖了呢?"经过一番问答，老太太就把这块布拉开来，她往下指了指，我才看到右下角被她剪下一小块，并不影响围裙和花纹，我问地陪为什么要剪下这一块，这次老太太叽里咕噜地对着我讲话，我听不懂，地陪点着头对我说，我曾祖母让我告诉你"我把灵魂留下来了，身体给你"。我看着老人家许久……手工艺的百岁老前辈现身开释，给我醍醐灌顶段的加持。

五　黄土高原母亲的艺术

我在西北黄河流域晋、陕、甘地区采集了很多题材。那些老艺人专心做事的样子像老神仙，能道艺双全又能道通古今，真是出神入化。先说剪花娘子库淑兰，已于 2004 年过世。她今年 100 岁，这个月月底（2020 年 9 月）要在她老家旬邑给她做百岁诞辰纪念，一定要我过去，因为"新冠肺炎疫情"我不能去，就请北京的同事代表出席。当年我采访她，所谓采访其实是记录她，看她创作，和她聊家常。我带编辑团队去了 3 次，我自己又去了 3 次，一共 6 次，和老太太成了非常好的朋友。每次见面她都会拉着我的手，唱着"库淑兰是可怜"……多次以后才明白她想念着我们。

库淑兰的作品很多，她是多产的，有四分之三的作品是在陕西旬邑县土窑洞里完成的。她的先生是既寡言又很倔强的老头，常常要揍她。虽然日子过得不如意，但是库淑兰就在这样的生活当中，用剪纸创意完成了她心灵的一个追求。从她小的时候，周边黄土高原上面沟沟渠渠的万物与传说，给她留下了深刻的记忆，让她拥有了富裕的精神生活。

编辑们去点数她的名作《剪花娘子》这张图有多少个圆点，全图圆点是 2056 个，花蕾是 362 个，花瓣是 252 个，所以总计 2670 个小零件。她是剪一个点，再剪一个花蕾，再剪一个花型，再用黄纸垫在底下勾边，才成为一个花，所以她称自己为"剪花娘子"。不晓得她为什么这么灵通又神通，还知道点、线、面、体的关系。她用点作为基本元素，把每一个碎片都剪成圆点、小圆点、中圆点，把碎片组织起来，然后构成她的大作品，真是出神入化。1997 年 3 月《剪花娘子库淑兰》出版，并且在中国北京、中国台湾、中国香港、日本东京等展出，库淑兰的数十张到数百张的原作，使各地民艺界、美术界大为赞叹！

我要特别提出一点，大家都知道以前物资缺乏，所有的剪花剪纸都跟我们日常用的红纸有关系，大吉大利的时候用大红纸最多。如果有一些丧事，就可能是蓝色的，再来就是黄色的、绿色的，基本上就这几种颜色。老大娘剪的都是单色剪纸，用红色剪纸最多，还有橘色剪纸、蓝色剪纸、黄色剪纸，没有人会彩色剪纸，只有这个老大娘会做，这位自称"剪花娘子"的库淑兰做到了！她是如何做成的呢？

地方文化局每隔一段时间就会在文化馆里，召集各地巧手去剪纸，剪一点花……可以作为文化成果报告，她因为手巧当然是被邀的一个。每一次大家集合分配各色纸张，甲可能拿黄纸，乙可能拿红纸，那么丙可能拿绿纸，就各剪各的纸了。剪好以后，各自把作品交出去就回家了，只有她跟管理员说，我来打扫。意思就是，她把地上散布的碎片纸屑扫起来，装在包袱皮里去处理，去倒垃圾！管理员当然高兴，然后她打包统统带回家。回家后就按颜色分类放开，反正家中土碗很多，大碗装大的碎片，中碗装中的碎片，小碗装小的碎片，再按颜色分区放置，各种大、中、小碎片，这样子她就有了材料来源，才能构成库淑兰独特的彩色剪纸。

1995年9月出版的《黄土高原母亲的艺术》，我们把剪纸技艺作了翔实的分析。剪纸就是民间艺术之母，我认为这部书是对剪纸描述最周到的一本。本书开始挑出七位老大娘，一生从没进过博物馆，也没瞧过现代画，她们究竟是怎样才有如此博古通今的能耐？

陕北安塞老大娘曹佃祥剪的《鸡衔鱼》，好像六千年前彩陶上的"鸟衔鱼"，她没有看过仰韶文化的陶壶。还有更有意思的，安塞老大娘王占兰剪纸中的"人脸"跟"虎脸"，好像毕加索的立体派，就是正面跟侧面同时存在。富县老大娘张林召剪的《妇女》，表现立体，跟毕加索的没有区别。洛川的老大娘剪的《双身虎》，跟我们晚商青铜器的兽面纹是一模一样的，兽面纹也是一面两身，两个身子共用一个大脸，她也没有到过博物馆。安塞老大娘白凤兰的《牛耕图》也很有趣，简直就是汉代画像石《牛耕图》的翻版。宜君老大娘冯秀荣的《磨年粮》，自由自在地鸟瞰，表现田园生活方式，好像夏加尔的画，由上面的视点看下来，像今天的航拍一样，东南西北可以同时存在。还有一位陕北老大娘的剪纸风格居然与马蒂斯的野兽派一样，天真、自然。所以我就觉得"道通古今中西"，怎么可以说它是老的，怎么可以说它是没有用的？这多么好呀！

六　从"一份条约，两本书"到"天工慈城"

下面谈谈我们从书本走出来，《汉声》从第109期《中国女红》这本书起，创办了一个"天工慈城"，从母亲的艺术到父兄的手艺。慈城是一个地名，是宁波的古县城，为什么跟天工有关系？

1840年6月，西方列强为了打开中国的大门，掠夺工业生产的原材料，并向中国倾销工业产品，发动了鸦片战争。两年以后的8月，南京政府在英军的炮火下，被迫签订了丧权辱国的《南京条约》。在炮舰下的鸦片贸易给中华民族带来了深重的灾难和奇耻大辱。百余年间，遍地是罂粟，处处有烟民，白银外流，国力衰竭。我们曾经是"东方睡狮"，但是在这里变成"东亚病夫"。

一百八十年来，我们中华民族在不断奋进中由弱而强，但大多数人很难摆脱西方意识的笼罩，"外国月亮比较圆"的想法，是国人对民族文化的自信心低落不振的表现。然而在1637年，这一年在东、西世界同时出版了影响人类的两本书，我们有一本书，西方有一本书，但是这两本书的命运非常不同。

明崇祯十年，也就是1637年，中国江西宋应星的伟大著作《天工开物》出版，全书18卷，系统地记载了明代以前我国农业和手工业的生产技术与经验，大量插图生动形象，是世界上第一部关于农业和手工业生产的综合性著作，被欧洲学者称为"技术的百科全书"。有意思的是，同在1637年，欧洲近代哲学的奠基人、理性主义的创始者笛卡儿出版了《方法论》一书。这本书被认为是近代哲学的宣言书，树立了理性主义认识论的大旗。这部书不仅表达了科学思想和方法，还将其应用于具体学科的研究当中。从笛卡儿的理性主义开始，西方完成了以科学实践为契机的产业技术革命，揭开了世界近代科技革命的光辉篇章，实现了工业量产的整个配套进展，成就了今天所看到的西方世界，方法论在西方世界得以彰显。

但是，我们明代末年的《天工开物》出版后在有清300年间失踪了。虽然《天工开物》在国内300年里都默默无闻，没有产生作用，但早在17世纪末就传到了日本，和我国另外一本目前为止年代最早的手工业技术文献《考工记》，一同成为日本生产技术的基础图书，在日本各藩的"殖产兴业"中被奉为指南，广泛运用。在此之前，对于中国的贸易大量逆差，日本人往往苦于自身工艺技术的落后，无法生产和中国货媲美的产品。得到了《天工开物》，他们如获至宝，因为书中将很多中国产品的制造秘诀写得一清二楚。

1837 年，法国汉学家儒莲把《天工开物·乃幅》的蚕桑部分，加上《授时通考》的"蚕桑篇"，翻译为法文，并以《蚕桑辑要》的书名刊载，轰动欧洲，当年就已经翻译成意大利文和德文，第二年转成英文和俄文了。当时欧洲的蚕桑技术已有一定的发展，但因为防治疾病的经验不足等，导致生丝大量减产。《天工开物》提供了一整套关于养蚕、防治蚕病的完整经验，对欧洲蚕丝业产生了很大的影响。著名的进化论学者达尔文阅读之后，惊叹该书为"权威性著作"，并将中国养蚕技术中的有关内容作为人工选择生物进化的一个重要例证。

宋应星用"天工开物"来概括他的科学技术观和天人合一的东方科学哲学观。"天工"的意思是巧用自然之力，"开物"是创造出人工之物，强调两者之间的配合与协调；但是在"开物"的过程中，强调人的主观能动性，因为人能通过技术和技巧自觉地作用于自然，并使自然力与人力相协调。万物"巧生以待"，但必须合用人力与自然力两者来开发。《天工开物》由这个角度来看待我们的手工艺跟手工业。古老中国百年以来一直试图学习西方，但是反观民族自身深厚的文化积淀，从中获得精神和思想的养分，似乎更为重要。在中国急速成为"世界工厂"的今天，《天工开物》穿越了近 400 年的时空，其所体现的东方自然观和技术观，应该再次引起我们的重视和反思。

这"一份条约，两本书"让我更加意识到民族手工艺的重要性，从而愿意去宁波市慈城镇促成"天工慈城"的建设。宁波是制造业的基地，优良的设计是制造业在激烈竞争时代的制胜法宝。长期代工造成了宁波制造业的同质化，竞争激烈，其产业优势会渐渐丧失，用工业设计提升宁波制造业的竞争力迫在眉睫。

　　大家都知道宁波在杭州湾的南方，上面就是上海。宁波的慈城是很有意思的地方，它是春秋战国时候越国勾践所筑。慈城今天古城的规模格局都还跟长安一样，是棋盘式的，也跟日本的古城一样。为什么呢？宰相曾经被贬到这里，经营这个地方，所以有从春秋战国一直到唐代所立下的根基，古城的风貌让我感动。"天工慈城"试图努力提供一个可持续的整合资源和服务平台。前面提到了"天与工"的观念，在慈城我们希望二者结合起来，所以通过邀请各项民间传统手工艺师，推动教学以及手工艺学术讨论，建立手工博物馆，教学相长。让设计者能够承前启后、温故知新、选择参与，培育出强大的创意设计能力，为手工艺以及相关制造产业的发展提供服务，从而建立文化创意产业的垂直整合序列。

　　最早成立的母亲艺术馆到今天已经超过 10 年了，我们总共设计了十几个展览馆，包括布艺、纺织、编、染、绣、陶器、瓷器、泥塑、木工、书法、纸艺、绘画等，让很多相关单位和有兴趣的个人在这里游学。

　　"慈母手中线，游子身上衣，临行密密缝，意恐迟迟归……"我们的布艺从"水田衣"开始，唐代王维有"水田裁衣"的诗句，水田是将旧衣旧布剪裁成方块，可以再拼缝利用，就是"水田裁衣"，正是今天妇女喜爱拼布的母亲艺术。这是一种节约的美德，拼布既节约又可以重新利用。这个馆里的纺织展示，有拉经线，还有染布、刮浆。中国结、刺绣、剪纸也各自成馆。

　　中国结馆成为传统手工艺新生最好的一个项目，因为学习的人很多，带来的产业也非常大；刺绣馆中小的刺绣非常精致，大的刺绣像墙面那么大；库淑兰老太太的剪纸馆复原她窑洞里的场景，以巨幅剪花娘子呈现库淑兰的剪纸天堂。

　　青花瓷馆，大家都知道瓷器的英文名字是 china，大家也知道中国的英文是 China。为什么？这是值得介绍给国人的，青花瓷曾经引发了外销瓷的最高峰，产地就是景德镇。陶瓷是很沉重的，西方国家要购买，当时是不能通过丝绸之路运出去的，如果用骆驼来背，第一它太沉，第二不小心会破，所以只能靠水运往南走。景德镇的苍江南边有很多窑址，生产的陶瓷就是从这里送出去的，那个地方就叫苍南。老外到这里采购陶瓷，被问你要去哪里，老外说"苍南、苍南"，叫多了就变成"china、china"；被问去做什么，说去买"苍南"……于是瓷器也成了 china 了。这是我在地方上听到的，觉得还是合情合理的。

青花瓷在明代的时候兴旺，中国是瓷器的母国，再往前就是唐宋时期的青瓷，再成立更丰富更体现民族美感的青瓷馆，其中最有名的就是秘色瓷，秘色瓷的"秘色"一开始在档案资料里找不到，后来在西安的法门寺地宫有瓷器出土。出土的时候，因为是皇帝赏赐的，所以记录的资料很齐备，上面写了秘色瓷、秘色碗各有几个，然后一比对，才发现"秘色"原来就是这个颜色，秘色原来这么美！在馆中有秘色瓷复制品，很逼真！

同样的都是泥土的艺术，从青花瓷说到青瓷，再说到陶瓷。还有一个我们紫砂壶馆，紫砂壶结合了器物和人的生活，然后又提升为文人非常雅性的艺术追求。大家去买紫砂壶的时候，不要买灌浆的，也不能买揉土做出来的。为什么呢？了解宜兴的紫砂土很有意义，紫砂土有双气孔，要在泥里长期养着，让它连起来，烧制成壶后泡茶时才能传热度好、传香气好，双气孔的功能大矣！如果这个土是灌浆或揉土，那气孔全是乱掉的。要买紫砂壶，就一定要买老师傅有秩序拍打完成的。认识紫砂壶的紫砂泥，气孔相连是关键，再加上茶具的手工艺，从材料到拉胚成型，真是很高明。

我们还设立了木工艺的坐具馆。明式家具的椅子榫卯关系制作得非常精细，完成简练大气。有些人没有看懂，就以为它是场面的一个坐具，或者是厅堂里头摆式气派的坐具，其实都是错的。为什么明式家具这么好？因为明式家具道与艺一起抓，追求精神的简朴，构件的尺度也统统跟人体有关，你坐得好可以养生，可以神清气爽。到了清代以后就添加了很多不必要的构件，尺度也变来变去。所以我们在这里设立了在行、住、坐、卧中体现文化气质的坐具功能介绍与展示。

慈城还有一位老先生，他就是慈城人，抗战时期被迫离家去了美国，八九十岁的时候，通过他的女儿找到我。他凭着记忆画了他的老家，因为慈城是半街半水，一半是街一半是小桥流水，他画得非常好。回忆日夜思念的慈城故乡图，高三米，宽两米，儿时所见巨细弥遗，是最好的老慈城风俗图。我们也为了他成立了故乡图画馆。宁波年糕里面最有名的就是慈城年糕，所以我们也做了年糕馆。

传统生活的衣、食、用……可看、可欣赏，也可以学习，各项展品的出现为的是"手工艺的垂直整合"，从老艺人的授徒传艺，手艺的展示，工艺的制作到创意设计，展示与讲座……就在天工慈城。从"母亲的艺术"开始在慈城持续展出，老手艺与新创意，让工艺大师与设计新人在慈城交流。

工具与材料很重要！譬如说针，"慈母手中线"，如果要缝，没有针不行。在近代最有名的针是德国的针，有五百年历史的制针公司进驻慈城，然后有法国线的公司也进驻慈城。周边的宁波及长三角的制造业，不但可以来学习传统的工艺知识，也可以参与古今东西工业产业交流学习。天工慈城在2010年被英国广播公司（BBC）拍摄为"传承的英雄"纪录片中的其中一集，慈城作为中国的唯一代表，入选全球18个示范点之一。

七 松阳是活着的古典中国

下面讲讲和松阳的缘分。当我们知道松阳古村落，立刻到松阳考察参观，那里很有生气，太难得了！阅读了大量文献后，我们开始编辑前的工作。

松阳在古代是连接瓯江流域与钱塘江流域的重要通道与节点，它又在山区的上游，钱塘江地区的货物通过此地从松阴溪到瓯江出海，大量的货物与经济活动在这里交汇，风俗与文化在这里留存。到了后期航运重心转到温州，三次外来移民潮也使松阳向历史的基因库一次次保存了历史上的古代风俗，使得这些风俗至今仍好好地留存在松阳。由于交通不便，宋人沈晦的诗句这么说，"西归道路塞，南去交流疏，唯此桃花源，四塞无他虞"。松阳没有参与20世纪90年代兴起的市场化、工业化浪潮，但随着江南这些名城名村风俗与传统被严重毁坏，这些种子选手倒下了，松阳反而成为幸存的第一号选手，成为活着的古典中国的代表，我们接受了松阳县的邀请，开始了以"松阳传家"为主题的编采工作。

2017—2018年《汉声》在17次走访松阳，历时112天，对松阳全县进行文化考察。为什么要分这么多次？因为松阳真的很远，从北京过去要一整天的时间，还要做好各项安排，翻山越岭到野外第一线。在那里，我们体会到松阳最美的是人的风景。资料显示，松阳有75个国家级的传统古村落，全国排名第二，但松阳最有特点的是古村落中的人们还延续着传统生活，古代的祭祀、节俗、美食、生计、手工艺等，如此原生态，又如此健全，充满了生命力和人心的凝聚力，难怪文化人惊叫："古典中国还活着！"

松阳的大竹溪在过年的时候有一种全国唯一的祭祀活动——摆祭。村民每家摆上自己的贡品，总共有上百种，一个村七个祭坛，简直是祭祀的狂欢。有趣的是，一般祭社公放的是社公的牌位，而在大竹溪坦殿中画的、供的都是龙，村民们解释，向龙祈求风调雨顺。龙正是被遗忘的古社神的形象，青龙是勾芒之精，勾芒主草木，还有各种生命生长之神、木神、春神，社最早祭木，祭生长，祭农业神。另外一个道惠村祭祖古意尚存。十二甲头每人提供一坛酒，敬祖以后，全村成年男性分饮，这是古代"福"的本意，分享祭神之酒。费孝通先生说："中国文化就好像把一块石头投在水面所发生的一圈圈推出的波纹。"这个石头就是人伦，而祭祖是人伦最重要的形式。

乡绅是中国文化的中坚力量，在象溪村还有一个调解亭，民间纠纷在这讲理调解，村里有一位有名的乡绅叫作高焕然，做过清朝的大官，回村后做了族长，他在村里从不穿绸衣，他说"一个人不能表现得和老百姓不一样"。到村民家中，他拉过小板凳就座，调解亭调解不了的，最后都会请他来评判。更让我们感动的是松阳人对现代困境的努力，汤城是松阳偏得不能再偏的小山村，面临严重空心化，村庄原有 108 人，号称 108 好汉，现在只剩下 20 多位老人。但村里人不气馁，用祈福这种传统仪式维系着人心。大家严格按人数均分祭肉，矛盾再大，祭祀时也都来了，年轻人也会回来参加。过去生活穷，七八岁的孩子们用稻草去扎分得的小块肉，把它扎起来，吊着放进水里煮，然后迫不及待地当场吃掉，因为一提一跳的叫作"吊田鸡"，那肉最香。

松阳人重情，可别小看这情，这是文化的根本。《礼记·乐记》中说"情深而文明"，文是花样、文身、纹路的意思，情感深了，生活中的花样才鲜明，故"情深而文明"，重情才能敬祖、敬神、敬天地，才能讲信义。中国人的神来自情，来自善，来自人伦，所以中国文化才是世界上最早的人文主义的文明。

文化大家古斯特说："传统意味着传递火种，而不是崇拜灰烬。"今天我们讲传统，不是说像古人一样活着，穿古人的衣、吃古人的饭、住古人的房子，那是两脚古董，不是人；我们是现代人，要学的是传统的深情，天人合一的深情，这是人类的希望。

松阳人有自主性，松阳人不是景观，他们是为自己而活不是为游客而活。联合国主张古建筑与原住民的生活要一起保护，民俗学家钟敬文老师也说过："我们都是历史之舟的乘客，也是他的划桨人。"我们有责任让祖先的文化在我们手中传承下去。松阳百姓的自信与主导是其他地方少见的，真正回答了在现代社会如何恢复传统礼俗文化生活的问题。这不是景观式的，而是作用于人心，是能为游客行万里路、读万卷书的松阳。

记得最初考察的时候，我们问过文广新局的叶局长，松阳人有什么特点。叶局长曾是山里的孩子，他说了一句："松阳人就是农民性格，看不见独山会流眼泪的。"谢谢你，松阳，因为你，我们看到中国的未来，传统的未来。

松阳最美的是人的风景。1990 年，清华·汉声传统建筑研究所成立，由《汉声》"龙虎基金会"赞助，陈志华教授主持。罗德胤先生当年是陈教授的研究生，他协助梅县三村客家民居调查，随后主持蔚县古建筑调查。2014 年秋天，罗老师已经是国家住建部传统村落保护和发展专家委员会委员，他带着建筑设计师徐甜甜女士来到了《汉声》，兴奋地提到松阳的种种宝贝。同年，松阳王峻书记（时任县长），第一次来到刚刚说的天工慈城，被慈城的天工慈城博物馆群落感动，中意"天工"观念，多次与主持人郑立群女士深谈。由《汉声》老朋友郑立群女士牵线，王峻书记邀请《汉声》给松阳做本书，这是个君子协定。2017—2018 年春，《汉声》17 次走访松阳，历时 112 天，对松阳全县城进行文化考察。这本书是我们野外考察的结果。

经历了这些过程，我们整理出厚厚一本书。第一篇是松阳的开天辟地，19 亿到 18 亿年前是前寒武纪早元古代，松阳已经形成，它属于华夏古陆的一部分……从地质历史年代怎么走过来；第二篇是 38 页的图像篇，看松阳人，从年头到年尾，深情地过着"桃花源"式的生活的图像；第三篇是历史篇，访问了松阳文史专家卢晓明老师；第四篇是岁时风俗，从除夕的请神开始，以 243 页记录了编辑们的参与报道；第五篇是老聚落、老房子、老建筑，还有聚落建筑；第六篇是手工技艺，用精湛的图解记录农民生活中很精致的手工技艺；第七篇是论述访谈，从当地的专家到对松阳有研究的外界专家，从学界到民间耆老都有；最后是附录。这600页的大书，是一本完整、丰富的地方文化志。

八　大过牛年

2021年就是牛年，我们在秋天的时候，就已经开始对《大过牛年》进行整理编辑。这是海报书的形式，有打洞线可以撕下来张贴，今年选了四川绵竹的门神，很威猛的动作，但是又很亲切、愉快，希望大家在新的一年面对新冠肺炎疫情的时候，也可以保持愉快的心情。然后牛年嘛，要打春牛。现在大家不太知道这个习俗，从前农民即使是文盲，看了《春牛图》也知道什么时候播种、什么时候做什么农事。还有《老子骑青牛出关图》，这是中国台湾"故宫"的古画，画得非常好。

我们把每一个生肖当作一个主角，像牛年我们会从牛来探究牛文化，牛文化我们以募集可见的实物来说明，最早是史前，从史前商周一直到春秋战国，一直到隋唐、到宋元明清再到现在，每个时代都有代表性文物出现。还有100头牛的剪纸登载，鼓励陕北的剪纸技艺传承下去，我们邀请多位老师每年6月开始剪纸，20多年来换了两代，甚至三代，最早的老奶奶走了，妈妈也不剪，小孙女不会剪，我们只能尽量去收集、整理出来，还要继续鼓励、传承这项手艺。

中国人爱好大团圆，每年都有不同的大团花，在《大过新年》海报书中送给读者。有一次我看到曹佃祥老太太在剪纸，她盘膝坐在炕上，然后点个火，抽烟凝神，吐一口烟圈……好像在想到底如何处理，突然间把香烟压熄，拿起剪刀就开始。她把材料都摆在边上叠好，因为她一次可以剪好几张，如果是剪团花，折一次剪一半，折二次剪四分之一，折三次剪八分之一……我在旁边简直看呆了。她剪的时候真不知道她剪什么，好像是神人；剪好了，打开一半不明白；再打开，大概可以看出什么；再打开，原来是如此圆满的图案。这就是剪团花的奥妙，这么好的技艺，我们实在不能让它失传。

《汉声》杂志像牛一样耕耘了50年，今年的《大过牛年》还会夹一个平安帖在里面，送给所有拥有这本书的人。平安帖上请了钟馗和张天师，给大家镇宅安居，渡过新冠肺炎疫情保平安。中国台湾是妈祖信仰地区，妈祖的家就在湄洲岛，湄洲岛属于莆田，我在莆田的村里，看到了一副对子。文字非常简练，非常应景，右联"无求安心法"，意思是不要欲望太高；另外一联是"不饱祛病方"，不要吃太饱，太饱会生病。"无求安心法，不饱祛病方"是给新时代最好的对联，把对句调整一下，变成"口罩安心法，手洗祛病方"，戴口罩就安心，洗手就是祛病方，于此新冠肺炎疫情时期挺有意义的，文化传承的实践与社会价值在此！因此决定用这个送给大家。

2020年8月，我收到了一封读者的来信，信里写着："在2020年8月中国台北出版的《旅读中国》杂志内看到，贵公司创立50周年纪念及黄董事长的报道，我非常高兴。以一位《汉声》老读者的身份，谨致祝贺，并祈求贵社永续发展。我现年93岁，自1979年左右买了贵公司出版的《汉声》杂志第三册开始，一直订购到146期，147期以后就无订了。其中只欠少11本，其余皆保存完整。另外，又购买中国童话1—12月份的一整套，至今也有保存。贵公司出版的《汉声》杂志，我想留给我的子女们永久阅读和保存……"这是93岁的老读者讲的话。一声祝福，宜子孙！谢谢……50年了，《汉声》工作还要继续努力。

四　民俗与地方社会研究

.

庙会民俗的认知范式研究

——一种人类学视野中的华北乡村生活实践^①

赵旭东

（中国人民大学社会与人口学院教授）

不言而喻，华北的乡村庙会已经成为当今民俗学家眼中最具典范性的民俗事象了，但它的真正意义，又并非民俗学所能提供的那些概念，那么简单和直白，它涉及人的最基本认知范畴中最具代表性的人、物、神三者之间的关联以及相互间的往来交叉。人类学在此意义上将会在一种既有的田野之路上越过一种表面现象而走得更为深入，也会走得更为遥远一些，由此才有可能真正触及民间社会自身有机组织起来的结构性框架以及与之相对应的动力机制究竟为何。

一　认知范式与平衡模式

这里将要深入讨论民间庙会民俗这一主题，它的存在可能不仅是一种典范意义上的民俗生活，更为重要的是，其在社会功能上还为一个共同体的存在而提供了某种认知范式，人们会在此种认知范式中去寻求各种生活问题的解决办法，或者借此去寻求问题解决的情境性观

①　本文已发表于《民俗研究》2021 年第 4 期，收入本书时有一定删减。本研究项目得到中国人民大学亚洲研究中心资助（项目批准号：18YYA01，项目名称：从"文化自觉"到"文化自信"——对社会科学本土化的再思考）。

照、联想和启示。因此，人活在这个世界之中，正像格尔兹所说的，
"世间早已充斥着深刻之处"①。人类实际上是借一种世间的关照、联
想以及启示而形成对于自我和他人的认识，这种认识的基础就在于一
种人的认知范式的形成。

　　而这里所谓的认知范式，它可谓是在人的头脑之中所进行的一种
对于知识的信息加工的理解模式，是认知人类学意义上的外在的公共
性表征和内在的心理表征之间进行着的一种不断输入和输出的加工转
换。② 这种对于当地人而言的庙会认知范式相对稳定，它本身便是一
种时空的结合体，其中，"庙"成为一种空间存在的标志，"会"则
成为一种时间向度的代表，由此一种具体而言的时空交错便会发生，
因此而成就了一次人们清晰地知道并可以切身感受以及体验到的属于
自己的、亦可参与其中的庙会活动本身。更为重要的是，从社会意义
上而言，这种活动被安排成为一种年度性的周期性发生；从文化意义
上而言，每一次庙会的发生，其本身都必然是借由人、物、神各要素
间关系的一种认知范式塑造意义上的文化重塑。

　　对于这种认知范式的实际运行而言，可以有一种结构性关系的追
溯，即通过概念表征的相互联系以及拆解组合，最终实现一种彼此间
认同的自我创造。在庙会活动的空间之中，人们交流最多的，或者渴
望去交流的，便是一种与人、与物以及与神三者之间的持续性的交
流，即范庄当地人与当地人、点着之后冒着烟的香、燃烧的火以及耸
立的龙牌神像之间的种种形式的往复交流。③ 在这里，最为清晰可见

①　There are enough profundities in the world already. 转引自 Clifford Geertz, *The Interpretation of Cultures: Selected Essays.* Basic Books, 1973, p. 21.

②　赵旭东：《表征与文化解释的观念》，《社会理论学报》2005 年第 8 卷第 2 期，第 229—276 页。

③　在王斯福的有关民间宗教的讨论中，很敏感地注意到了这种交流机制的存在，并用《帝国的隐喻》一书第五章"香炉：交流与尊敬"来专门讨论此问题。王斯福：《帝国的隐喻——中国民间宗教》，赵旭东译，江苏人民出版社 2009 年版，第 148—178 页。

的便是人和龙牌之间翻来覆去的交流，这种交流决定了当地人和龙牌之间的约定俗成的关系。而值得指出的一点便是，人和龙牌之间的交流，显然不是人神之间一对一的直接对照，而是以诸多灵媒，或者所谓"看香的人"作为一种交流媒介，在人神之间相互展开联系而实现的。除此之外，还有种种物的存在以及神人之间的联系，其中还包括香、火、纸之类的供品。因此，一个当地人其内心的全部想法，实际上在这个空间里都是通过香客、看香的人以及龙牌三者间的密集互动和交错联系而进行的往来互通的交流。其中，人显然是一种核心的媒介，物也是一种媒介，当然神也不例外，否则便不会有彼此之间真正联系的发生，而这里所谓的媒介成为彼此间联系的一个基础。

这种交流很显然是基于一种传统的仪式安排，基于人们的一种集体记忆，基于一种不言自明的默契而发生的，而且，基于此，相互的交流才可能真正顺畅无阻。从这个意义上而言，人、灵媒和神之间的关系类似于一种信息传递的文化传播方式，所谓来村庙求香、看香的香客，他们手里举着一把香，或者篮子里面盛放着一大捆香，并将它们十分恭敬地递送或呈送到龙牌的神案前面摆放好，香客、香火以及龙牌在此时便有了一种信息传递意义上的因果性关联，这种关联又的的确确发生在人们此时此刻的一想或一念之中，这是一种头脑中的表征之间像输送带链条一般可进行传递的联系，否则，彼此的交流便不可能真正顺畅地进行。

随后，作为灵媒的看香之人，拿过香客送过来的那把原本属于香客的香，将其高举过头，在龙牌面前摇晃几下，借此说出并告知此把香来自何家何人，比如"杨门王氏"，并在龙牌前大声喊出一个人的姓名，随之看香之人把香点燃，使之立于龙牌前的香炉之中。香在燃烧的同时，由看香的人去做一观看，这时又是一瞬间发生信息关联，即求香的那位香客、燃烧的那一把香、帮助看香的那个人以及那个龙牌之间的一种最为直接、最为具体的关联。随后便有了由此所构想出来的人、物、神之间的一种因果性联系，也就在此时此刻，燃着的香的烟雾所激发起的有关神的信念以及神与香二者间的联系，乃至更多可以参与其中的诸多要素间的联想和联系，在一个人的头脑中不断地涌现和发生，那便是求香的香客对于龙牌面前看香的人所说言语的完全服膺，并将其看成龙牌本身借助香的燃烧形态而表示并传递出来的一种指示，通过在一旁帮助看香的灵媒之口而说出来。这种对于香、灵媒和龙牌的相信或信服的力量随时随地都可能发生，但它的一个前提条件就是，要有作为神的化身的龙牌在场，在范庄龙牌会的过会期间，人们是不会轻易地到龙牌以外的地方去随随便便地烧香磕头以及诉说自己的生活苦衷的，一切都必然是围绕着龙牌，以其为核心而展开的。

在一种民俗的生活之中，信念的产生自然不会是抽象空洞的，而是借由概念中的人、物、神就在眼前的一种具体化的存在，而观念性地借由头脑中表征的存在而相互联系在一起，并在其间传递，进而转化为一种毋庸置疑或必然会使在场之人相信的力量，它成为人们参与庙会的全部认知发生作用的动力基础。在这种庙会的认知范式之中，来庙会求香之人，彼此更乐于遵守的乃是一种个体不受排斥以及他们心目中坚定并坚信的神圣性力量，即龙牌之间会有一种最为直接和可见的交流。在这个交流的过程中，个人通过说出自己独有的生活细枝末节，而使得其内心的压抑性的力量，在一种人、物、神互动交流的语境之中得到彻底的排解和释放。而这种内心力量的彻底排解和释放，必然是在一个人去寻求自身问题解答的过程中而得到的一种自然化解。显然，对人而言，一个最为简单的道理便是，答案一旦出现了，人们心中的疑虑和惆怅也会因此而自然打消，所谓平日里积压的那"一口气"，便因此而有了接续性的贯通和顺畅，不再会是"堵"在所谓的"心口"那里。从心理学的意义上而言，由此所持久积攒起来的内心压力也就得以释放、抛弃和卸载，如释重负。

人在这个意义上很显然是一种平衡体的存在，积累起来的能量，最终都会从一个人的机体之内释放。当带着重重问题来庙会求香的香客，在得到看香人的解答而如卸下担子一般倍感轻松之时，这个人如果返回他原有的日常生活之中，又必然会重新开始问题的积累，然后再去寻求一种适时的问题求解，以此来获得过度积累之后内心能量的适时释放和清空。这一释放和清空的过程，决定了人的存在，它必然是人与世界万物之间的一种交互作用的存在。很显然，对于一种追求集体社会性存在平衡体的人而言，如果没有进，何以有出？没有呼，何以有吸？没有压力，何以有释放？同样，没有了问题，又何以有解答？凡此种种，华北乃至诸多乡村庙会的存在，就像所有公共空间的存在一样，它让人作为一个个体所不可排解之物因此而有了排解之道、化解之途。如果是这样，也就没有必要将乡间的庙会看成一个更大的社会之中的另类空间，它的存在本身就是当地人最为认可和无须特别修饰的一个公共空间，人们在此之中寻找到了真正属于自己的认同空间。他们参与其中，和这个空间进行一种持久性的交换，并因此而紧密地扭结在一起，借此来证明自己的一种存在，而不是那种隔岸观火式的看和想象的公共空间，因为这个空间真可谓是把一个人和一群人最为紧密地联系在一起而自我创造出来的独特空间。

二　人、物、神之间的交叉

在民间社会之中，对一般的生活实践而言，特别是以庙会为背景的乡村聚会活动中，最为重要的三个概念在这里显然是不可或缺的，人们在平常的交往中也会经常使用到它们，尽管所用词汇的具体名称会有所不同，就像各地的亲属称谓大有不同一样，但又都可以做一种类别上的划分，如一场庙会中的概念、用语和词汇似乎无一例外地可以归类到以下这三个更为一般的范畴之内，即所谓的人（Men）、物（Things）、神（Gods）这三者。而这三者之间再两两交叉就出现了不重复的六种关系，即所谓的人与人（MM）；人与物（MT）；人与神（MG）；神与物（GT）；物与物（TT）；神与神（GG）。它们之间是有所区分的，见表1。

表1 人、物、神三者交叉

	人	物	神
人	MM	MT	MG
物		TT	TG
神			GG

人与人之间的关系（MM），应该属于一种彼此有着相似性要素的关系。因为人与人之间的相似性，乃至人与人之间更多相同性的存在，彼此间便天然地有一种内在的紧张，甚至对立性关系存在。显然，可以理解，在两个相互差异之物之间，并不会形成一种根本性的对立，而是成为一种互补或者相互对照的映衬；只有相似或相同之物之间，才会有对立和冲突的发生。而人和人之间的关系，本性上是类似于此的。但人类社会的存在，显然不会任由人类之间的对立以及冲突的自然存在或任意发生，这里就需要社会转化机制的存在，比如社会中的生、老、病、死诸方面的制度安排，使对立和冲突之间发生了一种关系格局的转化，形成了一种彼此间有所分野，乃至有所分隔的群己关系和超乎自然状态的新格局。这可谓人类社会运营和持续的根本所在，一旦打破了这样一种创造性的机制，摧毁了由社会涵盖自然的能力，社会也将不再是一种真正的存在。

人与物之间的关系（MT），显然是一种差异性的关系，因此便不会有根本性的对立和冲突，而是需要相互利用和补充这种差异，属于可以由社会所造就出来的一种彼此亲和性的关系，其基本的目标在于人利用物，同时物也在利用人；而终极的目标则是寻求一种人与物之间的相互结合而不分离。显然，人所使用的物，人所利用的物，伴随着物的耐久性的长短，而使得这种人和物之间的亲和性变得持久或短暂。显然，生活中的宝物、神圣之物可以永久存在，而日常消费之物，则是在被用过之后，就会远离人的手掌心，成为一种遗弃之物，成为被人丢掉的垃圾。因此，人在使用并创造物的过程之中，基于一种喜爱和经常使用，也自然和物之间发生难分难舍的关系，而一种极端的拜物教心态往往属于此种发展的超级模式。

人与神之间的关系（MG），明显属于一种差异性关系。在这里，人和神之间构筑了一种极为紧密的联系，有着人在渴求感意义上的亲和性，人因为有求于神，神则为此人所求而有所"应答"，这种人神之间构造出来的"有求必应"的关系模式，成为二者间可以保持彼此恒久亲和性关系的观念性基础。在这里，首先要有人去想，也就是大胆地在内心之中"想着"或"念着"诸神的真实存在。正是因为所想之人有所求，因此，这种想本身便成为对这个祈求者而言的一种最为真实的存在，而人正是因为有所求，才会有所想，并期待着所想之人、之物、之神的真实存在、发生和涌现，即因为自己"念想"之中的有所"求"而有所"应"。如此，便属于一种良性的人与神之间的关系，否则便是人神之间的一种不和谐之音，它将给人的生活带来种种麻烦、困扰和不安。

神与物之间的关系（GT），同样隐含着类似人神之间的那种差异性关系中的神与物彼此间的一种互构可能性，即神和物之间的一种相互性构造。换言之，神在造物，物也在造神，相互间是一种可转化的关系。对于这一点，首先要明确的是，万物乃是由神所创造的观念，成为许多宗教的信仰核心，在诸多形式的民间宗教中，这种观念也一样地存在。一方面，在我们所研究的范庄庙会之中，最明显的就是从龙牌那里祈求一个后代的来临，即所谓的"拴娃娃"，而这便是神在造物的那种坚定信仰的最具体的体现；而另一方面，我们也看到了物如何塑造神的存在，那些木质雕刻的龙牌，还有香烛、黄表纸以及各种用来娱神的"十好玩意"，都属于世间之物在塑造着神的具体且有亲和力的存在。

物与物之间的关系（TT），实际上又回归于彼此间的相似性关系。因此，两者都属于物的存在的所谓物物间的关系，它们天然地有着一种内在的相互排斥性，因而人才会借由一种社会秩序的安排和文化理性而在物物之间刻意地制造出各种物与物之间的分别，以使物与物之间能够有所差异。这里便有一种具有社会普遍性的物和物之间基于相似或相同的排斥性的存在，这也在无形之中造就了一种彼此间对立和冲突的潜在可能性。在这方面，物与物之间，虽相似或相同，但仍旧有着彼此间的大小、美丑以及轻重之别的，这便造就了人们在感知物的存在之时的一种差别性体验。很显然，人是在利用这种自我的感受性差异。在这方面，人有独特的生存智慧，也就是基于社会秩序理性而不断把物与物之间的关系进行一种最为独特的人为安排，给人一种对于物的存在以不同价值和等级差别的多样性文化体验。很显然，一个新制作出来的、两米多高的硕大龙牌矗立在庙宇正殿的中央，而三四个一米左右的被替换下来的旧龙牌便被摆放在了殿堂的一个不起眼的角落之中。[①] 这样的相似之物如此排列，体现了当地人在新旧价值间的对比性选择，同时也体现了新旧价值间的一种高低秩序的安排，这与那种视旧为"宝"、为"遗产"的高高在上的价值观念形成一种鲜明的对照，由此也可以看出在物物关系上的一种社会类型的差分或区分。

最后，神与神之间的关系（GG）在根本上又是一种相似性无差别的关系。但人很自然地会在神与神之间的等级和功能上进行划分，

---

① 基于 2020 年 10 月，中国人民大学人类学研究所博士生李育珍在范庄龙牌会所在的龙祖殿进行的实地现场测量，现在的最大龙牌加上底座高度是 226 厘米，其余 4 个被替换下来的小龙牌的高度包含底座在内则依次为 75 厘米、96 厘米、88 厘米以及 120 厘米。

形成一种相互间的排斥性和排他性。从上面所述的同类相斥的原理而言，神与神之间的相似性，同样带来了彼此间的对立与冲突的可能性。一些宗教，甚至因此而专门消除多神存在的可能，而去寻求一种唯一的神的信仰，成为世界之中所谓"一神教"发展的文化基础。但多神的信仰，又无疑是人与神的关系中对人类群体而言最基本且最具原生性的关系，这是因为，就底层民众的需求而言，多样性的神灵的存在，满足了这种需求，人神之间关系的创造，也一样是多种而非单一的。

因此，在民间社会的信仰之中，人们刻意保持了这种多神信仰，人们为多神的存在排列了秩序，其中便有大有小，有主有次，有高有低，并且有所谓灵与不灵之间的诸多对立性。这些对于神谱关系本身的安排，往往都是基于传统的延续而作人为安排的，因此也会带有某种地方性特征。其中又有一种无意识的包容性，而非在更高层次上去寻求一种单一支配的所谓"一神教"的那种对于异端近乎水火不容的排斥性或排他性。这是应对民间社会需求本身实在性和多样性所必然发生的一种神与神之间关系的特别安排，人们不仅不排斥多神的存在，甚至还会在观念之中追求神的存在的多样性，也自然不会让他们所信仰的多神之间因为彼此相似而出现相互排斥，甚至对抗那样一种不可收拾、不可统一的分崩离析的局面。

而在以上这六种关系之中，相似性和差异性恰恰又是一种对等的存在，也就是分为相似和差异两类，各自类别中都会有三种关系存在，形成了一种人、神、物之间相互性的映照以及对等性的关系平衡。其中，三种相似性关系分别是人和人（MM）、物与物（TT）以及神和神（GG），而三种差异性关系则是人与物（MT）、人与神（MG）以及神与物（GT）。

在这些关系之中，根本性的都是由人所在的社会通过一种秩序的观念而得到一种安排，并由文化赋予其某种价值。在相似性的关系中，人们为了避免可能的对立和冲突的发生，而使得彼此间的关系趋于复杂，不论是人和人、物和物，还是神和神之间的关系，这种复杂性特征都是非常明显的，人为这样的相似性对立造就了诸多装饰性或修饰性的伪装要素，使之看起来不再是一种相互间的对立与冲突，而是一种相互间的和谐以及彼此间的互补共生，因此就不会产生现代都市社会中那种"撞衫"的尴尬。因此，人造就了一种社会，社会转化了人们彼此间的相似性，并产生一种秩序，文化则赋予这种秩序以价值，并使之更为恒久地保持下去。对于差异性的关系而言，彼此间的协调一致便是一种自然和谐意义上的秩序呈现，不期而遇地便会有一种无形的彼此间默契关系的生成。很显然，在差异性要素之间，如果没有相互亲和或相互吸引的和谐互补，那自然是人的直观感受中所不会产生的，人本能地内化并认可了一种差异性关系存在的亲和性，并因此而有着一种对差异本身的内在亲和性的一种外在吸引行为。

三　人、物、神三角及其分化机制

在人、物、神三者之间，无形之中相互依赖，也相互指涉，并构成了一种彼此紧密关联且相互支撑的三角关系，我们不妨将此关系称为人、物、神的三角形。这个三角形的三个顶点分别代表着社会与文化意义中的人、物、神这三个核心的构成要素，其中神在这个三角形的顶端，位于其下的水平的那两个顶点则是人和物。它们自身又通过一种范畴的分化机制或概念细分的做法来实现一种高低、上下以及大小间的差别。基于这样一种范畴或概念的自我分化的机制，显然，作为较高一级哲学范畴的人、物、神这三者，逐渐通过一种裂变拆解的方式，而实现其各自在不同层次范围内表达上的一种多样性。

在这里，首先要注意的便是人的观念的分化，或者更准确地说是因为人的角色的多样性，而有了相对于其不同角色而有的一种语义概念的分化历程。它最大的可能性是因此分化为人以及他人的多种存在，

比如人、巫、媒以及香头等涵盖范围逐级缩小的概念范畴，这个范畴
分化历程，如果真正落实到村落的现实生活中去，比如我们这里所研
究的范庄村，那上下之间就可以用一连串的观念叠加来予以表示，即
所谓的人＋巫＋媒＋看香的、香头……这种概念的正向分化和负向叠
加，将会带来一种对于人的角色扮演的多样性的呈现以及在不同地域
等级上相互间的区分与联系。

其次便是物这个一般性范畴的自我分化，它是在不同层级上的一
种人对于物的命名。换言之，人们用词语称谓一件物的存在，然后使
之成为一种公共性的表征，这便会使一种总体性的物的存在变成世间
万物的共在性存在，物的名称所构建起来的联系，既可谓一张网络，
同时又意味着一种等级。很显然，当西方世界的概念或符号支配加诸
西方以外的世界概念之上时，"面包"这个名称就成为一种个体甚或群
体"不挨饿"诉求的符号和象征，因此，它也必然会在国家建设层面
发挥生计意义的联想和想象，电影《列宁在1918》瓦西里中的一句
"面包会有的"口号便成为集体制度下人人要去学会的在艰苦卓绝生活
环境下不断奋斗的自我激励的口号。但如果落实到一个乡村庙会的层
面，人们便不会有所谓"面包"这样的外来观念的联想和想象，但人
们清楚地知道，在具体的庙会期间，在开饭之前，灶神神案前面对着
的一筐用棉被盖起来的"馍馍"在念经开光之后才能去吃，此时的
"馍馍"显然代替了更宽泛意义的面包的概念而成为当地人观念中的一
种美味可口的餐食。在这里以及专门的民俗实践之中，人们无形地便
生发出来作为他们所熟悉的物质存在的馍馍和灶神的赐福之间有直接
联系的那种独特信仰。

因此，物对于一个具体而微的村落而言，实际上是一般意义上的
物、香、纸以及香油钱这样的概念分化或细分的，如果能够真正仔细
地观察，这个历程也可以算作一种物的概念的叠加，这种物的概念的
不断叠加和分化可以因此而表示为物＋香＋纸＋香油钱＋好玩意等，

这是概念由抽象到具体的一个过程，如图 1 所示。很显然，这种词语分化的序列，将会带来对于物的存在形态上的多样性包容，并通过称谓的不同而体现出地方知识的独特性。而这根本又是一种在无意识之中包容着一切独特性存在的可能。物之间因此便不再是混沌不分的了，相反，恰是通过不断的物的观念分化和拆解而形成一种物的世界的多样性。而且，人们分化物的概念是有一种情景性依赖发生的，一个地方的物和另外一个地方的物，在叫法、名称上可能都大为不同，但在功能上又可能是相同的，比如我们所说的梯子，在河北赵县东部的梨区，则被称为"兀子"；但山东章丘那里所说的"兀子"，则是"马扎"之意；赵县梨区的"兀子"，是用来爬上爬下修剪梨树和摘梨的，但它又可以折叠，形式上多少类似于山东那里被称为"兀子"的马扎，名虽相同，但作为物存在的东西大为不同。

图 1　人、物、神三角

最后，就是关于神的范畴分化。如果从最为抽象意义上的神的存在而言，神对于人而言根本是不可见的，至少人是不可能直接见到一种所谓抽象的神，否则，人像能见到人一样也能见到神，那逻辑上人岂不就变成神了吗？如此，神人之分也就变得毫无意义。显然，人让神无形，人和神之间便有了性质上的分别，由此才能有高低上下之别。或者，也可以这样说，神是无形的，所谓有形的，只是对神的存在的一种无限度的描摹或想象而已。

但关涉人世间的神的各种分化，则是一种可见的，也就是从天上之神而转化为地上之神，用民间的话来说就是由神分化出来的一个可以见到的"行身"而已。因此，人神之间、神物之间以及神神之间的关系，相互都应该可以有一种形态、功能以及结构上的有形转化，因此神在民间社会中不再具有抽象的唯一性，而是天然多样性的，用以满足人的各种需求，而恰是因为人的需求多样性的先在性，神从不可见的转换为可见的，而人所创造的那个神的多样性的存在，也就是一种必然或迫不得已的了。

而这个分化过程，显然不是一种自然的神谱系自身的内在分裂，而是对分化之中的神谱系等级的一种重新安排，或基于不同中心意识以及对神的差序性认同而有的一种神谱秩序的地方性自我重构，由此而造就了一种多样性神灵存在的彼此上下关系间的一种明显差分，或者所谓宗教的大传统和小传统之间的一种人为区分。在这个上下分化与等级重构的过程之中，对神的观念而言，它可以逐步分化为神、灵、圣以及龙牌等，也可以用下面的这样的一份语词叠加链条来进行表示，即神＋灵＋圣＋爷＋龙牌等。这样一种语词的叠加，既保证了一种地方性的多样性的神的并存，又不会妨碍一种基于功能和结构的神自身谱系的等级性区分。

很显然，这种人、物、神各自的分化机制的运行，在所谓大小传统之间，或者文明构成的这些核心要素的上下层级的关系之间，都由此分化而产生联系，即所谓高高在上的一般抽象的人、物、神以及落入民间社会的具体可观的巫、香、灵之间的上下对应，甚至还有媒、纸、圣之类的地方性具体人或物的存在。而这些要素之间的联系，也就成为网络状的，而且还有等级性区分。它们彼此构成了如金字塔一般的三角形结构，并且相互支撑、相互依赖。

对于范畴概念自身所形成的语义学意义而言，一种方向性的运动就是语词的由上而下的范畴概念的分或分化而达到一种具体微观的存在过程，这是进入生活实践域中去的；另外，还有一个方向就是由下而上的语词的合或聚合而达到一种抽象宏观的过程，这是针对语义的范畴域而言的。单就生活实践域本身的样貌而言，这两种运动的方向恰恰是相反的，即一种是在由下而上的实践活动的概念性区隔而成的一种逐渐向下的分化机制，而另外一种则是在由上而下方向上的那些实践活动中基于范畴概念而有的一种分化的再融合，如图 2 所示。

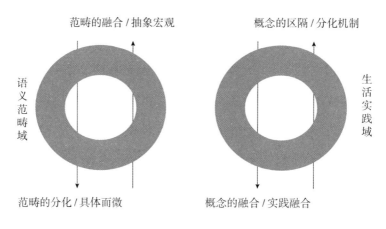

图 2　范畴与实践过程的背离

说得更直白一点就是，往往在一种语义的层面上越是向下分化运行的，具体性的现实就会越突出地体现出来，而在这种实践的场域之中，或者说针对一种生活实践域而言，则表现为对于那些高高在上的分门别类进行概念划分以及细分的实践活动的一种否定性的相互融合，而不是相互隔离或分离。或者说，在一种语义上的分化之处，可能是实践中的一个融合之所。举个最简单的例子，从下往上的语义抽象所带来的宗教观念的融合，而达到上层实践中则会具体分化为佛教、道教以及天主教、基督教之类；但是，在其不断向下的宗教语义的分化之中，在基层的实践上则可能会将佛教、道教以及民间宗教相互融合，乃至混合在一起，甚至在有些地方，佛教、道教以及天主教和基督教，也会被不加区分地相互融合成为一种混合性的民间宗教。

四　公共与私人领域

对于华北社会的生活空间，最应该了解的一种人文地理便是华北大平原是由山地，特别是太行山的冲积扇所形成的，开阔平坦的土地为其核心特征。以黄河为纽带东西走向的河流两岸大大小小的区域，人们祖祖辈辈生活在这些地方，从事着靠土地谋生计的农耕生产。在这些肥沃的土地上生活着稠密的人口，大家以村自守，又彼此联系，而且，据说很多村庄都与山西洪洞县的"老槐树"的移民传说有更为直接的关系，很多家谱以及祖坟墓碑都记载着这种移民迁徙的历史。他们的祖先不仅与山西洪洞县的"老槐树"联系在一起，而且与明朝朱棣的"燕王扫北"的历史紧密地联系在一起，他们大都会自称，家里的祖先便是那个时代从山西洪洞县迁来的，由此也可以见到整个华北平原在明朝的第三位皇帝朱棣由南京而迁都到北京之后的一次大范围的移民以及移民社会的重建。

而生活在这里的人们，相互间的联系方式，除了基于传统的集市以及生计的人口流动之外，更为突出的一点便是各自村落不定期的庙会活动的开展。一个时间里庙会活动，促使跨越村落的人、物、神三者之间的沟通往来，即当地人所谓的"串换"，或者"过会"，近乎成为一种制度。每一个村落，几乎都有自己所设定的庙会的过会日期，甚至一个村落里的不同姓氏，也都有自己的家族式的庙会过会，自然也就有自己家族的庙会过会日期，最特殊的情况，但也并非是少数人的，还会有人在自己家里请神，并由她单独"伺候神"的家庭庙会的过会，这也自然有其特定的过会日期，以所祭拜的神的名义，通过四处下请帖的方式，去邀请其他村子的人参加，或者邀请其他的庙会组织加入自己的庙会节庆中来，使得这个区域的人们，在一年之中的不同时间段里彼此之间也紧密地联系在一起。这也成为这个区域的一种共同意识或共同性文化建构的社会组织的基础，或者更为准确地说，恰是这种共同意识的塑造，造就了人们相互联系的独特过会形式的社会组织的联系。

很显然，也只有在此意义上，社会才可能变成一种彼此互惠，且可能有共同性价值而为大家所共同享有的。换言之，一种带有地域性的，或者跨地域性的共同性观念的养成，必然会通过彼此信仰价值的不间断地互惠交流而得以实现。在人群通过庙会活动相互聚在一起的这种方式中，最能够呈现出来的，也是最为突出的便是一种基于差异性的彼此不同，即从性别、长相、打扮，到所从事的职业，甚至说话的方式，彼此间都会表现出不同。但在随后而有的仪式过程中，又借此而一一消弭掉了实际拥有的彼此间存在的差异性。这显然是在用庙会的存在方式去造就一种彼此间共在且共同性的意识，或社会效果上的一种共同认同的保持。通过在神案面前烧香、磕头、跪拜、看香以及对问题解答的仪式性程序，形成彼此间共同性关怀的一个交往交融的过程。

就个人而言，对其自身最为紧迫的所谓的私人领域，它对于有名姓的某一个人来说，本身就是一种挥之不去的生活困扰，它需要不时地转化为大家都予以关注的公共性问题，才有可能真正实现在日常生活之中的问题的化解或解答。而由于每个人的困境层出不穷，因此，所谓公共性空间的存在，对于一个有具体生活的人群而言，一定是不可或缺的，否则不断涌现出来的私人问题，定会转化为一种无形的压力，并会在民间社会中不断地积累起来，形成犹如火山喷发一般的巨大潜能和内在压力。而一种年度性庙会活动的举办，毋庸置疑是在一种无形之中提醒人们，这样的个体性其内在巨大压力的真实存在以及不可避免，同时也使得个人的隐私得以公开性地诉说和表达。因此便需要一种公共性的聚集，更需要一种公共性的耗费，而一种乡村庙会的时空存在，对生活在那里的所有人而言，成为一个可以敞开心扉，与社会所构成的诸多主体性要素之间进行一种无限制交流的一个平台。

实际上，这里包含着一种私人性向公共性的自我转化的过程，这个过程具有一种象征性意义，而且是具体而微的，同时又是顺其自然发生着的。公共性在此意义上是基于个人性以及个人性问题的公共性转化而实现的。没有这种转化的发生，个人性的幕后存在和私人性的问题，是无法真正进入一个庙会空间之中的公共展示和问题化解的平台上来的，而这里有着种种以表征为基础的象征性转化作为前提，这些象征性转化，具有一种社会以及文化的属性，比如是否愿意去照顾老人，它便在更高层级的所谓儒家伦理方面转化为一种严苛规则的孝道了。而以此应尽之责，来约束人们的日常行为，特别是在一个庞大的家庭之中，去实现这样一种代际的责任制约，甚至可以牺牲自己真实的好恶来满足一种孝道规矩的道德要求。但对于这种孝道责任而言，甚至牺牲的表述或表征，一旦转换到了民间的公共场域之中，便成为一种对人而言具有恐惧性乃至威慑性的提醒，即如果一个人不去尽心尽力地照顾老人，则会伤及自己或其最为亲密的家人，一种巨大的社会压力由此而得以形成，比如因此而生病，因此而使自己的后代遭受某种灭顶之灾。这近乎丹麦哲学家克尔凯郭尔（Søron Aabye Kierkegaard，1813—1855）在《恐惧与战栗》一书中所分析的那种亚伯拉罕无情地杀死自己的儿子以撒来献祭上帝并以此来证明自己对上帝的衷心的那种内心冲突的控制术。① 说到底，落入更为直接的生活真实的基层空间中去，则日益转化为一种真实发生的行为控制的种种技巧上的施展，这并非有意为之，或者说，这过程往往是无意识的，也是附带地去发挥其作用。因此，参与庙会之人，后来都会报告有一

---

① ［丹麦］克尔凯郭尔：《恐惧与战栗》，一谌、肖聿、王才勇译，华夏出版社1999年版，第3—11页。

种被治愈的感受存在，根本的原因或者道理，恐怕也就在这里。在这里，根本上是借由一种公共性的存在和诉求，而无形之中实现了一己之私的问题和欲望的表达。

五　确定的与不确定的生活

当我们试图用一种由上而下的民俗概念去称谓这些当地人的包含大量仪式信仰的庙会生活实践的发生之时，我们已经是在借助所谓"人类学之眼"而把所见之物或存在，做了一种更具人为性的，当然也是最具武断性的划分，一种所谓高雅的、古典的、精致的，或者"在上面"存在着的文明或精英的生活；而另外一种则是所谓粗俗的、大众的、简单化的，或者"在下面"才会发生和存在并发现的民俗或大众的生活。

显然，我们是在刻意地把生活里的一张原本完整的幕布从中间一扯两半①，这样，我们似乎才有了一种真正的人类学想象力的发生，我们因此构想而强化了一种更加武断的文野之别，并可以借此信以为真地构想出一种所谓"他们的生活"与"我们的生活"之间近乎黑白对照一般清晰可辨的差别，因此而认为，他们大多是不思考的，才可能是远离现实生活的，具有一种不真实的虚幻性，而一种"他们的生活"，真正则是一种"我们"所能理解的"他们的节日"，"他们的庙会"，乃至"他们的民俗"，除此之外，再无其他了。我们显然不会去说，庙会生活也是我们所需要的，也是我们基本的思考世界的框架，我们只会说那不过就是"他们的"一种民俗传统，或者是"他们的"一种民俗生活而已。但对于我们而言，这些民俗生活的相

---

① 这种"撕扯"的隐喻来自福柯有关疯狂史的研究，他注意到现代世界是如何将疯人和正常人一分为二的，近乎是一种幕布的撕扯，然后再对疯人隔离开来的管理和治疗。关于这一点的讨论可参见林志明《译者导言：福柯 Double》，1998 年；［法］福柯《古典时代疯狂史》，林志明译，生活·读书·新知三联书店 2005 年版，第 48 页。

反的那一面相，才是所谓真正的"我们的生活"的存在。换言之，这里形成了一种诡异的倒置，凡是他们所缺失的，恰是我们所拥有的，因此从观念的意义上而言，我们会自信以至无任何怀疑地去设想，站在这里的"我们"才可能是文明的，才可能是善于做理性思考的，才可能是真正懂得文字书写的，也是乐于追求一种真实可确证的科学理性的生活的。我们在强调生活的实证性的同时，又真正掩盖了生活的不可实证性的那一面，那一面的生活往往是模糊、不确定以及狂野而涌动着的一种生活本真之流。

而对这样的一些文明人的不自觉的偏见，我们每个人似乎都无法真正地予以避免，而且也没有任何人要求，或提醒我们去刻意地避免这种偏见的存在，我们的自信很容易使我们走向自我中心的偏执。更为重要的是，我们今日的生活是建立在如此的一分为二的撕扯之上，我们显然是在城乡之间撕扯，在理性与非理性之间撕扯，在先进与落后之间、富有与贫困之间以及在整齐划一和自由散漫之间进行一种毫不留情的撕扯。很显然，这种撕扯的结果，已经让我们无法再见到在民俗生活中本有的却又被我们视而不见的那些部分了。当我们在界定乡村的衰落、凋敝以及消逝的过程中，我们也相信，这乡村中一切的一切，都将会与之一同衰落、凋敝以及消逝，我们的许多人，甚至对此深信不疑，甚至还会鼓噪着乐章期待它的早日来临。再或者，换个角度而言，当我们刻意人为地在所谓科学与迷信之间画上一道线，并将这种拿着笔或尺子来画界的文字游戏，应用并落实到一个一切看起来都不及所谓城市的现代文明生活来得更为便捷、更为有序之时，我们也就顺理成章地相信那里的迷信和落后生活的真实存在和发生，反过来只坚信，我们的一切必是现代理性生活的代表，或者是一种未来生活意义的真正典范。

但对于一个真正参与庙会的人而言，或者对于一进庙就能够不加思考地直接双膝跪倒在龙牌面前的村民而言，他们成为一个群体，但同时不能否认的是，他们都是有着很清晰的个人问题意识的自我存在。可想而知，一个文化里不会轻易下跪之人，能够在龙牌面前毫不犹豫地直接跪下，除了自己的父母之外，这下跪的含义对当事人而言必然是有真正急迫的自我问题存在，并期望着真正可见到其踪迹的神灵的应答，并从来不会怀疑这个应答者解决问题的能力，即无须对这个应答者的资质进行一番所谓的理性程序的检测、审核和报备，无须数据，无须测量，无须各种演算和指标的设定，而能够做到这一点的前提条件，很显然是当事人先入为主地知道了这个应答者的灵验或能力，它是一种直接地相信以及对这种灵验能力的尊敬，他们心目中也自然期待着对于这种相信的一种直接反应或应答。

实际上对每个人而言，理性都必然是一种确证性的存在，这一点对于龙牌前的跪乞者而言自然也不例外。但细细地想一想，如果他的私人问题，或者生活中所涌现出来的问题，真正能够由一种日常生活知识去化解，比如太阳会日复一日地从东边升起，他也就自然不会在龙牌面前直接跪下去了，正是出于他的迷惑不解，正是出于他的问题重重，正是出于他的情绪不安，或者正是出于他的无以名状，这些基于理性的、非理性的运思，在他的头脑中一样是真实存在着的，并且，比他所有的安然处之的理性还要真实地存在着，由此而带动一个人和这个世界之间的一种最为直接的联系，这便是一种人（看香的人）、物（香、火）、神（龙牌）之间所谓"灵三角"的一种纽带性的连接和彼此间互动应答的支撑。在此往来复去的互动之中，一个在龙牌面前跪下之人，或所有在龙牌面前跪倒之人，他或他们，也真正找寻到了属于他自己或他们自己的某种生活困境可以因此得到一种排解的地方性的门径所在，而在这方面，对于基础性的生活或者土地的出产或者根基于乡土社会的那些村落之民而言，还有什么会比燃上一把香去求得一种对于自己真实生活问题的解答更具有吸引力的事情呢?

在这方面，他们可谓是最真切地在通过一种年度性的庙会节庆而亲身融入其中，并以此魔法般地来寻求一种日常生活之中所积累起来的种种家庭之私以及社会之公问题的化解之道，而这种化解之道，显然并不是现代人所谓的一种新知识的追求。乡村之人一定不会是培根意义上的那种浪漫派式地摆弄瓶瓶罐罐的实验家，而是真正关心属于自己日常发生的那些层出不穷的生活问题的实际求解。所有的问题，可能是旧有生活之中所一直存在着的，但落实到某个人的身上，便可能是一种全新的、完全不同意义的和要独自去加以应对的。比如，家中不能生育的媳妇自古有之，并且也是人类群体到处都会有的一种概率性事件的存在和发生，但如果具体落实到某一家某一户那里，那便是一个最为迫切地驱使着家中之人去予以解决的一个大问题，并极度渴望在庙会的那些日子里，这个问题可以有一种真正灵验的解答。

很自然地，生活里的他们，表面看起来是一种祥和安宁的姿态，但跪在龙牌面前，又和城市人一样有着焦虑和紧张。只是他们更要寻求一种生活之中随时随地的问题和困境的化解，一座看起来不起眼的村庙，可能就是他们诸多不确定性的问题可以得到化解的依赖之所。而以此反观我们的生活，我们则会选择了一种像是问题被压缩了一样的理性，即把这些问题不分大小地一层一层地压抑在内心之中，就像北方腌菜的瓷缸一样一层层地压实，撒上盐粒，使之脱去自身的水分，一切的苦痛和焦灼就像挤出来的那些酸水、盐水一样，都属于在社会和家庭之中持久浸泡着被压缩在密闭的封缸里一般的事物，而当这些社会和家庭的问题被挤压到无处可藏、可装以及可遮掩之时，我们便会一股脑地，把这些问题都交付给坐在那里等待顾客上门的心理医生或某家精神病院的咨询专家的诊台前，甚至有时连这个时间都不留下，直接去做令世人悲伤不已的自我毁灭性的了结。而这些分处于城市之中的心理医生或者精神病专家们，他们对于一个初次见面的陌生患者，所能够做的就是通过所谓的催眠术、谈话疗法以及各种的心理投射技术来重构某个患者自身独特的发病史，这个过程显然也是迫不得已的，否则一切的所谓医疗都是无意义的，因为坐诊的医生们确实不太知道这个所谓的患者最初的生活样态究竟是怎样的，而恰恰是这种独特的生活样态，才真实造就了今天这样一个人的焦虑和恐惧之心。

但很显然，在一个乡村社会之中，正如费孝通所言，大家彼此的熟悉是第一性的，那里往往是熟人间往来的社会，所谓"这是一个'熟悉'的社会，没有陌生人的社会"①。因此，不论一个乡村社会如何原子化，但如果没有了相互间最基本的熟悉，或者基于血缘和地缘的相互熟悉关系的再创造，那在一个乡村里真正地生活是不大可能的。而且这种熟悉往往都是嵌在一种日常生活实践之中的，是门前屋后、村头村尾对于家长里短的事情的评价，并且是每天时时刻刻都可以发生的一种相互性的询问和交谈，这也是随时随地能够实现信息和情感上的交流和沟通的，因此一个人的生活史在地方社会中一定不是通过带有权威性支配的别人的或者专家的一种重构，而是自然而然地存在于人们的记忆中，并重复着这类事情的发生，因此无须外来或后来专家们的那种费时费力的重构。显然，这种乡土社会之中的熟悉，也无形之中造就了他们生活中全部问题的随时排解，而非像我们城市生活一样在底部一层层不断加码地淤积起来，并在金字塔的顶部随时可能会因为膨胀而爆发，犹如火山喷发一般，不仅强烈、突然，而且不可收拾。

此时的理性和非理性的关系，如果我们承认惯常会有的思维定式，在城乡之间便有了一种违反我们常识的颠倒或倒错。在这一点上，我们会突然觉悟到，似乎只有承认他们那种随时随地排解生活之中的困境和焦虑的行为，才是理性的，因为我们除了会见到日常生活

---

① 费孝通：《乡土中国》，北京时代华文书局 2018 年版，第 6 页。着重号为本文所后加。

之中的喋喋不休、絮絮叨叨以及吵吵闹闹之外，不会见到那些对于城市而言的一些极端心理病态行为的频频发生。反过来，进一步去看我们自己社会中的那种问题的不断积累、压抑，然后突然间彻底爆发出来，这种爆发往往基于一种非理性压抑的瞬间喷发，它们曾经被认为应该受到更多的自我谴责，因此让很多人不得已活在了一种自诩为"城市中产"的非理性的压抑之中。在这一点上，我们倒是需要从他们的生活来回看自己的生活，看到了作为自认为"城市人"的"我们"，看到了我们平时的理性生活完全可能是构筑在一种不断积攒起来的对于一种非理性困境的压抑之上，当一个人内心之中无法化解或转化的问题堆积成山之时，所有积攒起来的问题便会一触即发，这些带有极端的不确定的风险性，使得人们的行为选择变成没有一个人可以协商的中间过渡性阶段的存在，结果就变成正常或变态的泾渭分明的两端，由此而去除了中间地带各种可能状态的存在。这于一个社会而言，它也因此被逼迫着走向了一种不宽容以及不包容的世界。

　　我们也因此见到了实际生活安排上的对等性与不对等性之间的分别，前者与一种确定性的生活紧密地联系在一起，是一种失序之后的自我复位；而后者则更多地与一种不确定性的生活紧密地联系在一起，是在不断失序，但又无法得以复位。很显然，一种对等性的生活便意味着平行、平衡以及可循环；反之，一种不对等性的生活，则意味着对抗、失衡以及不可循环。① 在乡土的社会之中，我们很容易就能找寻到这样一种对等性的生活；而反之，在城市之中，一种不对等的、不可复位的生活，日益变成一种真实的存在的本身了。

　　很显然，可以就此去观照一下我们当下的生活，那样一种生活恰是一种不对等性的存在，因此，也就隐含了一种不确定性，这种生活

---

　　① 赵旭东：《枝权社会与乡土社会的文化转型》，《民俗研究》2015 年第 4 期，第 13—20 页。

也是不可复制和不可再生产的，它是基于各种的突变而向前演进的。这方面，我们不假思索地就会把人想象成一种单纯唯一的有机体的存在。因此，他的所谓理性的唯一的认知，使得他在生活上不应有所谓的困难，不应有不舒服，不应有停歇，总之不应有不守秩序的行为发生。当然，也不应有对世界既有规则存在的疑虑，行为上不应有随意的喃喃自语、自说自话，更不应有打架骂人之类的种种粗俗且不文明行为举动的发生，而一旦有了这些行为，便属于一种非人的生活，当世界中的人们逐渐用文明与否来界定人的行为之时，这些行为便都是不文明的，是要到社会的特定空间区隔之中予以诊断、矫正和治疗的，比如送去医院、心理诊所以及各类行为矫正的惩戒机构等封闭区隔的空间之中去。

而这种由健康到疾病的时间间隔，或者一段路途，其发生在何时以及在哪里发生，往往犹如上帝掷骰子一般随机地出现和发生，因此表现在生活之中必然是一种概率性的不确定性的存在，因此所谓的健康或疾病，也就不知何时何地，会得以保持和出现。因此，也便有了这样一种所谓人的问题和时空之间不对等性安排的出现，即人仍旧是每天按照各种社会规则的引导而正常地生活，但这就像行走于大湖冰面上的人一样，冬去春来，冰面究竟会在哪里以及什么时间断裂开，从来都是一个未知数，或者属于一种不确定性发生的那个时间范围，时间因此而不断地延伸，所谓逝者如斯，它在不断地向前流动。而同样的，人的生活空间也具有不确定性，也不知在哪里就会被强力的社会一下子撕扯开一个大口子，本是一体之物，却成了一清二楚的两半。此时，人的本来样貌，才被凸显或暴露出来，赤裸裸地呈现在世人面前，社会中每日播报和刷屏的新闻以及各种丑闻和恶性事件，都有这种隐喻的意味，但可悲的是，我们有越来越多的时间生活在这种大开裂的、具有隐喻性的真实之中。换言之，悲剧成为一种日常必会发生的演出并等待着报导人的实时播出和及时更新。

但很显然，庙会里的那些人，其生活轨迹则不是这样的。他们会尽可能地让每天、每月以及每年的某个特定时间和空间都有可以随时随地去诉说或者倾诉自己内心问题的一个机会，即便有悲剧的存在，也要让它自然而然地呈现出来①，因此是一种与某个人确切有关的某一个事件的发生以及某一种生活的节奏之间的一种对等性的安排，人们会清楚地知道，如果自己清早起来辛苦赶路，去参加这一天的某一庙会的庆典，基于一种既有的被多次验证的所谓一个人深信不疑的灵验信仰，庙会的事件发生对于自我深藏着的问题的化解就有可能是相互联系在一起的，人们会因此"念想"而相互聚在一起，在一种共同性的意识之下，去真正解决各自不一样的纯粹差异分殊，但又有着一种地域共同性的生活中所不时涌现出来和积累起来的真实发生的生活问题。

六　寂静与热闹

很显然，在乡间社会之中，相比于一种平常的日子，庙会的时间是热闹非凡的，这里存在着一种寂静的平常和庙会的热闹的结构性对比。② 庙会严格意义上是一个人群的共同性聚合所体现在节庆时间这一维度与各种活动开展或展演的庙会场所空间这一维度之间的一种基于具体性现场交汇而组成的一幅有多样性联系的乡间共同体生活的图景。它是用一种年度性的时间轴，与某一个地方的庙会空间轴之间相互交错而编织在一起的文化空间，由此而使得一个区域性范围内的各

---

① 这种状态正像德国的哲学家雅斯贝尔斯所称为"悲剧知识之前的知识"一样，它是"圆融、完整、独立自足的。它看到人类的痛苦、毁灭和死亡。在这种知识中有大悲哀，也有大欢乐。……在这里，一切永远同等的真实。没有什么会给人们留下突出的印象；每一事物都同样重要。无论什么都完全依照它本来的面目详尽无遗地显露出来"。引自〔德〕雅斯贝尔斯《悲剧的超越》，亦春译，光子校，工人出版社 1988 年版，第 12—13 页。

② 赵旭东：《从交流到认同——华北村落庙会的文化社会学考察》，《文化艺术研究》2011 年第 4 期，第 1—10 页。

种节庆生活，都能够围绕某一个村落庙宇的庙会在年度性的不同时间段里相互紧密地联系在一起，如图 3 所示。

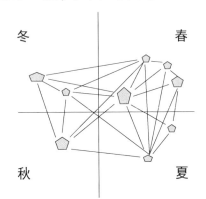

冬　　　春

- 生活于时空坐落之中。
- 每个庙会都是一个网络信息传输网络。
- 依时空坐落而有不同的延展。

- 用时间去联系空间。
- 有中心无边界。
- 彼此的互惠性存在。

秋　　　夏

图 3　庙会网络关系

甚至可以说，人在用一种时间的延展去联系起一种空间上的差异性存在。庙会意义上的"庙"，它必须是由其"过会"的某个具体日期或时间段而相互联系在一起的。如此，对于生活在特定时空坐落之中的乡村之人而言，庙会之所与庙会之时，两者相互交叉便成为一个有中心而无边界且中心可以不断进行流转的一个具体的庙会场景了。由此，社会中所存在着的个人、家庭、村落以及庙宇之间，便不再是一种功能上相互分离的各自分立的存在，从一种结构性关系上而言，各个部分因此纽结而相互绑定在了一起，由此谁也无法离开谁而单独地存在，也就是通过村落之中村庙所供奉之神的生日神诞的过会仪式这样的民间信仰仪式的实践活动，在平日里的种种个体化、单元化，乃至原子化，相互分散开来的，而且是各自忙于自家生计的个人，便因此才能够有机会最为紧密地聚集和联系在一起，并一直向着村庙庙会这个中心点集中或聚集，形成了一种群集性的社会与文化效应。

与此同时，村落之中的庙宇，也在无形地在向村落之中的每家每户做着召唤平安生活的一种祈求，这又必然会反过来要求每家每户对村落共同体的责任、奉献以及娱神的礼物馈赠等，这也是一种互惠性关系的强化，更是一种双方向的往来互动，而非单一方向的信息传输。这便是神、人和村落之间一种长期性的以及结构性的有来有往的"串通与互惠"，近乎马林诺夫斯基所描述的西太平洋初步兰诸岛屿土著人之间的那种库拉伙伴关系一般的象征性表达①，由此才真正有了一种所谓的基于某个地方或者某个区域的围绕着一座或大或小的庙宇的一次庙会既有的神圣性而凝聚起来的一种共同体意识的固化、凝塑以及再呈现。伴随着庙宇自身的大小以及庙会灵验所影响范围的宽窄，一种共同体意识想象力的范围大小也会随之而起伏波动。但这里，大和小之间，宽和窄之间，甚至上下之间，并不是相互分离开来，而必然是相互能够联系在一起形成一个整体的。

在节庆庙会之时，或村民所言的"正日子"，于村落之中，庙宇的空间便成为一处地域认同的中心，是一种所谓的乡村公共性文化最为集中的一种展示和展现。我们在这里必然会面对一种人声鼎沸的热闹场面，那里便是庙会的中心。而这里所谓的"热闹"，便是一种富含社会互动性意义的构成要素间的全部在场，并且，这些要素的最为真实的样貌，都会自由自在地呈现出来，而且，这些要素也会尽其所能地进行完全的自我展示或整体性的表达。因此，我们才会觉得热闹，也自然会觉得有趣，让我们情不自禁地感受到一种身心的愉悦。所谓的人的真实，恰恰体现在这种热闹和有趣之中，而非其他的那种僵化规则约制下的有序以及不得不保持某种姿态的严肃呆板。人也从庙会的热闹和有趣之中辨认出自己作为人所存在的真实样貌，人们会因此而联想到"我就是他那个样子的"或者"他们的欢快恰是我所欲求的"，就像彼此照着镜子，在此意义上，人和庙会的整体场景之间便也形成一种清晰而又静默无言的镜像关系了。

---

① 赵旭东：《权力与公正——乡土社会的纠纷解决与权威多元》，天津古籍出版社2003年版，第180—185页。

　　因此，很显然，庙会之中所谓"热闹"的存在，并不是如巴赫金所谓单一狂欢那么的简单。① 这种热闹的庙会，让人从中不仅辨认出本属于人的那种存在，而且还认出自己的社会性存在的一个真实可见亦可鉴的眼前场景的发生或呈现，这是一种魔术般地参与其中，抑或是一种身不由己。同时也是一种印证，参与之人从中获得了确证，它是人的一种自证，更是一种完全的场景性信息的集体记忆，人们会长时间地记住这个过去的庙会场景，并在记忆之中期待着下一次庙会的来临。而且，人们还会在头脑之中清楚地记得，去年或者前年庙会是热闹还是不热闹，人们借此做着各种社会比较，形成了一种村落间复杂关系的生活价值的比较框架。

　　在这里，我们所能看到的显然是一幅有如《清明上河图》一般的热闹非凡的场景：村落的街市上人头攒动，相互拥挤，一旁集市中的叫卖声此起彼伏，人们在这里寻找着自己所中意之物，从衣食住行到游戏娱乐，再到戏曲表演，大家能够聚到庙会这里，必然是以村落庙宇中所奉神明或龙牌的名义或它的灵验而有的一种缘起和联系，大家因此聚在了一起；但其他需求的满足，则不仅是在诸神灵或龙牌的面前发生的，而且是在庙会这一整体性的场景之中发生的，不论是身体的、精神的，还是静止的、运动的，凡是属于人的需求的，都会在此时此刻涌现出来，并不时地找到自己满足的目标去处。

　　因此，对于乡间庙会而言，那便是一个人身在其中的一个最真实、最直接场景的循环播放和轮番展演的空间，一幕幕的差异性的聚会场景，分属并发生于不同的村落空间之中，有庙宇的中心，有娱神的戏台，有贸易的集市，还有来自四面八方的各色人等都会杂处其中的空间。此时此刻的这一空间，也由此出现不同的场景变换，人们

————————

　　① 关于巴赫金的狂欢理论的讨论参见〔俄〕巴赫金《拉伯雷研究》，李兆林、夏忠宪等译，河北教育出版社 1998 年版。

在其中发现了人本身，发现了社会本身，也发现了可以凭此去追寻的文化价值和人生情趣，并且，潜移默化地领会了一种地方性文化价值的真实意涵。显而易见，文化在这个意义上并不是一种纯粹的规则和概念的宣讲，而是紧密地围绕着一整套的仪式信仰的时空安排而有的一种生活实践。而且这种生活实践，又必然是一个人年度性生活安排中的更为偏向于神圣性的那部分的存在，此时此地，它吸引着人们的全部注意力，同时也决定了人们在未来生活中的行动力的有无和强弱。

地方感与地方社会的自我建构：
以鲁中洼子村为个案[①]

张士闪

（山东大学儒学高等研究院教授）

在鲁中乡村地区，村民普遍将村落历史追溯到明代洪武初年甚至更早，并为此而着意搜寻证据，如庙碑、家谱、遗址或老物件，并建构起关于村落和家族源流的各种传说。虽然村落历史多因缺乏记载而难证源头，但在上述民众实践的背后，却显示出国家一统进程对于地方社会的深刻影响。事实上，由多元地方社会组成的中国，其长期一统的历史进程有赖于地方的国家认同，并以国家之"礼"与地方之"俗"的复杂化合为表征，在全社会的广泛参与中得以落实。中国很早就已形成所谓"礼俗社会"，并有着"礼俗互动"的悠久传统，在民众生活与国家政治之间有着复杂而深厚的同生共存关系，[②] 此为不争事实。

笔者认为，从村落日常生活和村民的历史叙事出发，观察国家礼仪下行的嵌入，在地方社会的历史脉络中理解村落文化与组织传统的变迁，聚焦村民的被动适应与主动调适，不仅有助于理解地方社会的

---

① 本文已发表于《江苏行政学院学报》2021 年第 3 期，收入本书时有一定删减。

② 张士闪：《当代村落民俗志书写中学者与民众的视域融合》，《民俗研究》2019 年第 1 期，第 20 页。

历史层累过程与社会结构，还可由小见大地理解国家一统进程、地方社会发展与民众日常生活的互动关系，促进对"中国原理"的理解。值得注意的是，国家礼仪下行、地方历史脉络对于村落社会的影响，必须通过对村民的文化心理积淀与日常生活叙事的观察才能真正理解。这样一种技术分析路径，即聚焦于地方性知识，并将之与地方社会的历史性建构密切关联。换言之，地方社会的建构历史，必须借助对地方性知识的真正理解才能得以呈现。因为所谓的地方性知识，不仅包括民众关于置身其中的山川地理、日常生活的知识，也包括国家一统进程、地方社会发展对于民众生活的影响，特别是民众基于生存而主动的文化创造。当然，地方并非自然天成，而是由民众的"地方感"① 所凝结的文化意象，乃是通向理解地方性知识乃至地方社会的便捷路径，并有助于实现上述宏阔的学术目标。

鉴此，本文选取鲁中山区洼子村②为个案，将"地方感"作为村民地方性知识的出发点，期望在理解"地方如何透过反复的社会实践而构成"③ 的同时，发掘"地方理论"所蕴含的学术潜力。

一　地方感的空间形式与文化标签

洼子村，是鲁中地区的无数普通村落之一，乍看似无任何特别之处。即使在鲁中淄川县境，洼子村也不算有名气的地方。作为该村主

---

① 正如杨念群所言，"'地方性知识'是知识人从思想的意义上进行划分的结果，'地方性感'则更接近于精英或底层民众自身的感受"。杨念群：《"地方性知识""地方感"与"跨区域研究"的前景》，《天津社会科学》2004 年第 6 期，第 119 页。

② 洼子村地处鲁中山区丘陵与平原的交界地带，所属淄川区位于山东省淄博盆地中部，南邻博山区，西接章丘区，北与周村、张店、临淄三区相连，东傍青州市，东南与临朐、沂源两县接壤，东部是丘陵地带，其余三面环波，南沟是淄川通青州的传统官道，中间平凹。该村人口在近 40 年间大致稳定，人口五百多户、一千七百多人，其中张姓占 90%以上，土地面积七百余亩，人均耕地 0.4 亩。

③ ［英］Tim Cresswell：《地方——记忆、想象与认同》，徐苔玲、王志弘译，群学出版有限公司 2006 年版。

要姓氏的张氏家族，历史上从来没有功名的簪缨世家或富甲一方的巨室，其影响在乡镇一级事务中也难得显山露水。不过，如果以为洼子村人是籍籍无名之辈，他们是绝不会同意的。他们一定会强调他们村是这一带远近闻名的"文化村"，民风淳朴，重视传统礼仪，最符合中华民族的"正统"。无论是回顾历史，还是与周边乡村社会作比较，洼子村人的这一"自我中心观"都不会动摇。这一现象是如何形成的？

从地理空间来看，洼子村人的地方感可以大致分为六个圈层，包括村落内部的三个圈层和面向村外的3个圈层。村落内部的三个圈层包括：第一，家族。张氏家族占洼子村人口的90%以上，此外还有王、咸、赵、臧等小姓人家。第二，家支。张氏家族内部有"北茔四大支"与"西茔三大支"之说，还有更细的家支区分，遇红白事以本家支参与为主。第三，门，类似于家庭，有时候也指有限的近支，如"西头张家""南头瓦屋张家""崖头张家""庙上张家""南头张家"等，往往涉及对家风的评价。面向村外的三个圈层包括：第一，邻村是乡村四境的起点，是洼子村人地方感的基本依据。关于邻村的种种传闻和明显经过加工的笑话，代表了洼子村人在长期的近距离观察中所凝结的经验。第二，从邻村外扩至大约15公里的乡村地区，是被洼子村人贴上"污名化"标签的核心区域，充分糅合了村民在有限的外出经历中所获得的零散经验。第三，15公里以外的地方，洼子村人的兴趣不大，既很少涉足，又缺乏常规性的联系，也就没有费心劳神琢磨或贴标签的必要。

洼子村内部的三个圈层，代表了村落礼仪的不同边界，并牵涉到对于不同群体的道德评价，而这种评价不落文字，以口头话语为形式，以日常闲谈和聚会宴饮为时空，以不引起现实纠葛为警戒线，只有局内人才能真正洞悉其微妙。评价的基本标准是"礼"或"老礼"，似乎代表了他们心目中天经地义的道德标准。那么"礼"或

"老礼"究竟是什么呢？村民张宏溪说：

> 老礼是咱们老祖宗一代代传下来的，具体有啥不好说，得看办啥事，啥事都有礼数……总起来说，就是要求我们无论讲话办事，得按照老一辈的规矩办，做人要讲礼数，讲文化。老一辈规矩再多，你也不能嫌麻烦，该怎么办就怎么办，马虎不得……人后咱管不着，人前你得有礼貌，分轻重。正如咱这老话说，背地里皇帝都挨骂，当面里你可还得给他磕头哩。你说是不是这个理儿？[①]

在他这一席话里，透露出洼子村人对于"礼"的理解，即"礼"是一代代流传下来的老规矩、老传统；"礼"是不证自明的为人处世准则，其权威性不容置疑；"礼"既是做事的依据，又是对个人道德修养的要求；"礼"并不等于简单的条条框框，不同的人和事在"礼"上可以有不同的说法。显然，洼子村人的"礼"，与村落历史发展和当下日常生活实践是紧密联系的。

村民的居住空间具有超稳定性，有的多达百年以上，上述评价就裹挟着丰富的历史记忆，并不断添加当下日常生活中的诸多佐证，以增强其权威性。这些评价话语发生在不同圈层的群体之间，从自我中心观出发，不断地赋予自身生活以价值。比如"南头瓦屋张家"与"崖头张家"见面时都会客客气气，但在私下里关于对方家风的评价都不以为然。"南头瓦屋张家"认为，"崖头张家"聚会，几乎每次都有人"耍酒疯"甚至吵架打架，实在不可理喻，而对流传于本村的"南头瓦屋张家兄弟、妯娌从来没红过脸"之类的说法深感自豪。"崖头张家"则认为"南头瓦屋张家"的聚会不够热闹，遇事心不

---

① 讲述人：张宏溪，男，洼子村村民，1932 年生。访谈人：张士闪。访谈时间：2015 年 2 月 15 日。

齐，没有他们那种"打仗亲兄弟，上阵父子兵"的劲儿。在21世纪初，"南头瓦屋张家"内部因为宅基地而发生纠纷，"崖头张家"获知后顿觉轻松，感叹"南头瓦屋张家的风水算是破了"。

再看面向村外的3个圈层。洼子村在地理空间上的四至边界是明确的，但这并不为村民所关心，而是另有与"自我中心观"相关的空间边界划分，由此形成了村民传统意义上的地方感——是以邻村为基点、以对方圆15公里之内不同方位乡村地区的评价为指向，通过对所属群体及自我的认知、对边界以外群体的想象而制造意义。

洼子村人的地方感，最突出的表现是乡村四境所贴的"文化标签"。标签标示之处，兼具空间边界和文化边界的意义，旨在凸显本村人的正统、有见识。洼子村人对于乡村四境，分别赠予"山精""北孙""蛮子""洼瘪"等标签，同时配以甄别其形象特征的一套话语，衍生出许多极为生动、易于记忆的故事。这些标签包括以下几个方面。东向，以东距约7公里的辛庄村为参照，他们将东部山区一带村民调侃性地称作"山里人""老山里"或"山精"①；北向，以北部近邻南韩村为参照，将北部平原一带村民称作"北孙"②或"老北孙"；南向，与南部近邻河东村，同处山谷地带，是长期"开火"③的玩伴兼对头的关系，往往略带轻蔑地称为"蛮子""南蛮"；西向，罗村以西、以南是地势更低的平原地形，临近城市，洼子村人逢事西行时不免生怯，担心被看不起，有时候会变得敏感易怒，然而他们在敬畏之余，还暗中赠以"洼瘪"的雅号。

洼子村人为什么喜欢给四境邻村贴"标签"呢？在他们看来，

---

① 山精，洼子村方言，意即"大山里的怪东西"，贬称。山，洼子村方言，是土气、没见识的意思。

② 北孙，洼子村方言，意即"北边的傻家伙"，贬称。

③ 开火，当地方言，是一种带有游戏性质的挑衅、摩擦与打斗活动。

洼子村是"文化村""礼仪村"，是这一带无可置疑的传统礼仪中心。据洼子村老人讲，从前这一带交通很不方便，外出谋生的人很少。村民很希望了解外面的世界，以免在外出时丢脸、露怯或吃亏，平时凑在大街上，就特别喜欢听那些有走南闯北经历的人拉呱。拉呱的主题，经常是以本村为中心，品评外村或更远的世界，趣味盎然。在"孙""瘪""蛮""精"等说法的背后，是洼子村人强烈的自我优越感的体现。

洼子村人为乡村四境贴上"山精""北孙""洼瘪""蛮子"之类的标签，并不意味着要与对方隔绝联系，相反正是为了在与之打交道时不落下风。事实上，即便是清末民初以前交通更为闭塞的时期，洼子村人也不可避免地常与"山精""北孙"打交道，最多的交集之地是罗村大集。罗村大集是方圆数十里的经济贸易中心，"山精""北孙"需要来售卖柿子饼、核桃、软枣等山货，换取日常生活用品，入冬则需要来买煤，因此年集是非来不可的。罗村大集上只要出现"山精""北孙"打扮的人，当地人就会奔走相告，群起围观评头论足一番。倘若某年年集，如果没有"山精""北孙"打扮的人出现，当地人就不免感到扫兴。时至20世纪90年代，"山精""北孙"已经很少在罗村大集上出现，他们的故事却越来越多地成为洼子村大街拉呱的素材①，成为村落集体记忆的重要组成部分。

当然，洼子村的日常生活，为邻村贴"文化标签"的传统以及村际关系的历史与现状，恰好反映了村民文化心理的深层结构。与此相关的地方感，既是村民在日常生活交流中得以积聚的一种知识储备，也是村落自我认同的有力手段。比如洼子村人面向不同方位、从近向远的关于乡村四境的想象，就不仅是服务于外出活动之需，也是

---

① 如在洼子村，就流传着以"山里人，去赶集"为开头的诸多民谣版本，内容均是调侃"山里人"因为不能辨识集市百货而洋相百出的情节。

其理解外部世界、赋予当下生活以意义的文化建构。在清末民初，当地乡村经济发生重大转型，村民有了接触外部世界的更多机会，却由此产生了更为严重的不安全感。以对四境想象为框架的传统地方感不仅没有消失，反而更趋强烈，也就在情理之中了。

就乡村社会的地缘政治而言，村民无疑是有着明确的地域层级意识的，这一意识影响了其对周边群体的评价，并据此确定"趋同"或是"存异"的基本态度，这也构成了村落内部与村落之间，乃至更远的外部世界的互动基础。显然，"趋同"是对地方社会中文化高位区的认同与追慕，而"存异"则指向对于自身文化权威的确认与强化。内化于村民心中的这一文化层级意识，在地缘政治中的作用是十分明显的。如洼子村赋予周边村落的文化标签，以及对于村内群体的"圈层"划分，都已潜移默化为村民不言而喻的"常识"，成为影响其行动的基本依据。事实上，构成村民"常识"的知识来源极为复杂，既包括官府的倡导，地方士绅的礼仪引领，也包括村落或家族、家庭等生活共同体的长期熏陶以及逛庙会、看戏、听书等游艺活动的收获，参与信仰仪式中的观察和感悟等，而且很难判断哪一种因素占据上风。

上述种种知识，都在洼子村人"自我中心观"的统摄下得以统合或杂糅，因而并不妨碍他们以"文化村""礼仪村"自居。事实上，洼子村人在日常言谈之间，特别喜欢以"按礼说""老话讲""论老礼""俗话说"等开头，引经据典，追溯历史，为其说法提供合理性与权威性的依据。这也就可以理解，为何洼子村人在讲述其外出经历时，往往呈现出事实不明、逻辑不清、因果混沌、道德暧昧等叙事特征，而涉及本村话题则往往是细节确凿、逻辑清晰、因果明确、道德严谨。细究其因，村民对于在村外、村内所经历事件的记忆清晰程度固然有别，但也在很大程度上与其叙事的功能设置有关。对于外部世界的观察和叙述，主要服务于外出生计的经验传递，以及凸显本村礼仪"正统"、塑造村落英雄之需；与本村有关的话题则多关乎生活伦理，意在整饬社区礼仪秩序。

　　我们在长期的田野调查中发现，这一现象不仅存在于洼子村，也广泛存在于鲁中，乃至华北乡村地区。不同的村落，有着各不相同的地方感，却都以本村为中心，并试图将其地方感施予对方，这在某些时候可能会引发冲突，因为"几乎每个地方的人都倾向于他们的故乡是世界的中心……人们设想星辰围绕自己的住处运行，家是宇宙结构的焦点。这样一种地方概念具有至高无上的价值，放弃这种概念是难以想象的"①。但就其总体而言，地方感则表征着乡村社会在长期的交流、磋商、磨合中凝结而成的地方文化结构。当然，要想真正理解其生成机制，还需要借助对地方历史的"逆推顺述"②。因为地方感所寓含的集体记忆框架及形式，终究是在地方历史的"层累"过程中磨合而成的。

二　地方感：集体记忆的历史生成

　　洼子村人为什么要以地方文化中心自居，并喜欢给邻村贴"文化标签"？这与元代以降王朝教化与地方社会的复杂互动有着密切关系，并基于村落地理空间、村民生计变迁等日常生活实践而达成，最终积淀为村落的集体记忆与叙事传统。

　　（一）淄川：元代至 20 世纪初叶国家礼仪教化的持续推行

　　毋庸置疑，中国传统礼治社会的根本，在于国家礼仪的地方化推行，以此实现地方社会对于国家政治的文化认同，这对于村民地方感的形塑作用是巨大的。就中国社会整体而言，从唐代中叶制定《大

---

　　①　［美］段义孚：《空间与地方：经验的视角》，王志标译，中国人民大学出版社2017 年版，第 123 页。
　　②　赵世瑜：《结构过程·礼仪标识·逆推顺述——中国历史人类学研究的三个概念》，《清华大学学报》（哲学社会科学版）2018 年第 1 期，第 1 页。

唐开元礼》、颁行庶人礼仪开始，礼制下移成为一大社会趋势，"宋至清乡里礼秩逐渐发展成熟，它由序齿（乡饮酒礼）、祀神（祭祀地方性神灵）、收族（举行宗族祭祖礼）三大类礼仪构成"①。在鲁中地区，元朝以前已历经国家礼仪的持续推行，虽因灾乱频仍而多次发生断裂，却在屡经补缀的努力中呈现出礼制下移的趋势。自元至明清，鲁中地区持续推行国家礼仪教化，民间生活呈现出高度的礼仪化特色。

淄川至晚于汉时建县②，距今已两千两百余年，因位于般河之北而名般阳县。距洼子村西南7.5公里的黉山郑公书院，曾是礼仪胜地，但在金代末年毁于兵火，学统难继。③ 在诸多县志刊本中，迄今所见最早的为明嘉靖二十五年（1546年）由知县王琮主持修撰的《淄川县志》六卷本，将县学传统溯至元初。元朝"重道而崇儒，郡县皆得以立学而设教"，元至元二十九年（1292年），般阳路廉访签事赵璧、般阳路总管移刺铁木尔与同僚捐资，在淄川地区重修先圣庙，扩充了庙学规模。④ 元至正六年（1346年），般阳路总管康庸又重修庙学，地方官员捐资，使其规模更大，功能更加完备。此后历代淄川县志，都将本县科举传统归功于元代庙学的建立，因此才有了始于明朝中期、鼎盛于明末清初的科举兴盛状况："明代淄川进士三十一人，举人九十六人，武科、武职十六人。清代淄川进士四十六人，举人一百三十七人，武科、武职五十八人。"⑤

明朝中期是淄川县推行国家礼仪的关键时期，以知县杨武（弘

---

① 杨英：《改革开放四十年来的中古礼学和礼制研究》，《文史哲》2020年第5期。
② 明嘉靖《淄川县志·沿革表》："汉，属济南、乐安二国。又为般阳县，属济南府。"陈涟远、白相房主编：《淄川县志汇编》，淄博市新闻出版局准印证，2010年，第18页。
③ （明）王琮：《修缮郑康成庙碑文》中，即有"故今有晒书台、有鞭书草，炳炳载入传说，铭碣不及"的说法。碑文载《淄川县志》（明朝嘉靖二十五年）。
④ （元）：赵孟頫：《般阳路重修先圣庙碑》。
⑤ 杨海儒：《淄川仿古》，王承典主编《淄博文物与考古》，山东友谊出版社1989年版，第74页。

治年间）、顾兰建（正德年间）、王琮（嘉靖年间）为代表的地方官员，以振兴科举为手段，致力将淄川地方精英吸纳整合到王朝之内，而这种政治整合是以国家礼仪推行和地方风俗整顿为名义进行的。他们强调淄川"为国为节度，为郡为路为州"的"齐鲁望邑"的辉煌历史，以恢复往昔传统为号召，在县城庙学一带废除道观、佛寺，大力扩充儒学，明确"俗成民化"的目的。

> 国家自王都以及天下，莫不有学，莫不有先师孔子庙，盖孔子之道，治天下之大经大法，而学者所以学孔子之道而达诸天下也……俗成民化，地与时升。①

> 今天下用人之途，惟科贡为正途。科三岁一举，于乡试于京师中式者授品衔，否则养于太学，贡岁行焉。郡县有差，亦自乡而试于京师，中式者养于太学，否则再论于乡。彼遗而此录，大取而小不捐。凡天下之士，志世用者咸得布列中，外而不废于草野林谷之间矣。我国家礼罗贤豪，器用俊造，周详广大，有如此者。盖即古人命乡论秀之意，法尤良焉者也。②

这一整合，不仅使淄川地区自明末清初开始大批涌现科举人才，仕宦成风，而且使得以儒学为主体的国家礼仪持续渗透于淄川基层社会，带动了民间文字传统的发展与发达。

（二）清初王敏入的多面人生与"礼仪进山"

洼子村虽地处淄川县东北部边陲山区，但因为清初邑庠生王敏入的入住，带动了诗书礼仪风气，并延至后世。

王敏入，字子逊，又字子巽，号梓岩，淄川鸳桥王氏王瑞永的长子，邑庠生。他以孝闻名，曾在明末清初社会动乱之际两次前往贼

---

① （明）程敏政：《重修庙学碑》，撰于弘治十二年。
② （明）杨武：《科贡题名碑记》，撰于弘治十五年。

营，舍生救父；父殁之后，自负块石营造坟墓，手镌其父遗诗于山崖，又自绘父母画像供奉于石室，死后淄川县为之建"节孝坊"。①王敏入的诗词、篆刻、绘画均颇负盛名，康熙《淄川县志》中的"般阳二十四景图"即由他绘制。王敏入幼年时期，即随父王瑞永由大鸾桥村②迁居洼子村，后来又建造了石足园。

清康熙十二年（1673年），奉旨各直省纂修通志，檄取录册。康熙二十六年夏，由淄川知县张嵋主持、当地知名文人唐梦赉负总责撰修《淄川县志》，王敏入应邀绘制《般阳二十四景图》，将仙岩洞列为淄川"二十四景"，并特别将自己的住处"石足园"标在图中。王敏入在仙岩洞景图上题词，极赞仙岩洞一带景致："仙岩洞，名洞子沟。悬岩铁色，壁立千寻，南北相对，各立像祠，为黄冠修真之所。洞水西流，发源有石，平铺数亩，秋涨散瀑，恍龙翻浪，亦奇观也"。唐梦赉在景图中特意注明："兹图第二十四景，仙岩洞畔石足园，盖即其所住处云。"③此后，洼子村村东仙岩洞成为淄川地方文人游览唱酬的雅集之所。更重要的是，由此引发了洼子村人对于士绅耕读生活的向往，特别是对于国家科举制度的热切追求，对诗书礼仪的推崇一直持续下来。时至清末民初，洼子村私塾仍然在当地很有名气，邻村多有前来入塾者。

在村民的记忆中，王敏入曾做过洼子村的庄主，最终因一场"意气用事不考虑后果"的官司败了家，而迁居南邻的河东村。

> 村里发生了一桩人命案。张立吉杀死了族叔张登，他婶子哭着去找庄主王梓岩。当时王先生为两家人想了个办法，既保住张立吉的性命，又能使死者的妻儿能生活下去，就把两人叫到一块

---

① 孙启新：《王敏入生平补考》，《蒲松龄研究》2016年第2期。
② 大鸾桥村，在洼子村西邻2公里处。
③ 陈涟远、白相房主编：《淄川县志汇编》，淄博市新闻出版局准印证，2010年版，第281—282页。

进行调解，让张立吉拿出汉中崖 30 亩好地给他婶子作为赔偿，这样死者家中老小也能生活下去，并且写了两张证据，各执一份。证据的大意是：张登家有一棵榆树，为了吃榆叶，张立吉拿着斧头上树砍树枝，不小心失手，斧子掉下砸在了其叔的头上致死。两人同意，算是处理好了。过了 9 年，张立吉婶子在 30 亩地里种高粱，长势很好，已晒红米，就要熟了。有天早晨，可巧王梓岩与张立吉都走到汉中崖去溜话眉①，张立吉看到这高粱长叹一声说："一片好秋黍啊！"这时王先生如果不搭腔也就没有事，但他却用话激张立吉说："张立吉！你看着好就把它收了吧！"这时张立吉也是犯冲动，竟忘了杀叔之事，对王梓岩说："你想我不敢？"于是回家去集市叫上 40 多人，一天时间就把地里的高粱砍光，运回自家的晒场上。

王梓岩先生回家后想想也后悔，不该用话激他。刚吃过晚饭，张立吉的婶子哭叫着来告状，张立吉把她 30 亩秋黍全都收割了。王梓岩庄主也没有什么办法，心里很生气，说："你不用管了，我和他打官司。"第二天，王梓岩一纸状子递到了淄川县衙，一天后，有两个捕快用一条锁链把张立吉锁到县衙，县官开始过堂问案。诉状上已写明他杀叔赔地之事，但张立吉拒不承认有意杀叔，因他有一份证据，只得暂时收监。

县太爷问不出真实杀人口供，只得动用大刑，张立吉死不承认，只说是从树上掉下斧头砍死叔父，自己是失手而不是有意。原告王梓岩状纸上说他用斧头劈死族叔张登，张立吉手里有以前写的证据，前后矛盾，县官无法定他死罪。

王梓岩是洼子庄的首富，也是庄主，田园一千三百多亩，住

---

① 溜话眉，当地俗语，即提着装有画眉鸟的笼子散步。

宅是明清式建筑的瓦房，屋脊和梢头上都安着望天猴①。王庄主属大吊桥村王氏后裔，是官宦人家。王梓岩意气用事，此案与自己并无关系，却硬要去替别人打这场人命官司。在那个年代，有句俗说："天下衙门朝南开，有理无钱莫进来。"张立吉定不了死罪，但王梓岩一心要把此案办成铁案，就使知县想方设法把张立吉治死，没有别的办法，只能向县官行贿送银子。县官收原告银子多了，就想法用酷刑来折磨被告，竟然用 13 盘摊煎饼的鏊子，下面拿砖支起来，烧红了干柴，让张立吉赤脚从上面来回走，这叫"仙人过桥"。张立吉咬着牙走了 13 趟，指着县官说："我再搭上一趟"，后脚上的肉全被热鏊子烙烂掉了。张立吉在公堂上说了句狠话："王梓岩，我只要能回去杀你个孩伢不留！"王梓岩心里更害怕，只得继续卖田产向县官送银子，直到把自己家田园一千三百多亩地和住宅卖光……最后张立吉死在了监狱，王庄主也落得个一贫如洗，两败俱伤。王梓岩无法再在本村居住，后来移居河东村。

王梓岩先生虽是庄主，却意气用事，不考虑后果，落了个这样的下场真是可悲！可叹！②

在后世村民的评价中，认为王敏入"意气用事，不考虑后果"的主要理由有三方面。一是徇情枉法，作为一庄之主，却为张立吉隐瞒罪行；二是以张立吉的恩人自居，对方不知感恩，便出言揶揄，酿成事端；三是花钱买死一意孤行，深陷官司之中，最终败家。

综上所述，清初著名文人王敏入的入住，村东仙岩洞被列入乾隆《淄川县志》和"般阳二十四景图"，地方文人围绕仙岩洞的雅集唱酬，四合院、石足园等传统建筑在村中的存在以及诗教传统的绵延不

---

① 望天猴，当地俗语，意指四合院建筑上的五脊六兽。
② 张笃学：《淄博市淄川区罗村镇洼子村村志》，未刊稿。

绝，都为洼子村人平添了一种面向邻村的文化优越感。诸如"罗村傲、南韩烧、河东贼"等俗语在洼子村的长期流传，就充分显示出村民通过对邻村的负面评价，凸显其"文化中心村"的心理倾向①。对于周边稍远的乡村地区，洼子村人则有更强烈的优越感，如前文所述为乡村四境所贴的"山精""北孙""洼瘪""蛮子"等文化标签，即与此有关。而既是节孝楷模，又具隐士风范的著名文人王敏入，因"意气用事，不考虑后果"打官司而最终败家的故事，尽管村民很少对外提及，却是在关门训子时反复提及的经典案例，借以强调家风、"老礼"等的重要性。

（三）清末民初的乡村礼仪振兴运动

直至晚清时期，洼子村一直是一个土地贫瘠的传统山村，以农业生产为主，兼有畜牧、采煤等副业。该村土地，除村西、村北有少量地块较为平整以外，村东一百多处地块都在山丘之上，面积小且质量差。据村民张笃学回忆：

> 注子村地下有丰富的煤炭，早在清初就有人打井挖煤，有一张姓人家土地较多，颇有财产。家主张果，在本家中年长辈大，为家主。他雇佣几十号人在村东叫王家楼子的地方，打井挖煤，张果既是东家又是掌柜，人们尊敬他，称呼他果老，从此张果老的雅号叫响了。在王家楼子，他所打的煤井是长方形的，下面煤炭是实苤，产量很高，每班都是用十几号人拉滑子提煤，日夜不息。王家楼子是一个小山丘，出的煤炭无处存放。张果就从煤井

① 张帅在调查中发现，当邻村人嘲笑洼子村人"穷讲究，越穷越讲究，越讲究越穷"的时候，洼子村人不怒反乐，因为这至少证明其努力营造的"文化礼仪村"的形象与"穷村"的现实状况，已得到广泛认同。如村民张世华认为："穷不要紧，谁家祖上没穷过？但文化可不是每个村都有的，把咱们村现在所有的老师、教授集合起来，办一个重点高中一点儿问题没有！"参见张帅《"礼"与"事儿"：信仰体系与实践的存在机制探析——以鲁中洼子村为例》，《民俗研究》2016年第4期，第76页。

西边买了一片土地存放煤炭，每天有几十号人用小车运煤。这样开采了几年，井下就有了水，张果没有别的办法，只能用牛皮罐提水，以后水大了无法挖煤，只能停产。存放煤炭的那片土地，从此人们就叫它"炭场子"，直到现在。①

洼子村的这一传统生计模式，在清末民初时大为改观。特别是在 1904 年，德国为开采淄博煤矿而开通胶济铁路，当地采煤业则因为现代技术的引进而勃兴，大量村民成为矿工或从事营销。因有现代交通的便利，桑蚕、草编、制砚等行业迅速成为这一带乡村地区的重要产业。在洼子村人的记忆中，清末民初时期本村村民多有从事煤矿开采、货物营运、服务业等新兴行业，渐起生活奢靡之风，各种纠纷，乃至涉讼事件增多，对传统伦理造成了极大冲击，引发了村落知识精英的群体性焦虑。以张成宪、张增、张美春、张履瀛、张履端②等为代表的村落知识精英群体，当时对于上述工商业活动秉持拒斥态度，如将煤矿开采视为破坏风水、草菅人命之举，视西方器具为奇技淫巧之物，致使地方社会道德沦丧。目前村里依然保存的多份诉状、官司判决书等，都发生于这一时期。他们为整顿家族秩序而采取的具体策略有四，即创建亲睦堂，创修族谱，创办私塾，规范祭礼，期望通过重建家族礼仪，倡导传统伦

---

① 张笃学：《淄博市淄川区罗村镇洼子村村志》，未刊稿。

② 五人为清光绪二十九年洼子村《张氏世谱》修撰的核心人物，都曾长期经受私塾教育。张成宪，"少年聆庭训勤学……以屡战文场，壮志未伸，遂家居课诸子侄"，倡修族谱，著有《松崖文集》《诗草》。张增，"明敏于书，无所不读，屡战文场，未酬壮志，遂于王梓岩先生石足园故址，临水茸屋，隐居教授"，著有《对岩书屋诗稿》。张美春，博闻强识，以塾师为业，曾被推举为乡饮耆宾，赐匾额曰"品重膠庠"。张履瀛，"博通经史，凡星相堪舆占验谶纬内经诸编，皆殚究精详"，著有《鹤山文集》四卷。张履端，光绪甲午年（1894年）邑增广生，长期"隐居教授于淄青间，主讲黉序，文社及门生徒百余人"，创建亲睦堂的核心人物，著有《瓠庵文集》四卷、《诗赋钞余》二卷、《般阳山水地利考》二卷。详见（清）光绪二十九年淄川县仙人乡洼子庄《张氏世谱》，现存于山东省淄博市淄川区罗村镇洼子村。

理，实现对社区秩序的控制。

如果说亲睦堂是1884年由淄川县邑增广生张履端发起、众多知识精英响应而创建的一个堂号，意在以印章镌印的方式倡导家风礼仪，并无更多的实际行动，创办私塾、规范祭礼是在实际行动层面对于家族制度的重塑，那么修撰《张氏世谱》之举更是对于洼子村传统礼仪振兴运动的内部机制的集中表达，值得细究。

乍看起来，洼子村《张氏世谱》中似乎多是对国家礼制精神的因袭，即便抒发情感，也是指向一种宏大的家国情怀，或是对先祖的感恩与赞美。在这份族谱的字里行间，反复强调要崇尚礼数和教化，尊崇古圣贤之道，提倡后世子孙学习诗书以修身养性。而张履瀛对于"族规二十二条"的制定与阐述，则指向对日常生活实践的礼仪化规范。就内容而论，"族规二十二条"可分为4个部分。一是家族礼仪的基本制度，包括敬祖、尊亲、修祠、立塾4条，即诚祭祀以念本原、敬尊亲以正名分、立宗祠以奉先祖、置义塾以诲幼年；二是家族交往礼仪与社会生活规范6条，包括尚往来以联疏远、同患难以御外侮、恤孤寡以成节孝、周贫困以拯饥寒、善调停以息纷争、戒斗殴以防祸变；三是为家族生活的长治久安而设计的制度规范8条，包括护墓田以免摧残、看茔树以禁毁伤、让田宅以和兄弟、蓄诗书以训子孙、为四民以安本业、师正学以戒歧途、修世谱以善珍藏、守族规以祛邪僻；四是设定家族礼仪禁忌4条，包括毋舍子女以保全骨肉、莫为贱役以清白身家、别成外谱以明辨族姓、善视养子以永无排挤。在条陈"族规二十二条"后，还附录"说略"予以阐解，洋洋4000余字，可谓谆谆教诲、不厌其烦。

《张氏世谱》不仅努力塑造家族礼仪规范的权威，还在世系谱中采取多种方式予以倡导。其一，对于没有获取更高科举功名的家族成员，族谱所表达的不仅是为之遗憾，更有对其进取精神的称许。其二，以设立小传的方式推出家族楷模，推崇忠孝节义行为，褒奖热心家族公益精神，计有小传者 57 人，包括曾担任乡饮耆宾者 7 人。其三，对于"诗礼传家"的人物行为予以高度评价。如强调读书对于人生境界的提升，读书所带来的社会交际圈的扩大，断绝科考念头后依然专注于学以及对于隐居生活的自觉选择等，在族谱中一律受到赞美。个中奥秘正如华德英所言，在传统中国社会中，即使是最腐败的朝代亦能维持一种吸纳科举人才的官僚制度，从而使得以儒学社会思想为中心而建构的文人生活方式，成为各地民众建构"正统"的依据，在不同的地方社会中发展出同一性的文化表达。[①] 也就是说，读书人对于乡土村落社会的影响，不仅在于帮助地方修助庙宇、修撰族谱等公益事务，还在于他们的存在本身也成为普通民众想象、建构国家"正统"的凭据。而清末民初洼子村的知识精英，如此苦心创修族谱，其动机正与此有关。

　　族谱能够告诉我们的是，百姓在面对问题时实际的解决办法，以及他们认准时机、把握时机的能力。当然，族谱没有直接书写他们的策略，只是平铺直叙地交代了他们做了什么，或仅仅抄录了一份成文协议或合同。所以，我们必须凭直觉判断他们所作所为背后的动机与目的。[②]

　　事实上，修谱者的行为动机、价值取向与其所处社会语境是分不开的。清末民初，洼子村试图借助家族仪式制度的制定与推行，重建与国家"正统"的关联。这既可以视为元代以降国家礼制下移、整合地方社会的一统进程的延续，也是地方精英因应近现代社会转型，主动援引国家礼仪的"正统"观念以建构乡村社会秩序的自觉文化

　　① 华德英：《从人类学看香港社会——华德英教授论文集》，冯承聪等编译，大学出版印务公司 1985 年版，第 39 页。
　　② ［加］宋怡明：《被统治的艺术：中华帝国晚期的日常政治》，钟逸明译，中国华侨出版社 2019 年版，第 62 页。

创造，并成功地糅合于各地民众的地方感中。当然，不同乡村地区的地方感的形塑与延续，所依靠的知识形式是多元的，除了上述与国家政治、知识精英等较为权威的知识形式外，还有年画、说书、演戏、唱曲以及岁时节俗中的娱乐、宴饮等活动，因而基于不同地方社会生活的民众的地方感依然是多元状态，但在更为广泛的意义上体现出整个中国社会"礼俗相交"的特征。

就洼子村而言，历代村民在不断地言说和实践中，倡导诗礼传家的家风，日常间强调礼数，待人处事讲究内敛含蓄，就逐渐被推衍为村落文化的主体形象。时至今日，村民依然以"重文讲礼"自我标榜，很看重自家"文化村""礼仪村"的形象。村民讲起"老礼"，依然经常以光绪年间修撰的《张氏世谱》为依据。而村内流传的"五门""四景"①之说，也显然出自本村知识精英的文化创造。

三　地方感的阶层分殊与精英运作

在乡村作调查的人，容易产生村干部和家族精英掌握"对外话语权"的印象。实际上，他们固然是村落权力体系中的两大力量，但并非全部，此外还有掌握经济财富的商人与长期活跃的会头神婆。这四种力量的不同比例的搭配与互动态势，构成了鲁中乡土社会权力体系的基本格局，并赋予不同村落以文化个性。

在鲁中乡村社会生活中，上述四种力量各有组织系统，呈现出复杂多元的互动关系。村政系统是国家权力体系向基层社会的延伸，上与国家系统关联，下与村民对接，在国家与民众之间以双重

---

① 　根据我们的调查，这一说法主要在洼子村内流传。"五门"修筑的年代，有村民认为是明朝中后期所建，但据笔者推断应是 19 世纪中叶为防捻而筑，现仅存东南门。"四景"即"西有双塔寺，北有凤池井；东有仙姑洞，南有卧虎岭"，应是本村人对绕村自然风景及庙宇群的附会说法，意在凸显本村风水之优越。

代理人的角色，主导村落事务；村政系统与家族精英之间有着传统的亲和关系，而与商业群体保持若即若离的态势，对神婆神汉所代表的乡村宗教系统则保持拒斥姿态；家族精英易受国家权力体系的影响，而与村落宗教系统互补，与商业群体疏离；商业群体与神婆神汉群体有天然亲和的关系，而与村政系统、家族精英则是相互利用的不稳定关系。

在洼子村，家族精英掌握了一套以儒学文化为主体的礼仪话语，掌握传统礼仪，娴熟于文字书写，能大量引用"俗话说""按理说""论老礼"以及俗语、谚语、歇后语、故事、规矩等话语，并以村落历史上的经验教训为依据，因而能够经常担当"明白人""总理"（仪式权威）的角色，在村落生活中具有一定的权威。商业群体在村落中长期处于边缘地位，虽则近30年来日趋活跃，并在近年来多有村政系统与商业群体的角色同构现象，但就村落文化体系而言依然影响有限。在这一村落文化系统中，所谓"传统礼仪"已内化于洼子村人心中，代表了村落社会自我建构的基础性话语，因而广泛内化于村民心中的国家"正统"意识，连同一套"天地良心""善恶有报"等为表征的道德价值观念，在乡村社会中依然是较为稳定的存在。

如前所述，洼子村张氏家族有"西茔支""北茔支"，而更细致的区分则是"西茔三大支""北茔四大支"。这些家支的区分，在洼子村日常生活中发挥着微妙的作用。2005年，西茔《张氏支谱》修成并于2006年清明节隆重庆祝；2006年，东茔《张氏支谱》修成，并在2007年清明节举行了更为隆重的庆祝仪式，体现出洼子村同一家族内部颇为复杂的家支关系，耐人寻味。

通过对2006年北茔《张氏支谱》的修撰过程与庆祝仪式的考察，就会发现其凝聚"北茔支"的意图十分明显。在"洼子村张家北茔修谱领导小组"举行的多次会议中，始终贯彻着两个核心议题。

一是要想方设法超过已经修好并隆重庆祝的西茔《张氏支谱》的水平①；二是要符合修谱的"老规矩"。其实，"北茔支"中真正对修谱热心的人，只是极少数知识精英人物，大多数人对此并不热心，平时也不那么关注族谱，甚至有"现在亲兄弟都打仗，修谱有什么用"的说法。不过，尽管只有乡村知识精英热衷修谱，但他们可以凭借出色的社会动员能力而最终实现。这些知识精英主要由卸任官员、退休教师和个别有见识的村民所组成，一方面强调要重视"古礼"，同时也熟稔一套"盛世修谱，大势所趋""促进和谐社会建设""促进家庭团结"等宏大叙事话语，为修谱活动赋予一种贴近国家意识形态的色彩。而真正为其所看重的，却是借助修谱实践，调整本家支在整个家族或村落中的地位，同时强化个人的文化权威地位，这或许也正是其社会动员力量能够发挥作用的关键。此时，村落中的村政系统、宗教系统和商业群体都不能不听命于他们。

具体而言，洼子村家族精英掌握着较为丰厚的文化资源。首先，

---

① 事实上，洼子村张氏家族北茔支的这次续修族谱活动，有着将近10年的酝酿过程，中间还有与西茔支的复杂互动。据2006年6月6日张宏浩叙述："在1996年的时候，张家有些年纪又是长辈的人，像宏泉、宏河、世伦、世祥等经常谈起这件事（续修族谱）。不过那时候做这件事有两个困难，一个是经济条件不行，另一个是宣传续谱的意义不够，虽然当时商量了一段时间，但没有形成正式的决议，也没有发动起来，就是说那时候的火烧得温度不到，这样就暂时停了一段。1997年北茔二支的宏泉、世祥、宏洛发起修《张氏支谱》，他们三个便开始了工作，二支支谱便完成任务了。北茔四支，就是世伦那一支，他们自己搞了一个支谱，是手抄本。自那以后，就放下了这件事。2005年，西茔搞续谱，也没和咱这里商量，总认为咱这里经济条件不行，再就是人力不够。今年4月8日西茔张家续好谱，又举行了发放谱庆典会，庆典会搞得比较隆重，形式非常浩大，当时请了录像的，搞了文艺演出，还有锣鼓队。这种局面就影响了北茔这些人，北茔很多人特别是有年纪的，就提出：'西茔能续谱，北茔就不能续吗？'在这些人的鼓励下和西茔发放谱的影响下，把我们的气就鼓起来了。"另见张宏浩《张氏家谱》"2006北茔支谱"《编后记》："自2005年村中西茔支本问世以后，我北茔族人要求续修族谱的呼声越来越强烈，这本家谱的续修工作首先与这种家族公意的推动有关。"不过似可想见，2005年西茔支的续修族谱，也未尝不是受到了北茔二支、四支修谱的刺激。按照西茔支修谱核心人员张笃杰的说法，是打算"俺们费劲修个正规样子，你们北茔按照这个样子修谱省劲，再将封面改成'洼子村张氏族谱'，直接附在西茔支谱后头就行了"。他的这一提议，受到了北茔支的强烈抵制。

淄川地区曾"为国为节度，为郡为路为州"的所谓"齐鲁望邑"的县志记载，以及元代以降地方官的礼俗整顿，作为一种谈资，也可以转化为洼子村为"礼仪村""文化村"的依据。其次，他们熟悉《张氏世谱》等民间文献，在日常生活中动辄谈祖论宗，讲究礼数、孝道，在排解纠纷、操持婚丧礼仪中获得权威。再次，他们对外部世界的变化非常敏感，对村内事务也能迅速作出判断，因而能够及时吸纳当下国家政治话语，杂糅古今中外各种知识，针对现实境况采取灵活应对方式。此外，他们的叙事策略灵活多变，并善于择用各种文化标签，因而在建构各层级的地方文化认同、运作地缘政治等方面发挥着突出作用。一言以蔽之，乡村日常生活中的知识精英，他们对于地方感的塑造发挥着奠基、引领与调适的关键性作用。

四　结语

诚然，地方知识精英并不能代表乡村日常生活的全部，相关专题研究也无法形成对乡村社会日常运行及重要事件的完整解释。事实上，在乡村社会中，来自日常生活的力量是不可忽视的，知识精英与民众之间经常发生磋商、竞争、妥协与合谋的互动过程。但"民俗的形成与变迁，离不开知识精英的引领与民众群体的生活实践……在事件应激、文化调适与社区行为模式之间的循环互动过程中，离不开少数文化精英的引领与运作，并最终沉淀为民俗传统"，要想真正理解乡村社会中的地方性知识及其实践机制，就必须关注知识精英与民众群体之间的互动情态。顺循地方感所寓含的地方民众的"默会知识"（Tacit Knowledge）而深入探解，或可成为我们理解乡村社会的便捷路径。诚如杨念群所言：

> 乡村社会（当然也包括城市）中人们的行动和思维逻辑往往并不能用"知识"分析的方法加以解读……民间世界之所以

区别于上层精英，可能恰恰就在于其存在着难以用上层精英的知识加以把握的感觉世界，乡民们往往凭借从"感觉世界"提炼的原则安排日常生活。要理解这些"感觉世界"仅仅应用"地方性知识"的解析方法恐怕是远远不够的。①

显然，地方的本质不在于有物态边界的地理空间，而在于人栖身其中，如果舍去对人在地方中的存在这一事实，那么所谓的地方也将无从谈起。以此观之，地方是人们经验世界的起始与载体，地方感则是人们基于"自我中心观"的生活表达。地方感所凝结的文化意象，是人们以当下生存状态为依据，从属地理空间、历史叙事，乃至神话传说等寻找资源，经过长期的集体磋商而形成的自我认知与实践意向，从而构成了地方社会文化的深层结构。地方感，既是民众地方性知识的直观呈现形式，又是影响地方社会运行的潜在力量。它在国家一统进程、地方社会发展中层累构成，又在当下民众日常生活实践中常在常新。也正因于此，我们可以透过地方感所凝结的文化意象，理解国家一统进程、地方社会发展与民众日常生活的多元互动关系，促进对乡村社会的历史脉络、组织传统与运行机制的理解。

---

① 正如杨念群所言，"'地方性知识'是知识人从思想的意义上进行划分的结果，'地方感'则更接近于精英或基层民众自身的感受"。杨念群：《"地方性知识""地方感"与"跨区域研究"的前景》，《天津社会科学》2004年第6期，第122页。

同乡同业："社会经济"或"低端全国化"①

吴重庆

（中山大学哲学系教授）

  今天我要讲的题目是"同乡同业：'社会经济'或'低端全国化'"。我关注同乡同业，是从莆田开始的。社会经济或者低端全国化，这个话题提得有点唐突。为什么我要提这样的话题，因为从 20世纪 80 年代到现在，几十年过去，同乡同业也呈现出一些新的特征，非常值得关注。

  我们先来看一位日本的社会学家，叫鹤见和子。鹤见和子教授跟费孝通先生曾在 20 世纪 80 年代做过苏南的调查，后来他们也曾合编了一本书《农村振兴和小城镇问题》。鹤见和子教授最著名的是提出"内发型发展"概念，她在讨论内发型发展的时候，特别讨论了传统的问题，她说我们可以从几个方面来理解传统。第一种是所谓的意识结构的形，她说传统其实就是我们继承下来的各种各样的形，这个形就是结构，我们大家知道的民间信仰，还有一些传统的价值观念，这些都叫意识结构的形；第二种是社会关系，那就是社会传统，这个社会传统包括家族、村落、城市、村镇等关系网络，这些东西我们也是

---

  ① 本文是 2020 年 9 月 23 日作者在北京师范大学中国社会管理研究院/社会学院民俗学专业所做讲座的录音整理稿，二级标题为编者所加。

可以继承下来的，所以说我们的传统包括文化传统以及社会传统；第三种是她称为制造衣食住行方面一切物品的有关技术的形，或者我们通俗地说就是工艺，这个也是我们传统的重要部分，这些都是可以代代相传而继承的。她还说传统都是存在于一些小的区域范围内，我们很难说中国有一个抽象的、统一的传统，事实上大家都是在自己的小传统中。这些传统为什么可以传承？因为它可以解决当地人的各种问题，能够给他们带来实际的用处，使得旧的东西可以在新的环境下得到适应和改造，然后开拓出各种各样的发展途径。那么谁去开发这种发展途径呢？当然是在地的人民，他们使所有的传统都可以在新的环境下得到应用、改造和利用。所以从这个意义上说，研究内发型发展，事实上是对小民创造性的探究。小民凭什么创造？小民没什么资源，只能凭着对传统的利用来创造。

我们来看看同乡同业中的小民如图1所示。照片中的老先生是今天莆田金银首饰业中被称为鼻祖的一个老人家，这是他的家。他有二三十个挺厉害的弟子，弟子给他建了一个博物馆，这个博物馆就建在他家里，完全是他家里的一个博物馆。这个人当年在打金的时候，是不收徒弟的，因为传统的农村社会中好的工艺是不可以传给别人的，可是有些人跟他完全没有亲戚关系，他也帮他，收他为门徒。打金业这个行业事实上完全是从纯手工开始的，这个是早期的打金业，原来是用铁模，现在逐渐发展为石膏模。石膏模是一个革命性的变化，工艺的变化带动了更多人投入这个行业，使这个行业的技术门槛降低。而且石膏模很轻便、更新换代很快，成本又很低，所以最新式、最流行的款式可以随时运用上来。

图2看上去感觉是在拍大片，实际上就是上个星期二，我在深圳参加深圳莆田商会的一个活动。这些人大部分都是从事金银首饰业的。从当年的老先生发展到现在，中间变化太大，所以它呈现出很多新的业态。你们看到有好多品牌，现在品牌化已经很明显了，但是不

图 1   莆田金银手饰业先贤像

管怎么样，不管生意做得多大，你们看看莆田商会的会徽里面这个图像是什么？是妈祖。我们的老乡，湄洲岛妈祖。它提的口号是情系妈祖，和闯天下。不是乱闯，是和闯。不是什么风风火火闯九州的闯，大家要和闯。

图 2   深圳市莆田商会（2020）年

图3是湄洲岛妈祖祖庙董事会，上一周我们莆田商会成立的时候，它发来了一个贺信。其中有一句话非常有意思，他说希望在深圳的这些莆田商人能够在妈祖灵光的庇佑下如何如何，然后我们会看到在成立现场也启动了一个妈祖慈善基金的仪式。这些东西都会让我们看到同乡同业从本土慢慢成长发展到今天，虽然它已经有了新的形态，但是他们还是会利用本土的社会资源，还是希望能跟妈祖有联系，所以在这个意义上我提出同乡同业可以作为一种社会经济来看待。

图3　深圳市莆田商会活动现场

一　作为社会经济的同乡同业

什么叫社会经济？我们要先从市场经济开始说。如果市场经济发展到高度垄断的资本主义阶段的话，它的经济活动一定是跟社会脱离的。为什么可以脱离？因为资本会追求利润最大化，它的经济活动可以不在本土，它可以把各种生产要素从全国范围、从全球范围，从发展中国家抽离、集中、重新组合。所以在一个高度垄断的资本主义经济或者是今天的全球化经济的时代里，经济活动与社会是脱嵌的，这个已经非常明显。世界工厂的劳动者、原材料、产品设计可能都是来自外地的，我们生产的东西可能直接运到美国、欧洲去卖，经济活动与社会是脱嵌的。所以市场经济的对面其实不是计划经济，而是社会经济，社会经济也被称为团结经济。为什么市场经济跟社会经济对应？因为市场经济中经济跟社会是脱嵌的。我们要说的社会经济，就是指它的经济活动和社会网络或地方社会是可以融合的，它是可以嵌入的。在这个意义上来说，同乡同业是一个社会经济。

同乡同业是指同一个区域的人群依托乡土社会网络，以非正规经济活动的方式，在乡土之外从事相同行业，或者同一行业产业链的经济活动。某一个行业它的产业链可能很长，有的人是在产业链的上游，有的人是在产业链的下游，有的人从事产业链的生产环节，有的人从事销售环节、推广环节，有的人从事供应原材料、生产工具的环节。

它的要点是什么？第一个要点它是依托乡土社会的网络，是老乡之间、亲戚之间、朋友之间形成的一个经营的架构。第二个要点是它一定是在乡土之外，不是在当地。第三个要点是非正规经济活动。非正规经济是相对于正规经济。正规经济起码从劳动关系、从劳动者的角度来说，一定是有契约关系的，有劳动合同、有保障。可是同乡同业中的从业者，很难说谁与谁签合同，他们都是非正规的经济活动，也不成立公司，最多因为后来社会管理规范化了，他们大多数以个体户的形式在工商登记。他们虽然经营的规模很大，但他们还是喜欢个体户，不太喜欢搞成正规化的公司，他们觉得那样开销很大而且很不灵活，也不见得有用。

厦门大学傅衣凌先生曾经做族商的研究，比如福建某地人在上海经营一个行业，然后这个行业在上海的资源、市场都受到他们的控制。那么这个就是族商、商帮，这些东西其实是有垄断性的。同乡同业不同于以往的族商或者商帮，因为同乡同业本身是没有垄断性的。同乡同业也不同于现在的专业镇。我们知道在浙江、江苏很多地方，只要开车路过都可以看到很多专业镇。专业镇往往是规划的产物，专业镇的特点是它集中在一个区域生产产品，这个区域的经营者除了本地人，也可以有外来人，它不像同乡同业那样，是这个区域的人到全国各地去经营同一个行业。专业镇可以叫同域同业。

我觉得从 20 世纪 80 年代开始，最先兴起同乡同业的区域，应该是在东南沿海狭长的地带，就是北起温州往下至福建宁德、莆田、漳州、泉州到广东的潮州、汕头，以及雷州半岛。这个区域是一个非常特殊的地方社会，若按鹤见和子教授的话来说，它有它社会的形。

在浙江丽水松阳县小竹溪村，有一个松阳松香博物馆。我看到这个地方也是非常典型的同行同业。看它的介绍：20 世纪 80 年代开始，松阳有一批人，大概有三万六千多人，在全国各地办了二百三十多家松香企业，它的产量占全国的松香和松节油产量的 50% 以上，这是一个不得了的同乡同业。松阳人到全国各地去采松香，然后提取松节油，生产松香。北边为什么没有？北边太冷了，没有松香，没有这些东西可采，所以它主要集中在整个西南这一带。

有个地方叫北高，所谓"北高有武器"，可以发射到全国各地，比喻其作为同乡同业的金银首饰业辐射全国。北高是一个一线城市吗？当然不是了，在中国的地图上根本找不到这么一个小不点的地方，可是它的行业辐射能力却是如此厉害。

所以看到一个名不见经传的小地方，在地的也就那么十几万人，它可以把某一个行业做成这么大的规模，像莆田的金银首饰业，它现在在全国的市场份额大概是在 60% ~ 70%。

莆田系民营医院，是莆田系集中的地方，就是民营医院的那批人集中的地方。其实"莆田系"这个说法不太对，民营医院不过是莆田系下的一个"专业"。莆田有一个忠门半岛，还有一个埭头半岛。忠门半岛的同乡同业是民营医院，埭头半岛这边的同乡同业主要是金银首饰业。总之莆田系下面有很多行业，有民营医院、有做金银首饰、有做加油站、有做建筑上的木材等。

二　同乡同业出现的原因

我们来看一下同乡同业出现的原因。同乡同业为什么在这个地方出现？为什么不在别的地方出现？为什么不出现在莆田的中部平原地区，或者北部山区？同乡同业的出现是由各种各样的原因促成的。可能有人会问，你们这个地方打金，这个地方是不是祖祖辈辈几百年前就会打金？其实不是的。我们按鹤见和子教授的说法，从工艺上它并没有工艺的形，但是有别的因素在推动它。究竟是哪些因素呢？

第一，是资源禀赋不足带来的流动型兼业。中国的大部分农村，农民很难完全靠农业来维持家庭生计，他一定要做辅助的一些行业，就像以前的牛郎织女，男耕女织，家庭的辅助劳动力会去承担一些副业，由此才能应对生计。因为我们的人均占有耕地面积、农业生产条件其实不是那么好，所以它是需要兼业的，兼业其实是非常普遍的。可是像男耕女织这样的一种兼业，我称为在地型的兼业，它是在地的，它不需要流动，不需要离开他的本土、他的家乡。还有一种兼业叫流动型的兼业。比如你家里有个人需要去学手工艺，那么你学习到手艺之后，怎么办呢？你不能整天待在家里，家里没有那么多人请你去干这些手工艺的活，所以他们要流动，要离开村庄，要到处走，可能几个月回去一次、半年回去一次，这个就完全是一个流动型的兼业。在地型兼业的家庭分工有可能是男耕女织，在流动型兼业的这种生计模式中，家庭分工可能是男商或者是男工女耕，家庭妇女在家里做农业。流动型的兼业会给一个地方社会带来非常重要的东西，这样的区域，它绝对不是一个封闭的区域，绝对不是我们想象中的封闭的农业社会的乡村，或者所谓一个没有变化的乡土中国或者乡土社会，它其实是开放性的，它的社会边界跟地理边界完全不一样，它的社会边界可以很大、很宽、很广。这些人离家三个月、半年都不回去，他们用脚走路，他们的流动型兼业可能是跨县的，可以走好远的地方。

这些流动的手工艺人，可以说是城乡之间、区域之间、村落之间信息的传递者以及社会关系网络的缔造者，他们的功能是非常大的，他们可以形成深入城乡的全国性的营销网络和多重角色的营销员。按鹤见和子的说法，传统是能够帮在地人去解决一些困难的，像这种网络其实就是社会的传统，就是社会的形。那么这个社会的传统在改革开放后很快就被激活，很快就被利用起来。原来走村串街的、到处流动兼业的这批人，在 20 世纪 80 年代新的行业兴起之后，深入全国城乡的营销网络马上就被他们搭建起来了。

我了解到，带头办金银首饰业的这批人，一开始他们是要去推广打金模具，据说大概有 2 万人。这 2 万人是不得了的，哪个公司能雇得起 2 万人的推销大军，是完全雇不起的。可是因为这个地方是自然形成的一个大概有 2 万人的队伍，所以其实谁都可以用它，有什么新东西都可以靠这批人传出去，所以正规的企业是完全竞争不过他们的。像这样的一种特定的社会网络，一个社会的形在那里，其实就类似于公共产品，类似于一个地方社会的平台，什么人都可以搭上去做事情，所以这批人实际上也是信息的采集者、产品的推销员、市场的构筑人、生产的组织者、生产转型的导向者。

那么这批流动的人在新中国或者说在农业集体化、人民公社化时期在不在？我们一般人会认为不是要割资本主义的尾巴吗？这些人应该是不在了。其实我少年时的记忆，我们村里的这批人叫作搞副业的人。他们只要给生产队交了副业金，每月大概交十块钱，具体不是很多，交一笔副业金，然后你就可以享受生产队的口粮。1962 年 9 月的《农村人民公社工作条例》修正草案里，第 14 条有规定：公社管理委员会应该积极促进手工业生产的发展，公社管理委员会应该与生产队商量，合理解决生产队内部手工业者的口粮问题，合理处理他们参加集体分配的问题。历来是串乡经营的个体手工业者，人民公社各级组织应该允许他们串乡经营。这个非常重要的文件告诉我们，串乡经营可能是比较普遍的，串乡经营在 20 世纪 60 年代同样是被允许的，而且是受到保护的，还要促进它，要积极促进手工业生产的发展。所以我们对历史的了解、理解甚至研究，不宜过于采取历史断裂的那种观点、立场，那样的研究我认为是没法深入我们的社会生活的。我们知道人民公社时期通过大兴农田水利建设，吸纳了非常多的剩余劳动力。我们很多人做农田干活，农闲怎么办？做农田水利建设。所以我们中国农村的农业基础设施都是在新中国打下基础的，那是非常了不起的一个贡献。改革开放后、人民公社解体之后，吸纳这些剩余劳动力的机制也就不存在了，这个就是所谓剩余劳动力问题的出现，也就是说以前其实没有那么多剩余劳动力，我们以前都是通过劳动积累，把这些人吸纳到农业水利基础设施的建设上去，现在没有了，当然劳动力就剩余了。剩余劳动力在原来的串乡经营者的带动下，汇入了同乡同业的潮流，构成了同乡同业经营者的基本盘。

第二，我们来看看乡土社会网络与强关系的带动。一个区域为什么可以出现同乡同业，一定是这个区域的乡土社会，它的网络特别发达，而且有很多强关系。

刚才地图上看到的东南沿海狭长地带的这片区域，其实也是中国历史上从北方不断有上层士族远距离迁徙，形成了今天的一个社会。越是远距离的迁徙，越不是一般的、盲目的流动，不是流民。哪个流民、哪个单家独户能够从千里之外成功迁徙，然后定居呢？不可能的。所以凡是远距离的迁徙，好多都是规划的产物。因此整个东南沿海这片区域，实际上他们的宗族网络、宗族文化的存留，还有宗亲意识其实都非常明显，完全不同于我国中部的平原地区。

此外，东南沿海这个区域还是我们国家地方方言最丰富的一个区域。往往是隔壁村的人讲话口音差别都很大，然后距离远一点就听不懂，各种方言之间差异很大。我认为方言存在也是很重要的。为什么？它可以形成更加清晰的乡土社会的边界，这个边界会很清晰。我们经常说"老乡见老乡，两眼泪汪汪"，为什么？因为听到了相同的话，感觉乡音很亲切，所以它的乡土社会的边界是很明显的。那么方言还有一个重要性，它是一个地方性知识的重要载体。我们知道越是地方的知识就越有低替代性，很难被替代。对低替代性的地方性知识的共享，可以解决人际关系中因为信息不对称而导致的不信任问题。所以老乡之间的合作是很放心的，因为你跑不了。

这种乡土社会网络，为什么在这一带特别厉害，还有一个因素我们也可以思考。这一带可能都有一个求男丁的传宗接代的生育偏好。我认为生育偏好也是很合理的一种偏好。我们不要觉得他们很愚蠢，不要觉得他们很落后。为什么这么不开窍，为什么一定要生个男孩？这是你的想法，他们不是这样想的。他们的想法我认为是很合理的。莆田沿海的农村在20世纪80年代实行非常严厉的计划生育政策，导致早婚早育很严重，还有一个黑婚。黑婚是不公开的结婚，它是不登记的。结婚如果被人家知道了，可能计划生育就要找上门了，就要求你没到年龄不能生，而且必须间隔四年才能生第二胎，所以黑婚很普遍，黑婚导致通婚半径的极大缩短。这个具体的论述，我在《孙村的路》第一章里都有说到，讨论到通婚半径的问题、通婚圈的问题。通婚半径的缩短导致姻亲关系的进一步强化，因此大家既是乡亲又是姻亲关系。如果通婚距离很长很远，通婚半径很远，在几十里甚至上百里外，那种姻亲关系其实是比较疏远的。那么为什么这个区域的通婚半径在缩小？早年的通婚半径为什么那么大？我去看族谱，嫁入的女性在越早的时期就越是有跨县、跨镇、跨区嫁入的。为什么能跨县、跨区嫁人？我去了解一个外地人当年为什么嫁到我们村？然后大家都会说是谁做了媒人，我发现这些媒人其实都是流动型兼业的那批手工艺人。

我们看到以上的这些因素共同编织出该区域发达的乡土社会网络，这个社会网络是由宗亲、姻亲、乡亲以及手工艺师徒这种强关系缔结的。在这种强关系的带动下，年轻人是很容易迈过同乡同业的创业门槛的，带动者对新人是有义务的，你不能把他当作马仔、雇工。我请了一个年轻人跟我干活，我整天要他做这个做那个，不高兴就骂他，不会的，这不可以，这样是不对的。你应该在他掌握了技术，掌握了经营之道，马上帮助他去创业。如果一个人带着他的小舅子、表弟、堂弟，或者是别的关系比较近的人，跟着你去开店打金，如果你让他一直跟着你、在你手下，你这个人肯定是会被人家非议的。为什么这样？说明你不愿意把技术教给他，老是把他当帮工，你应该让他自主创业。这是同乡同业在早期发展过程中非常普遍的共识，不可以把他当作一个一般的雇工来看待。

第三，低行业门槛与非竞争性的经营。它有很低的行业门槛，所以姻亲关系在同乡同业发展过程中，推动了大量夫妻档的出现。一结完婚，新人立马就离开家乡，到全国各地去租个房子，前店后厂、前店后住，前面做经营，后面可以住，食宿什么都在一起。为什么夫妻档可以流行？因为同乡同业像打金业这种，其实是介于二、三产业之间的，它既是劳动密集型的手工业，也是劳动密集型的服务业。这样的话，经营一个夫妻档，正好可以合理地安排夫妇二人的劳动分工，可以实现劳动的弹性积累。这种夫妻档大量的出现，也使得同乡同业从区域内的流动兼业发展到全国范围的定点营业。所以这个是遍地开花，谁一结婚马上就走。如果这个小伙子今年结婚了，然后人家看到他的新娘子还在村里，所有人都会问她怎么不走？为什么不把她带走？这是非常普遍的现象。

　　我们看到同乡同业的行业门槛很低，从业者基本是凭手工艺和服务来吃饭的，所以同业之间的竞争体现的不是资本扩张，垄断市场资源，大鱼吃小鱼的资本主义，它不是这样的一种逻辑，因为不需要，大家都是凭手艺、凭服务来吃饭的。你说你资本很厚，难道就开一百间的打金店吗？你哪里去弄那么多人来？而且在这个地方你招聘不到人，人家不愿意被你当作一般的雇工去干这个行业，所有人都想自己创业，所以这种资本主义经济逻辑不流行，起码在 20 世纪 80—90 年代不流行。同乡同业其实都是一些个体、小业主，他们都是依托各自的微型亲缘网络，具有强关系的从业者同城同业经营，在资金、技术、生产资料、信息、劳动力等方面都是互通有无、互惠合作的。因为有这样一种互惠合作的形态，使得他们的经营成本和生产成本非常低。比如你的一个什么工具坏了，你就要请人来修，你如果请外面专业的人来修就要付一笔费用，可是如果是老乡帮你修的，根本就不要钱。所以一个莆田的乡土社会之外的人，想去经营同乡同业，想去做金银首饰业，是完全竞争不过的。并不是垄断不让你进来，其实完全是开放的，谁都可以进来，可是你进来也竞争不过我，你的很多信息、经验等各方面都没法加入我们的网络，这个网络是所有的生产要素都可以流动的，互通有无的，别人是进不来的。所以他们的这种非竞争性的经营，就是在内部他们是非竞争的，对外部也不是垄断的，你想进来其实都是可以的。同乡同业的互惠合作，使生产要素成本以及经营成本大大低于乡土社会网络之外的经营者，这也是同乡同业经营者没有必要形成进一步联合或者结盟来垄断市场的原因。

　　第四，是生态位和文化母体的问题。生态人类学家有生态位的概念，生态位是什么意思呢？一个特殊的小环境有能量、有营养，每个生物都可以利用这个小生境来吸取能量和利用营养，这称为生态位。从生态位的角度看，个人是通过社会和文化母体，而不是孤立的应对能量和物质资料的各种问题。经济学家经常把人假设为一个孤立的、有理性算计的人，好像我们所有经济活动的个体都是一个孤立的人，每个人只考虑自己。但同乡同业这种业态，它的从业者非常像生态人类学家讲的生态位问题，每一个人都充分地利用了社会和文化母体的能量和营养，而不是一个人出去单枪匹马、单打独斗，而是利用它的乡土社会的能量出去的，所以他们是以乡土社会网络为依托，开展经营活动的，可以说特定的乡土社会空间就是它的小生境，特定的强关系的带动就是他的生态位，这样也是完全符合理性的。

当然你如果要利用小生境的能量、资源，就是为文化母体做一些事，这是一种回报。但事实上他在回报乡土社会的过程中，自己也可以进一步扩展社会资本，所以这完全是一个动态的、良性循环的过程。所以小生境是文化母体，每个人都在其中吸取能量，因此每个人都需要维护好文化母体。凡是春节、元宵、清明、神诞，这些一年中重要的节庆，在外面的同乡同业者都会尽可能回去。除了公共的节庆、社区性的节庆，还包括家族里的、朋友之间的，比如长辈祝寿，子辈、孙辈满月，乔迁之喜等都需要回去，这些活动都是在乡土社会的空间里开展的。大家都想着回去，既是维护文化母体，同时也是不断地加强与乡土社会的联系，不断地营造各种关系网络，甚至去扩大他的社会资本。这个社会资本真正是一个社会资本，是有生产功能的，它是有生产性的，它不全是消费性的，是真正能够扩展的，它是动态的，所以这是一个社会资本，而不是一般的关系。

三　乡村空心化的反向运动

在莆田这样一个同乡同业发达的区域，我们会观察到一个非常有意思的现象。在全国所有的地方剧种都出现严重危机的情况下，唯独莆田的地方戏逆势繁荣。莆仙戏是南宋戏剧的活化石，号称中国最古老的戏剧之一。今天莆仙戏在莆田大地蓬勃发展，有两三百个草根民间剧团，每年大概有 10 万场的演出在莆田的乡村大地开展。为什么戏剧演出这么发达？前面我们说有那么多的活动，特别是神诞，在莆田每天都可以看到莆仙戏，只要到村里去转，跟随锣鼓的声音，就可以找到演出的地方。莆仙戏为什么那么发达？因为有神诞。我的家乡是很小的村庄，神诞在每年农历 9 月 26 日，都要演两天的戏，一天演两场，下午场和夜场，这么一个小村就要演四场。稍大一点的村，财力比较雄厚，有的村给好几个神明过神诞，因为庙里有很多神明，每个神明都要演戏，所以一个村每个月可能都有演出。有的特别大的村或者说有人想让神明高兴一点，会自己出钱，在神诞上再演一场戏，这个就是我们说的对台戏。就是一个场所，可能有两个剧团在那里同时演出。对台戏是竞争的意思，并不是拆台的意思。唱对台戏很热闹。

还有莆田建豪宅很普遍，有很多豪宅，这在他们看来是很有必要的。豪宅已经盖到要有电梯，他们会自己装电梯。那么为什么要建豪宅？其实是为了让人方便称呼我，它有一种共同体意识在里面，表明我是这个村庄的一员，这个村我是有份的。如果有人家里不盖房子，只到城市里去买房子，这种人基本上会失去它的成员资格，人家也不太愿意跟他来往。为什么？人家会说你都不喜欢我们村，你了不起了，就把我们抛弃了。所以在旁人看来，盖超大豪宅是一种非理性的消费，但在村人看来是符合常理的，因为他们非常看重社会关系的缔造，这种社会关系对他们的经济活动是有实实在在用处的。所以同乡同业与作为生态位文化母体的乡土社会，可以说是相辅相成的。

从业者在家乡内部以及在家乡之外的同城，因为频繁的互惠、互动，彼此的乡土社会资本不仅没有流失，而且还获得了前所未有的进步。我在十几年前写过一篇《界外：中国乡村空心化的反向运动》，是要说明一个问题，他们虽然常年不在家，可是他们还是把乡土家乡作为他人生的舞台。他们要回家盖房子，他们非常看重本村人的评价，他们非常愿意促进家乡的发展，所以它其实不是一个空心化的乡村。真正空心化的乡村是指村里的人，完全把乡村抛弃了，两三年都不回来，他们是绝对不会回家盖房子的，这种才真的是空心化的乡村。

图 4 是 2019 年 2 月 10 号在莆田拍的。这种大笼车可以装 6 部、8 部甚至 10 部小轿车，在莆田这个东西是有特殊用途的。这里说："各位老乡们好，在莆田我们准备了 102 部大笼车，用事实来见证实力。一个电话竭诚为你服务，点对点服务。"莆田、福州、泉州到某个城市，6—8 台轿车，一个大笼车。到某个城市是什么意思？就是到全国任何一个城市。在莆田的乡下，我每年回去就不开车了，我的车要是开回去肯定是最差的一部了。来自全国各地的车牌都会出现在春节期间的莆田乡村，都是超级豪华的车，他们其实不是开车回去，但他们在春节期间要用自己的车，因此，通过这种大笼车帮他从东北运回去。春节结束要走了，这些大笼车又帮他们运到东北去。开车回去以及在春节期间用自己的车好像比较重要，也有它的一个潜意识，就是要展示一下我现在干得不错。

图 4

四 莆田沿海：经济与社会的互嵌

再来看一下经济是如何嵌入社会的。莆田不是同质化的莆田，在莆田内部，区域之间是有差异的。大体可以把它分为三个大的区域。一个是界外，就是沿海；一个是平原，我们叫洋面；一个是山区，叫山里。同乡同业最发达的地区是沿海。为什么莆田这么发达的同乡同业没有办法在全域获得均衡的发展呢？

这个就是我们要讨论的问题。从莆田内部的差异情况来看，可以看到在同乡同业发展过程中，经济跟社会为什么会互嵌？为什么可以在沿海互嵌，不可以在平原互嵌呢？当然没那么绝对，只是说最发达的同乡同业在沿海，平原这一带同乡同业非常弱，甚至没有。我们要知道这三个区域既是莆田这个区域社会的一个区位之分，也是莆田地方社会的等级之别，就是现在很流行的鄙视链之类的。最牛的是平原，中等的是山区，最差的就是沿海，这个在当时是被当地社会瞧不起的，说沿海是很落后、很野蛮的地方。

莆田的兴化平原其实是唐宋围垦出来的。因为这是盐碱地，要把它变成粮田，就必须用淡水去冲，一定要靠水利工程，因此就有了木兰陂。木兰陂是宋代的一个水利工程，今天还存在，还在发挥作用。非常有名，是全国文保单位。

在兴化平原上，文教及家族组织极其发达。村庄的宗族文化、宗族网络是很厉害的，都是一些大族、大家。在整个宋代，考取进士最多的地方，如果要以府、以县为单位，就是莆田。陈正祥教授的中国文化地理里面有一张图，考取进士最多的就是莆田和扬州，全国地图打开，最大的两个点也是莆田和扬州。莆田在两宋有 1756 名进士，举人就更多了。这些主要分布在平原上的几十个大家族，分布在 50 个左右的大村庄里，这些家族形成了 150 多个仪式联盟，开展宗教、公益慈善、水利规划，是一个集生态、行政、经济、文化于一身的巨大的社会网络。这样的一个地方，它的传统是非常深厚的。如果要说它的社会网络或者社会资本、社会关系，那也是极其发达的。可是为什么它的同乡同业比不过沿海？为什么它的同乡同业至今还是很弱，甚至近乎没有？

我们来看界外。清初的时候，郑成功把莆田沿海控制了。郑成功在1661年控制了莆田沿海的这些岛屿，1662年康熙下了截界令，把沿海全部居民内迁，划了一条界，忠门、埭头两个半岛正好在界的外面，所以叫界外。

康熙二十年莆田沿海复界，复界之后，很多人并不是回迁的，那时候很乱。整个沿海村庄没了，大树也没了，祠堂更是没有了，族谱其实都不太容易找到。从它的宗族传统的存量来说，这个界外就很差了。可是界外到现在为止，每个村庄都有明代里社制度演变出来的社庙，每个村都有社庙，每个村都有元宵节。我们每个村的元宵节时间是不一样的，所以莆田号称全国元宵节最长的一个地方，持续最久的。元宵节的时候神明都会抬出来，绕境巡游，绕境巡游有固定的行走路线，神明有它固定的神圣空间，这个是不容侵犯的一个神圣空间，行走路线都是一致的。如果有人故意改变路线，那是很麻烦的。改变路线走到别的村庄神明的神圣空间里，就会引起冲突了。

莆田的三个区域分别是山区、平原和沿海。它们分有不同的特征。山区是散居的，它的传统社会的资源是比较少的；因为山区散居，人都不住在一起，聚居的比较少；现在更是喜欢到县城及中心镇去聚居，山里乡村趋于消失。平原是聚居的，传统社会资源非常丰厚，鱼米之乡，就近打工，乡村空心化。沿海也是聚居的，传统社会资源存量一般，人多地少，所以产生流动型兼业、同乡同业、乡村空心化的反向运动。可见莆田内部三个区域之间呈现的经济活动、社会发展的路向是不太一样的。

为什么同乡同业可以集中在界外？我试图做了一个归纳。我认为传统社会资源之可资利用，是因为它不仅仅是文化观念，还包括其蕴含的社会网络与社会资本。传统社会资源为什么能被激活？不完全取决于资源是不是深厚，比如莆田平原地区传统社会资源是非常丰厚的，可是它没有被激活。而是取决于它所构建的社会网络能否借助一定人口规模的经济活动，而越出原有的经济地理及社会空间向外扩展，比如莆田的山区，他们曾经也想做同乡同业，但是它的人口规模不够大，很容易就被别人取代，就像做包子，以前山区一些人在工厂工业区打工者的宿舍边上做包子、馒头，结果很快就被湖北监利县毛市镇的人取代了，毛市镇的包子同乡同业就厉害了。因此如果传统社会资源存量以及人口规模较少，则妨碍其向外扩展，就像山区；如果传统社会资源丰厚，人口规模也巨大，但经济活动不需要依靠传统社会网络与社会资本，那么传统社会资源也不会被激活，如平原。平原这个地方是曾经的鱼米之乡，生活非常富裕，在新中国的任何时期他们都绝对不会吃不饱，比沿海好得多，所以他们就不需要去搞这种流动型兼业了；他们在改革开放之初生活也还不错，在县城的周边有一些外资企业，所以他们就就近打工了，不会像沿海的人一样，通过流动型兼业到处走，然后又有个新的行业，把所有人带动起来。

可见，就同乡同业来说，经济与社会能否相互嵌入取决于一定规模的人群，在适当时机，选择适当行业。适当时机的意思就是，如果你现在才想起来去做同乡同业，肯定不是适当时机。今天的资本非常活跃，很难靠地方社会的一帮人，把一个行业的产业链给占领，就是说你不可能把市场铺满，你做不到，资本很厉害，只有20世纪80年代才可以这样。还有一个适当行业，投入不能太多，创业门槛不能太高，不能搞投资很大的行业，那肯定形不成同乡同业；同乡同业必须具有普适性、平民性，小本创业，低技术门槛，这是适当行业的意思。像沿海、界外选择金银首饰业，我认为在20世纪80年代他们就是选择了一个适当时机、适当行业的经济活动，然后借助传统所构建的社会网络快速发展起来。

五　低端全国化：同乡同业的新现象

最后来说一下低端全国化、低端全球化。今天的同乡同业其实与20世纪八九十年代是非常不一样的。为什么有一个全国化之说，是我想对应于全球化。有低端全球化，有没有低端全国化？这完全是借用的一个说法，其实是要引起大家的注意，关注现在同乡同业的一些新现象。

如果全球化能成立，全国化大概也可以成立，因为我们国家是超级大的，幅员辽阔，区域差异明显，梯度转移轨迹也很明显，它带有类似全球化的一些特点，所以我称为全国化。

沃勒斯坦在现代世界体系理论里面，把世界分为中心的、半边缘的、边缘的。大约十年前有一本书《世界是平的》，我们很多人认为世界是平的，在我们面前机会很多，似乎谁都有机会。世界怎么可能是平的呢？世界任何时候都不是平的，世界任何时候都是有中心、有边缘、有半边缘的。沃勒斯坦说，我们将一个世界体系定义为一个有着广泛的劳动分工的体系，这种分工不只是功能性的，而是地理上的。说到这个世界体系，我们会看到一个全球的宏观区域规划。这个地方殖民地，种棉花；这个地方殖民地，种甘蔗；这个地方殖民地，种橡胶。单一、大规模、工业化，大规模种植，殖民时代就是这么干的。所以这个世界被分为中心、半边缘、边缘。边缘就是做单一种植，做原材料。那么全球化、低端全球化，我们看它怎么穿越。

说到低端全球化，用我国香港中文大学人类学系麦高登教授几年前写的《香港重庆大厦》，还有前年写的《南中国的世界城》，就是研究广州的非洲人，他认为这个是低端全球化在这里的体现。

低端全球化主要是指人与物品在低资本投入和非正式经济情况下

的跨国流动。我很看重这两个，即低资本投入和非正式经济，这个跟同乡同业是一样的，同乡同业也是低资本投入、非正式经济。它是跨国流动，它的组织形态是与发展中国家联系在一起的，所以他说低端全球化不是世界的过去，而是世界的未来。低端全球化是一个普遍现象，低端全球化穿越了中心—边缘—半边缘。

我不是很同意他用这个概念。因为在我看来，经济全球化是资本主义生产方式以成本最低化为原则，对各类生产要素进行全球范围的重新组合，并开展价格的"逐底竞争"。但是麦高登的低端全球化，其实说起来不过是后发达地区非洲人来到香港、来到广州采购服装，还有一些日常的工业品，用于后发达地区人们消费的日常用品，我们有很多二手的服装都流到肯尼亚，并卖到欠发达地区，它是一种点对点的经营活动，这里面不涉及生产活动。勉强可以说它是全球化的一种形式而已，其实不是我所认为的全球化。

同乡同业与所谓的低端全球化的共同之处就是低资本投入、非正规经济，不同的是前者依托熟人社会网络实现多种生产要素的集结，后者则是低价产品向低消费人群的低端流动，并非真正意义的全球化。全球化的潮流势不可当，资本的力量也是很活跃的。同乡同业的外部资本和内部资本都可能瓦解同乡同业的社会经济内涵，所以它面临的环境和生存空间已经大不如以前了。外部资本很活跃，想进入这个行业；内部资本干了几十年，有的人还在开小店，但有的人可能已经有品牌，有各种各样的公司架构，很不一样。所以资本活跃，会瓦解社会经济的内涵，使同乡同业的社会性大大削弱。

现在有一些新的同乡同业，和我们日常生活关系很密切，如高校周边的复印业来自湖南新化，我们吃的包子好多来自湖北监利，兰州拉面可能是来自青海化隆。还有更离奇的一些同行同业，灯光师来自河南鄢陵，全国所有的片场拍电影、拍电视打灯的那些人，都是来自这个地方，他们把全国所有的片场灯光师都包了；河南许昌做假发，到全国各地去做，做假发不仅要生产，还要推销，还有帮人家装上去；河北安平有道路护栏业，全国所有高速公路的护栏基本都是安平人做的，他们扩充到全国所有的高速公路，包括维修、安装；平潭的隧道业，所有打隧道的全部来自平潭。不胜枚举，有很多我们还不知道。

六　同乡同业发展的新趋向

最后讲一讲同乡同业新的趋向。

第一就是去技术化标准，就把技术去掉；然后标准化、品牌化。20世纪80年代兴起的同乡同业，它是有一定技术含量的，手工业与劳动密集型服务业相融的，这是一个行业的门槛，也是行业所具有的一定程度的不可替代性。但不可替代性显然对资本在市场的扩张构成障碍，所以资本主义经济要追求去技能化，把掌握传统技艺手工操作经验的劳动者变成可替代的流水线上的、不得不依靠企业生存的廉价劳动力，把它固定在标准化流水线上。这个就是去技术化。今天的同行同业已经朝着技术化方向发展。举个例子，比如原来做馒头，那就是不一样的，每个人做出来的馒头口感都不一样，好吃程度都不一样。可是现在去技术化了，有一个做馒头的企业据说准备上市了，他们有一套很标准化的生产，你在这里打工就可以了，不要去使用你的家传秘方之类的。

标准化、品牌化的经营符合资本利益，但也会把同乡同业中的大批自主创业者挤出市场，业内的竞争焦点在于资本投入和规模效应，所以就形成了一枝独大的垄断局面。就如前面说的，莆田山区的人一开始做馒头，后来被湖北监利县毛市镇品牌"毛市佬"挤出去了。

第二个趋向是高可替代性与打工化。这一点跟上面那一点是完全联系在一起。同乡同业作为非正规经济，从业者是靠手艺吃饭的，自雇劳动力或者自主创业。这些手艺往往是地方性的传统工艺，甚至是非遗。可是资本推动的标准化、规模化生产盛行，目前同乡同业越来越倾向于选择某个行业链条中的小环节，这个环节是劳动密集型的，从业者的可替代性高。现在技术不管用了，有标准化的一套东西，祖传的地方性的那些传统工艺现在发挥不了作用了。虽然还是同乡，可是除了老板，所有的从业者都是一个受雇于老板的人，所以自主创业就衰落了。像灯光师行业，可以说类似同乡同业，他的确也是同一个地方的人，做同样一个行业，而且覆盖全国各地，但是众多的从业者只是受雇于家乡老板，它是打工化的，他已经是在打工。比如河南鄢陵县片场上的灯光师，他们说灯光师其实就是苦力，灯光师不过是自己给自己起一个好听的名字而已。他们给老板打工，随便吃一个快食面做午餐，其实很辛苦，就是出卖劳动。

第三个趋向是产业链在缩短。像打金业这样的行业，一开始是打金、卖模具工具、首饰盒，包装、经营都是莆田沿海的人，以前的同乡同业可以从产业链的中游入手，再往产业链的上游、下游扩展，形成同乡同业内部的产业分工。因为以前的资本不活跃，所以地方社会网络的力量是可以占据行业的大部分的产业链的。可是在新兴的同乡同业中，同乡趋向打工化，同乡难以形成内部产业分工，并延伸产业链，目前几乎不可能再现较完整掌握某个行业产业链的同乡同业。比如灯光师就老老实实打灯光就行了，不要再想着这些灯也是由自己生产的。现在的产业链已经很短了，就是打工化的一个同乡同业。

最后一点，价值链的社会分层。一种商品从生产到最后环节，然后到终端消费者，这是一个价值链，每个环节都可以产生价值，所以叫价值链。全球的价值链就是服务外包与全球空间的再分布，比如外包服务，某个地方整天就是接线员集中在那，那就是全球外包服务；某个很偏僻的地方，可能服务于新加坡或者是纽约，它就是一个全球外包，是全球空间分布。这里面有特定的群体，特定的社会阶层，在特定行业产品生产流通中扮演不同的角色。也就是说在全球价值链的不同的链接点上，分布着不同的社会阶层，这就是我称为价值链的社会分层。老的同乡同业里，像金银首饰业，有品牌化的公司，也有寻求加盟的个人；新的同乡同业很多都是打工者，都是很小的一个切入点。

最后说几句，同乡同业作为社会经济的一种形式，依托乡土社会资源降低经济活动的成本，作为准公共产品的依托、低成本运作的全国性经营网络，带动了辐射全国的以同乡为经营主体的同业的产业链，体现了经济与社会互嵌的特征，自主创业、共同富裕的愿景触手可及。

可是随着同乡同业内部资本与外部资本的活跃，资本扩张逻辑代替社会经济逻辑，资本利益牵引下的经济活动逐渐与社会脱节，在更广阔的范围而非同乡范围组合生产要素，呈现出经济全球化或者全国化的特点。

不管是老同乡同业的内部分化还是新同乡同业的打工化，其实都表明了一个问题，就是乡土社会的力量是没有办法跟资本的力量抗争的。同乡同业虽然受到资本力量的主导，但它之所以在这个地方而不是在那个地方出现，还是跟地方的资源禀赋、生计方式、社会结构、文化传统有关。

不同时期、不同区域的人对同乡同业的行业选择以及运作逻辑是不一样的。通过比较不同时期、不同区域的同乡同业，可以了解到地方社会变迁以及区域社会构造差异的丰富信息。从同乡同业的区域分布，可以看到不同区域的社会特点；从同乡同业的阶段性发展，可以了解到经济全球化、全国化的活跃程度。

五　民间文艺研究

中国民间故事讲述的语言智慧①

林继富

（中央民族大学民族学与社会学学院教授）

今天我跟大家汇报交流一个故事。我要讨论的是中国民间故事在当下的一种生存状况。今天可能很多人觉得故事不再时尚了，或者说故事不再是我们想要的一种传统文化了。在当下社会转型时期，各种媒介的出现使得故事的生存空间正在被压缩，故事的变化非常快。所以我和我的学生们一直在尝试作中国十个故事村的调查，收集一些民间故事。这个调查计划于 2019 年全部完成。我们将全面呈现中国民间故事村的基本面貌，涵盖北方和南方。当然对这些村子，我们都有比较深入的研究调查。做这项工作，我们是希望把民间故事放在生活的过程中，放在当下的语境里面去讨论。

我的博士论文讨论过一个社区，讲述过一个湖北省的土家族乡镇的故事。想要回答两个问题：民间故事究竟是什么样的面貌？仅仅是讲述人在讲故事吗？这是关于解构故事本身的问题。

前面就是我的开场。今天我要讨论的是中国民间故事的语言问题。因为呈现民间故事本身是一个讲述行为，所以一定要通过语言来

---

① 本文是 2019 年 4 月 26 日作者在北京师范大学中国社会管理研究院/社会学院民俗学专业所做讲座的录音整理稿。

完成，那么语言的技巧及语言如何达到讲述的效果就非常值得关注。稍后我会呈现一个故事讲述人讲的《皮匠驸马》故事。

今天的交流主要有四部分。第一部分介绍《皮匠驸马》这个故事，它是中国经典的喜剧故事，喜剧性极强。第二部分讲述如何采集《皮匠驸马》的故事，就是在田野里怎么采集故事，怎么去发现它，这里我会讲一些自己的经历。第三部分我会讲，《皮匠驸马》故事的语言技巧在哪些方面比较突出。第四部分把故事研究从文学领域延伸到社会领域，讨论故事背后的隐喻和象征。

一　《皮匠驸马》：中国经典喜剧故事

第一，喜剧故事是什么？我们等下再看这个故事本身。我首先从一个大的方面来说，艾伯华的《中国民间故事类型》曾对《皮匠驸马》故事进行过讨论，这本书出版于 1937 年。该书早期就引起了一些关注，其实在它的情节提要里面已经谈到，公主要选有学问的人，但由于机缘巧合皮匠被选中了。之后第二个情节，皮匠阴差阳错地解决了各种难题，他最终得到了幸福。艾伯华先生的故事类型题要是我比较欣赏的。

我稍微引申一点。我们可以评估一下，对中国民间故事类型进行讨论，并真正形成文本的有多少。且不说钟老，钟老较早做的一个民间故事形式，还没有形成一个系列。最早成系列的就是艾伯华的《中国民间故事类型》；然后在 1977 年，丁乃通先生出了《中国民间故事类型索引》；到 2014 年台湾金荣华出了一本《中国民间故事集成类型索引》，以三套集成为蓝本，包括台湾地区的一些民间故事类型。

相对于确定基本故事类型，我认为区分故事类型最难的是做提要，就是怎样在多种异文中进行提炼。从中国民间故事类型来讲，我认为艾伯华的提要是做得比较好的。丁先生用的是 AT 分类法，不断地去切分，把一个完整的故事切分到不同的类型中。

艾伯华的故事类型索引中的故事主要源于中国的江浙一带，即东南地区，是在一个叫曹松叶的中学老师的帮助下采集完成的，这个做得比较早。后来丁先生严格按照阿尔奈——汤普森的体系，即 AT 分类法，做了一个中国民间故事类型，基本上完整收录了 20 世纪 60 年代在中国采集到的民间故事。

丁先生的故事类型中有两个类型与《皮匠驸马》的故事有关，一个是 1641C1——不由自主成学士。这是故事的一个构成部分，稍后再作分析。另一个是 924A 型——僧侣与商人用手势讨论问题。在艾伯华先生那里，《皮匠驸马》的故事自成一个类型，但是在丁先生这里，这个比较完整的故事又被切分到上述两个类型中。

我们现在还不知道《皮匠驸马》这个故事究竟来自哪里，还没有人做过完整的历史上的梳理，但是这个故事在中国广为流传。我采录到的这个故事的异文有一百多篇，来自中国辽宁、内蒙古、新疆、四川、浙江以及云南等多个省区，从这里也可以看出，这个故事遍布于中国各个地方。

《皮匠驸马》这个类型的故事，不是铁板一块，它有很多种形式，有很多异文。比如，在鄂西土家族地区，这个故事就跟另外一个非常有名的故事《三姨佬的故事》，是紧密衔接在一起的。

我在《华中师范大学学报》上发表过一篇关于《皮匠驸马》故事的文章，对此做过很详细的梳理。① 我认为这个故事有两种系统，以长江流域为界，一个是长江流域以南的系统，一个是长江流域以北的系统，我们通过一些故事的元素把它提炼出来。

众所周知，相比于传说，故事传承的灵活性更强一些，但是故事

---

① 林继富：《喜剧传统的地方叙事——〈皮匠驸马〉的语言魅力》，《华中师范大学学报》（人文社会科学版）2008 年第 2 期。

再灵活，也必须跟地方传统相结合，跟地方生活相结合。所以在南方系统里面，经常出现很多角色，如皮匠、瘪古、盘古、扁鼓、石扁王和皇帝，在这里面，皮匠以他熟悉的南方农村生活现象为依据，应对达官贵人的考验。还有里面的"天干地坼""母猪拱经""犁耙凸筋""田开大经"等，都和南方的农耕文化密切相关。而在北方，当向道："皮匠读什么书，师傅是谁"时，皮匠回答"日晒胶泥卷""风卷芦席万万片""教书的师傅是孔扁头、孔二扁头、面扁头"等。这些显然与北方浓厚的儒家文化有关。

那么这个故事是什么？是什么样的一个故事？我们可以听一个故事讲述人跟我们讲这个故事。之所以录了这个视频，是因为2018年下半年，文化和旅游部非遗司委托我们办了一个口头文学传承人群培训班。培训班上，我在讲到这个话题时，就发现现场有一个非常了解这个故事的人，所以我们在现场让他讲了一下，也算是现场教学，我给大家放一下。

如果大家听不懂很正常，民间故事就不能被听懂。民间文学是一种语言性极强的民俗类型。我们的民间文学培训班，为什么要放在地方举办？就是因为它是一个极强的交流艺术，靠语言交流。地方语言交流显然不可能用统一普通话，故事只有在这样一个环境里面，才能够发挥其作用。这是民间民俗的一个显著的特点。

二　"我"如何采集《皮匠驸马》故事

大家了解这个故事后，接下来讲我是如何采集《皮匠驸马》故事的。

我们看几个人，第一个叫刘德方。我认为刘德方老人是我所了解的中国民间故事讲述人里面最具有代表性、最具有活力的。老人今年八十多岁了，现在身体很好，我跟他第一次接触是在1998年，当时我和刘守华教授一起去认定他为故事讲述人，他在一个宾馆里跟我们讲《皮匠驸马》的故事，我们觉得他讲得很好，有采录。

第二个是孙家香老人。大家看照片，边上是我，那时还很年轻。大概在 2003 年，我当时在做博士论文，去她家里采录她讲的故事。现在孙家香老人已经去世了。她也讲了一个《皮匠驸马》的故事。她讲的故事，我一共采集了四百多个，一直没有出版，想做一个好的本子。这里提一下，萧国松老人也采集过孙家香老人讲的故事，但采集到五百多个的时候，没有一个《皮匠驸马》的故事，这让我觉得很奇怪。等下我再说为什么奇怪。

第三个是李国兴老人，他是民间故事的国家级项目代表性传承人。现在他已经去世了。这张照片记录了我在他家里采录故事的场景。遇到李国兴老人，很偶然，应该在 2003 年还是 2002 年，大概在 10 月或者 11 月。当时他在山上挖红薯，鞋上面全是泥巴，我们本来不是想找他，但是他看到我们在对面，就走过来了，就这样给我们讲了一个很好听的故事，就是《皮匠驸马》的故事。第一次听他讲故事时，我就认定他很能讲故事。后来我考察一个人能不能讲故事，是不是故事家，衡量标准就是他能不能把这个故事讲得很娴熟，很自如。因为驾驭一个故事是需要能力的，通常故事很长，涉及很多对话、很多情节。

上述三个人，刘德方生活在宜昌，孙家香和李国兴都生活在湖北长阳都镇湾。这些都是我长期调查的地方。在都镇湾南边的五峰县，还有一个很有名的讲述人，叫刘德培。现在刘德培老人也已经去世了。他应该是在 20 世纪，三套集成的时候被发现的，是被王作栋先生发现的。后来，王作栋先生出了一本书，是《新笑府》，整书内容都是取自刘德培老人讲述的故事。刘德方和刘德培他们俩不是兄弟，但是很巧，他们都是德字辈的，他们生活的地方都有《皮匠驸马》的故事。但是孙家香和李国兴生活的长阳土家族自治县，在被我们发现之前一直没有《皮匠驸马》的故事。这让我很诧异。长阳土家族自治县，位于宜昌和五峰县中间，宜昌和五峰县都有《皮匠驸马》的故事，为什么它们中间的地区没有？这让我很好奇。前面提到，萧国松老人采录孙家香老人讲的故事中，也没有《皮匠驸马》的故事。所以我在调查过程中，就有意识地引导当地的讲述人去讲这个故事，后来发现他们果然都能讲，且都讲得很好。包括刚才说的李国兴老人，他就讲得很好，孙家香讲得稍微差一些。

为什么孙家香讲得差一些？因为孙家香是女性。我们知道，在中国民间故事的讲述里面，是有性别差异的，在讲述艺术和讲述内容的选择上，男性和女性是不同的。《皮匠驸马》的故事涉及外出，比如说到京城去赶考，皮匠陪着他的哥哥或者另外一个熟人去赶考之后看到京城的皇榜，这样涉及外出的情景对于居家妇人来讲，是比较陌生的，所以她驾驭这种故事也比较难。在中国的传统社会里，跟男性相比，女性的活动范围是有限的，导致她的阅读能力和接受能力也会差一些。男女的差异性在《皮匠驸马》这个民间故事的讲述过程中体现得极为充分。我们考察过一百多个民间《皮匠驸马》故事的讲述人，主要是男性。因为这个故事是外向型的故事。虽然孙家香讲得不是很好，但还是采集起来了。

我现在之所以比较急于做民间故事收集，是因为这些老人年龄越来越大。刚才呈现的三个故事讲述人，现在已经有两个去世了，一个八十多岁了。这些人和我们关系都非常好，我们每年都会回去看望他们。比如孙家香老人，从1997年到她去世的时候，二十多年的时间里，每年我都会让她跟我讲一遍这个故事。就是为了看看，二十多年来，讲同一个故事会不会有变化，这特别有研究价值。

最后，我在都镇湾一共搜集到六位故事讲述人讲述的11个《皮匠驸马》的故事文本。1个小镇，11个文本，差别还是比较大的。比如在2004年2月13日采集的文本最长，有3360个字，是被原封不动整理出来的。最短的是刘华阶老人版，只有256个字。我跟刘华阶老人接触的时间也比较长，但他已经去世。在长阳有一个很有名的景点叫武陵山，他住在山上。他讲故事讲得非常优秀，我多次跟县里面推荐他，我说你们要重视他，但是直到他去世的时候也没有列入被保护的序列，这让我感到很遗憾。但他的故事我们都保留下来了。在这些版本里面，李国兴老人的版本比较长，刚才因为大家没有听懂这个故事，所以我把李国兴老人讲述的故事大致跟大家说一下。李国兴老人后面作的分析，主要是以本子为主。

这个故事讲的是两个兄弟上京赶考，弟弟没有读过书，是皮匠，哥哥是书生。哥哥说你不晓得就问我，从这里面就可以看出读书人和没读过书的人的差别。哥哥是读书的，他跟弟弟说，你没读书，你不懂的就问我，你在路上不要说不吉利的话。弟弟很好学，走一段路，弟弟看到树叶子直翻，就问哥哥，这是什么叶子。哥哥说，这是"风吹叶儿偏"。——这些话后面都要用上的。又走了一段，碰到一个猪子拱曲蚕子（蚯蚓），弟弟又问这是干什么的，哥哥就说，"挖泥拱金"。又走了一段，碰到一个打杵头叫号子的，弟弟问这是什么，哥哥这叫作"高楼大厦"。

到了京城之后，哥哥去赶考，哥哥怕弟弟走丢了，就对弟弟说，你在这儿等着，不要乱跑。弟弟等了半天不见哥哥出来，兄弟感情很好，他想哥哥一定是遇到什么麻烦了。他就去看看，于是他就跑到考场见到一个员外在前面主考——这里又出现了员外这个角色。弟弟拿起试卷就说，一篇好文章，可惜"一字不识"。员外听后一想，我很多学生有一半的题都不会做，而他只有一字不识，一定很有学问。员外就把他招为驸马。注意，这是民间知识的一种错位，员外哪里能招驸马？对吧，咱们不管这个事儿。

弟弟和员外的女儿结婚之后，员外的女儿发现他没有文化，就跟她爹说："爹，你给我找的人，完全是大老粗。"员外就说："你回去叫他给大姨佬、二姨佬写个信，让他们回来过月半。"可是因为皮匠没有读过书，怎么也写不出来，他就急了。于是在墙上找到了一个小虫子，把虫子的脚蘸上墨水，放在纸上让它爬，爬过了以后把信纸折起来，然后写上日期，就寄出去了。大哥是秀才，二哥是礼生，这两位都是有学问的人，他们看了信，横看竖看也看不懂，只看到一个日期，就猜起来，猜肯定是让他们回去过月半。于是大哥、二哥就回去了。员外看到他们回来，就问他们怎么回来了。大哥、二哥说，是三姨佬写信让我们回来的。员外说你们看他的文学水平怎么样。大哥二哥说，他写的信都是洋文码子，我们只认得一个名字和一个日期，其他的我们都不认得。注意，洋文码子就是说写得很高深。员外就把女儿喊来，训了一顿说，大女婿、二女婿说他很有学问，你为什么说他没有学问。三个女婿在一起吃饭的时候，大女婿就问他读什么书，二女婿也问他读什么书。这个三女婿说，我没有读什么书，我读的是"挖泥拱金""风吹叶儿偏"。大女婿、二女婿目瞪口呆，心想这是什么书？又问三女婿住的是什么屋，他说我住的是"高楼大厦"。员外他们不好接下去，怕自己丢了面子。之后员外就把大女婿、二女婿喊过去，就问他们觉得三女婿的学问怎么样。大女婿、二女婿就说，他的学问了不得，他进的学我们都没有进过。

　　一段时间以后，皮匠的哥哥放假了，想到弟弟在一个员外家做驸马，一定会被欺负，就问弟弟过得怎么样。弟弟就把他先前的所有遭遇说了一遍。哥哥说你不能再讲这些东西了，要再讲，他们一定会要你讲盘古开天辟地。你就专门给他们说一个拗家伙，你就说元古开天。弟弟就说，我怎样才能记得什么元古开天？哥哥就给他做了一个饼子放在口袋里面，你记不得的时候，如果问你的话，你就摸一下口袋，饼不是圆的吗，所以是"元古开天"。后来员外就对女儿说，你大哥、二哥都说他文学高，你再把他喊来讲讲盘古开天的事。女儿就把他叫来，大姨佬和二姨佬说，三弟你这么好的学问，我们来讲一讲盘古开天好不好？这个驸马就把饼子一摸，心想果然要讲盘古开天。

但是他这一摸，饼子破了，不是圆的。他就说，我要讲就讲"瘟古开天辟地"，讲什么盘古开天辟地呢？大姨佬、二姨佬感到很疑惑，瘟古开天辟地是什么朝代？他就说瘟古不是盘古的爹吗，你们说瘟古是哪个朝代的？所以大姨佬、二姨佬觉得很没面子，他们对老丈人说，我们只知道盘古开天，哪晓得瘟古开天，三弟的学问了不得。

一段时间以后，女儿又说皮匠没有用。这次员外说，我亲自去问他。员外一进门，默不作声，他就把脑袋一摸，三女婿就把脚一蹬。员外肚子一挺，三女婿就把屁股一拍。员外伸一根指头，三女婿就伸两个指头，都没有作声，都是哑语。员外回来跟女儿喊着说，我说他厉害吧。我把头一摸，意思是我头顶十八层金天；他把脚一蹬，他说他脚蹬三十二层地狱。我把肚子一挺，意思是我独成天下；他把屁股一拍，意思是独坐江山。我伸一个指头，我是天下独一无二；他伸两个指头，说除了我就是他。你说你还要什么样的？女儿又挨了一顿骂。这个女儿回去以后就问她丈夫，你怎么跟爹说的？爹今天到底问了你什么，你跟我说清楚。驸马就说，爹一进门把头一摸，意思是让我做一顶帽子；我把脚一蹬，是说我只会做皮鞋。他把肚子一挺，叫我用肚子上的皮；我把屁股一拍，是说屁股的皮更扎实一些。他伸一个指头，说让我做一只鞋；我伸两个指头，说我要做就做一双。

就是这样一个故事。这个故事我一直觉得非常经典，蕴含着无穷的智慧。现在你们应该能记住这个故事，然后我们再展开。因为刚才我们不懂得方言，其实刘德方老人讲这个故事，讲得很好听。

三 《皮匠驸马》的喜剧语言

第三部分涉及《皮匠驸马》的语言问题，发掘这个故事中究竟有哪些语言特色值得我们去探讨。《皮匠驸马》通过口头语言制造出强烈的喜剧效果，其实这个故事可以改编成电影，我觉得应该蛮好看。这个故事代表着都镇湾，是民间叙事传统的一个方向和一种表达方式。我一直非常关注民间叙事传统的问题，我的博士论文也是做的这方面研究。

我再稍微延伸一点，我们讨论的民间故事类型问题，就是一种生活传统，是叙事传统中的一部分。我们以前对类型的理解，可能侧重于一种被结构化的、被提炼的形式。其实叙事传统本身所讲述的某一个故事类型，在这个社区或者这个村落里面，代表一个方向，或者一种传统的表达方式。因此，口头语言在两个方面体现叙事传统。

一是非语言符号系统，即用人的动作、姿势、表情传递思想和情感的哑语方式。那么这种非语言系统只有以共同的生活背景、心理结构、感知方式、思维方式或彼此相互熟知对方的背景为前提，我们才能理解和接受。所以我们说民俗或者民间故事一定要在这样一个共同的背景下才能够被理解。如果刚才这个故事，刘德方到宜昌市来讲，本地人都能听得懂。但我们却听不懂，跟他们就没办法交流。民间故事的讲述达不到交流的效果，就会失传，或者很难传。

非语言系统很难做。我们在考察一个民间故事讲述人的时候，以及我在做讲述研究的时候，都感觉很难把握。我为什么采集了四百多个故事都还没有出版？我在采集每一个故事的时候，都做了场记。场记包含了每个故事讲述现场所有能记录的东西，且不说天气、参加的人员，甚至包括讲述人的动作，每一个地方的动作是什么样的，我们都要尽量地呈现出来。所以这是比较难的。但是这些都是有传递意义的，在讲述过程中传递意义。这些故事讲述人，无论采用什么方式，都会用到动作语言。所以这是一个非语言系统，而这个系统在《皮匠驸马》故事讲述中体现得非常多。最后讲到员外亲自出马来考察他的三女婿的时候，全靠肢体语言。就像我们在大革命年代搞暗号。

二是语言系统。这个系统由口头语言符号系统和书面语言符号系统组成。口头语言迅速灵活且具有弹性，受环境影响较大。在整个民间文学的研究中，我们重视文本，但是文本是已经被凝固化的讲述，是凝固了某一个时间点的讲述。所以它很难传递出讲述过程中的变化，而口头语言可以做到。比如说同样一个故事，同样一个人讲，在这种场景下可能是这样一种状态，在另外一种场景下又是另外一种状态，受环境影响很大。书面语言就不一定受环境影响。

在整个民间社会里面，《皮匠驸马》故事同时采用非语言系统和语言符号系统。

第一，在读音方面，中国的汉字读音的轻重不同，能使一句话的意义发生根本性的改变，制造出非同凡响的艺术效果。这是读音的问题。民间故事讲述人充分利用汉语语言发音中的轻音节或重音节的特点来制造不同的效果。

比如，皮匠的哥哥进了考场以后，很久不出来，皮匠为此很担心，这里体现了兄弟之间的感情很好。皮匠进去以后，他就假装看着考卷说一篇好文章，可惜"一字不识"。一字不识，这个重音是在"一"字上。所以员外就认为他是说，一篇好文章，只有一个字不认识，因此制造出喜剧效果。

所以是哪里搞错了呢？我认为"错"在民间叙事语言的多变机巧，"错"在民间叙事受制于不同语境的干扰。由于读音不同，造成语义完全相反，民间语言的模糊性常常因故事中的语言歧义所致，往往因人、因时、因地变化而出现不同的意义，有时甚至出现截然相反的解释。故事在语音的干扰下产生了强烈的对比，制造出喜剧效果。在这里面其实隐含了员外和皮匠是两个不同阶层的人。

在中国的民间故事里面，这种现象非常普遍。我们如果对民间故事，尤其是对这种喜剧性的故事比较了解，就会知道还有很多用读音的轻重制造喜剧效果的，比如说三姨佬的故事，还有巧媳妇的故事，这种单一性的故事都有这样一个特点。

第二，音近和音同。音近、音同而语义完全不同的字、词搅和一起，在特定的场合会制造出不同凡响的喜剧效果。讲述人在《皮匠驸马》的故事中，主要借助风言土语与书面通行语的错位对比，产生出乎意料的效果。

比如，大女婿、二女婿问三女婿读什么书，三女婿就说我没读什么书，我读的是"挖泥拱金"。"金"本来应该是经文、经书的"经"，"风吹叶儿偏"，这个"偏"本来应该是哪一经哪一卷哪一篇的"篇"。所以"篇"和"偏"，"经"和"金"的音同将两种原本互不相干的表述放在一起，产生了不同的意义，也制造了喜剧效果。

另外，关于员外和驸马。故事里面说的是驸马，但其实员外的女婿不应该叫驸马，皇帝的女婿才叫驸马。这个我们先不管，我们会在另外一个场合讨论这个问题。员外和他的三女婿之间用身体语言、哑语来对话。明明是同样的动作，解释却完全不一样，那么是哪里搞错了呢？我认为"错"在两个人的知识背景不同，"错"在两个人身处不同的语境。在各种非语言交际方式中，最重要的是手势。手势的模糊性和多义性，造成手势语言交流对语境的高度依赖。所以民俗学高度依赖语境，是有道理的。我一直认为民俗学是时间和空间的学问，如果离开时间、空间讨论民俗，其意义很难被呈现出来。因为这种意义恰恰是在讲述过程中，是在现场里完成的。所以它高度依赖语境，民间文学同样如此。

四　喜剧语言背后的隐喻与象征

第四部分包括喜剧语言背后的隐喻和象征。刚才谈的语言很搞笑，有语言上的错位、情节上的错位。但是民间故事仅仅是故事吗？我认为我们在民俗学或者说民间文学这一块做的研究还不够。我们要考虑，如何把民间故事和民众的生活、社会结合起来。民间故事体现了不同社会阶层之间的一种话语体系，这种话语体系背后隐藏着一些追求，我在这里稍作分析。

这个故事反映了民间知识传统与文人知识传统两股力量的交锋和冲突。我们知道，在《皮匠驸马》故事里，皮匠是一个生活在社会底层的人，并且他一字不识。但是他所交流的人是什么人？要么是皇帝，要么是大臣，要么是员外，要么是礼生，要么是秀才。这就引发了民间社会中两种知识阶层的对抗。而在这种对抗中，我们看到，因为各种误解，导致在正常的社会秩序中占优势地位的人，一般是精英阶层或者权贵阶层，往往一败涂地。有的学者可能会讨论这个话题，为什么在民间故事中，精英阶层永远是失败的？有人认为是小农意识的体现，或者是自恋意识的体现。而我认为这样的话语体系，表达了普通民众对于某一种社会结构或者社会制度的不满。其实皮匠是有自己的知识体系的，比如最后和员外的手势语言交流中，皮匠非常清楚自己不会做帽子只会做皮鞋，他也知道怎么做皮鞋最扎实，他的整个表现都遵循着自己的知识体系。在这个场景中，民间知识和精英知识无法达成共识，无法互相理解，也因此产生了喜剧效果。再比如，有的学者会说，为什么皮匠最后娶了皇上的女儿或者员外的女儿，这可能是农民的一种幻想。也不尽然。我认为这里更多是在传达一种观念，一种关系。皮匠是社会底层的代表，虽然他一字不识，但在与精英交流时，也能沉着应对。为什么？因为他是在用自己的知识体系与另外一个知识体系对抗，他认为他是对的，他处在民间立场，拥有的是民间知识。我认为，《皮匠驸马》这个故事是喜剧性的，同时也是戏剧性的。在喜剧气氛的背后，有一种矛盾冲突的张力，这个张力体现在下层民众与权贵阶层的关系中。这两种知识，在精英阶层和民间阶层、权贵阶层和下层民众、不识字的农民阶层和知识精英阶层之间，在中国传统社会里面是有差异的。对于民间文学来讲，这两种知识体系是同时存在的。这是什么原因？通过我的考察，发现是中国戏曲在起作用。

比如，刚才提到的故事讲述人叫孙家香。她真是一个字都不认得，她一生出过最远的门，就是到过五十里以外的县城（五峰县）。但是她所讲的故事里面，却有大量薛仁贵东征、《西游记》《三侠五义》等典故。还有她讲过董永和七仙女的孩子是董存瑞，这个很有意思。这是因为她的丈夫参加抗美援朝，她心中有个英雄的形象，董永和七仙女在他心目中一直就是英雄，因此英雄也得是英雄的孩子。她哪里都没去过，为什么讲的故事内容这么丰富？我认为唯一的解释就是因为她看过中国的戏曲。比如，皮影戏、各种地方戏，在整个民间社会里，它就是连接上层精英和底层民众的重要桥梁。在我们村里，以前有一个老人特别会讲《三国演义》。我问："你从哪里听说这些的？"他说他在戏里听过。他不识字，不会读，所以只能看皮影戏或者地方戏。实际上，我们民俗学或者说民间文学，对这个阶层，对故事讲述人队伍的关注，还不够。总的来说，《皮匠驸马》的故事体现了两个阶层之间非常明显的差异性，而不是一体性。

中国民众崇尚智慧，生活在下层的农民同样崇尚民间智慧。民间有智慧吗？有。比如说生产生活，比如说二十四节气，都充满民间智慧，在哪个节气的什么时间点，该做什么农活，都是从长期的生活实践中总结出来的。所以底层民众常常能在妙趣横生的语言中将上层精英的经典传统消减得体无完肤。在充满笑声的喜剧演出场所，所有的官方禁令被搁置。在这种场合里面，在民间文学、在民间故事讲述里面，官方性已经无法规制底层民众的生活。那些权贵所遵循的理智、规则都被乡土习惯逐一瓦解。

这里当然涉及另外一个话题，就是有些学生在做的礼俗互动。那么在民间故事讲述里面，可以看到，上层充满理智的规则和民间习惯之间，是一种对抗的关系。在其他领域，也许它们之间的关系会有所变化。

因此，在《皮匠驸马》故事中，民间非主流文化通过民间语言的喜剧效果表达，对精英主流文化，乃至对现存社会制度和主流意识形态，表现出一种强烈的不满情绪。通过喜剧效果对官方思想进行颠覆，以此来重建民间精神，重建民间知识的威信和民众的权利，显示出讲述人对民间知识的自信。皮匠熟悉且尊重自己的知识体系，所以在应对所有人的考察时，一贯娴熟自如，他就是底层的代表。

另外，在这个故事中，招亲是通过契约来完成的，员外想通过考试招一个脱颖而出的优秀人士，但因为对皮匠所说的"一字不识"产生了误解，这就消解了契约的权威性。还有，在故事中，皇权、员外一直想考验皮匠，但是由于对语音的误解误读、手势的误解，一直维护着驸马的身份，这时候，皇帝和员外的面子在观众的笑声中瓦解。这也反映出，讲述人并不是站在权贵的一边去讲故事，他并没有去维护权贵的面子。而讲述人之所以这样，是考虑到民间故事的受众就是普通民众，所以自然会站在民众一边，那么故事显然要表现出对权贵的一种反抗，用笑声来反抗权贵，用笑声来瓦解权贵的权力和地位。

其实底层皮匠与权贵、精英之间的不断交锋，也反映出两者间的巨大差距。他们之间从未平等过，因此皮匠经历的一系列考验，都用于消除异化所带来的社会危害，重建正常的社会秩序。异化就是，民众生活秩序与权贵生活秩序之间的不平等性。故事讲述人在讲述过程中与听众产生了共同期待，他们期待建立以平等为根本的正常社会秩序。可以说，在社会秩序重建过程中，民间叙事或者口头文学发挥了很重要的作用。

过一段时间，我将在另一个地方讲另一个话题，即边缘与中心的问题。主要涉及在叙事学中，民众与皇帝的斗争问题。我认为，叙事学不仅仅是文学，如果我们把叙事学仅仅理解成一种文学欣赏、文学审美，那就错了，至少不完全对。我一直认为民俗学中的民俗源于生活，民间文学同样源于生活。它一定是生活的一部分，一定在干预生活，一定在整个社会的流动中发挥着作用，在笑声中可达到另外一种效果。现在我还没考察过《皮匠驸马》这个故事流传了多少年，但这个故事起码是一个非常经典的、流传久远的故事。这个故事一定可以在戏曲中找到。

《皮匠驸马》的故事不仅有力地表达了中国民间社会的喜剧传统精神，而且传达出了中国民间诙谐幽默的传统力量，故事暗含着强烈的文化批判意识和鲜明的乡民传统倾向。从这个角度来说，《皮匠驸马》故事的喜剧语言，一方面表达了民间创作和传续的民间叙事传统，另一方面颠覆了权贵、精英阶层的知识，重现了民间社会的知识。

我认为在中国民间文学里面，至少在民间故事里面，有一个传统很重要，就是展现喜剧和幽默。因为我采集了很多故事，这是我比较擅长的，也做过很多调查，因此每次到社区里面（包括去年我们到重庆走马镇）考察，每次见到故事里面的东西，都会有一种很亲近的感觉。比如，我每一次去湖北做调查的时候，他都会给你讲故事，讲得最多的就是好笑的故事。这些很好笑的故事有可能是什么呢？有的就像《皮匠驸马》这种故事，还有的是男女之间的故事，而且这种类型的故事在民间社会里占了绝大部分。这就是民间故事的幽默诙谐传统，这个传统在民间叙事学中，我们没有很好地去讨论它。不像相声，社会上的讨论可能更多一些。

五　结语

通过对《皮匠驸马》故事的采集，我们一方面分析了语言，另一方面分析了语言背后隐藏的一种社会阶层之间的关系。对于语言体系的文化来讲，喜剧的精神就是语言的精神。而语言是最需要语境因素的，没有语境，语言的独特魅力无法展现；离开语境，我们也无法分清楚语言所展现的喜剧精神。民间文学对语境有着高度依赖。所以《皮匠驸马》故事是讲述者合理利用了有声的口头语言和无声的手势语言在特有的语境中生成的意义系统的比照，全面充分展现了这类故事具有的喜剧传统精神。正是这种幽默诙谐，把生活呈现在笑声中间。在对民间故事的研究中，我们可能忽视什么呢？忽视对生活层面的关注、对过程的关注。我认为民间故事的意义是在过程里面产生的。当然文本的存在也是有意义的，但是文本本身会丢掉很多意义；只有文本，我们没有办法回到故事的讲述过程中。所以我们应该意识到这一点，文本带给我们的只是部分意义，我们应该重视文本，但更应该重视故事在生活中的呈现。这对我们今天的研究来说，也不是一个过时的学问。也许传统社会的讲述行为，或者讲述题材，在当今的社会中，在新的时代里面会有所减弱，但是请不要忘记，新的东西又会生发出来，所以这是一个自足的系统。我认为民俗本身是一个自足的系统，一方面会丢掉一些东西，另一方面会生长出新的东西。比如说在很多文学作品里面，可能更多关心成年人。但是请不要忘记，民间故事还有一个基本的教育功能。我们在座的，没有哪一位没有听过故事，它是特定时段的重要的文化教育内容。所以在做民间文学或者民间故事的研究时，我们要知道，民间故事语言非常依赖语境，因为我们看人说话，对吧？这就需要我们分析语言。

其次，我们在笑声中传达对生活的理解，在笑声中表达对社会深刻问题的看法。民间故事不仅仅是文学作品，更是社会秩序重建的重要力量。关于社会秩序重建，这方面的调研我们可能做得稍微少一点，包括我个人也做得很少。我们对民间故事的讨论更多是从艺术的角度、从文学的角度来做。但是我们并没有把它作为生活来看。我看过德国学者写的一本书《冒险一试的勇气：用于积极心理治疗的东方故事》，就是故事可以介入心理和疾病的治疗。其中一个故事很有意义，谈到夫妻离婚之后争夺孩子的问题。作者认为这个故事具有重要的意义。所以民间故事不仅是文化，还是重建社会秩序和人的精神生活的重要力量。这正是《皮匠驸马》深受民众欢迎的原因所在，也是《皮匠驸马》故事的意义所在。

我今天想跟大家讨论的话题就这些，由一个故事展开，引申到我们对民间文学、民间故事中人性的思考。谢谢大家。

1958 年新民歌运动及其当下意义[①]

毛巧晖

（中国社会科学院民族文学研究所研究员）

关于"1958 年新民歌运动"这个话题，我在很多地方讲过。这源于我的一个国家社会科学基金项目"国家话语与民间文学的理论建构（1949—1966）"，主要研究 1949 年到 1966 年的民间文学学术史。当时我选择新民歌运动作为其中一个个案。最初选它的时候有点紧张，因为大家对新民歌运动，首先想到的可能是"大跃进"时的民歌运动，所以选的时候就怕做不好，因为相关的研究没有脱离也不会脱离政治史。但在对学术史的梳理过程中，我发现其实除了民间文学的研究者对它关注较少以外，当代文学、当代史这些领域的研究者对它的关注是很多的。克罗齐说，所有的历史都是当代史。历史可以作为我们当代的借鉴，启发我们对当下的思考。

我们经常说，要从历史中理解世界。谈到 1958 年新民歌运动，需要考虑 1958 年的历史情境。在当时官方媒体上最常见的说法是，1958 年"是中国历史上最不平常的一年，党领导六亿人民，击退了资产阶级右派的进攻，在政治战线上、思想战线上取得了辉煌的胜

---

① 本文是 2019 年 5 月 24 日作者在北京师范大学中国社会管理研究院/社会学院民俗学专业所做讲座的录音整理稿。

利。在总路线的光芒照耀下，工农业生产出现了前所未见的"大跃进"，人民生活起了剧烈的变化"，这是来自当时《人民日报》的陈述。

1958年的时候中国的现实状况是什么样？可能北师大东门外铁狮子坟的铁狮子，调研时老人家说的门钉、铁锅等等都不见了。因为当时大家的热情高涨，把所有和铁相关的物品都拿去炼钢，就是所谓的"大炼钢铁"。当时的中国，在机器制造方面有了很大的进展。比如在现在的展览馆那片儿，以前做过农机展览会。我在跟一些老人交流的时候，他们都知道，当时最好的拖拉机是南京牌，即南京制造的拖拉机。那时候提出了"耕地不用牛"的口号，即人们希望用机器代替畜力。这是当时人们对"四个现代化"的期望。

而当时农业是什么样子的呢？大家如火如荼地参加劳动。当时的小孩子上劳动课，学习劳动技能，如拾麦穗，等等。那时候全民都参与集体劳动。

当时女性外出工作，参与公共生活。她们进入工厂，成为纺织女工；身着衬衫、旗袍，参与反美帝的游行；在人民公社开会、学习……

20世纪五六十年代的文艺活动，虽然主题思想比较单一，但是形式丰富，有街头小品等表演活动，工厂内张贴反美宣传画，以及各种标语，等等。

1958年的社会情景是这样的，那么文学是什么样的状况呢？文学领域认为1958年是社会主义建设全面"大跃进"的一年，文学创作也获得了空前的发展。所以这一年由作家出版社牵头，作协参与，编选出版了一系列的书，被称为"文学概览"，其中包括短篇小说选、诗选、散文选、曲艺选、儿童文学选等五个选集。但是没有出话剧或戏剧选，因为在1957年的时候已经出过一本戏剧选。

我向大家展示《1958年儿童文学选》，这里面包含很多题材。第一部分是小说，第二部分是散文，第三部分是儿歌，还有歌谣、剧本、曲艺、童话、民间故事，最后是科学文明，就是现在所说的科幻作品。可以看到在儿童文学的范畴里，包含了大量民间文学研究的范畴和题材。它是总揽式的，既有小说，也有散文、诗歌，更有科幻文学，还有民间故事，等等。我们可以看到当时的文学是不作区分的，不像我们现在严格区分的民间文学、作家文学、通俗文学等。

值得一提的是田间的《1958 年歌——街头诗集》。田间在 20 世纪 30 年代已经是非常有名的诗人了，在延安时期，他的影响也是比较大的。在 1958 年，他出过一本诗集，即《1958 年歌——街头诗集》。其中有一首是"四季讲卫生，四害一扫光，扑灭流行病，人畜两兴旺"。大家如果熟悉他，就会疑惑他为什么能写出这样的诗。这其实是创作后用于街头宣传的歌诀，就是"破四害"标语。"诗歌本是英雄话，语言本是劳动腔；你也唱来我也唱，诗歌装满花园乡"也是田间在 1958 年的作品。

前面介绍了 1958 年新民歌运动出现的特殊情境，以及当时在文学领域的发展状况。学界怎么去界定和阐述 1958 年的新民歌运动呢？一般情况下，我们把它叫作"文艺大跃进运动"，或者是"大跃进民歌运动"。关于它的发起脉络，大家比较熟悉。1958 年 3 月，毛泽东在成都会议上提出要搜集民歌。其实他原本是要编一本关于四川的古代诗词，就是所有古代的诗人写的关于四川的诗词汇编。结果编出来全部是唐、宋、明三代诗人写的诗词，基本上和日常生活没有联系。所以毛泽东在会上就说，让你们出一本诗集，结果就印了些老古董的诗。结果他就说，搞些民歌好不好，请各位同志负责回去搜集一些民歌，各个阶层都有民歌，分别找几个试点，给每人发三五张纸，都试着写一写。他还说，北京大学做了很多这方面的工作，他们是熟悉的。

在随后的汉口会议上，毛泽东又提出各省都要搞民歌，大、中、小学生，军队都要去搜集民歌，这相当于提出了指导性的意见。从这个时候开始，民歌搜集及相关活动在全国掀起了一个高潮。实际上在当时对新民歌运动的研究或"大跃进民歌运动"的研究就非常多。比如姜彬先生，当时用天鹰的笔名写了《一九五八年中国民歌运动》这本书，应该说是当时理论价值最高的一本书，也是理论性最强的一本书。

但20世纪八九十年代，对"十七年时期"几乎是全面否定的，基本上把它贬低为"质量低劣，粗制滥造""违背人民的意愿，应该否定"的对象。但是，进入21世纪以后，伴随着对1949—1966年文学的重新思考，人们从"文艺战略""现代性建构"等方面进行了一定的反思。在民间文学领域，尽管有一些老师做了研究，但并不多，比如高有鹏、刘锡诚、黄永林，我自己在《20世纪下半叶中国民间文艺学思想史论》里面也提到一些。我认为我们的反思跟文学、历史、思想史等领域是不匹配的。实际上这是和民间文学关联密切的文学活动或文学事件，但可能由于研究民间文学的学者特别警惕当时的民粹主义，我们对此关注的非常少。

就像前面提到的儿童文学选集，包括现在的儿童文学，尽管我们不会把各个题材都放在儿童文学里边，但当时比较明显的特征是民间艺人和作家的界限被打破了，这是我比较关注的问题。民间艺人和作家是被同等看待的，真正地同等看待。也就是说民间艺人和作家的"界限"消失，使作家文学和民间文学的目标受众也发生转换。比如刚才我们不相信那是田间写的诗。尤其是在文学领域，研究现当代的人，他们认为它是从标语上扒下来的。

1958年新民歌运动中，民间文学出现了大繁荣，民歌带动了诗风的转变，打破了"民间艺人"与"作家"的界限。作家文学和民间文学的"目标受众"都发生了转换。我为什么用了"越界"这个词？当然这是一个借用。当时的民间文学的价值和功能发生了改变。民间文学表达和交流思想情感的意义逐渐减弱，成为国家话语的反映和应对。这当然是我个人的想法。借用"越界"的概念，其实就是跨界、去界域，主要想表达的是在 1958 年新民歌运动中，民歌表达方式和表达功能的越界。"民间艺人"与"作家"之间的界限被打破，民间艺人变成了新型的"农民诗人"，与作家一起都是社会主义"文艺战线上的先锋"。就像我们刚才读的田间的那首诗，如果把它和民歌或者是和农民诗放在一起，我们是区分不开的。

一　数字中国：民间文学的大繁荣

首先，我和大家谈谈当时民间文学的状况，我们用民间文学大繁荣来概括它。

1. 民歌搜集的数字展示

当时到底搜集了多少民歌，这个大家是不清楚的。天鹰的《一九五八年中国民歌运动》里说，要问中国人民在 1958 年究竟唱了多少歌，写了多少诗，恐怕谁也回答不出来。这个数字我们是很难统计出来的。书中写道："红安县委对本县的民歌做一次摸底工作，得出的结论是'摸不清'，县摸不清区，区摸不清乡，乡摸不清社，连社也摸不清一个二十几户人家的生产队。"[①] 当时的唱诗会，就很像民歌会、花儿会，老百姓不需要你组织，就会自发去唱。1966—1976年期间不让唱，他们偷偷地爬上山，流血牺牲也要去唱。《人民文学》1958 年第 4 期发表了芷汀《数字的诗》，"我们这时代你用什么韵脚也表达不出来！……这是用数字写诗的时代，是用比例尺写诗的时代"[②]，说明当时的民歌数量非常多，从十几岁的孩子到六七十岁的老人都参与创作。

根据贾芝收藏的《民歌座谈会发言记录》（油印稿），郭沫若在会上说，"现在全国都在进行采风工作，每个县都有几千首乃至上万

---

① 天鹰：《一九五八年中国民歌运动》，上海文艺出版社 1959 年版，第 9 页。
② 芷汀：《数字的诗》，《人民文学》1958 年第 4 期。

首，全国有一千多个县，那个数字是不得了的，恐怕要用亿为单位来计算，何况它还不断地在产生。所以全国究竟有多少民歌，实在很难估计"。这些说的是民歌数量方面。

2. 民歌创作活动形式

大量的民歌，源于多样的民歌创作活动。民歌的创作活动也是多种多样的。

首先，开辟了诗歌创作的园地。比如，陕西省西安市长安区，区有诗亭，乡有诗宫，社有诗廊、诗台，家家户户门口有诗碑。

其次，组织了丰富多彩的民歌创作活动。多种样式的活动中，赛诗会、民歌演唱会、联唱会、诗歌展览会、战擂台、诗街会等，其中赛诗会最有影响，它是民间歌会的移植与延续。

再次，活动组织也非常多。根据 1958 年 7 月的统计，这一时期各地广泛成立诗歌创作小组，当时一共有五千多个山歌社。最有名的是陕西临潼的农民王老九，当时他在全国的影响非常大。

3. "民研会"的组织与活动

民研会的全称是"中国民间文艺研究会"，是当时全国性民间文学研究的组织与领导机构，负责《民间文学》的编辑与出版等很多工作。1958 年 4 月 14 日，《人民日报》发表《大规模搜集民歌》的社论，当天，《民间文学》编辑部就这个问题与郭沫若对话，而且这个采访也刊登于 4 月 21 日《人民日报》。在当时，《民间文学》是对国家形势的反映与呈现。4 月 26 日，中国文联、中国作协、民研会——实际组织者是民研会——开了一个民歌座谈会。这个会议由时任中宣部副部长的周扬主持，当时在京的文艺界人士基本上全部到场了。比如，郭沫若、郑振铎、臧克家、老舍、赵树理、顾颉刚、阳翰生这些文艺界人士都到场了。还有民研会的林山、江橹、贾芝也都参加了。这个记录现今存放在贾芝家里，我看到众多与会者中有一位非常特殊，就是湖北红安县的宣传部长童杰，他也参加了这次会议。当时工作人员的速度非常快，会议开完就把每个人的发言稿都打印出来，然后就结集了。文集是内部的，不做公开资料，因为很多演讲稿没有让本人校对。贾芝收藏的就是当时座谈会的发言记录。参会的每一个人都发言了。这相当于是召开了一个全国性的会议。但为什么童杰来了呢？当时我访谈了贾芝，他说当时童杰正好来汇报工作，所以他就参与了这个会，向与会代表介绍了红安搜集民歌的经验和诗歌使用的情况。

在 1958 年 7 月，民研会又主持召开了中国民间文学工作者代表大会，并且召集不同地域、不同民族的民歌手与民歌创作者谈民歌创作。其实大家可以和后边联系一下，在中华人民共和国 30 周年大庆的时候，社科院，即当时的少数民族文学研究所（筹），也举行了一个非常大型的活动，就是选了 50 位少数民族歌手参加 30 周年大庆，并且组织了大型的学术活动，少数民族文学研究所（筹）每天出简报。这个活动是 1958 年活动的一个延续，和民间文学工作者代表大会上民歌手谈自己如何创作民歌一样。会议后，该所于 1959 年编辑出版了《民歌作者谈民歌创作》一书。书里有很多工人诗人代表，还有各个民族的代表。其中有一个特别有名的傣族的康朗甩，他在当时是云南傣族的赞哈，即文化的承载者。他在文章中提到，对傣族人民来说，用这种新民歌来讲述历史不是问题。因为傣族的历史就是用诗歌来演述的，所以他们对接起来是最容易的，不需要有任何的准备，而是很自然地延续。此外，还有王老九谈创作。我们都知道，王老九在 20 世纪 40 年代被称为"练子嘴"，他自己原来一个字都不会写，于是中国共产党派了两位记者，王老九说，他们记，但是这两个人教会了他写字，后来他就经常发表一些文章。这就是民研会当时组织的一些活动。

4. 民间文学作品集与研究著作

我们看看当时出版了多少民间文学作品集和研究著作。北师大现当代文学的一位硕士生王芳芳，她的硕士论文《1958：新民歌运动》统计了北师大图书馆、北京大学图书馆、国家图书馆藏目中，各省市出版的民歌集302本，少数民族新民歌出版物共计9种60本，不同领域出版的民歌集119本，共计481本。当然这与当时的统计数字相比只占极少数。

大家一般提到1958年新民歌的著作，可能都会想到周扬、郭沫若选编的《红旗歌谣》，对其他著作提起的就非常少。其实在当时影响非常大的还有《民歌一百首》《工矿"大跃进"民歌选》《农村"大跃进"民歌选》《部队跃进民歌选》等。我在山西南部、陕西北部调查的时候，因为当时在做延安时期解放区的民间文学研究，我们问过这些地方的文化工作者、年龄较长的民歌演述人，其中很多人记得《民歌一百首》这本书。当时这本书就像现在的小册子一样，很容易拿在手上。

我进行了一个大概的统计：少数民族的新民歌一共出了61册；其中最多的是壮族，出了53册。高校也编选了一些民歌集，比如西北大学、南开大学，还有中国人民大学等。另外各个出版社，比如诗刊出版社、作家出版社也编了一些民歌选。还有其他领域编选的民歌集，包括农业、工业、林业、军队……还有专门的主题，比如歌颂民族团结的，歌颂领袖的，还有反帝的。从1958年到1960年，关于新民歌的研究著作有11册之多。但是我们现在最多引用的是天鹰的《一九五八年中国民歌运动》。各省市出的民歌集就更多了，一共306本。出得较多的是江苏、浙江、广西这几个省份。对于当时来说，这样的出版量是很大的。

当然现在影响最大的是《红旗歌谣》。按照当时的评价，它是类似于《诗经》的，因为它也是选了300首民歌，而且是由周扬和郭沫若一起选的。主要的歌谣作品包括颂歌、农业"大跃进"、工业"大跃进"、保卫祖国等主题。但是所收录的民歌，以汉族的居多，其他兄弟民族的很少。其实少数民族的歌谣是很丰富的，可能是因为当时没有译成汉文或者汉文译得不好的缘故，所以很多没有能够收入其中。实际上我们大家可以想象到，因为 1956 年展开大规模的民族调查，而对少数民族的民间文学的翻译，主要集中在 1962 年到 1966 年这个时段，所以出版时少数民族歌谣的翻译确实不多，因此周扬、郭沫若就没有把少数民族民歌选入其中。但其实他们已经关注到了少数民族的歌谣。

对于《红旗歌谣》的研究，比较早的是黎之，他写了一篇《"大跃进"的颂歌——读〈红旗歌谣〉》①。到 1960 年，《文学评论》中把它比作《诗经》，因为正好三百首民歌，与《诗经》呼应。《红旗歌谣》被认为是新时代的新国风。近些年对《红旗歌谣》的研究，很多是从修辞以及一些民歌和自然的关系进行探讨，全面的研究还不是很多。

二　大众化：身份转换和政治认同

在前面的基础上，我提出民间文学的属性出现了比较大的变化，即身份转化和政治认同。

1. 民间思潮的兴起与变迁

关于民间文学，我们大家都知道，它被提倡很多是出于教化，比如《三娘教子》《二十四孝歌》等。在 19 世纪末 20 世纪初，它们又和现代民族国家的构建交织在一起，重心由道德教化转移到政治说教。比如梁启超，他注重对民众的道德教化，所以他把大量的道德教化，还有政治说教、政治言说等内容，融入民间文学。而到了 20 世纪 40 年代，中国共产党领导的解放区提出了文艺的新形式，文艺的类型就更加宽泛、更加丰富了。比如《王贵与李香香》、新秧歌运动

---

① 黎之：《"大跃进"的颂歌——读〈红旗歌谣〉》，《读书》1959 年第 18 期，第 12—14 页。

等都轰动一时。

当时关于乡村戏曲所表达的民众思想也有很多研究。比如我们大家都非常熟悉的就是董晓萍、欧达伟合作撰写的《乡村戏曲表演与中国现代民众》①。当时有较大影响的还有中国共产党早期领导人李大钊，他当时和皮影艺人合作，做了一个皮影戏《安重根刺伊藤博文》。其实这台皮影戏在河北的演出场次是非常多的。后来瞿秋白、彭湃等也都用民间文艺形式进行过政治宣传。在湖南的农民运动讲习所，夜校专门有一门课就是民歌。它逐渐转化成一种文艺创作和文艺实践。1949 年，中华全国文学艺术工作者代表大会召开会将其推广到全国。"农民画"即是在这一特殊语境中产生的。

又比如大家非常熟悉的，当时延安的鲁迅艺术学院的秧歌剧《兄妹开荒》。我们去榆林调研的时候，还能看到新秧歌运动对陕北一带的影响。我们知道，原来秧歌和老百姓现实生活是没有多少关系的，秧歌不表现老百姓的现实生活。但是在表演中就有很多日常生活情景，像纺织、农业生产劳动等。

2. 新诗与民歌

1958 年，新诗和民歌完全交融在一起，诗歌创作进入一个新的时代，每一个人都在作诗。这是当时的小学课本中的一首诗，也是很多人都特别熟悉的，像民歌一样传播："天上没有玉皇，地上没有龙王，我就是玉皇，我就是龙王，喝令三山五岳开道，我来了。"这首诗不是作为民谣或童谣，而是作为诗歌被选入课本的。还有我们非常熟悉的《东方红》，它的词也是诗歌的形式。总之，当时的每一个人，从县委书记到群众，都要能动手写诗，并大量举办民歌展览会，到处都是赛诗活动。

3. 民间艺人与作家

有一个报道非常有趣，不是关于诗歌的，而是关于绘画的。原来

---

① 董晓萍、欧达伟：《乡村戏曲表演与中国现代民众》，北京师范大学出版社 2000 年版。

首钢想做一个工人画展览，但起初，首钢那么大的一个厂子拿不出一幅作品。后来，华君武等中央美院的老师去给他们讲课，教授他们画画。他们厂的工人就一年能画出两三百幅画，后来一年竟然画出了几千幅画。而当时的民歌也是这样的。

新中国成立之后，在全新的政治语境中，工农群众的角色与身份发生了巨大变化。1950 年，全国开展了识字运动。1950 年 9 月 20 日，在北京召开了第一次全国工农教育工作会议，会上提到一个重大问题，就是关于工农的教育问题，一定要让工农受教育。农民受教育识字以后，打破了对文字的崇拜，就像他们通过学习绘画打破了对艺术家的崇拜一样。当时接受访谈的一位钢厂的工人说，他从来没想到自己会成为一名画家，但是他却成了。打破了对文字的崇拜之后，老百姓也开始了大规模的创作。

其中最典型的就是民间诗人王老九。当时他的称号已经不是农民或者民间艺人，而是民间诗人。他自己说："到新社会，我的快板一篇接一篇发表，人都尊敬我，称我'农民诗人'。'农民诗人'这四个字不简单，这是共产党给我带来的光荣。"[1] 他的身份发生了转换，自我认知也发生了转变。1951 年，王老九参加了西北文代会，到西安开会时，他和作家完全一样。王老九原来在农村处于非常边缘的地位，就是个"练子嘴"，当时的生活很艰难。但是新中国成立以后，他的生活发生了天翻地覆的变化。因此，这应该是他发自肺腑的表达。王老九被写进当代文学史，跟李季等作家齐名。

李季、阮章竞在 20 世纪 40 年代的时候就开始以民歌形式进行创作。大家可能对李季和阮章竞写出民歌那样的诗不觉得奇怪。但是田间写出下面这样的诗，大家可能会觉得这和他的身份是不相符的。

---

[1]　中国民间文艺研究会研究部编：《民歌作者谈民歌创作》，作家出版社 1960 年版，第 7—8 页。

"爬上一岭又一山，山峰连绵望不断。火山血海悬崖陡，前进一步满身汗。"但是这几位作家写的都是这样的诗。所以我们会看到，王老九、李季、阮章竞，还包括田间，他们被放入现当代文学史的同一章，也就是他们在文学史上处于相同的位置。所以当时"民间艺人"与"作家"的界限被打破了，民间艺人获得了表达自己文化身份和话语的权利。他们的所有作品都描述新的政治生活和劳动生活。

4. 民歌与画作

我们再看一下当时民歌和画作的结合。展示图片这个是河北徐水人民公社的谢坊营（有相关图片）。河北徐水诗画上墙的活动很多，一百多户人家的村庄，每一家都出现了诗画满墙。因为这里离北京比较近，所以引起了首都的关注。姜彬说，"我虽没有像通讯作者那样的做过统计工作，也没有数过究竟有多少诗画，但是说它'诗画满墙'，是千真万确的"，"诗画上墙不仅在出名的诗乡如此，也是1958 年中国农村中相当普遍的现象"①，当时的宣传画可能到处都是这样的。

在新民歌运动中，民歌、绘画和音乐的交融是比较成功的，尤其是民歌与画作的结合。比如我们现在的农民画，它基本上还留存着，并且是当下民间文艺研究的一个重要门类。

关于农民画，目前来说比较早的，大家能看到的材料是江苏邳县（今邳州市）陈楼乡的张友荣，他当时画的一幅画是《老牛告状》。他这幅画的起因是饲料员克扣牛的饲料，很多老百姓就对他有意见了。当时大家都想去做饲料员，因为那时候粮食非常紧张，吃不饱。但当时牛吃的食物很好，都是黑豆，所以饲养员就把牛饲料克扣下来。张友荣是在清末民初参加过最后一次科举考试的秀才，他会写字。这些社员就去跟他说，你就给我们反映一下，写一下材料。他就

---

① 天鹰：《一九五八年中国民歌运动》，上海文艺出版社 1959 年版，第 10 页。

画了这样一幅画，写了几句顺口溜，然后贴在了村大队墙上。没想到这个画立刻引起了大家的关注，而且下乡的干部也觉得形式非常好，能够起到很好的宣传作用。所以就让张友荣再去教村里的人画画，又请了一些艺术家去教他们画画。这在当时引起了全国广泛关注。

现在的农民画也延续了下来，尤其是诗画墙。这种诗画合璧在中国是一种传统，比如畲族祖图、纳西族东巴象形文字、藏族的格萨尔石刻和唐卡、彝族神图、苗族绣饰等，体现着文字与画作天然的契合。我们对新民歌运动有很多的批评，但是其中的诗画合璧就留存下来了。从张友荣的这幅作品到现在的新农村建设、北京的小区，都有这样诗画合璧的宣传画，比如宣传社会主义核心价值观等。

我主要介绍一个我们自己参与调研的畲族祖图。我们调查者、研究者把它叫作祖图，其实畲族人叫作长联。他们把自己家族的历史或者是族群的历史记录在长布上。布上有人物形象和对应的诗。他们做三月三，或者做大型仪式的时候，将长联和所有的神像都挂出来，然后本族老人根据这个图，讲述故事。当下，诗画合璧又有复兴的趋势。

三　交融与变异：民间文学价值与功能

民间文学的价值和功能，在 1949—1966 年这一时期是比较特殊的。王老九在谈创作时说："我每写一个东西，首先想到党的伟大人民的力量。"[1] 关于民间文学的理论和教材一般会提到民间文学的价值和功能，但在很多相关的阐释中，经常把价值和功能等同了。在高丙中写的《中国人的生活世界：民俗学的路径》中，他认为我们今天所说的宽泛意义上的民间文学，其实应该冠以"民间口头创作"

---

[1]　中国民间文艺研究会研究部编：《民歌作者谈民歌创作》，作家出版社 1960 年版，第 8—9 页。

的名字。因为它包括民间文学、社会心理等各方面。所以它能起到复杂的文化功能，而不仅仅是文学的功能。既然是民间文学，就应该具有文学的基本规定性；强调民间文学文化功能的多样性。民间文学除了具备与作家文学一样的审美功能外，还有实用功能。

正如高丙中所强调的，民间文学的文化功能是多样的。在1958年，其功能和价值发生了变化。为什么说它是变化了的呢？我们对它的定位是什么呢？我们认为民间文学是属于民众的，它是他们的思想、情感交流和自身价值的一种体现。它的功能是方便民众的表达和交流。就像《诗经》所说的"心之忧矣，我歌且谣"。在1937年的《歌谣》周刊上刊发的《表达民意的歌谣》一文，直接指出了歌谣的功能——表达民意。

研究民间文学的学者为什么对1958年的新民歌不太关注？我认为可能是因为我们认为它不是民间文学，不是我们传统意义上界定的民间文学，因为它的价值和功能发生了变化。但是并不是说其表达功能变化了，就不再具有传统的民间文学的意义。其实它是对民间文学的自我功能的调试。比如"什么藤结什么瓜，什么树开什么花"，这是民间文学的表达。但"什么时代唱什么歌，什么阶级说什么话"，这是对不同时代民歌内容的更换。叶广芩有一部小说《青木川》，里面有个给当地人分田地的冯明，后来做了高官，冯明老了之后特别想去一个地方，就是青木川，因为在那个地方特别能体现他的价值和他的贡献。他曾经在那里主持分田地，老百姓唱了一首民歌，把他的名字编进了民歌里："正月初三春打头，青川溪水哗哗地流，冯明给咱分田地，好日子呀才开了头。青砖瓦屋青石砌，手攀着梯子上高楼。感谢三营工作队，一心一意我跟党走。"① 他以为这首歌是为他而创作的，但是没想到他老了之后再回到青木川时，有人告诉他，这是根

---

① 叶广芩：《青木川》，北京十月文艺出版社2015年版，第191页。

据一首情歌改编的，只不过把他的名字套在了里面。所以在当时尽管民歌可能被提升到了国家层面，即政策的传达和意识形态的表述，但是它并没有完全被置换掉，因为民众有个人的表达，不像我们想象的当时在民间是完全缺失的，它还是存在的。但是它和作家文学彼此交融，互为表里。它通过一些词的置换，在特殊的情境中用特殊的方式，使得表达功能和表达程序发生了变化，但是这并不影响它本身的民间文学的性质。换言之，它置换了很多词，比如把原来情歌的叙事和意境换成了阶级、炼钢铁、分田地，我们都认为它是民歌表达功能的异化，但它本质还是民众之间的交流。在这个情境过去之后，它还是会恢复自己原本的表达形式。

但是，因为民歌的表达功能被异化，民歌不仅是民众情感交流的形式，而且还成为政府开会、政策宣传的形式。民歌的表达功能走向了泛化，走向了极端。如果不是这样，歌谣有可能成为新诗的一种形式。

但是在新民歌运动中，少数民族民歌就不像很多汉族地区的民歌，功能异化，价值完全改变，"民间"缺席。在新民歌运动中，我们忽略了少数民族民歌。傣族赞哈康朗甩说，他们对于用民歌去歌唱事件、歌唱历史，一点都不觉得为难，也一点都不觉得有问题，因为他觉得这就是傣族民歌的本色。所以在新民歌运动中，其实我们很多时候还是忽略了它的这种复杂性。我们一直强调其功能的改变，还有价值的改变。这也是我为什么认为它做了跨界。但是我们却忽略了其中一些民歌，比如说少数民族的民歌。康朗甩说，他们本来就喜欢围着赞哈，听他们婉转动听的歌声和那些傣族文学作品中的优美故事。在他们的文学理念中，民歌就该是这样子的。民歌在傣族生活中承担着情感表达功能，同时也是历史知识传递与记忆的方式。因此，在新民歌运动中，傣族也根据历史的变迁和社会情境的变化，编了新的民歌，但是这些民歌的表达功能和实用功能却没有完全丧失。因此我们可能在分析新民歌运动的过程中，把它的这种特殊性和复杂性扁平化了，或者至少是有所压缩的。我们需要注意到它内部的差异性以及民间文学价值与功能的特殊性。

在陈贵培翻译、李鉴尧整理的《松帕敏和嘎西娜——傣族民间叙事长诗》①一诗的"后记"中写道，新中国成立后，尤其是1958年以来，云南文艺工作者和全国文艺界一道，在党中央毛主席的指示下，开展搜集民歌、发掘整理少数民族民间文学的工作，各少数民族的民间文学中的遗珠就是在这个时代被发现的。也就是说，1958年的民歌搜集运动，可能在很多人的记忆里，搜集了粗制滥造的，或者说充斥着大量口号式文字的作品，却在客观上促进了对少数民族文艺的发掘。这是我们在新民歌运动这样一个文学事件中应该关注到的方面。

1958年，从民歌领域开始的大众化运动，不再是知识分子到民间去，而是要消融于"民间"，"民间艺人"与"作家"之间的界限被打破，民间艺人与作家共同成为"社会主义文艺"新军。同时民歌与新诗的界限亦被突破。这一年诗歌界"出现了普遍繁荣的、盛况空前的图景"。随着历史的车轮滚滚向前，这一"盛况"烟消云散，而从"五四"新文化运动就开始探索的，民歌对于新诗的意义，既走到了巅峰，也开始了下滑。正如赵毅衡所言，如果没有这次极致的运动，"歌谣形式进入新诗并非完全不可能"。

----

① 李鉴尧：《松帕敏和嘎西娜——傣族民间叙事长诗》，陈贵培译，云南人民出版社1978年版。

艺术与乡村复兴：以中国农民画 为中心的讨论①

郑土有

（复旦大学中国语言文学系教授）

非常感谢萧放教授的盛情邀请，让我有机会跟大家一起交流讨论农民画与乡村振兴之间关系的问题。

萧放教授给我安排的题目是"农民艺术与乡村振兴——以农民画为中心的讨论"。众所周知，乡村振兴是目前我国面临的一道难题。实际上，乡村振兴不仅仅是我们国家，也是全世界面临的一道难题。当然在中国这些年来表现特别突出，所以这也是一个比较热门的话题。从中央到地方，各级政府纷纷制定各种政策，也投入了大量的财力、物力来为乡村振兴服务。理论界也好，实践领域的专家学者也罢，都比较热心地投入乡村振兴。总体来说，其中有成功的经验、成功的案例，也有很多失败的教训、失败的案例。我今天主要围绕中国农民画的实践，从乡村文化建设的角度谈谈农民画在乡村振兴中可能发挥的作用。

主要是从四个方面谈，一是中国农民画的缘起，二是中国农民画

① 本文是 2020 年 9 月 30 日作者在北京师范大学中国社会管理研究院/社会学院民俗学专业所做讲座的录音整理稿，二级标题为编者所加。

的发展现状，三是农民画的功能与价值，四是农民画在乡村振兴的过程中能够发挥怎么样的作用。

一　中国农民画的缘起与形成

首先是农民画的起因问题。因为很多同学可能没有接触过农民画，所以我先对它最基本的特征做一个简单的介绍。

什么是农民画？到目前为止，人们在这方面的认识上还是有分歧的。我对农民画的基本定位是这样的，农民画既不是指农民画的画，也不是指画农村农民生活的画，而是指一种风格特征鲜明的画种。它是一个画种，是不是农民画，不能以画家身份、作品内容来确定，而是以它的风格来确定。

这种风格大致有五个特征。第一，在内容方面，呈现民众的日常生活，主要反映民俗生活，我称之为民俗生活场的呈现。第二是布局上，画面满，不留空白，体现农民的审美观，就像有些画家作者所言，农村没有空地，在一小块地上，农民也要种上玉米、高粱，绝不闲置田地。第三，从技法上看，农民画作者笔随心意、画由心生，心中想什么，就画什么；什么是美的，就怎么画。他不是画眼睛所见的东西，而是画脑中所想的东西，当然脑中所想的也来自生活。第四，在视角方面，农民画往往采用多维的视角，不是单一的焦点透视。可以把平视、仰视、俯视这几种视角全部运用到一张画中。第五，在色彩方面，对大色块的大胆应用，甚至超越了传统色彩学的配色原理，有些色彩搭配通常在专业绘画中是被忌讳的，但在农民画作者那里被运用自如。

图1所示为《厨房一角》，出自金山画家张新英之手，比较突出地反映了农民画的风格。比如技法方面，在典型的金山农民画中，所有物件的底都是一条线，蒸笼的底是一条线，水桶的底也是一条线。如果从焦点透视，它们都应是弧形的。还有物件的口，在一般的画中

图 1　张新英《厨房一角》

是椭圆形，但在农民画中是正圆。因为农民画作者认为水桶也好，陶罐也好，如果底不平是放不稳的，所以底必须是平的。蒸笼要被画成圆的，水桶的口也要被画成圆的。这就是典型农民画的画法和风格。图 2 所示为《新女婿上门》，是金山画家龚琴芳画的，在表现生活化的场景方面更为突出。

　　以上是农民画最基本的特征，在这基础上形成了它的风格。这个也是我认定农民画的标准。

　　农民画的产生、形成，大致可以分为四个阶段。一是江苏邳县、河北束鹿（辛集）阶段，第二个是陕西户县阶段，第三个是上海金山阶段，目前进入了第四个阶段。

　　之所以出现农民画，实际上是对延安时期群众文化运动的一个延续。在延安时期，我党形成了用群众喜闻乐见的文艺形式来宣传群众、发动群众的传统。如 1938 年毛泽东在延安鲁迅艺术学院成立时就指出："艺术——戏剧、音乐、美术、文学是宣传鼓动与组织群众最有力的武器；艺术工作者——这是对于目前抗战不可缺少的力量。"怎么样发挥艺术的作用？1942 年《在延安文艺座谈会上的讲话》中明确提出了"文艺为工农兵服务"的指导思想，强调"只有代表群众才能教育群众，只有做群众的学生才能做群众的先生"，鼓励作家艺术家积极主动地改造自己的世界观，走与工农相结合的道路，在普及的基础上坚持普及与提高相结合。以群众喜闻乐见的形式宣传思想、教育民众。当时在这样一种指导思想下，出现了新秧歌运动、新版画运动等。农民画的起因应该跟这一传统有密切的关系，或者说是这种传统在 1949 年以后的延续。所以在新中国成立初期的社会主义教育运动中，群众美术活动蓬勃开展。到 1955 年，全国各省、市、自治区陆续建立了群众艺术馆及文化馆，承担起政治宣传、城乡扫盲、指导群众文艺活动等任务。当时的工作重心在农村，在这个背景下就逐渐兴起了农民画。

图 2   龚琴芳《新女婿上门》

介绍第一阶段的"邳县—束鹿"模式。当时江苏邳县、陕西户县等地文化馆广泛组建"农村俱乐部""农民美术组"。据 1955 年统计，江苏邳县陈楼乡成立了 137 个农民美术组，平均每个合作社有11 个。在 1956 年合作化以后，陕西户县共有 50 个俱乐部，下含 30个美术组。由于当时乡村经济文化相对落后，农民中文盲多，只用文字，达不到理想的宣传效果。于是在黑板报上加些插图，以强化传播的力度。最初的时候就是黑板报上加插图。相关学者几乎公认《老牛告状》是中国第一幅农民画。实际上，它不是画在纸上的，而是画在黑板上的。它由江苏邳县陈楼乡张友荣 1955 年创作，为"农业合作化"年代的农民画创作活动开了先河。上过一年私塾的张友荣被选入邳县陈楼乡新胜一社俱乐部，为黑板报作插图，他自述在"既没有老师，也没有范本，甚至连工具也没有"的情况下，与美术组其他成员共同商讨，研磨画法。首先用树枝在地上画，画了几天再试着用粉笔在黑板上画，有时向小学里要些旧卷子纸在背后用铅笔画。在这样艰苦的条件下，大家学画劲头很足，并提出"每人每天一张画，三个月能应付宣传，半年能独立创作"的口号。《老牛告状》揭露了当时农业合作化时期的一个现象：一个饲养员克扣了牛的饲料，导致这头牛非常消瘦。张友荣说，开始的时候还不敢画，怕得罪人，最后领导鼓励他大胆画出来，由于这幅画对饲养员占公家便宜的现象进行了批判，取得了意想不到的宣传效果。

　　在"邳县—束鹿"模式中，出现了很多这样的农民画画家，也得到了美术界专业人士的好评。比如 1958 年 10 月 24 日画家傅抱石发表了《观梁大娘画壁画有感》一文，讲了梁大娘到南京师范大学美术系做报告，介绍她的绘画过程，在讲课时直接在黑板上画了《飞机碰玉米》，她那熟练的笔法为大家所叹服，然后被像傅抱石这样专业的、有威望的画家在报纸上面发文章褒扬，于是农民画逐渐在全国产生了影响。

第一个阶段的农民画经历了农业合作化、"大跃进"两个时期，最主要的特点是以漫画的形式出现，特别是"大跃进"时期的农民画。这跟当时的整个环境有密切的关系，配合国家主流意识形态的宣传，所以农民画中的夸张手法表现得特别突出。萝卜大得要用梯子爬上去，向日葵有两人多高，特别夸张。"大跃进"时期的农民画就是极度夸张，想象力非常丰富，像图3所示的《玉米棒大无边》中，一列火车上只装一根玉米。

图3　陕西户县李乃梯《玉米棒大无边》（1959）

第一个阶段以漫画为主，到了第二阶段的"户县"模式，以写实为主。当然这两个阶段在时间上是有交叉的。

1958年，西安美专（现在的西安美术学院前身）进行教学改革，要求美术教育与社会需要对口，面向农村、面向基层。刚刚毕业留校的青年教师陈士衡去了陕西户县，同户县文化馆农民画辅导者丁济棠一起，在太平炼铁工地和甘峪水库工地举办了两期美术培训班，并总结出一套叫"户县美专教学法"的农民画教学理论。这一"教学法"的精髓在于强调农民画教学及创作的"生活化"导向，以解决户县农民作者因袭束鹿、邳县农民画的浪漫主义创作所造成的思维枯竭问题。培训班提出"画现实、画记忆、画理想"的创作口号，要求农民作者到生活中去丰富创作的表现内容，理解如何"将思维的根部伸进生活的土壤里去汲取养分"，鼓励他们"就地挖深井，求水源"，即使"为生产服务"也要画身边熟悉的人和事，"到生活中去多观察，多画速写，通过各种不同的角度去画，去研究人物与景物，多作小构图"①。在绘画的技法上注重人物的比例、准确的造型，以及人物在空间里的有序排列，让色彩趋向于理性，使原先很少出现在民间绘画中的焦点透视也被广泛应用，画面的构图由场景型向特写型转变，这就是户县时期农民画的特点。

户县农民画很快受到中央的重视。1966 年，《人民日报》以整版的篇幅报道户县的农民画，同时刊登了两位农民画作者杜志廉和刘知贵的创作体会《把画笔当武器》和《画画是为政治服务》。1973 年 10 月由国务院文化组主办的户县农民画展，在中国美术馆展出，这些作品被各大媒体的报纸杂志大量刊载，甚至被印成了邮票等，并对其进行广泛的宣传。尤其从 1973 年 12 月 25 日到 1974 年 7 月 31 日，户县农民画在全国的八大城市巡展，参观人数达两百多万人次。

户县农民画的特点刚才说了，非常写实。因为美专老师的辅导，有些专业的绘画技巧也被融入农民画的创作。《老书记》是户县农民画的代表作，它有很强的"文化大革命"时期人物形象高、大、全的特点，如图 4 所示。当然它也有一定的生活基础，当时的老书记确实是这样子的。

在户县农民画模式的影响下，其他地方的作者也创作了大量类似风格的作品。如广东龙门在 20 世纪 70 年代集体创作的《农业学大寨》，河北辛集王俊亮画于 1972 年的《精心培育》，上海金山王金喜

① 段景礼：《户县农民画研究》，西安出版社 2010 年版，第 12 页。

图4 户县刘志德《老书记》(1974 年)

画于 1975 年的《民兵突击队》等。

　　前面说过户县农民画曾在全国巡展，各区县文化馆都派人去参观学习，激发了上海郊区农民对农民画的创作热情。其中，金山县（现金山区）文化馆负责群众美术的吴彤章观看了画展后立即组织举办培训班。挑选培训班学员的标准是，有一定文化程度、接受能力比较强的青年农民，还有下乡的知青。讲课内容以专业的绘画训练为主，模仿户县的写实风格。通过办培训发现学员创作的作品并没有超出户县农民画的水平，而且缺乏生活气息。辅导员吴彤章、阮章云反思后发现，这条路走不通，必须另起炉灶。吴彤章本身是一个专业的画家，但是他对民间美术、民众审美比较熟悉，所以他们商量能否从民间艺术中汲取养料，然后用来进行农民画的创作。有了这样的思路后，专门挑选了一些有民间艺术创作实践的人，比如会刺绣的、做木

匠的、画玻璃画的、会剪纸的等，把这些人吸收进培训班，发现效果
很好，他们创作的作品跟专业的绘画有很大的不同。在金山农民画
中，公认的第一幅具有金山风格的农民画就是曹金英的作品《庆丰
收》，如图5所示。曹金英会刺绣，作品中的人物造型、布局等跟刺
绣没有太大区别，我们在寺庙神龛的帐檐上经常会看到这种造型的图
案。刺绣原来是绣在布上的，她就把它画在纸上。

图5　金山曹金英《庆丰收》（1978年）

之所以出现这种情况，与金山农民画辅导员吴彤章和阮章云密
切相关。他们采用了"揭瓶盖"的辅导方法。他们认为刺绣等民间
艺术与绘画有的艺术规律相通，但又不完全相同。他们不知道绘画
的一些成规旧法，更便于发挥其艺术创造才能，而不是用专业绘画
的形式来束缚他们思想感情的表达。他们不会用专业的绘画语言，
只能用自身创造的绘画语言来表达，因此才有艺术的创新。他们把
纸当布，把笔当针，把颜色当成有色的丝线，照绣花样配色，像剪
纸一样造型。如曹秀英画的《庆丰收》，运用了帐檐的形式；《鱼
塘》借鉴了蓝印花布的风格，但又不是帐檐、蓝印花布的设计图，
它们是从帐檐、蓝印花布中脱胎出来的一种新形式。这个就是他们
辅导的一个思路。早期的金山农民画作品中都有这种特色。阮四娣
老奶奶是剪纸能手，她创作的《孵蛋》把剪纸移用到了农民画的绘

画当中，如图 6 所示。

图 6　阮四娣《孵蛋》

　　从 1980 年 4 月 27 日到同年 5 月 20 日，由中国美术馆、上海美协主办的金山农民画展在中国美术馆展出，共展出作品 138 幅。展出后，中国美协时任主席江峰、时任书记处执行主席张厅前去观展。时任执行主席张厅前去观展，时任文化部部长黄镇由中国美术馆时任负责人曹振峰陪同观看画展。画展得到了文化部、美术界专家的推崇。大家都觉得在农民画的风格上，金山比户县阶段有一个很大的跨越，形成了自己独特的风格。当时也有人说金山农民画是"四不像"的画，也就是有了自身的风格。

　　从农民画的发展来说，从第一阶段的漫画形式，到第二阶段的写实风格，再到第三阶段吸收民间艺术的养料，形成自己的风格。到这个阶段农民画的风格基本上就明确了。从 20 世纪 80 年代开始，金山农民画就成了中国农民画艺术的典范，各个地方实际上都在学金山农民画。

到 21 世纪，实际上农民画的发展进入第四个阶段，就是它已经超越了金山的模式。这种模式到底会怎么发展，现在还不能够完全给它盖棺定论，有待进一步观察。

二 中国农民画的发展现状

目前，中国农民画发展的总体态势良好。首先，源于国家对传统文化的高度重视。从国家的层面到普通民众对农民画的价值都有了比较一致的认同。尤其是各画乡所在的地方政府出于文化建设、经济建设的需要，纷纷出台了扶持农民画的相关政策。在创作、培训、展览、展出、宣传、推广、税收优惠等方面都做了大量工作，投入了大量的财力、物力。有些地方还专门投资建造了农民画展馆。其次，在非遗保护工作的推动下，许多地区的农民画被列入省市级和县市级的保护名录，一些著名的农民画画家也被评为传承人，从制度上保障了农民画的传承和发展。所以总体而言，它的发展态势是良好的。

但是也面临着不少问题。

一是发展不均衡。有些早期影响比较大的画乡，目前比较萧条，如河北的辛集、江苏的邳县；有些画乡发展势头很旺，如广东的龙门县、浙江的余东村等。有些画乡销售状况很好，甚至来不及创作；也有的画乡连知名画家的作品也卖不出去，只能用其他收入来养绘画。有的画乡学画的人很多，有的画乡传承情况令人担忧。出现这种情况的原因当然是多方面的，如有的地方政府不重视，当地没有热心的组织者或者推动者，市场不成熟等。

二是创造模式多样化、作品风格多样化的隐患。农民画的创作，从 20 世纪 50 年代到八九十年代，形成了"三合一"模式，这是农民画创作非常重要的特点，它跟专业绘画不一样。由文化馆牵头组织，做培训工作；然后由辅导员对农民画的作者进行创作辅导；农民画的作者集中时间学习创作。从目前的情况来看，大多数的画乡仍然遵循这种创作模式。但也有些变化。主要是一些在当地有一定影响的农民画作者，纷纷成立自己的工作室、自己的画室，形成了一些个体组织。

现在的创作模式，主要有三种。第一种是政府主导的创作模式，创作的作品用于举办各种各样的展览、评奖等；第二种是画家个体组织的民间模式，就是由画家来做作者的培训工作，作品往往是走向市场的；第三种是政府主导的模式与民间模式相结合的创作模式。从目前的情况看，第三种模式比较多，总体效果也比较好。这是创作模式的变化。

金山的农民画创作主要吸收了当地的民间美术元素和传统，然后进行一定的转化，是一种适应现代审美的创作方式。各地的民间美术传统，一方面具有一些通约性，所有的中国民间美术都有一些共通的要素；另一方面民间美术的地域特色也非常明显。借鉴地域民间美术的元素，势必造成各地农民画风格的多元化。如金山农民画跟江南的刺绣、剪纸、灶画有关，陕西户县农民画跟陕北的剪纸关系密切，青海湟中农民画与藏族的寺庙壁画、唐卡有关，贵州水城农民画与苗族刺绣、云南腾冲农民画与傣族傈僳族的民间美术、广东龙门农民画与岭南民间美术等，都有非常密切的关系。这就导致了农民画风格的多样化。现在的多样化还体现出另一特点，就是农民画的作者吸收、借鉴了其他画种的一些元素，如学习国画、油画、水粉画，把这些画种的技法运用到农民画创造中，使得农民画的风格更加多元化。

风格的多元化存在一定的风险，可能会导致农民画风格的消减乃至消解。这背后有三方面的隐患。第一，从作者的角度来看，因为现在农民画作者已进入了第二代甚至第三代，跟第一代作者相比，他们往往缺乏对农村、农民生活的体验，已导致其作品缺乏真实的生活气息；特别是有些年轻作者受过专业的绘画训练，迷恋专业绘画技法，抛弃了一些农民画的独特技法。第二，从组织培训方面来看，最近这些年政府主管部门在农民画的培训上，投入的财力并不少，但是由于各方面的原因，农民画作者参与培训的热情并不高，存在一头热一头冷的现象。农民画作者由于较少参加培训，致使其对农民画的整体风格缺乏把握，对什么是农民画、怎么画农民画没有清晰的概念，所创作的作品有时没能很好地体现农民画的风格。第三，辅导员制度的弱化。在农民画"三合一"模式中，辅导员起到很重要的作用。因为就农民画的作者来说，各个方面的艺术修养存在着不足，需要有人对其进行辅导提升。但是进入21世纪以来，一是辅导员业务素质下降，辅导员本身就对农民画的风格把握不准；二是辅导的积极性也不高，因为现行的做法使辅导员的劳动成果难以得到体现，作品署名只有作者的名字，没有辅导员的名字；三是有些有一定知名度的农民画作者，对辅导员制度抵触甚至反对。第四，在继承与创新的度的把握方面，过分强调创新，对传统的继承重视不够，盲目地向其他专业的画种学习。农民画的技法在很大程度上是反专业的，但现在不少农民画辅导员、作者反而向专业学习，这样就会导致农民画风格不突出、不明显。

多样化是好事，但是如果本体的东西被消解，画种就不复存在了，这是一个很严峻问题。

三是市场化和产业化的问题。从现在的情况来看，农民画的市场销售情况各地差异很大。总体来说沿海地区的销售情况比较好，像上海金山、广东龙门等，有些画家能够保持年度销售额十几万。而内地或者边远地区的销售情况比较差，仅靠绘画、卖画无法维持生计。从产业化的角度来看，有些画乡做得好，可能年销售额有上千万，有数百人的创作队伍，已经形成了完整的产业链，产业化的程度比较高。当然大部分画乡没能达到这个水平。

这些年农民画的衍生品不断丰富，是国家提倡创新创业、发展文化产业的结果。将农民画印在丝巾上，色彩非常漂亮；绣在旗袍上，印在雨伞、箱包、茶具上，效果也非常好。

三　中国农民画的功能与价值

农民画从它诞生那刻起就承担了宣教的任务，且贯彻始终。从邳县—束鹿阶段、户县阶段，到金山阶段，一直到现在，农民画的宣教功能始终如一。通过绘画的形式宣传党的方针、政策，宣传主旋律，是社会发展的需要。大家可能感受比较深的就是这几年用农民画来宣传社会主义核心价值观。广东龙门的农民画被中宣部采纳后，大量的农民画作品作为宣传社会主义核心价值的载体出现在街头巷尾，起到了很好的宣传效果。

农民画的艺术价值也不可低估。农民画创作从 1955 年开始，至今已有 60 多年。在 60 多年的艺术创作实践中，出现了非常多的优秀作品。曾经有人做过统计，被国外的博物馆、美术馆、画廊收藏的中国艺术品中，农民画是最多的。我们在观摩各地的农民画时，也会发现确实出现了很多很经典的作品。下面是上海金山著名的农民画作者张新英的两幅作品。一幅是《闹厨房》，把厨房里面的场景表现得淋漓尽致，如图 7 所示。一幅是《回外婆家》，描写妻子临出门那一刻把家里的门锁上，然后在肩上背着小孩，丈夫挑着礼品，把一家人回外婆家的场景生动地表现出来，生活气息浓郁，人物用一种白描的手法，眼睛鼻子嘴巴都没有细描，但是观者可以感受到他们脸上喜悦的表情，如图 8 所示。

图 7　张新英《脑厨房》（画于 20 世纪 80 年代）

图 8　张新英《去外婆家》（画于 20 世纪 90 年代）

这些作品，从艺术角度看都是非常优秀的。60 多年来各个画乡都创作了很多优秀的农民画作品，具有很高的艺术价值。

　　另外，农民画并不是所有农民都能画的，实际上农民画作者都是有一定的民间美术基础的。当他进行农民画的创作时，就把这种艺术的潜能发挥出来了。在金山阶段表现得最为突出，辅导员有意识地发掘这些人才，有意识地把民间美术当中的那些元素、那些传统在农民画中体现出来。所以说，农民画是对传统民间美术的"现代转化"，而且是一个比较成功的案例。

　　大家可以看一下下面这两幅图。如图 9 所示为一只飞鸟的剪纸，鸟儿一般都是两只翅膀，但是民间剪纸艺人认为鸟在飞的过程中，翅膀是震动的，如何表现飞的状态？鸟在飞的状态下会出现多只翅膀，这就是民间艺人的思维方式。图 10 所示为金山画家曹金根的作品《灶花王》，左下角有一只公鸡，为了表现公鸡奔跑的姿势，画了五个尾巴，而且用不同的颜色，非常美丽。两幅图相比较就会发现思维的继承和相似性。从艺术发展的角度来看，这就是传统民间美术的现代转化。

图 9　民间剪纸中的飞鸟　　　　　图 10　曹金根《灶花王》

　　在文化功能方面，农民画丰富了农村农民的文化生活。安塞农民画辅导员陈山桥曾说，农民画作为群众文化的一种形式，并不是非要搞出来一个啥，这是群众文化，参与人越多越好，就是要把群众从麻将桌上拉回来，引导着搞文化，搞一种健康的文化，这才是我们的初衷。农民画作为一个文化事象，实际上是一种具有中国特色的群众文艺活动，从诞生那天起就扮演着建设新农村文化的角色。此外，现在回过头去看，农民画实际上非常忠实地记录了当时农村农民的生活情况。从不同时期的农民画中可以看到60多年来中国农村农民生活的变化和发展过程，它的文化记忆功能非常突出。

农民画还有很强的经济功能，对于乡村经济的发展起到重要的作用。经济功能或者说经济价值，实际上是传统民间美术的固有属性，剪纸也好，年画也好，实际上都具有经济价值，能给从业者带来一定的经济收入，也有人以此为生。农民画发展的前两个阶段，主要起到宣传的作用；到金山阶段，就恢复了经济价值属性。这个时候开了很多的画廊进行销售。在20世纪80年代，金山农民画好的作品卖两百元一幅，还供不应求，当时许多农民画家靠绘画、卖画脱贫致富，在金山的朱泾镇买了房子。即使像安塞偏僻乡村的老太太，她如果会画农民画，也是家里的"摇钱树"，因为每年卖画所得在当地人看来也是不菲的收入。现在金山、龙门、秀洲、邳州、户县等画乡都有农民画家自己开设的画廊，从事专业的绘画，获取一定的经济收入。每年全国农民画的销售额应该是一个很大的数目。

除了画家个人收入之外，农民画对地方经济的影响也不小。这种影响主要是体现在两个方面，一是显性的，二是隐性的。显性的方面就是，卖画每年有几百万元、上千万元的收入，对地方经济的发展起到拉动的作用；隐性的影响，能够提升地方的知名度，成为地方的一张文化名片，对地方经济的发展起到间接的推动作用。像安塞、户县、腾冲等，都是因为农民画，才会在全国乃至在世界上成为一个比较有名的地方。

四　中国农民画在乡村振兴中的作用

这里只能说是可能的作用，因为还缺乏实践的检验。

目前中国乡村振兴需要解决两大问题。一是乡村人气不足，中青年人进城务工，老人留守，"空心化"现象严重；二是乡村缺乏产业的支撑，仅靠传统的农业没法留住人。因为现在农产品价格太低，辛辛苦苦干一年活可能赚不了多少钱，甚至有时候还要亏本。

我国目前对乡村振兴的通常做法，一是政府投入，主要是搞环境治理，完善设施，恢复一些民俗活动；二是社会资金投入，主要搞生态农业、观光旅游，还有兴建民宿等。这些做法起到一定的作用，也存在一些问题，如将城镇的那种模式或者说城市的模式套用到乡村振兴中，由于缺乏对乡村特点的考虑，同质化、低俗化的现象较为严重。乡村振兴往往靠外力来推动，乡民的自主性、能动性没有很好地发挥。如何激发乡村振兴的内生动力，实际上成了一个必须解决的问题。农民画是否能在其中发挥作用，需要实践探索。

这里我们先来看一个余东村的例子。余东村属于浙江省衢州市，位于浙江最西部，靠近江西省。全村大概有八百多人，目前从事农民画的有三百多人。"白天拿锄头，晚上拿笔头；一手种庄稼，一手种文化"是村民总结出来的四句话。据报道，2019 年余东村农民画的年产值是八百余万元。农民画骨干画家，年收入在二十多万元。余东村的农民画创作是从 20 世纪 60 年代初期开始的，但实际上 21 世纪初才崛起，发展势头很好，这些年先后获得全国十大画村、全国文明村、中国民间文化艺术之乡等称号。余东村通过发展农民画事业，起到了乡村振兴的效果。

从余东村的例子，我们可以发现以下几点。

第一，农民画在乡村的文化建设方面发挥了积极的作用。因为农民画是本土艺术的现代转化，很容易为村民所接受。村民看农民画没有什么隔膜感，反而有一种亲切感。以农民画作为载体，画农村生活、乡村变化，宣传党和国家的各种方针、政策，大家一看就懂，比较直观，易于接受。

　　第二，能够增强村民的文化自信和自豪感。这在乡村振兴中是非常重要的。因为长期以来农民自卑感特别强，对于城镇文化、上层文化，总是仰视来看，缺乏文化自信。通过农民画创作，实际上能够把农民的文化自信建立起来。文化自信的建立，能够激发村民建设家乡的信心，激发村民自身的动力。

　　第三，农民画创作活动是一个系统，具备形成文化产业的条件。除了绘画以外，还有很多其他辅助的工作，如装裱、镜框、销售等，这些活动男女老少都可以参加，所以如果村子里有几个农民画画家，可以带动很多的村民。一个家里面只要有一个人会画就可以带动全家。像金山的中宏村，一大半人都从事与农民画有关的生产，实际上已经形成文化产业链。当然也有很多画乡不具备或者没有形成这样规模的产业，但是只要我们各级政府搭建好平台，做好宣传、销售等工作，很多画乡都是可以把农民画做成文化产业。发展乡村旅游是乡村振兴中的重要一环，农民画在吸引游客方面具有独特的作用。因为农民画反映当地的生活，游客可以通过农民画了解当地的文化，农民画作为旅游纪念品也是比较受欢迎的。

　　前面提到乡村振兴要解决人气、产业两个问题，如果农民画能够成为文化产业，一方面能够吸引村民返乡，在外务工人员若回家也能赚到钱，肯定愿意回家乡；另一方面也能吸引外地的游客。当然乡村产业除了农民画产业外，其他也要同步发展，如生态农业、观光农业等，只有这样才能使乡村真正活起来，才能达到乡村振兴的目的。这些就是农民画在乡村振兴当中可能起到的作用。

都市语境下手工艺的传承与创造实践及其反思①

徐赣丽

（华东师范大学社会发展学院民俗学研究所教授）

都市语境下的手工艺确实是我近些年关注的主要方向之一，今天的内容是我第一次在公开场合和大家分享，基本上是没有发表的。基本上是什么意思？因为我还要介绍一些我学生的研究，有的在他们答辩的时候已经发表，但是多数没有发表。因为部分思考还没有成文，一些内容还有待整理，不便于在此直接分享，所以我今天尽可能呈现一些田野的发现。

一　课题的研究缘起

今天讲座的标题是《都市语境下手工艺的传承与创造实践及其反思》。题目是基于这一期北师大民俗学系列讲座方向较为注重实践的原因，那么我就从最近这些年对都市手工艺的调查来谈谈民俗的变化、对民俗学的启发以及民俗学的转型问题。我所讲的手工艺不是站在工艺美术，或纯粹的非遗视角，而是站在民俗学的视角研究手工艺的传承与创造的实践及其中所体现的民俗学问题，这个实践可能是现象，但这些现象值得我们思考。

---

①　本文是 2020 年 10 月 9 日作者在北京师范大学中国社会管理研究院/社会学院民俗专业所做讲座的录音整理稿。感谢萧放讲授及其团队的邀请和付出的努力。本文内容的完整稿可参见《民俗研究》2022 年第 4 期。

首先我要做一个解释。

第一，为何要研究都市语境下的手工艺？突出都市语境是有用意的，今天的民俗学要研究当代社会和文化。现代民俗学跟传统民俗学有一个很大的不同，就是都市化的语境或都市化的背景。都市化是一种力量，这种力量影响到了几乎所有的人。如今乡村的人也过上了都市型的生活方式，正如周星老师所说，在日本、韩国、新加坡或欧洲一些发达国家和地区几乎都不存在传统意义上的乡村了。中国在改革开放后的近 30 年来也发生了生活革命，都市型生活方式开始在城乡普及了。所以都市化作为一种力量，影响了我们的生活，影响着我们的民俗学研究。面对都市化这个问题我们不能躲避，不能够因为日本的都市民俗学已经偃旗息鼓，就认为中国民俗学也没有必要去研究它，这可能是个误解。

在 2020 年山东大学举办的民俗学暑期班上课时，我也谈到民俗学的一个研究视角的转向，就是转向都市民俗学①。岩本通弥在一篇论文——《"都市民俗学"抑或"现代民俗学"》中强调了"现代民俗学"，那是因为日本如今已然是都市了，也不可能有"乡村民俗学"或者"农村民俗学"与之对应，所以无需再提"都市民俗学"。其实，岩本先生早就认识到民俗学要转向都市研究。当然，都市研究如何进行，还需要探索，这是研究的一个缘起。

第二，为何要研究手工艺？在中国民俗学早期，胡适先生曾提到过民俗学有三个研究方向：民间信仰和风俗、民间文学、民间艺术。其中民间艺术一直被我们所忽略。2019 年我邀请菅丰到我校华东师大做讲座，他就讲到民间艺术，也提到手工艺，但他理解的手工艺是作为生活的艺术（vernacular art），而我所研究的手工艺通常是指传

---

① 参看徐赣丽《从乡村到城市：中国民俗学的研究转向》，《民俗研究》2021 年第 4 期。

统的工艺美术，所以我们虽然都谈到手工艺，但是研究视角还是有区别的。不过，我们都认为这个领域也许可以成为民俗学新的增长点。

通常，我们认为手工艺代表着传统，代表着农耕文明，代表着前现代。昨天晚上黄凤柱老师做了一场关于"数字化和城市"的讲座，就提到中国城市和西方城市的不同。西方城市里住着一群从事手工业的工匠们，形成了比较成型的工业，这里的手工业其实就是手工艺。但中国的现代化才开始不久，中国的手工艺人或者手工艺领域原来主要是在农村，它是跟中国农耕文明并列的，或者是属于农村自给自足的生产方式的一部分。不过，这种情况后来发生了改变。

另外，手工艺还代表着可见的物质产品和不可见的技艺及其中所包含的情感，是现代民俗学研究可以追踪的对象。比如侗寨每家每户的干栏式建筑是可见的，其木建构建筑技艺属于非物质文化遗产，是不可见的。我们通常是受到这个可见的物质形态的吸引，再去研究其内在的文化的。因为城市化和现代化带来生活的变化，民俗学似乎一下子失去了研究的对象，那么从手工艺切入，比较好操作。也就是说，我们要研究现代民俗学，要到哪里去找都市里的民俗呢？大家会发现日本学者经常会关注都市里的祭礼。我去到日本感受同样如此，如果我身在日本，也会研究都市里的祭礼。日本的大街小巷，即使非常繁华的地段旁边都会有一个神社，这个神社是活的神社，不是作为遗址或景点的神社，但是在中国这样的地方就很少见。那么我们在都市如何进行民俗学研究呢？这个就是我希望能够有所突破的地方，我想通过手工艺去探索都市民俗学的研究路径。

在手工艺既往研究中，如技术民俗学也涉及手艺，但我们更关注的是手艺作为一种贯通古今的生产形式带给我们的思考，尤其是它作为一种承载创作主体的审美情感，满足人们在程式化工作之后的一种自由创作手段而呈现的丰富意蕴——手工劳动的魅力，即城市里兴起的手工体验热潮带给我们思考。我带的三个研究生，她们做的毕业论文也呈现出了这样一种追求。

　　手工艺作为农耕文明的一部分，原来主要是在乡村流行。手艺人为了生存，所做手工制品多沿袭少创造，风格凡俗不高雅，技艺粗糙而不精致，功能多追求实用而不追求欣赏。而且，手艺人地位低下，与今天作为传承人的"大师"等相距甚远。简单地说，传统手工艺有两种，一是作为职业生计而存在的专职手艺人，二是农民或市民为满足日常生活所需而制作的日用品或者是送给亲友的特别礼物，其主要功能是实用。即使是作为礼物馈赠给亲友或是作为特殊意义的物品，其图案具有某种象征意味，也主要依附于其作为器物的实用性，体现了器物本身更重要而审美性次之的物质属性。这些构成了我们对手工艺的大致印象。

　　手工艺与民俗具有某种相似性。张道一先生曾经谈到民间美术（包括手工艺）有六个特点①，我们在此逐一进行解读。

　　　第一，"民间美术是劳动人民自己的创作，从历史上看，它的作者主要是广大农民……一般地说，他们在艺术上没有经过专门的训练，创作带有'业余'的性质，表现出浓厚的乡土味和纯朴的情感。"也就是说，农民自给自足，在种田之余兼做手工副业；妈妈在养育孩子之余，兼纺纱织布做衣服给孩子。源于乡土长于乡土，这种民间美术或手工艺自然带有乡土味。

　　　第二，"创作带有一定的自发性。也就是说，农民为自己所做的作品，相当一部分一般不是为了出卖，不带有商品性，既不受订货者的制约，也不去迎合别人的爱好。"这是指从事民间美术的人大多是农民自己，他们制作出的产品也主要是为了自己消费或给亲友消费，在自我文化圈里保持一种纯粹性。学历史的人

---

　　① 张道一：《民间美术三题》，《文艺研究》1983 年第 5 期，第 99 页。

都知道，明清时期中国手工技艺步入技艺的高峰期，特别是苏绣、顾绣都发展成为了画绣，非常高端；很多木器制作雕刻也很高雅。这些并不是制作手工艺匠人的文化品位有多高雅，而是他们接受了文人雅士或贵族的订货，手艺人遵照订货人的图稿去制作，这样就导致其作品溢出了手艺人所属的文化阶层所具有的风格。但整体上民间美术还是伴随民俗生活自然生产的，不是一种有意识的生产。

第三，"民间美术的作品，以日常实用的居多，或是结合着婚嫁喜事和传统的节令风俗。它的主题以歌颂生活为主，在形式上表现了强烈的装饰性。"所以，创作这类作品的主要目的不是艺术而是生活。

第四，"一般地说，民间美术使用的材料都很普通，往往就地取材，甚至是废物利用。在技艺上，有的制作并不纯熟，但是粗放有力，从不矫揉造作。"我们可以发现日常生活中，很多手艺人习惯使用边角料、自然料、废弃料来制作，这种今天看来符合生态思想的做法主要是当时物质材料的宝贵。他们在技艺上也没有太多高要求，因为制作的目的不是炫耀作品的贵重或技艺的高超，也难以达到专业化艺术的高度。

第五，"民间美术在样式和风格上有明显的地域性和传统性。"民间美术与民俗类似，是在特定地域环境诞生和成长的，也在一定的区域被长期地沿袭，形成了相对的稳定性。

第六，"在历史的发展中，有些民间美术的制作，成为了农民的副业和手工艺人的专业，但其作品保持着上述特点"。这主要想表达的是，虽然从事民间美学的人可能不是农民，但其作品还是农民艺术。

以上六个方面非常清晰地道出了民间美术的特色。可以说这些特点在传统社会对民间美术而言，是概括到位的。但通过解读，我们可以明显发现，今天的民间美术（包括手工艺）已经有了很大的不同。在当下流动的社会，手工艺这一类型提供了可以追踪、并对其进行深入分析的可能。

我关心手工艺源于前几年我申报的关于中产阶级生活方式的学院重大课题。在研究的过程中，我想从手工艺切入申请国家课题，但写申请书的时候发现这个题目不容易。为什么？因为我对手工艺几乎没有研究积累，我只是花了几个假期时间在图书馆阅读了关于中产阶级的相关文献。后来我决定要去研究手工艺。于是从非遗入手，带着学生去做田野，访问了上海市的一些非遗传承人，主要是生产性保护的传承人，有做微刻的、做陶艺的、做盘扣的，等等。于是在 2017 年的寒假，我申请并获得了国家社科基金艺术学课题——《基于消费需求导向的传统工艺当代传承路径研究》，在这一课题的申报书的前言部分我是这样表述的：我国传统工艺因工业化、城市化、现代化的冲击面临传承困境。工业化大机器生产冲击手工业，城市化使大量农村劳动力流入了城市，愿意再从事手工艺劳动的人不多。政府这几年很重视传统工艺，出台了"非遗保护"和"工艺振兴"的政策，提倡"生产性保护"和"工匠精神"。但在实践中也发现生产和消费错位而导致市场失灵的问题。市场是什么样的呢？文化学者几乎不研究，不关心、不对接。做消费研究的学者目前还未及关注手工艺这种文化产业的消费新动向，他们对当下手工艺消费市场了解有限。此外，随着我国的新中产崛起和日常生活审美化的影响，传统工艺成为新的生活时尚而走向复兴。新中产群体对审美趣味有追求，对手工艺有爱好，对传统文化有自信，他们愿意去使用它、体验它，因此手工艺成为一种新时尚。

为完成这一课题，我指导三个研究生形成了"都市语境下手工艺的传承方式"三个方向的研究：一是 2019 年毕业的研究生王聪所做的学位论文，依赖文化商品化和体验经的 DIY 研究，是关于上海商业中心一个陶艺体验店的民族志研究。二是 2020 年毕业的研究生侯丹洁所作的拼布爱好者群体研究，关注作为现代都市中聊以自慰，借以逃避现代性压力，寄托心性的个人兴趣爱好的手工艺爱好者。三是 2020 年毕业的研究生滕璐阳作的焗瓷学习班研究，关注政府力量介入下非遗保护中的传承人学习班所进行的手工艺传承。以上从三个方向呈现了手工艺在当下都市的生存样态，从城市商业中心的体验手工艺传承、都市中产阶级女性对手工艺的兴趣爱好和城市非遗传承人开办的手工艺学习班，探讨了当下城市中的手工艺/民俗如何进行传承的问题。

二　都市语境中手工艺的传承和新变

那么，都市语境下的手工艺在传承和创造上有哪些新变？简单地说，都市手工艺在技艺风格、用途、生产者、消费者、传承方式等方面都与传统手工艺有所不同。

首先是手工艺的艺术化。我们来看一些从传统朝向现代变化的手工艺案例。首先来看剪纸，剪纸是非常普及的手工艺形式，我们日常生活中见到的图案虽然有些微的区别，但一看就是传统的风格，大都是风俗节令中常见的样子，如"福"字主要用于春节贴在窗户或门上。但现代风格的剪纸不是这样，常常是一些艺术家借助剪纸这种民间艺术形式来进行艺术创造。如海派剪纸的创始人之一林曦明，剪纸线条粗犷、风格夸张。他的一本剪纸选集的封面图案是一个人挑着一个担子，下面是两条鱼，上面是两只捕鱼的鸬鹚。那么，这张剪纸剪得怎样？老实说，这个剪纸作品造型粗犷，技艺并不复杂，显不出林先生手法的高超，但神韵出来了，它表达了捕鱼人捕鱼归来喜气洋洋的心情。我们可以感觉到捕鱼人的满足神态：今天丰收了，捕了那么多鱼，鱼多多；而这两只鸟（鸬鹚）也很有功劳，很骄傲的样子。他还有一幅剪纸主题是表现一个说书人，也非常粗犷简扼：说书人长什么样？

看不到他的眼睛，也看不到他的眉毛、鼻子，只看见一张大嘴，这张大嘴配合着他这只夸张的伸展的手，感觉到说书人说得可生动了，一定是正在兴头上。剪纸人林曦明是一个什么人呢？他是个写意画家，只有精神富足了才不会太在意形式，才敢把剪纸剪成这个样子。这不是传统的窗花或刺绣花样子的风格。

接着，我们再来看另外的案例。深圳福田区非遗传承人袁曼君刚刚在网上发布了他所做的中秋题材的剪纸，他剪的四幅剪纸都是嫦娥和月兔的组合，是艺术化的表达。当然，故事是传统的，剪纸的手法也大致是传统的，但是总觉得它跟传统的剪纸有点不一样，因为它比较简洁，比较艺术化，比较抽象化。

我们再来看海派剪纸的另外一个代表人物——李守白的剪纸。他本是一个重彩画家，作品常常展现叠合的色彩，他的剪纸也结合了重彩画的做法。他特别喜欢表现上海本土风俗，有意识地表达自己作为上海人对这个城市的认知和感受。他的剪纸有很浓郁的上海味，就是都市里的感觉，你不会想到是乡村的剪纸，不会感觉到乡土味很浓。如果说带有某种乡土味的话，那也是城市里的一种乡愁。他有一套表现春夏秋冬四个季节的上海风情的剪纸作品，尽管也是表现风俗，却不同于民间剪纸，是展现上海人"有腔调"的市民生活。这类题材的作品，他更为有代表性的是他创作的《上海童谣》剪纸长卷。他剪的内容是儿童的游戏，用来反映他这个年龄段的人对他们小时候童年的记忆。这个剪纸的内容是反映过去，包括剪出的柜子、桌子、凳子等都有记忆中的味道，传达出都市人对过往岁月浓浓的怀旧情绪。如果我们没有看见过它，我们能不能用《上海童谣》这样的名称创作出来，这恐怕不是一般人能够做得到的。

像剪纸、刺绣、拼布这些都是比较容易上手的手工艺，几乎任何人学个一两天就可以学会，但要达到前面这几位的所剪的这种境界恐怕不容易。他们能把日常生活中的内容加以创新性的表达和创造。以上这些都体现了都市里的剪纸特点，与我们以往见到的传统剪纸不太一样。

再来看竹编的案例。竹子是个好东西，把竹子切割削成的细条富有弹性，方便加工，可塑性强。竹子材料生态，在我国南方一些地方容易获取。在这些区域，竹编也就成为常见的传统工艺，农业生产用具和家居生活用具都广泛使用竹编制品，但随着社会的变迁出现了变化，像炊具、寝具之类的竹编生活用具以前还比较多见，现在逐渐少见，更不用说以前文人雅士家里用作生活容器的竹编器具了。不过，在日常生活用品中竹编越来越少的同时，竹编又被用作新的领域。像广州的几个年轻人就开创了一个竹的品牌"Nature bamboo"，用竹子编成灯具，竹灯具编出来是镂空的，造型很美，又可以让光透过竹编缝隙起到照明的作用。像这样的例子还有很多，这种竹编的创意可能受到日本的现代竹编艺术影响。竹子有弹性，容易成为立体的形状，因此把它作为一种造型是在日本很普遍。日本的当代竹编造型，完全超出了以往的范围，不管是花瓶还是星云都很特别。所以从20世纪50年代始，日本的竹编大师尝试使竹编脱胎传统的功能性容器转向"雕塑"形态，使它从传统的手工技艺转向艺术，成为现代的"竹编雕塑家"，而不是"竹编艺人"。他们以丰富的细节和手法开拓了表现领域，包括对尺度的把握、动感元素的加入、造型的夸张表现、材料特征的凸显①。

当然，有的手工艺未必有明显艺术化的倾向，但是与传统手工艺相比也有区别，就是有着时代的影子，体现了时尚的风格。传统工艺重在传承，它是比较程式化的。虽然它在历史上也曾经流行一时，但它不是手艺人自己创造的流行和时尚，是跟随当时社会上的风俗，而

---

① 张露芳、刘肖健：《静谧与骈繁——日本当代竹编艺术发展启示录》，《文艺研究》2011年第5期。

不是引领了一种时尚。而新手艺强调的是创新，引领着潮流。有手艺人直言自己不想打着传承手工艺的旗号进行创意设计，她说："我们不太想看到以延续传统为卖点，实质上却是有面无里的产品，更重要的是要延续手艺的精髓，也就是延续人们对造物的态度。"①换言之，她们不拘泥于现有传统，而是把延续手作这种造物形式当作了传承，至于其他方面则持开放的态度。

以上我们看到的手工艺品虽然仍然是手工艺，但是会感觉它们与乡村农民手艺人所做的作品是不太相同的。接下来我们来讨论一下这些都市里从事手艺的是什么人。

都市语境诞生新的手艺人。当代都市语境对手工艺的影响是喜忧参半。一方面，在大机器工业的挤压下，手工业被边缘化，传统手工艺生存面临困境；另一方面，在传统复兴和文化保护语境下，手工艺复活，人们生活改善，消费转型升级，日常生活审美化，都市中产需要"新生活用品"，他们喜欢定制服装、手工家具、手工陶瓷与手工首饰等，这样就催生了一批新手艺人。新手艺人既会制作也会设计，并且懂得新中产消费者的需求，他们所做的东西是契合时代风尚的。我们经常在闹市中看到有手作店铺和手工创意集市，那些手艺人大多是年轻人，而且不乏受过高等教育的大学生，有的甚至还曾留学深造。一改我们对手艺人所特有的乡村妇女或城市工匠的刻板形象。

接下来我再介绍几个案例。一个案例是滕璐阳做的研究，对象是都市里的锔瓷师傅和他的徒弟们。这个网络名为"顽童锔"的锔瓷师傅是新一代手艺人，原来是上海市有稳定收入的职业摄影师，后来因为兴趣爱好，就到遥远的他乡学习锔瓷技艺。他拥有多元身份，熟悉现代传媒，善于自我营销，会利用微信朋友圈这种现代媒介销售商品，

---

① 高登科：《手艺新职人：探索新的生活方式和可能》，未公共发表电子稿，2019年。谨此致谢！

以前顾客要到实体店去买，现在网上看中就可以直接下单，商家以快递的方式寄送到家。而徒弟群体画像是来自全国各地跨地域的趣缘群体，不再像传统社会里师徒关系局限于家族中的晚辈或地缘范围内的熟人家的子弟。另一个案例是侯丹洁的研究对象——手工拼布爱好者，他们有不同的学历（本科、硕士、博士），不同的职业（公务员、会计、全职太太、设计师，高管、教师、行政人员），大多是城市里的白领。她们因为追求做手艺带来的生活方式而加入手工艺爱好者群体，她们有共同的兴趣，于是凑一块来做手工，她们彼此间关系都很密切、很融洽。这些不愁吃穿的城里人为何要学拼布？当然不是为了挣钱，而是借助手工艺寄托自己的情感。

新手艺人（包括爱好者）他们大多受过高等教育，许多人并不是为了生存而做手艺，他们与消费者不是纯粹的交换关系，而是一种心灵的交流，用"哦纱玳"品牌创始人的话说："我希望与更多的人分享优雅、朴素、平衡、简单的生活方式，现在的客人很聪明，愿意花一部分钱去购买和分享产品的故事。"① 他们所追求的并不是做到手工艺成品本身有多好，而是希望这东西的意味很好，是传递和代表的生活方式很美好。这种手艺人已非农业社会的农民可比。

相比传统手艺人注重传承，新手艺人更重视创新。我来讲一讲新手艺人的代表张雪的故事。张雪的妈妈是苏州镇湖的一个刺绣工艺大师，但张雪是个男生，没有继承妈妈的手艺。他毕业于南京财经大学国际贸易专业，而且还拿到过英国某大学的 offer，准备去留学读研究生，但是后来放弃了；他本来已经在一个金融机构工作也放弃了。因为当他大学毕业后回到家乡镇湖的时候发现这个地方从事刺绣行业的年轻人不到 30 人了，他觉得一向蜚声海内外的苏绣也将面临传承的危机，于是就决定回到家乡从事相关的工作。回来以后他除了跟母亲学

---

① 张磊、孙俐：《上海独立手作》，上海文化出版社 2018 年版。

习刺绣，还在职攻读了苏州大学艺术设计专业硕士学位，希望对传统的苏绣进行现代艺术设计。这样的经历使得他的作品与他母亲的风格非常不同。传统的苏绣风格崇尚繁复细密的针法；张雪的刺绣则比较抽象、简洁、干净、留白、文艺、现代。他有一副他从事刺绣不久创作的作品"佛"，非常有代表性。几案上，从香炉中寥寥生出的香烟最后巧妙地变幻成一个"佛"字。这幅作品构图非常简洁、美观、脱俗，与浓墨重彩、铺满画面的传统苏绣风格非常不同。与一般的绣娘只是简单重复地生产出更多成品不一样，他作为一个初入行的人，会有更多反思。他有一幅刺绣作品名为《星空》，张雪创作这个作品的灵感是什么？因为苏绣有很多种绣法，也有很多创新手法；但通常外人看到的手法局限在五六种。于是张雪想到用星空、星球的形式，把各种手法集中放在一个作品里，每一个星球作为一或数种独特的刺绣手法的代表，以此来体现苏绣的丰富性，同时又是一个整体（这个作品大家如果有兴趣可以到网上搜，放大看它的细节）。应该说简洁而有意蕴是他的特色。有一次他要绣一个作品作为送朋友的结婚礼物，因为只有一个月时间要赶制出来，用苏绣传统的细工慢活方法，一个月是根本完不成的，于是他就选用了乱针绣手法。像这类简洁而讲究意境的作品，他还有很多，比如他创作了四幅表现四季主题的作品。第一幅是一只小船上两只鸬鹚鸟，一个渔夫，一只燕子；第二幅是一根树枝上一只知了；第三幅是一个莲蓬和一条小鱼；第四幅是一枝竹叶上两只小鸟。这就是他表现的春夏秋冬。那么他为什么要这么绣呢？张雪坦言道，他自知手上功夫跟他的母亲那一代人相比，差得太远了，苏绣的技艺确实需要经年累月的积累，没有办法一下子就能赶上。他不愿意长年累月地把时间放在一针一针不断重复的练习上，像"练功"一样地完成一个作品，他要做的是把他的特长，即专业设计带给他的创意思想表达出来。这种不再注重传统的"艺"，而是注重"道"的做法，是传统手工艺进入现代艺术的表现。张雪才从事这个行业没几年，他所掌握的技艺难以超越大多数从小就开始从事刺绣技艺的绣娘，但他的创意和思想，以及年轻的、活跃的、敏感的艺术眼光却是很多技艺高超的绣娘比不了的。

　　另一个苏绣的例子是邹英姿。她称自己为绣娘，但我们跟她聊天的时候她表现得像个哲人；同时她也很有品位。看她的照片，她年轻时候的样子给我们留下深刻印象，留一根大辫子，眼睛蛮有灵光；现在她已经把长辫剪成短发了，看上去更为干练，同时也显得更为成熟。她绣的东西也很有诗意，她经常在朋友圈分享一些古人的诗句，比如景翩翩的《写兰》："道是深林种，还怜出谷香。不因风力紧，何以度潇湘。"似乎是为了自比。邹英姿最大的贡献是发明了"滴滴绣"。所谓发明可以说是她的发明，也可以说不是她的发明。为什么？因为这种针法其实是一种传统。她的母亲以前做鞋子纳鞋垫，为了纳得比较漂亮，会在上面打螺旋圈。邹英姿就用这种螺旋圈来绣比较庄重的图片。刺绣的材料是丝线，丝线是会发光的，很亮的光泽会显得富贵华丽；如果要绣佛像类很庄重的东西就显得不合适，但用这样针脚很短的形式就可以避免。她的敦煌题材的刺绣作品一看就感觉和别人的不一样。她还用这种绣法来表现历史性的题材，比如她有一幅作品是描绘我国古代的重器——鼎，要表达这种很厚重、端庄、高雅的器物，于是用滴滴绣的方法完成。邹英姿送给母亲的生日礼物是一幅以自己的眼睛作为表现主题的刺绣作品，同样是用这种绣法来完成的，显得非常独特。我们在她的绣馆中看到了墙上关于"滴滴绣"的文字介绍："它是中国刺绣中的纳米绣，是需勤学苦练艺术需素养熏陶，道者万物之所然也。刺绣之道在于作品，体现的不仅仅是绣者的精湛技术和艺术素养，更体现了绣者灵魂和境界。"这几句话未必是她自己所抒发，但体现了邹英姿的追求。她也有表现季节变化的作品，比如表现二十四节气中"春分"和"雨水"的两幅，这两幅作品初看还不太容易看出来。像"春风"这幅，就绣了小小的两个汉字，还绣了下雨天冒出来的一颗芽，这个作品在苏州市博物馆展厅能看到。另外一幅是在宽大的画面中绣了一个小小的戴着斗笠走在雨中的人；蒙蒙细雨一直下，茫茫天地间只有一人，这代表"雨水"。我想这种创意不是一般的绣娘能想出来的，它有中国文人的创作特点，画中有留白；但留白处全部也都是绣制出来的，这也是功夫。

这样一说，大家可能会疑惑：邹英姿到底是绣娘还是艺术家？我来讲另外一个故事。从前绣娘都在绣坊或者绣楼工作，现在新手艺人把绣楼称作艺术馆或者研究所，镇湖的"绣馆一条街"上全是当地有名的刺绣大师的工作室，邹英姿的工作室也在其中。我们按照约定去见她，她说她的这栋楼当初装修的时候，换了三次设计师才达到她想要的表现"月亮"意境的效果。她还指着她楼外面的竹子说她很喜欢竹子，当初建这栋楼的时候，她在墙围周边种了一排竹子，城管有意见，原因是竹叶会产生垃圾。但她更想不到的是她种竹子的行为也遭到了她母亲的反对。她母亲认为竹叶不吉利，像一把尖利的刀刺向她，所以强烈反对。但她说竹子代表着谦虚、高洁的品格，她就是要种。最后种了砍，砍了她又重种，终于成为今天窗外的风景，这也是她性格的写照。可以说，这样的绣娘与传统手艺人的形象已经相去甚远。

根据我们田野调查，新手艺人的特征可以概括为以下几点：

（1）新手艺人，常常是出于兴趣而主要不是因为生计或者是某种物质层面的需求；他们在出售手工艺品的时候，也希望把自己的设计、技艺、审美趣味销售给同好。

（2）他们从事手工艺是作为一种生活方式，借此实现他们的人生理想、兴趣爱好和个人特长，或表达自我理想，寄托情感。他们大多有开阔的眼界和对生活美学的独特理解。

（3）他们并非都是世代传承的工匠，即使是世家，也多自主创新。

（4）他们主要通过学校的专业学习，或借助网络课堂、艺术采风、博物馆与美术馆、培训班等途径来构建知识体系。

消费者的变化。传统手艺人大多出身低微，所面向的消费群体也大多数未受良好教育的中下层百姓。当代新手艺人很多都是有较高文化艺术修养的年轻人，这样的变化带来的结果是消费群体也随之发生改变。一方面，消费者对福特主义时代的单一化产品产生了审美疲劳。后福特主义时代的产品是越来越使消费者从大众消费走向分众消费，即追求个性化和定做产品。手工艺在现代社会多数已不能作为民俗文化的载体回归到日常生活中发挥作用，而是不断趋向于专业化和艺术化。另一方面，中式生活方式成为当下国人的生活时尚。当代中国社会正在出现一场传统文化复兴的潮流，我国古代传统文人的四大爱好现在也都开始回归。喝茶、焚香、赏花、弹琴、吟诗作对、把玩瓷器，还包括收藏古玩，穿中式服装，摆中式家具等生活方式已经在中国白领阶层中形成了一种新时尚。这种新的时尚出现，复兴了传统手工艺行业，提供了许多新的创业和就业机会，改变了中国人的"生活样式"。

传承路径也发生了变化。体验经济时代，手工体验活动成为重要的传播手段。虽然传播不能算是一种传承，却是培育了文化生态，促进了消费市场的需求，从而带动了手工艺传承。如今非遗保护传习所遍地开花，研学成为传统工艺传承的一种重要途径。一些相对比较简单又有趣的手工艺，像剪纸、陶艺、皮具、拼布、刺绣、烘焙等手工体验，既有公益性质的，如博物馆内作为特定展览的补充所开展的手工体验活动；也有以盈利为目的开设的，如各类手工体验店。总之，体验手工艺在当下都市非常红火。这些都成为与传统师徒制不同的新的传承方式。

我的学生王聪的毕业论文写的是《都市语境下的民俗商业化实践——以上海市某陶艺体验店为例》。她调查的开陶艺店的人，属于经营者式的创业青年，他们的技艺也是业余的，并没有多精深；他们的身份是逐利的创业者，商业目标很明确，就是挣钱；他们有很强的商业敏感性和商业行动力。陶艺体验店的经营模式跟传统的手工艺不一样，是为了符合都市人口味而提供的套餐形式，即满足人们快餐式的消费。如果大家对民俗旅游有兴趣可能知道，我在以前谈到过，民俗旅游的一个操作性的原则就是快餐式的包装，类似于像麦当劳、肯德基那样操作，即选取某些民俗元素按照固定的配方制造出一个快餐，销售给消费者或者游客。这是利用体验手工艺的商业化模式来进行传承的案例。

还有国家非遗保护运动带动传承的案例。我在华师大办了两期非遗研培班，对这种政府出力的保护措施推动手工艺的传承有亲身的体会。除了研培班这种新的传承方式，还有一种模式就是传承人自己举办的技艺学习班。滕璐阳同学在论文里写道：手艺人童维成，因对瓷器感兴趣并了解到锔瓷濒临失传，前往辽宁抚顺学习手艺，后成立"顽童锔"工作室。2016 年被认定为上海市奉贤区锔瓷技艺的代表性传承人，面向社会公开收徒，截至 2019 年底，已举办了 6 期学习班，收徒 33 人。此外，还有一些就是非遗传承馆、展示馆/展览馆、爱好者趣缘群体等。

如果说前面所说的这些手工艺人都是作为一种业余爱好，或者是带有业余爱好性质的外部传承，那么值得注意的还有一种手工艺实践，就是专业基础上的训练，是内部传承。他们本身有一定的专业基础（既有美术功底，又有文化水平），但是他们在这个专业基础上并不满足。他们既是工匠，也是艺术家。他们有一种文化的自信。这里有一本书，书名是《上海独立手作》，2018 年出版，是同济大学一个青年老师访谈上海新手艺人的访谈录，展现了都市里的新手艺人群像①。

最后，当下都市手工艺的传承实践还有一个变化就是传承性质的变化。以前是师傅不愿意轻易教给徒弟，是保守性的传承；现在是年

---

① 张磊、孙俐：《上海独立手作》，上海文化出版社 2018 年版。

轻人不愿意学，师傅担心手艺失传。从以前师傅不愿意"传"，到现在师傅的子女或徒弟们不愿意"受"，于是，传授技艺的学校、传习所、研培班都成为开放性的，有利于对技艺的学习和掌握；接触和学习技艺的门槛降低了，手工艺常常成为大家的爱好。此外，还有通过博物馆来销售手工艺的文创产品，设立网站的形式来传授技艺，这也是新的情况。

通过手工艺的当代变迁比照，我们可以发现传统的手工艺和现代的手工艺，他们在风格、功能和性质上，在生产者、消费者和传承方式上都有很大的变化。我简单介绍了这些手工艺的变化以及传承和创新的实践，不是为了说手工艺而手工艺，而是希望对民俗学有所启发。

三　都市手工艺对民俗学的启示

接下来讲手工艺带来的反思。手工艺的传承和创新的实践给民俗学研究带来了什么样的反思呢？从手工艺延展开来，这些案例体现了民俗在都市怎样的生存语境？当代都市环境中的民俗是如何被传承和创造的？都市语境中民俗及其传承方式的变化对我们意味着什么？我们可以通过手工艺的案例反思传统民俗学的概念：民、俗、民俗的传承方式等等，通过不同类型和不同年龄的人的民俗，以及民俗在都市传承（或者传播）的多种途径，来展示都市人群对民俗的创造性，以及民俗的价值和新的可能性。

首先，我们可以思考一下：民俗的传承以往是怎么传的？它是一种类型化的传，反复出现的、模式化的、集体的而非个人自由选择的，主要是中下层老百姓而非上层精英参与的。上层掌握了文字，他们的文化主要是指高雅的、经典的、正规的或正式的文化；下层民众的文化是口头或行为传承的，较为普及的、随大流的大众文化，是非正规途径传承的。这种非正规途径在今天是一种什么样的形式呢？我们怎么样来理解民俗的传承？比如手工艺中的拼布爱好者，他们学习拼布是不是也在传承？商业中心的陶艺体验活动是一种传承吗？有人会认为他们就是为了好玩，或顶多被视为传播，不能当作传承。但与此同时，我们需要自问，在这个加速度时代，"传承"的概念对于民俗学还那么重要吗？是否可以更为开放性地理解传承？

与之相对应，民俗学所谓的"民"，是否包括都市里的手工艺爱好者小群体？如果按照丹·本 - 阿默思所说，"俗"可以视为是小群体内的艺术性交际或者交流，他们交流的方式、交流的知识就是"俗"。①张举文先生也说："民俗是以共同和共享的交际方式而构成的'小群体'中所出现的维系和重构认同的行为活动。"② 以此来看，我们就可以重新来界定都市里的民俗。

手工艺成为可以抵御现代性的工具。现代生产方式是职业化的，城市里的劳动分工细化，产生了对休闲的需要、对兴趣爱好的需要。像陶艺体验、手工拼布、学习铜瓷等等手工艺，成为一种有价值的活动。正像去陶艺体验店的年轻人所表述的，他们说上班做项目也有成就感，但是做陶艺的成就感是个人的，他们通过手工艺获得了一种成就。做手工艺，想做什么就做什么，是可以表达自我的方式，因此做手工艺可以寻找到柳宗悦所说的"创造的自由"所带来的"人格的自由"。这就是艺术的价值。手工艺作为艺术是有力量的，人们通过做手工获得了一种力量。

德·塞托在《日常生活实践》中提到"抵制"的"战术"③，即发挥主动性地、有选择地对消费品进行使用与再生产，在日常生活中对规训机制进行反抗。手工艺在都市里的传承，可以作为一种反抗现代性的工具。现代城市的制度化生活导致我们生活的异化，所以我们需

① ［美］丹·本 - 阿默思：《在承启关系中探求民俗的定义》，张举文译，《民俗研究》1998 年第 4 期。

② 张举文：《民俗认同：民俗学关键词之一》，《民间文化论坛》2018 年第 1 期。

③ ［法］米歇尔·德·塞托：《日常生活实践 1：实践的艺术》，方琳琳、黄春柳译，南京大学出版社 2015 年版，第 32 页。

要去反抗。这样的一种逃避或者反抗，也可以说是寄情于物，其实在我们古代就有这样的传统。古代的文人将器物的赏玩与精神的寄托和情感的表达结合起来，期望通过玩物得志、玩物怡情，从而建构一个脱离世俗、专属于自己的审美空间。器物具有审美功能，人们借助它可以找到避世逃遁的精神之所。当然，器物本就有其实用价值，但是对于古代文人来说，更多的是一种审美的寄托作用，他们在体物、观物中实现了对自我的投射，通过消费和日常生活中的实践来彰显自己的雅致品味，也提升了个人生活品质。现代都市同样如此，一些人对于手工艺的喜爱也是出于一种审美化生活的需求。因此我觉得这是可以对话民俗学的。这个民俗并不是诞生于当今时代的纯粹的流行文化，它也是传统。而且，除了手工艺，我们也可以发现其他民俗在反抗现代性和满足我们的情感的依恋和认同的需求的作用。

从手工艺切入都市民俗学的研究。我们如何去理解手工艺？如何去理解传统？第一，我们古人有采集风俗的传统，那是从上往下看或者平视；现代民俗学诞生后，学者开始追求"眼光向下的革命"。但现在时代又不同了，今天民俗学不再说是要去拯救或启蒙中下层的老百姓，而应该转向研究我们自己，即把我们自身当作研究对象。手工艺人、手工艺品、手工艺风格的变化，让我们重新审视"民""俗"及其相关问题。第二，都市语境下，民俗学应该重视对第三空间的研究。第三空间是指区别于工作场所的第一空间和居家生活的第二空间，在第三空间这种公共场所，人们感觉最为舒服、平等、自由，是最为放松自在的地方。① 因为第一空间、第二空间在传统社会里是重叠的（当然第三空间有时候也重叠），但是在今天，三个空间都是分离的。因为城市社会劳动的高度专业化，导致了休闲的必要，所以才诞生了第三

---

① 参见 Ray Oldenburg, *The Great Good Place: Cafés, Coffee Shops, Bookstores, Bars, Hair Salons, and Other Hangouts at the Heart of a Community*. New York: Marlowe & Company, 1999.

空间。第三空间是酝酿市民社会的土壤，应该成为民俗学关心的重要领域。第三，手工艺品作为生活文化的载体，可以充分地利用我国丰富又辉煌的造物文化资源，拓展我们对物质文化或者物质民俗的研究，以往民俗学对此重视不够，而工艺美术或设计学的研究更多关注图案设计，非遗保护重视的是技艺本身，因此，普通人日常生活中的器物制造及其实践反而被忽视了，这个方面还有很大的空间。

对于手工艺的研究，我们还在继续，也欢迎大家来加入。我今天就说到这儿，谢谢大家！